中国人民大学劳动人事学院**第四代系列教材**

人员素质测评

主　编　徐世勇　李英武

PERSONNEL
ASSESSMENT

中国人民大学出版社
· 北京 ·

FOREWORD

总 序

正值我国改革开放40周年之际，我们迎来了中国人民大学劳动人事学院成立35周年。这套遵循传承、创新理念的中国人民大学“十三五”规划教材暨劳动人事学院第四代系列教材正式出版。

35年来，中国人民大学劳动人事学院创设了国内第一个人力资源管理专业、第一个劳动关系专业、第一个劳动经济学博士点；第一次建成国内劳动经济、人力资源管理、社会保障、劳动关系专业最完整的本硕博培养体系等。

35年来，中国人民大学劳动人事学院持续组织编写在劳动学科领域拥有最大影响力的系列教材；持续开展中国就业问题短期研究，发布《中国就业市场景气报告》；持续开展中国人力资源审计研究，发布《中国人力资源法律审计报告》；持续开展中国人力资源职业发展状况追踪调查，发布《中国人力资源职业发展状况调查报告》；持续开展中国企业雇主-雇员匹配数据调查，建设基础性科研数据库；连续举办14届中国人力资源管理新年报告会暨中国人才发展高峰论坛等。

35年来，中国人民大学劳动人事学院首倡发起全球劳动科学院长论坛，举办中国劳动科学年会、全球人力资源论坛、中国人力资源服务业博士后学术交流会、中国职业发展论坛、中国助业研讨会、中国新就业论坛等。

“但开风气不为师。”我们高兴地看到，经过几代学人的耕耘，中国人民大学劳动人事学院所倡导的以问题导向、创新导向、实践导向、合作导向为指引的学风，已经成为本学科领域的共识。中国特色社会主义进入新时代，开启了全面建设社会主义现代化国家的新征程，人才培养和学科发展的使命更加重大。党的十九大报告中提出的实施人才强国战略，建设实体经济、科技创新、现代金融、人力资源协同发展的产业体系，在人力资本服务领域培育新增长点，提高就业质量，构建和谐劳动关系，加强社会保障体系建设，建设高素质专业化干部队伍等重大命题，都与我们的学科领域密切相关。与此同时，一场影响深远的变革正在拉开大幕：数字经济时代产生的新就业方式、新组织管理形式、新劳动关系模式等都对传统的研究范式提出了挑战；国家层面实施的供给侧改革、生育政策调整等对劳动力供给、要素市场化配置、社会保障提出了新的调整要求。我们真切地感到：创新已经是新时代所要求的基本方法论，我们必须跟上时代的步伐。学科建设是知识创新的载体。随着开发人力资源、解决民生问题的重要性被提到前所未有的新高度，我们的学科迎来了新的机遇。中国人民大学劳动人事学院下定决心再出发，为发展我国高等教育进行新尝试新探索，践行“劳人之事，成人之美”的新使命，打造“精英型学院、研究型学院、智库型学院、全球型学院、创业型学院、责任型学院、创新型学院”。

“合抱之木，生于毫末；九层之台，起于累土”。我们认识到，课程和教材体系建设尤其是本科教材建设是学科建设的重中之重，直接关系到“为谁培养人、培养什么样的人、怎样培养人”这一根本问题。中国人民大学劳动人事学院具有重视教材建设的优良传统，建院以来的三代教材都影响深远，奠定了本学科的基本框架和教学传授方式。教材建设应当与时俱进，把新的前沿理论、新的研究方法、新的拓展领域等及时囊括进来，体现不断更新的教学理念，适应人才培养的规律。

中国人民大学劳动人事学院从2015年初开始筹划劳动人事学院第四代系列教材的编写工作。在中国人民大学教务处、中国人民大学出版社的指导和帮助下，编委会成员不懈劳作，终于如期奉献出这套全新的系列教材。这套新的系列教材有以下特点：

一是教材编写者虽然仍然全部为中国人民大学劳动人事学院的教师，但是其中有旧雨也有新知。系列教材由资深的名家与中青年学者共同创作完成。他们都对自己的领域有深刻的体认，都有鲜明的学术个性和研究风格。他们在教材中展现出的缜密的逻辑能力和广博的学识素养，能够代表劳动人事学院乃至中国人民大学的学者水平。

二是充分体现我国改革开放40年来的成就和近年来中外学术大交融的成果。这套教材关注中国本土的实践探索，以之为素材，以中国情境为前提，丰富和深化学生对学科专业的认识，尤其体现了学科交叉融合的研究视野，探索将各专业知识融会贯通的教学方式。新增的部分教材使丛书体系更加完备，在科学性、先进性、适用性方面都有新的拓展。

三是更加注意适应本科教学的特殊性。这套教材以本科课堂教学为出发点，在整体编排上注重系统性，在每本教材中注意理论基础性与实践应用性相结合，既奠基铺路、培养兴趣，又为引导学生未来的进阶性学习做好必要准备。教材的编写者都长期活跃在本科教学第一线，在教材的内容和形式上充分考虑教师讲授和学生学习的便利。

我们希望，这套系列教材的出版和使用能够为学科通往成熟之路做好铺垫，培养出更多更优秀的建设者和后备人才。对于教育界同行，希望你们不吝赐教，与我们携手为建设具有时代风格、中国品格的劳动科学学科而奋斗；对于新一代学子，期待你们能借助这套教材实现梦想，驶入“自由王国”的光明之域，激荡出人生的壮丽图景。

最后，感谢中国人民大学领导、中国人民大学各部处（特别是教务处）、中国人民大学出版社的关心、指导和帮助，感谢每本教材编辑的辛勤劳动。还要感谢各位作者和为教材付出心血的院内同仁。不管留下的脚印是深是浅，所做的工作能否载入汗青，学科的历史终究要由大家继续创造。衷心希望学科的未来能由今天的读者们以更多更好的成果一起创造！

谨以这套系列教材作为中国人民大学劳动人事学院成立35周年的纪念。

杨伟国

中国人民大学劳动人事学院院长

PREFACE

前言

改革开放40年来，中国在各个领域取得了举世瞩目的成绩。特别是在经济领域，经过40年的砥砺奋进，中国已跃居世界第二大经济体。这也从一个侧面折射出我国组织运营和管理效率的提高，毫无疑问，人力资源管理实践界与理论界也见证和参与了这一段辉煌的发展历程。

现代人力资源管理非常重视吸纳相关学科的已有成果，特别是对人的心理与行为研究成果的借鉴与吸收，构成了现代人力资源管理重要的学科基础。人员素质测评则是将人的心理与行为的研究成果用于人力资源管理的典范。

按照一般的看法，人员素质测评是心理测量与人力资源管理的结合，作为一门探讨员工知识、技能、能力和个性特征的学问，它构成了人力资源管理模块的技术基础。无论是工作分析、招聘、安置、晋升、培训开发、绩效管理等传统模块，还是职业生涯规划、领导者继任计划、组织发展等新近出现的人力资源功能模块，都有人员素质测评的技术接入与思想渗透。

犹记得我初到中国人民大学劳动人事学院工作时恰逢20年院庆，而今学院已经奔向四十不惑。在这近20年中，我一直讲授人员素质测评课程，从本科生、研究生到人力资源研修班，粗算起来，受众已不下万人。科研、教学之余，我也为企事业单位做了一些测评方面的咨询工作。回顾近20年的职业经历，教学、科研、应用等几个方面互相促进，真是一个美妙绝伦的过程。“竹杖芒鞋轻胜马，谁怕？一蓑烟雨任平生。”这本书算是一个小小的总结，也是为再出发积蓄力量。

本教材是在中国人民大学出版社出版的两本教材的基础上完成的。北京智鼎管理咨询公司原总监刘亚军先生，以及我已毕业的学生杨敏、郭靖圆、刘丹、白玲、魏悦宁、孙龙、张杰和徐紫陌等，对本书均有贡献。我的学生潘姿月参与了本书第1章、第4章和第14章部分资料的整理工作，李英武博士负责了第5章、第7章、第11章和第12章的资料整理和撰写工作，其余的资料整理和撰写工作由我完成。我与李英武博士一起负责全书的修改和定稿工作。感谢李英武博士的加盟，让本书增色不少。

另外，本书参考和引用了许多文献和宝贵资料，其中有很多来自我所熟识和尊敬的同行。在此对他们表示诚挚的谢意！同时，本书的完成与许多师长和朋友的帮助密不可分，拜读中国人民大学劳动人事学院孙健敏教授、周文霞教授、付亚和教授、许玉林教授和王丽娟教授的相关著作让我受益匪浅，感谢你们多年来对我工作的帮助和支持！同时，还要感谢中国人民大学出版社的熊鲜菊与谷广阔两位编辑，没有他们的辛勤工作，本书不能如此顺利地与读者见面。

由于水平有限，书中必有许多不足与疏漏之处，恳请广大读者批评指正！

徐世勇

2019年8月于求是楼

CONTENTS
目 录

第 1 篇 理论基础篇

第 2 篇 测评技术篇

第 1 篇
理论基础篇

第1章 人员素质测评概论

学习目标

通过本章的学习，你能够：

◎ 阐释人员素质测评的基本假定。

◎ 理解人员素质测评的含义。

◎ 了解人员素质测评的历史与发展。

◎ 掌握人员素质测评的基本操作流程。

◎ 明确说明人员素质测评在现代人力资源管理中的具体应用。

引例

一位人力资源总监的感慨

为促进人力资源的整体提升与优化、开发劳动者的素质，人员素质测评技术在我国越来越受到社会各界尤其是企业的关注与使用。人员素质测评为越来越多的企业人力资源部门所接受，并在人力资源管理的各项具体工作中起到了重要作用。

A 公司近期需要招聘 3 名技术主管和 1 名大区经理，由于公司内部没有人员素质测评专业人员，于是外聘咨询公司进行人员素质测评工作。

咨询公司首先进行了深入的调查，继而确定了特定职位的选人标准，并据此确定了测评工具，包括纸笔测验、无领导小组讨论、结构化面试等。2 天后，咨询公司提交了最终的选拔评价报告，共评价了 20 人的优势与不足，并推荐 4 人任职。

A 公司人力资源总监觉得评价结果既科学又具有说服力，故欣然接受咨询公司的建议。在随后的工作中，咨询公司推荐的这 4 名员工表现良好，确实符合职位的任职要求。于是，A 公司决定继续与咨询公司合作，以人员素质测评为基础开展了一系列管理者领导力发展方面的反馈、辅导与培训，并取得了很好的效果。

在咨询公司随后的跟踪中，A 公司人力资源总监感慨道："以前我对人员素质测评不够了解，总觉得怎么可能用一些考试就能考察管理者的能力，就能识别人才？但是，在之后一系列的尝试中我发现人员素质测评真的很有价值。这项人力资源管理工作确实帮到了我们……"

资料来源：徐世勇，李英武．人员素质测评．北京：中国人民大学出版社，2017.

第 1 节　人员素质测评的概念

大家普遍认为，人员素质测评是将心理测量学应用于现代人力资源管理后所产生的一门新学问。因此不可避免地，人员素质测评具备心理测量学的一些特点。作为本书的开篇，我们首先了解一下人员素质测评的概念和含义，包括人员素质测评的逻辑前提（即人员素质测评的基本假定）、人员素质测评的含义等。

一　人员素质测评对人的假定

我们都知道，经济学中的很多理论都是基于一些假定提出来的，比如经济人假设等。同样，人员素质测评也存在几个基本假定。在这里我们可把假定理解为信念，换句话说，也就是很难绝对地证实或证伪的陈述。比如，如果有人问你为何平行线不能相交？在无穷远的地方也不能相交吗？恐怕你很难回答他，而只能说："是不是真的不能相交我不能证明给你看，可我就是相信两条平行线不能相交。"

概括地说，现代人员素质测评的开展主要基于以下四个基本假定。

（一）假定一：个体差异

俗话说"龙生九子，各有不同"，西方哲学家也曾经说"世界上没有两片完全相同的叶子"。这些话都体现了事物之间的差异性。人作为万物之灵，彼此之间也存在巨大的差异。在现实生活中我们也能看到，无论是性格还是身体状况，人与人之间都存在差异性。譬如，有的人喜欢冒险，有的人追求安稳；有的人思想深刻，有的人思维敏捷；有的人安静沉稳，有的人开朗健谈。心理学和其他一些行为科学的研究表明，我们所观察到的这些人与人之间在行为方面的差异就是由人的内在素质决定的。

看到这里，你也许会说："我不赞同人与人之间是有差别的，我们看到的不同都只是表象。比如，一个看起来安静的人在有些时候也会变成'人来疯'，一个看起来活泼开朗的人往往内心很沉闷。"如果你这么想，别人很难同你争辩。这也是我们为什么将"人与人之间存在差异"称为假定的主要原因。然而作为一门学科，人员素质测评"生来"就是要寻找差异的，因此它必须建立在这条假定之上。道理很简单，如果人与人之间没有差异，根本就不需要测评。

（二）假定二：差异有因

差异有因是指人与人之间的差异是有规律，而不是随机变化的。"三岁看大，七岁看老"，"江山易改，本性难移"，这两句俗语就是指人的特征的稳定性。研究表明，个体素质的形成与大脑的生成过程有关，大脑内在结构经历了先天的遗传和后天的培养，到了一定年龄会稳定成形，之后就不太容易改变了。譬如，偶遇多年未见的小学同学，刚刚见面时可能会比较陌生，可是稍稍聊一会儿，你就会发现他身上一些比较熟悉的特征。为什么会有这种感受？就是因为人的素质结构是由一些稳定的生理和心理因素决定的，这种结构可能会伴随人的一生而基本不会发生突变。

个体内在的素质结构是稳定的，而外在的行为表现反映了内在的素质结构。因此，素质结构的稳定性也就决定了行为的稳定性。如果了解并掌握了一个人内在的素质结构，我们就可以通过素质结构来预测他的行为反应。

需要特别说明的是，差异有因也只是一条假定而已，你当然可以说人与人的差别是毫无规律的。可是，对于一门学问来讲，如果先入为主地认定它研究的内容是毫无规律的，那我们还会去研究它吗？因此，差异有因也是人员素质测评的基本前提。

（三）假定三：人心可知

顾名思义，所谓人心可知，就是指我们可以通过某种方式将人的特征用某种量化的方式描述出来。孟子说：“权，然后知轻重；度，然后知长短。物皆然，心为甚”。这句话充分体现了人心可知的可能性。现代科学技术的研究表明，由于人的素质结构是其先天生理结构以及后天环境（尤其是早期经历）共同作用的结果，因此，如果掌握了人与人在先天生理结构和后天经历两个方面的差异，我们就会对他们的素质有更深的理解，进而可以更加准确地预测他们的行为。

（四）假定四：素质可用

所谓素质可用，是指个体素质会影响工作表现。根据管理学和心理学的很多研究，我们可以知道，个体的内在素质主要包括人格、智力、自我形象和价值观、社会角色、知识、态度、技能和能力等，一个人的工作行为和工作结果是这些素质要素的综合外在表现。比如，态度严谨、具有创造性、善于钻研的人适合做科研工作，而善于沟通、具有冒险精神、外向、性格坚韧的人可能更适合做销售工作。只有当工作特点与素质结构相匹配时，才会有最佳的工作业绩。如果让适合做科研工作的人去做销售工作，自然不会有很好的业绩产出。

二 人员素质测评的含义

基于上述几个基本假定，人员素质测评获得了存在的合理地位。接下来我们介绍到底什么是人员素质测评，以及它和一些相关概念有什么相似和不同。

（一）人员素质测评的基本定义

人员素质测评是建立在测量学、心理学以及管理学等多学科基础之上的一门交叉学科。它采用现代科学的心理测量技术，比如面试、心理测验、无领导小组讨论、评价中心等方法，对个体个性特征、能力、知识水平、发展潜力和职业取向等方面进行科学且客观的测量与评价，并据此构建科学、公正、公开的选人理念和用人机制，为人员招聘、录用、晋升、培训、绩效管理、职业规划等人力资源功能模块提供支持。

在这里，素质指的是员工自身所具有的一些比较稳定的个人特质，而这些个人特质会影响工作表现和任务绩效。具体包括人格特质、智力、技能、知识、价值观等。我们所测量的，也就是这些所谓的素质，构成了对人的测评内容。具体来说，人员素质测评包含两个相互独立而又密切联系的方面：素质测量与素质评价。

素质测量指的是对人的素质进行定量或者定性的描述。素质测量必须以认识被测者的素质为目的，以科学的测评工具为手段。技能、知识等素质要素是可以直接测量的，因此我们将这些素质要素称为显性素质要素，通过面试或笔试，对技能和知识等显性素质进行测试是相对简单且效度和信度较高的。素质要素中的态度、人格、价值观、自我形象等要素是无法直接测量的，称为隐性素质要素。

前面我们提过，个体的行为是个体内在素质的反映，通过了解个体的素质结构，我们可以预测一个人的行为表现；反过来，通过研究观察个体的行为表现，我们可以推测出此人的素质结构。所以对隐性素质要素的测评要从人的行为出发，必须通过被测者表现出来的行为进行归纳概括，并判断出被测者的隐性素质要素。

素质评价是对测评对象的素质进行“估值”，即评估测评对象的素质能给一个组织的发展带来多大的贡献。因此，素质评价是以素质测量为基础的，通过对素质测量环节得到的行为信息进行概括和描述，结合岗位和企业对人的要求，得出该被测者对于组织的价值。因此，素质评价不是简单地对素质测量阶段得到的信息进行归纳总结，而是客观性和主观性的统一，基于分析信息又超越分析信息。譬如，某种测评结果表明，A 亲和力强、性格开朗，比较适合做销售工作。在这个例子中，A 亲和力强、性格开朗是素质测量的结果，比较适合做销售工作则是素质评价的结果。

（二）人员素质测评与人事测评、心理测验和心理测量之间的关系

人员素质测评又叫人事测评，在本书中二者基本通用。它们都是指心理测量技术在人力资源管理中的运用。

心理测验是结合统计学和心理学的方法，根据一定的法则，用数量化手段对心理现象或行为加以确定和测定，以评价个体在特定素质上的相对水平的方法。心理测验是心理测量的一种具体工具，在人员素质测评工具库中也有这种工具。

心理测量是心理学科体系中的一门重要学科，指的是关于人的个体心理差异的测量或诊断，是用科学、标准、客观的测量手段对人的特定素质进行测量、分析与评价的技术与方法。人与人之间素质的不同构成了人与人之间的个别差异，这些素质差异往往会在人的行为上有所体现，心理测量就是通过分析人的行为表现，对他的心理特征进行某种解释。

心理测量可以从一个人的价值观、人格、智力、能力等方面对个体进行全面描述，通过测量心理特征可以预测个体在行为上的表现。心理测量的方法包括心理测验、日常观察、面试和情境判断测验等。心理测量是人员素质测评的重要基础，为人员素质测评提供了坚实的理论基础，并为人员素质测评提供了很多具体的操作方法，比如心理测验、面试等。

如上所述，人员素质测评的主要目的是保证人与组织和岗位的匹配，将合适的人放在合适的位置，避免因用人不当给组织带来管理危机和业绩低下。人员素质测评是心理测量在企业人力资源管理方面的应用，为了挖掘被测者某些对工作业绩有重要作用的素质，人员素质测评会利用心理测量的一些基本理论和基本方法，心理测验就是其中一种常见方法。

第 2 节 人员素质测评的历史背景与发展历程

无论是在中国还是在西方，历史上都有大量人员素质测评思想和方法，这些方法为现代人员素质测评的发展奠定了基础。人员素质测评作为一门学科产生于近代的西方，但中国古代学者早就注意到了人与人之间存在心理活动方面的差异，并尝试使用各种方法对具有不同心理特征的人进行区分。

一 中国古代有关人员素质测评的思想与实践

中国是一个历史悠久、文化源远流长的文明古国。在我国大量的古籍论著中，古代先贤在心理测量方面的思想光辉俯拾皆是。早在公元前 5 世纪，我国最古老的历史文献《尚书》中就记载："知人则哲，能官人。"这句话的意思是能知人善任才能被称为明智之人，明智之人才能用人得当。此外，古代思想家还对人才的识别进行了深入探讨，形成了很多人才识别的思想和方法，称之为"识人法"或"识人术"。"识人法"或"识人术"的形成过程大致代表了人员素质测评研究在中国古代的发展过程。

著名教育家、思想家孔子曾提出"上智"和"下愚"的概念，并说"唯上智与下愚不移"，"中人以上，可以语上也；中人以下，不可以语上也"。这两句话实际上是按智力将人分为"上智""中人""下愚"三等，这种思想同现代测量学将人分为"超常""正常""弱智"三类的看法是相似的。

战国时期伟大的哲学家、思想家孟子特别重视对人的考察，他曾对齐宣公说："权，然后知轻重；度，然后知长短，物皆然，心为甚"。这就包含心理特征的可测性思想。两千多年后（1918 年）美国心理学家桑代克（Thorndike）的信条"凡物之存在必有其数量"与孟子的"权度"思想如出一辙。

同样重视人才考察的还有墨家学派创始人墨子。墨子认为，"听其言，迹其形，察其所能而慎予官，此谓'事能'。故可使治国者，使治国，可使长官者，使长官，可使治邑者，使治邑。"他主张通过观察人的言行考察人的能力之后，根据能力大小再授予官职，这其中包含了人岗匹配的思想。

三国时期，刘邵写出了我国第一部人才专著《人物志》，该著作堪称中国古代人事测评思想的集大成者。在《人物志》中，刘劭提出"众人之察不能尽备"，只能"观其感变以审常度"。他认为，我们不可能观察到人的所有行为，只能通过观察具有代表性的行为来预测其总体的人格。这同现代测量学对"行为样本"的测量是一致的。同时，刘邵还列出了 12 种类型的人才所各自适合担任的职位。刘邵认为，人才"能各有异"，"材能既殊，任政亦异"。这些论述相较于墨子的人岗匹配思想更进了一步。

中国古代不仅有以上关于心理特征差异性和可测量性的理论阐述，也产生了真正意义上的心理测量的实践活动。初萌于商周、兴盛于隋唐的科举取士制度堪称规模宏大的有组织的测量活动。在商代，教育考试的内容是礼、乐、射、御、书、数等服务于祭祀和作战之需的科目；到了汉代，则对法律、军事、农业、税收和地理等内容进行笔试；隋唐时，由于儒学的至尊地位，考试内容以儒学经典为取材来源和衡量标准。这种科举考试一直延续到清朝末年。

除了官方的科举取士制度，在我国民间也有一些对人的心理进行测量的活动。例如，南北朝时期，中国江南地区广为流行“周岁试儿”活动。它采用近似标准化的实物作材料，观察婴儿对视觉现象的动作反应和适用行为等方面，属于一种早期婴儿行为的诊断测验。它是近代西方学者格塞尔（A. Gesell）的婴儿发展量表的前导。此外，早在1860年以前我国就已有七巧板（益智图），运用大小、形状不同的七个小板块，组成生物或实物的复杂图形。它可以视为一种非文字类型的创造力测验，对操作者的知觉整合能力和空间想象能力要求很高。七巧板早于世界上任何机巧板，堪称现代智力测验中广泛使用的所有拼图类试题的始祖。

由于中国古代的人员素质测评是在实际应用过程中缓慢发展起来的，且测评主要从主观需要出发，没有形成一种操作性强、客观规范的测评方法，因此未能发展成为一门独立学科，但其深邃的思想光辉仍不断启发着现代人员素质测评理论与技术的发展与革新。

二 人员素质测评在西方的发展过程

早在19世纪初，个体差异的重要性就引起了西方科学家的注意。1796年，英国格林尼治天文台天文学家马斯基林（Maskelyne）因为其助手观察星体通过的时间比自己的迟0.8秒，认为他“师心自用，不依法行事”而将他辞退。此事在20年后引起另一位天文学家贝塞尔（Bessel）的兴趣，他通过研究认为，这是一种不可避免的个人观察误差。这一结论引起了学者对个别差异的关注。此后，越来越多的学者投身个体差异的划分与测量研究，现代人员素质测评由此逐渐兴起并发展为一门独立学科。

（一）现代人员素质测评产生的历史背景

1. 沈干的贡献

19世纪，随着工业革命的成功与工业化程度的加深，西方国家对劳动力的需求急剧增加，工厂大量雇佣童工。但是，许多地方官与工厂主订约，每雇20个童工，必须带1个低能者。在这种情况下，如何鉴别低能者成为现实的需求。

法国医生沈干（Seguin）专门从事从感觉辨别力和运动控制力方面来训练智力落后儿童的研究，于1837年创办了一所专门教育智力落后儿童的学校，并于1864年出版《白痴：用生理学方法来诊断与治疗》一书，介绍了在感觉辨别力和运动控制力方面训练智力落后儿童的方法，其中的一些方法如形式板被后来的非言语智力测验采用。

2. 冯特的贡献

1879年，冯特（Wundt）在莱比锡大学设立心理实验室。这一时期的实验心理学家扎根于生理学和物理学，主要目标是发现人类行为的一般趋势。在研究中他发现，对于同一刺激，各人的反应常常不同。研究者起初以为这是实验程序上的错误。经过长时间的实验才认识到，此种差异并非偶然的错误，而是个人在能力上的差别。于是心理学家将注意力转移到对个体差异进行研究。要研究个体差异必须有测量工具，由此便引发了测量运动。

早期的心理实验提出了严格控制观察条件的要求。例如，在一个测量反应的实验中，给予被试者的指导语可能明显提高或降低被试者的反应速度。这表明，只有在标准状况下被试者所做的观察报告才是有价值的。这种程序的控制为测验的标准化打下了基础。

3. 高尔顿的贡献——心理测验的尝试

首先倡导测量运动的是优生学创始人、英国生物学家和心理学家弗朗西斯·高尔顿(Francis Golton)。高尔顿受 17 世纪英国教育家洛克（Locke）“一切知识来自感官”观点的影响，试图用各种感觉辨别力的测量结果推估个人智力的高低。他在 1883 年出版的《人的能力研究》一书中说：“外部世界的信息是通过我们的感觉到达大脑的。我们的感觉越敏锐，获得的信息便越多，获得的信息越多，我们的判断与思维便越有用武之地。”高尔顿还注意到，白痴对于热、冷、痛的鉴别能力较低。这一观察结果使他进一步确信，感觉辨别力“基本上是心智能力中最高的能力”。

在测验中，高尔顿还率先应用了等级评定量表、问卷法以及自由联想法。此外，高尔顿还把统计方法应用于对个别差异资料的分析，他将以前数学家所研究出来的统计技术改造为简单形式，使那些未经专门训练的调查者也能使用。他不但扩充了古特莱特（Guetelet）的百分位法，还创造了一种粗浅的计算相关系数的方法。后来高尔顿的学生卡尔·皮尔逊（Karl Pearson）创立积差相关法，成为测验学者寸步不能离的工具。

4. 比奈的贡献——心理测验的正式出现

19 世纪末，法国颁布了义务教育法，声明所有孩子都有接受教育的权利，但是富人家的孩子和穷人家的孩子教育基础并不一样，如果只依靠年龄阶段来划分教学班会出现很多问题。为了解决这个问题，法国教育部召集教育学家、医学家等组成一个委员会，致力于研究如何对智力落后儿童进行特殊教育。心理学家比奈（Binet）是该委员会的委员之一，为了对孩子的智力做一个区分，他与助手西蒙（Simon）在 1905 年编制了世界上第一个具有使用价值的智力测验——比奈-西蒙量表（Binet-Simon Scale）。比奈不仅提出了测验智力的方法，还将智力测验应用到教育领域，从而推动了心理学的迅速发展。

1908 年，比奈对量表做了修订，采用智力年龄计算成绩，并建立了常模。该测验还首次引入了效度等测验的重要概念。1911 年，比奈对量表进行了第二次修订，同年比奈去世。

目前世界上智力测验很多，其基本原理和主要方法是比奈奠定的，比奈对于心理测验的贡献不可磨灭。美国心理学家宾特纳（Pintner）曾经说：“在心理学史上，如果称冯特为实验心理学的鼻祖，那么不得不称比奈为心理智力测验的鼻祖。”

（二）人员素质测评在第一次世界大战与第二次世界大战期间的发展

1. 第一次世界大战期间（1917—1918 年）

第一次世界大战强有力地推动了人员素质测评的发展，并使其拥有了一定的知名度。1917 年美国参战，当时主要工作于教育领域的心理学家也走进军队为国家服务。由于每个参军人员的智力水平不同，心理学家建议应该把心理测验应用于选拔官兵和分派任务，他们认为在部队中应用心理测验可以提高军队的整体素质和战斗力。由于当时的心理测验主要用于教育领域，大部分心理测验都是针对个体的（即单独施测），导致无法在大规模的部队中推广普及。为此，心理学家开发了多种适合军队使用的团体测验，这些测验中最为著名的就是欧提斯（Otis）编制的纸笔智力测验。在其基础上，罗伯特·耶克斯（Robert Yerkes）等心理学家开发了陆军甲种测验（Army Alpha Test）。当心理学家发现应征者中的文盲比例高达 30%时，又专门针对文盲和无法看懂英文的士兵开发了陆军乙种测验（Army Beta Test）。同时，在第一次世界大战中也出现了世界上第一种标准化人格问卷——个人资料调查表。该调查表由伍德沃斯（Woodworth）编制，主要是为了鉴别不能从事军队工作的神经症患者。

第一次世界大战结束后，由于陆军甲种测验和陆军乙种测验在部队的应用取得了很显著的成效，这种团体测验被广泛应用于职业咨询、工业部门和军事领域的人事选拔和配置工作，心理测验在社会上的应用越来越普遍。

2. 第二次世界大战期间（1941—1945 年）

为解决部队对人员进行配置和培训的需求，第二次世界大战期间成立了有关军事人员配置的咨询委员会。不同于第一次世界大战，这次是军方主动联系了心理学家。该委员会接到的第一个任务便是研发一款测验，根据对士兵学习任务的能力和责任心的测评结果，将士兵分为 5 类。最终该测验被命名为陆军普通分类测验（Army General Classification Test，AGCT），成为团体测验中的一个标准测验。咨询委员会同样致力于军官训练候选人选拔、部队专业水平测试、辅助能力性向测验等其他测试项目。此外，心理学家同样致力于情境压力测验的研发与应用，评估士兵如何控制情绪和处理人际交往带来的压力和挫折。另一个工作领域是选拔和培训战斗机飞行员。在战争时期发展起来的测评技术在和平时期也被用于商业和工业领域，大大推动了心理测验的发展。

两次世界大战对人员素质测评都有重大影响。第一次世界大战促进了它的专业化并获得了社会的认可，第二次世界大战则促使其发展和完善。在下一个时代，人员素质测评将会朝着专业化方向发展，对技术性和科学性的要求更为严格。

（三）人员素质测评在工业领域的发展与应用

人员素质测评在工业领域的出现与工业与组织心理学在美国的快速发展密不可分。19 世纪后期，由于工业化、外来移民、高出生率等因素的影响，美国社会经历着日新月异的变化与发展，这促使美国社会大兴变革。美国民众与社会期望科学能提供有用的实践解决方案，这些社会性需求驱动着心理学家将理论与实际结合，利用科学知识提高工作质量。

被尊称为工业心理学之父的雨果·孟斯特伯格（Hugo Münsterberg）是这一时期杰出的代表人物。他对用传统心理学研究方法研究工业中的实际问题非常感兴趣。他的著作《心理学与工业效率》分为三个部分：挑选工人、设计工作、在销售中运用心理学知识，该著作对工业领域的人员素质测评产生了深远影响。他最著名的研究之一是通过系统研究无轨电车司机的工作内容和设计模拟电车的实验室实验，得出了安全驾驶无轨电车的司机应具备的特征。这种基于工作分析构建人员素质模型的方法为科学选拔员工提供了可靠的依据。

第一次世界大战后，社会各界开始意识到心理学能够解决许多实际问题，心理咨询公司和研究所的数量激增。1921 年，卡特尔（Cattell）、桑代克和伍德沃斯等著名心理学家创立了美国心理学公司（Psychological Corporation），目的是促进心理学的发展，并提升心理学在工业领域中的作用。1922 年，美国文官服务委员会成立了以欧鲁克（O′Rouke）为领导的评估研究小组，将心理评价技术引入文官考试制度中。1924 年，西方电气公司开展了一系列被后世称为“霍桑实验”（Hawthorne studies）的研究，该实验被许多学者视为“代表了解释生产和效率问题之间的复杂性中最重要的实验”（Blum & Naylor，1968）。1927 年，第一个职业兴趣测验——斯特朗职业兴趣量表出版，广泛应用于职业选择、人事选拔等领域。1971 年，美国联邦法院要求在与工作相关的领域使用人员素质测评技术，许多大企业因此开始建立自己的人员素质测评技术、方法和流程，人员素质测评在整个工业领域的应用越来越广泛。

三　现代人员素质测评在中国的兴起与发展

心理测量的技术在西方出现之后，中国学者积极主动地将其引入国内。其中，樊炳清于 1916 年首次将比奈-西蒙量表介绍到中国，费培杰于 1922 年将比奈量表翻译成中文，陆志伟于 1924 年修订了斯坦福-比奈智力量表。1931 年，由艾伟、陆志伟和陈鹤琴等人倡议并成立了中国测验学会。

新中国成立后，由于受到苏联和“左”倾错误的影响，心理测量的研究与应用在我国一度处于停滞状态。改革开放之后，心理测量又获得了快速发展，它在组织管理、教育、军事等领域发挥着越来越重要的作用。

第 3 节　人员素质测评的基本操作流程

任何事情实施起来都需要遵循一定的流程和步骤，人员素质测评工作也不例外。通常来说，人员素质测评的实施可以分为四个步骤：测评准备、测评实施、测评应用与测评评估。

一　测评准备

测评准备需要做好以下四项工作。

（一）确定测评的目的与内容

确定测评的目的和内容是进行人员素质测评的第一步。在这一步，我们首先需要思考为什么要进行测评，目的何在。如果测评目的不明确，那么后续整个测评的标准确定、方法选择，以及随后的测评效果评估就没有根据。

毋庸置疑，不同的测评目的决定了不同的测评内容。以诊断、评价为目的的测评主要是根据诊断、评价的内容来确定测评内容，譬如想确定是否需要对管理人员的沟通技能进行培训，这时测评就是对管理人员的沟通技能进行测试，测试的结果就是培训的依据；以人事选拔为目的的测评内容主要是岗位任职资格和组织文化，以及战略实施对候选人的要求，测评的目的是剖析候选人是否具备目标岗位所要求的素质，能否支持组织的长远发展和战略目标的实现。

（二）建立测评指标体系

在以人事选拔为目的的测评中，建立测评指标体系就是确定一些具体的标准，这些标准可以告诉我们什么样的被测者是合格的、满足组织和职位需求的。测评指标体系一般来自目标职位的任职资格，是那些与产出高绩效密切相关的素质，建立指标体系可以让整个测评过程有明确的目的和关注点。

（三）选择合适的测评方法

测评的方法取决于测评的目的与内容。比如，如果想考察候选人是否具备较高的成就动机，只采用自我评价肯定是不行的，因为很多候选人会按照测评人员的期望或社会的一般价值倾向来回答，从而隐藏自己内心真正的动机和想法，很容易在测评中出现偏差，达不到测评的目的。为了解决这个问题，应该采取隐蔽性较高的测评方法，比如主题统觉测验或无领导小组讨论。再如，当我们想考察候选人是否具备团队合作能力时，笔试或面试都可能无法准确考察候选人的团队合作能力，此时最好采用无领导小组讨论或情境模拟方法。总之，测评方法选取不当会导致无法准确收集信息，甚至产生错误的结果和判断。而测评方法的选择在很大程度上取决于我们计划测评哪些要素或心理特征。

（四）建立专门的测评小组

由于人员素质测评是专业性极强的工作，因此有必要建立专门的测评小组。一般而言，测评人员包括两类：一类是企业外部的测评专家，包括高校和科研院所从事相关教学和研究的专家学者，以及在测评机构从事相应工作的从业者；另一类是企业内部人员，主要包括人力资源部门的专业人员和目标岗位所在部门的直线经理。企业内部人员最熟悉目标岗位的要求，他们知道什么样的人是最适合的，但是在测评方面专业性不高；企业外部的测评专家专业水平高，对测评的流程、方法、技术都很熟悉，但是对目标岗位的熟悉度不够，所以测评小组一般由外部测评专家和企业内部人员组成，测评专家必须先对企业内部人员进行测评的相关培训，让内部人员熟悉测评的目的、流程、技术、信息处理等事项。

二 测评实施

测评实施主要包括以下两部分内容。

（一）实施测评

在进行测评的过程中必须做到标准化和客观化，以保证测评结果能够公正、公平地反映被测者的素质，尤其要注意在测评过程中不能加入个人的主观情感，很多测评人员很容易出现类我效应、第一印象、比较错误的现象，这些主观印象很容易影响测评的公正性。

在测评过程中要详细观察并记录被测者的回答和行为，测评实施的相关信息和对结果有影响的一些细节都应该记录下来。此外，实施测评时要保证有一个舒适的测评环境，尽量避免外界干扰对被测者的影响，确保被测者的正常水平得到发挥。

（二）对测评数据进行分析并处理

顾名思义，对测评数据进行分析并处理指的是测评小组对测评过程记录的信息进行讨论，并对被测者的表现进行深度分析，由行为表现得到被测者的素质。如果测评方法是情境模拟，首先要明确每个情境对应的是目标岗位的哪些素质，然后再对被测者的行为表现进行分析，看被测者是否具备这些素质。对于心理测验，分析方法比较简单，因为心理测验都是在事先确定好的模型和流程下展开的，测评人员只需按照心理测验的方法和流程步骤进行即可。很多情况下，组织可能会对被测者进行多种不同方法的测评，测评人员需要将不同方法下的测评结论进行整合，这就需要测评人员有足够的经验并对各种测评方法有充分的了解。

三　测评应用

人员素质测评的目的是为绩效预测、问题诊断或人事选拔服务，以绩效预测为目的的测评的最终结果是关于员工未来绩效和行为表现的预测；以问题诊断为目的的测评的最终结果是被测者特长和不足的分析报告；以人事选拔为目的的测评的最终结果是人员素质分析报告，用来判断被测者和目标岗位是否匹配。

在应用测评结果的过程中需要明确的是，测评是为了给最终的决策提供信息和参考，测评的结果不能直接作为决策的结果，实际的决策应该是相关部门综合考虑各方面因素后做出的。我们既要尊重测评的客观性和科学性，促进测评在企业内部的适用，又要考虑到测评技术本身的有效性和可靠度，不能过分夸大测评的精度和适用范围。

四　测评评估

人员素质测评实施过程的最后一个环节是对测评进行评估。评估的目的主要在于项目的持续改进，而不是对负责人进行“秋后算账”。评估的内容主要包括：测评技术的设计思路和操作细节是否需要调整？测评的程序是否合理？等等。通过这种复盘和评估，可以为下一次类似测评工作的开展提供有价值的信息。

示例 1－1

对测试进行评估

测评目的和内容

为了适应激烈的市场竞争，提高销售队伍的工作效率和销售业绩，将适合的人放在适合的岗位上，对不适合岗位的人员进行培训和开发，特通过人员素质测评为A企业销售队伍配置合格的人员。销售人员素质测评的目的在于通过对销售人员全面综合的测评，判断他们是否称职，并以此作为人力资源管理的基本依据，切实保证销售人员薪酬管理、晋升、调动、培训开发、激励、辞退的科学性。

测评指标体系

A企业采用行为事件访谈技术构建销售人员的胜任特征模型，并将胜任特征模型作为人员素质测评的基础。该企业根据提炼出的胜任特征得到销售人员的测评要素及权重，如表1-1所示。

表1-1 测评要素及权重

测评内容	测评目标	要素指标	要素权重（%）
品性素质（24）	工作态度	主动积极性	8
	团队意识	团队合作精神	10
	需求和动机	成就倾向	6
知识素质（15）	基础知识	营销知识	5
	专业知识	产品知识	10
能力及技能素质（61）	协助和服务能力	关系建立能力	15
		顾客服务能力	15
	沟通协调能力	语言沟通能力	11
	认知能力	问题分析能力	12
		资讯获取能力	8

测评方法

A企业的外部合作方管理咨询公司经过多年的积累，融合中外心理学和管理学研究成果，结合十几年中国企业管理实践，与中国企业人事改革现状相结合，研发了基于胜任特征模型的评价中心。结合A企业的具体需求，在本次销售人员素质测评中尝试了以下测评方法：

（1）情境模拟技术：无领导小组讨论、角色扮演；

（2）标准化测验：认知能力测验、人格测验、专业知识测验；

（3）结构化面试。

测评小组

A企业成立了管理咨询公司评委和企业内部评委相结合的测评专家小组，针对测评过程中可能遇到的问题，双方进行了充分的沟通：

（1）管理咨询公司针对测评方法、测评题目、测评实施等方面，对企业内部评委就测评技术、测评流程等做了详尽的培训；

（2）企业内部评委针对企业情况，向管理咨询公司评委做了详尽的介绍。

测评实施

具体内容如表1-2所示。

表 1－2　　测评实施

测评实施阶段	管理咨询公司主要负责内容	A 企业主要负责内容
前期准备	人员分组安排 测评实施安排 测评工具设计 现场测评安排	场地租赁布置 提供参测名单
现场测评	笔试（120 分钟/人） 无领导小组讨论（60 分钟/组） 角色扮演（20 分钟/人） 结构化面试（20 分钟/人）	现场协调（候选人候场、入场、离场）

数据分析和处理

依据心理测量学原理，对候选人的表现进行了数据方面的分析与处理，并合成了成绩。

资料来源：徐世勇，李英武．人员素质测评．北京：中国人民大学出版社，2017.

第 4 节　人员素质测评在现代人力资源管理中的应用

众所周知，人力资源管理包括人力资源规划、招聘与配置、培训、考核、薪酬和员工发展等模块。那么人员素质测评与人力资源管理的这些模块之间存在什么样的关系呢？普遍认为作为现代人力资源管理工作的重要技术支撑，人员素质测评在人力资源管理的几个模块中都起着重要作用。下面我们具体介绍它们之间的关系。

一　人员素质测评在人力资源管理中的作用

随着知识经济时代的到来，企业之间人才的竞争愈演愈烈。大家都知道，素质是企业对其所需要的人的核心能力的描述。而人员素质测评作为人力资源管理的基础贯穿整个人力资源管理系统，为企业的选人、育人、用人和留人工作提供保障。具体而言，人员素质测评在以下人力资源管理模块中均起着比较重要的影响作用和支持作用。

（一）人员素质测评在人力资源规划中的作用

通过企业的人员素质测评，人力资源管理者可以掌握企业中已有人才的能力分布状况和素质水平，对需要和缺乏的人员素质有较为清晰的了解。同时，通过人员素质测评还可以发现人与岗、人与人之间存在的差别。人员素质测评可以让企业掌握自己拥有的人力资源在质量方面的现状，并将人力资源素质存量状况与企业持续发展要求员工具备的素质状况进行对比，分析员工素质在哪些方面还存在不足、有待提高，并针对测评结果开展人才吸纳、培训、激励等一系列提高员工素质的人力资源管理工作。员工的素质与能力不仅可以从实际工作绩效中看出来，还可以通过对员工的实际素质进行测量而得出。如果采用后者，则需要采用人员素质测评的技术帮助组织评估现有人才的素质现状。

示例 1-2

A 公司的人员素质测评

背景

A 公司多年来一直采用传统方式，比如组织考察、推荐等，来选拔后备管理人才。为了更快速准确地选拔出一批能够适应新的竞争形势、具有成长潜力的管理者，A 公司决定委托外部咨询公司，利用人员素质测评技术，将优秀的人才推荐到后备库中。这次后备选拔针对 A 公司总部部门总经理、分公司总经理和对应的副职，进行三级建库。

解决方案

(1) 首先确定三个层级管理者基准胜任特征测评重点，比如认知能力、沟通协调能力等；然后分别确定三个层级管理者鉴别胜任特征测评重点，比如部门总经理、分公司总经理等正职强调驾驭能力，而分公司副总经理等副职强调执行力。

(2) 选择合适的评价中心工具。其中，对正职的测评增加了公文筐测验，对副职增加了专业能力测验。

(3) 实施测评。本次合计测评 182 人，其中，正职后备候选人 58 人，副职后备候选人 124 人。

成果

(1) 提供了针对不同类别后备干部的总体分析报告，为现有人员素质的盘点提供了数据支持。

(2) 提供了个人测评报告和测评成绩。

(3) 进行跟踪，为后备干部培训、培养，干部配备等提供了重要参考。

资料来源：徐世勇，李英武．人员素质测评．北京：中国人民大学出版社，2017.

（二）人员素质测评在招聘与配置中的作用

在招聘过程中，很多企业往往只看重候选人的技能、知识和经验，但是这些特征只能满足职位的短期空缺，并不能保证人员未来的发展潜力，从而难以确保企业获得持续的竞争力。因此，企业必须把人员素质测评纳入招聘选拔过程中，认真分析目标职位对任职者的素质要求，并对候选人的素质进行测评，确保候选人的素质与目标职位的素质要求相符合，确保人岗达到最佳匹配。

示例 1-3

某大型跨国公司的人才选拔

背景

某大型跨国公司近期需要为四个子公司分别选拔合适的人才担任总经理。该公司的人力资源部虽然比较了解这四个子公司总经理的职位，但是不太清楚后备人才的情况。于是该公司委托外部咨询公司，对候选人进行专业的综合素质测评。

解决方案

（1）采用行为事件访谈法，分别建立四个高管职位的胜任特征模型，从而确定关键的测评素质。

（2）选择合适的测评工具：无领导小组讨论、公文筐测验、结构化面试、管理游戏等。

（3）实施测评。系统、客观地收集候选人和岗位的相关信息，并对其进行评价。

成果

（1）提供推荐建议，为人事决策提供了重要参考。

（2）测评报告和测评成绩。

（3）合适人员已到岗，该公司对其业绩表现满意。

资料来源：徐世勇，李英武．人员素质测评．北京：中国人民大学出版社，2017.

（三）人员素质测评在员工培训中的作用

员工培训包括培训需求分析、培训效果评估两个环节。培训的这两个环节都可以通过人员素质测评的技术来实现。具体来说，通过人员素质测评可以发现员工在素质与能力方面存在的不足，为培训需求分析提供依据。在培训效果评估环节，也可以借助人员素质测评对员工在培训中所学习新知识、新技能的掌握情况进行考察，以确定实际的培训效果。人员素质测评可以让员工知道自己哪些方面的素质存在不足之处，与企业实施战略所需的素质要求进行比较，找出差距，综合测评结果、绩效考核结果和员工职业发展计划制定相应的培训计划。因此，使用人员素质测评会让企业的培训更有针对性，真正实现员工与企业共同发展。

示例 1－4

A 公司新任事业部总经理的领导力开发

背景

A 公司新任事业部总经理大多是从技术职位或营销职位转过来的，他们是否能够尽快适应新角色的要求影响着公司的业务发展。于是 A 公司委托外部咨询公司，以人员素质测评为基础帮助 A 公司对新任事业部总经理进行领导力开发辅导。

解决方案

（1）采用心理测验、无领导小组讨论等技术对 12 名事业部总经理进行胜任特征和个人风格测评，比如行为风格和领导风格。

（2）基于人员素质测评，分析事业部总经理的胜任特征差距。

（3）听取直接上级对每个事业部总经理需要发展何种能力、达到何种水平的要求。

（4）向事业部总经理进行一对一的反馈，协助他们制定个人能力提升计划。

（5）针对共性差距，设计并实施以体验练习为模式的领导力课程，如团队建设、问题解决等。

（6）每月一对一地跟踪事业部总经理能力提升计划执行情况，收集变化数据，并提供面对面的辅导。

（7）一对一辅导过程中，帮助事业部总经理缓解工作压力，寻求积极应对压力的方式。

（8）对于短期不能胜任或过度胜任的事业部总经理提供适应现有岗位和调整新岗位的建议。

成果

（1）事业部总经理能够快速适应新角色要求，从单一职能管理走向全面管理。

（2）事业部总经理对优势、个人风格、不足和新角色适应有了清晰、客观、全面的认识。

（3）通过人员素质测评，对事业部总经理的未来发展提供了一些有价值的建议。

资料来源：徐世勇，李英武．人员素质测评．北京：中国人民大学出版社，2017.

（四）人员素质测评在其他人力资源管理模块中的作用

绩效管理是企业日常管理的一项重要内容，对于员工绩效的考察可以从过程和结果两个方面展开。所谓过程考核，就是要对员工的行为表现和内在素质进行分析，以确定他们在某个时段的变化。此时我们就可能会借助人员素质测评的方式对员工的外在行为和内在素质进行分析。类似地，在薪酬管理中，我们有时不单单根据员工所处的岗位高低付酬，还会根据员工的素质和能力付酬。

员工职业生涯规划的目的在于帮助员工根据自身的素质和职业兴趣设计适合个人的职业发展路径。通过对员工进行素质测评，可以让他们更好地了解自身的优势与不足，并知道岗位的素质要求，从而更加清晰合理地确定自己在企业中的定位和发展方向，减少个人职业生涯规划的盲目性。同时，测评结果也为员工规划了个人职业发展的有效路径，可以确保员工尽快地实现自我价值。

二 国内人员素质测评在人力资源管理中的应用现状

1978 年，中国进入了改革开放和社会主义现代化建设的新时期。从彼时开始到现在的 40 年间，中国在经济、社会、文化各个领域发生了天翻地覆的变化，特别是在经济领域，中国的国内生产总值（GDP）从 1978 年的 3 679 亿元增长了到了 2018 年的 900 309亿元，并在 2010 年成为世界第二大经济体。

在此期间，中国的党政机关、事业单位和各类企业组织不断借鉴和吸收西方人力资源管理的先进经验，与此同时，中国的学术研究群体（包括高校教师、科研院所研究人员、政府机构背景的专业研究群体、商业机构研究群体）也积极地投入到人力资源管理的研究活动之中。测评是人力资源管理的一项重要功能与技术，大量运用于招聘等人力资源管理实践，自然也受到了学者们的重视。

我们从中国期刊全文数据库（1978—2017）、中国博士学位论文全文数据库（1984—2017）中收集了所有与测评有关的文献。所采用的关键词包括测评、面试、心理测验、无领导小组讨论、公文筐测验、角色扮演、管理游戏、案例分析、演讲、搜寻事实、评价中心、信度、效度等。

对搜索的具体过程有两点需要说明：第一，采用以上方法搜索的文献并非都包括在这次分析中。例如，对于“角色扮演”这个搜索词，搜索结果并不局限于招聘与测评领域，此时，我们又加入了摘要中出现“测评”的检索条件，这会大大减少文献的数量。类似的情况还有“案例分析”“演讲”。第二，我们还手动剔除了一些明显不符合要求的文献。比如，在教育领域也会涉及测验的问题，但与企业人力资源管理无关，我们因此将这些文献予以删除。第三，“信度”与“效度”两个检索词所得结果重叠率非常大，我们仅保留了“效度”的搜索结果。

从表 1-3 中可以看出，有 4 334 篇文献进入了我们的研究视野。① 在所有的中文文献中，以“面试”为关键词的文章最多，占所有发表文章总数的 30%左右；其次为“测评”，占所有文章的 29%左右。

表 1-3　不同搜索词所对应的论文数量

搜索词	期刊论文数（篇）	期刊论文起止年份	期刊论文被引用频次范围	博士学位论文数（篇）
测评	1 260	1986—2017	0～538	8
效度	641	1987—2017	0～1 819	13
测验	843	1982—2017	0～133	12
无领导小组讨论	140	1998—2017	0～35	0
公文筐/文件筐	27	2003—2017	0～13	1
角色扮演	5	2007—2017	0～15	0
评价中心	92	1983—2017	0～116	1
面试	1 326	1986—2017	0～73	3
合计	4 334			38

从引用频次上看，最高引用频次为关键词是“效度”的文献，这也反映出理论类研究与应用、技术类研究的不同：理论类研究所得到的结果主要支持其他应用性研究，因此引用频次较高；相反，一些应用、技术类研究主要是介绍应用的心得体会与操作步骤，论文出现后更多用于实践，而非进一步研究，因此被引用频次相对较低。

从图 1-1 可以看出，2000 年之前，关于素质测评的研究论文较少，每年的发表量基本都在 50 篇以下。2000 年之后，该领域的研究开始大幅增加，到 2007 年达到 300 篇左右，这一趋势一直持续到 2013 年，随后开始下降，2017 年下降到 170 篇左右。

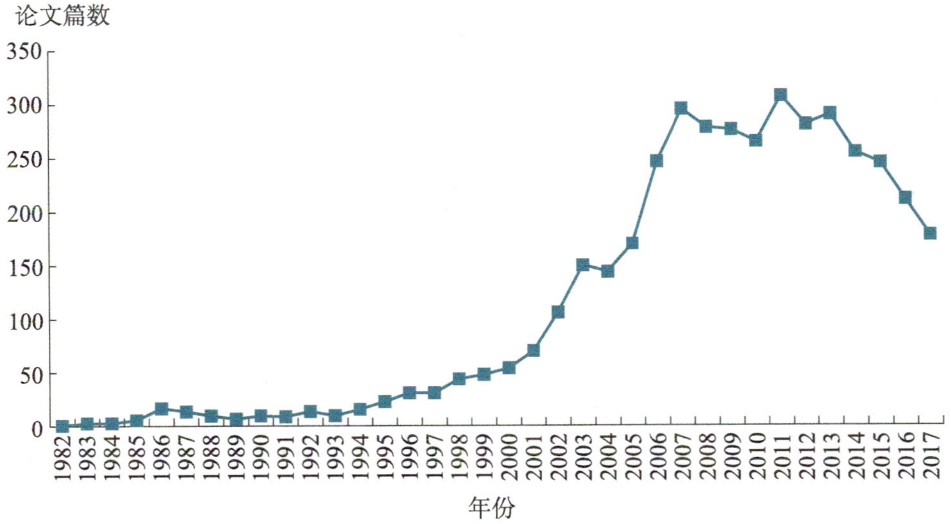

图 1-1　关于素质测评的研究论文篇数

① 周文霞．中国人力资源管理研究 40 年（1978—2018）．北京：中国社会科学出版社，2018.

除了博士论文出现的前沿研究少之外，我们还发现，全球范围内学术社区的活动对我国测评研究的影响不大。比如，无领导小组讨论、公文筐测验和评价中心等研究主题和具体的研究内容，在国际上都是在十几年之前出现的（Bray & Campbell，1968；Mitchel，1975；Bass，1954；Meyer，1970）。

总之，人员素质测评的方法与理论逐渐被国内的实践界和学术界接受。现阶段我国已经出现了一大批人员素质测评的专业人员和专业机构。但我国人员素质测评技术起步较晚，而且很多原理和技术都直接从国外引进，在本土化方面仍存在一定问题，无论是观念上还是技术上都与国外存在一定的差距。总体上看，我国人员素质测评现阶段主要存在的问题如下。

（一）缺少专业的人员素质测评人员

人员素质测评是建立在测量学、心理学、管理学等多学科基础之上的一门交叉学科，要求测评人员具备测量学、心理学和管理学方面的知识结构，尤其要熟练掌握心理测量的方法。与此同时，测评过程对测评人员的要求也是非常高的，测评方案的设计，测评过程信息的收集、处理、综合需要测评人员具备良好的专业知识基础和实践能力。我国目前虽然涌现出一大批专业测评机构和测评人员，但真正的专业性测评人员还是很少。

（二）人员素质测评的观念和理论素养落后，对人员素质测评的定位缺乏正确认识

很多企业现在虽然引进了人员素质测评，但是对人员素质测评的概念、作用并不清楚。具体表现为很多使用者对于测评的基本概念、测评分数的解释、测评工具的评价标准、测评工具的使用范围不了解，在使用过程中难免会出现滥用、盲信、非理性排斥等不理智做法。

（三）人员素质测评技术落后

现有企业中很多人员素质测评技术方法和测评软件都是直接从国外引进的，由于东西方文化和民族心理具有差异性，国外的测评技术方法和软件并不一定适合我国。对于测评技术中的标准，不同的文化下可能会有不同的解释和意义，如果不考虑我国的文化特点和民族特点，只是简单地遵循“拿来主义”，势必会使人员素质测评过程出现偏差。

本章小结

1. 人员素质测评是建立在测量学、心理学以及管理学等多学科基础之上的一门交叉学科。它采用现代科学的心理测量技术，比如面试、心理测验、无领导小组讨论、评价中心等方法，对个体的个性特征、能力、知识水平、发展潜力和职业取向等方面进行科学且客观的测量与评价，并据此构建科学、公正、公开的选人理念和用人机制，为企业的人员招聘、录用、晋升、培训、绩效等人力资源功能模块提供支持。

2. 心理测量是人员素质测评的基础，人员素质测评是心理测量在企业人员招聘、选拔、培训、职业发展等管理实践方面的应用，心理测验是心理测量的一种具体技术。

3. 人员素质测评的实施可以分为四个步骤：测评准备、测评实施、测评应用与测评评估。

4. 人员素质测评对于人力资源管理的各个模块都具有支撑作用，人力资源规划、招聘与配置、员工培训以及职业生涯规划都离不开人员素质测评的支持。

5. 人员素质测评的理论与技术产生于心理差异研究的大背景。智力测验和人格测验首先出现在教育领域，随后逐渐进入工业领域，并与工业组织管理的具体要求和场景相结合。特别是当它成为现代人事管理的一项技术支撑之后，人员素质测评的理论与技术得以蓬勃发展。

关键词

人员素质测评　素质测量　素质评价　心理测量　心理测验　智力年龄

复习思考题

1. 如何理解人员素质测评的概念？
2. 人员素质测评所依据的几个基本假定是什么？
3. 如何区分人员素质测评中的素质测量与素质评价？
4. 请阐述人员素质测评的产生与发展历程。
5. 请阐述人员素质测评在现代人力资源管理中的具体应用。

参考资料

1. 王垒，施俊琦，童佳瑾．实用心理与人事测量．北京：北京大学出版社，2008.

2. 郑日昌．心理测量与测验．北京：中国人民大学出版社，2008.

3. 徐世勇，李英武．人员素质测评．北京：中国人民大学出版社，2017.

4. 保罗·M. 马金斯基．心理学与工作：工业与组织心理学导论：第 10 版．北京：机械工业出版社，2014.

5. 郑日昌，孙大强．心理测量与测验．2 版．北京：中国人民大学出版社，2013.

6. 萧鸣政．人员测评与选拔．上海：复旦大学出版社，2005.

7. 郑日昌．心理测量．长沙：湖南教育出版社，1987.

8. 苏永华，柴雪，丁玉洋．无领导小组讨论技术实施中的信度与效度问题研究．人类工效学，1998（2）：29－31，70－71.

9. Bray D W，Campbell R J. Selection of salesmen by means of an assessment center. Journal of Applied Psychology，1968（52）：36－41.

10. Mitchel J O. Assessment center validity：a longitudinal study. Journal of Applied Psychology，1975，10，60（5）：573－579.

11. Bass B M. The leaderless group discussion. Psychological Bulletin，1954，51（5）：465－492.

12. Meyer H H. The validity of the in-basket test as a measure of managerial performance. Personnel Psychology，1970（23）：297－307.

第 2 章
人员素质测评的基础

学习目标

通过本章的学习，你能够：

◎ 了解个体的能力、人格与价值观及其对于员工行为的影响。

◎ 理解工作分析与人员素质测评之间的关系。

◎ 掌握胜任特征模型在人员素质测评中的应用。

引例

人力资源管理如何拥抱业务

在金刚机械公司人力资源部办公室里，人力资源负责人宋燕对前来反映问题的三车间主管刘明说："我一直想象不出你究竟需要什么样的操作工人。我已经给你提供了四个面试人选，他们好像都满足工作说明书中的要求，但你一个也没录用。"

"我不关心什么工作说明书，"刘明答道，"我关心的是找到一个能干好那项工作的技术工人。你给我派来的人都无法胜任，而且我从来就没见过什么工作说明书。"

宋燕从文件柜里找出那个岗位的工作说明书递给刘明，并逐条解释给他听。在他们共同分析这份工作说明书时，刘明指出了一些现实的工作状况以及工作说明书中不适当的地方。这时他们发现，要么是工作说明书与实际工作不太相符，要么是工作说明书形成以后实际工作随着公司发展又有了很大的变化。例如，工作说明书中虽然说明了应具备数字机床的使用经验，但实际中所使用的是一种更新型的数字机床。为了能有效地使用这种新机器，工人必须掌握更多的数学知识及接受相关理论培训。

随后，宋燕又仔细向刘明了解了操作工人必须具备的条件及应当履行的职责。宋燕说："我想我们现在可以研究一下，然后写一份准确的工作说明书，再以它为指导，这样就能找到适合这项工作的员工了。今后我们加强工作联系，这种情况就再也不会发生了。"

试想，如果宋燕手中有一份准确有效的工作说明书和操作工人胜任特征模型，上述情况或许就不会出现了。

可见，工作分析的有效进行与胜任特征模型的建立是人员素质测评的基础性工作，它们为后者提供了判断、选拔的重要标准。

人员素质测评中关注的维度和测评要素，是由工作分析所得到的行为和职责描述转化而成的；提高工作分析的有效性，能够节约测评成本、提高测评效率。而胜任特征模型所关注的则是绩效优秀者与绩效一般者的区分标准。同时，基于胜任特征模型所建立的标准，强调了内在动机、价值观等深层次特征，这有利于构建支持人力资源与组织发展战略相匹配的测评体系。

资料来源：徐世勇，李英武．人员素质测评．北京：中国人民大学出版社，2017.

第 1 节　能力、人格与价值观

我们在第 1 章曾经讲到，个体是有差异的。其实，人与人产生差别的角度是千差万别的。在人员素质测评中，我们更关心的是内在的差异，包括能力、人格和价值观等。人员素质测评中很多测评指标都是从这些概念中延伸出来的。

一　能力与人格

（一）能力的概念及分类

心理学家认为，能力指的是个体顺利完成某种活动所需具备的直接心理特征。譬如，外交官需要具备较强的语言表达能力、随机应变能力，这些特质是保证他能够胜任外交工作的心理特征；管理者需要具备一定的人际交往能力、组织能力，这些特质是保证他能够顺利完成管理工作的心理特征。个体的能力各种各样，通常可以分为以下三类。

一般能力指的是在各种基本活动中表现出来的能力，比如思维能力、想象力、观察力、记忆力等，即我们通常所说的智力。

特殊能力指的是完成某种专业活动所需具备的能力，比如画家的色彩鉴别能力、飞行员的飞行能力、音乐家的节奏感受能力等。

创造力指的是个体产生独特的新思想、发现和创造新事物的能力，它是顺利完成某种创造性活动所需具备的心理特征。发明新设备、提出新概念、设计新产品等都是创造力的表现。

每个人都有自己的能力结构，有各自的长处和短处，这是毋庸置疑的。从管理的角度来看，重要的是了解每个人的能力差异，并根据他们的能力安排适合他们的工作，从而使每个人的能力在工作中得到充分发挥。

（二）人格的定义与结构

1. 人格的含义

什么是人格？每个人都听说过，但很少有人能说得清。西方心理学家对人格的定义尽管相差很大，但是基本上都源自拉丁文 persona，意思是舞台上的演员所戴的面具，代表这一人物的性格和角色特点，包括表现在外的行为特征和蕴涵于内而他人无法直接观察的特征两部分。在组织行为学中，人格被定义为与工作相适应的个人特质的总和。它不是一个纯自然的范畴，而是个体遗传与后天环境交互作用所形成的相对稳定和独特的心理行为模式。具体而言，人格具有以下特点。

第一，人格具有独特性。人与人之间的心理与行为是各不相同的，人格结构组合的多样性使得每个人的人格都具有自己的特点。俗话说“人心不同，各如其面”，指的就是人格的独特性。比如，有些人沉默寡言，有些人活泼开朗，有些人顽固自守，有些人开放自然。

第二，人格具有稳定性。个体的人格在时间上具有前后一贯性，在空间上具有一定的普遍性，那些偶然发生的心理特征不能称为人格。比如，一个性格外向的大学生，不仅在学校里表现活跃，在校外也喜欢结识朋友，不仅大学四年中表现如此，毕业若干年后很可能依然这样。当然，这种稳定性不是绝对的，而是相对的。在人的一生中，为了适应复杂多变的社会环境，人格也可能会发生或多或少的改变。

第三，人格具有统合性。人格由多种成分构成，但它们并不是孤立存在的，而是密切联系并整合成为一个有机的整体。人格的有机结构具有内在一致性，受自我意识的调控。当个体的人格结构在各方面彼此和谐一致时，就会呈现出健康的人格，否则就可能会出现适应困难，甚至导致人格分裂。

第四，人格具有功能性。人格是一个人生活成败、喜怒哀乐的根源之一，决定了一个人的生活方式，有时甚至会决定一个人的命运。比如，面对挫折与失败，有志者会认真总结经验教训，怯懦者却会一蹶不振，失去奋斗的目标。这就是人格功能性的表现。

2. 人格的结构

奥地利心理学家弗洛伊德（Freud）认为，完整的人格由三大部分组成，即本我、自我和超我。

本我（id）是人格结构中最原始的部分，追求生物的本能，包括各种基本的生理需求，如饥、渴、性等。本我是无意识、非理性、非社会化和混乱无序的，遵循快乐原则，它不受现实和道德的约束而满足其原始欲望。比如，婴儿感到饥饿时会要求立刻吃奶，而不会考虑母亲是否方便。

自我（ego）是从本我中逐渐分化出来的，位于人格结构的中间层。在人格中代表现实性的一面，主要作用是调节本我与超我两者的矛盾，遵循现实原则，即以合理的方式来满足本我的要求。

超我（superego）是人格结构的最高层次，由于个体在生活中接受社会文化和道德规范的教养而逐步形成，是社会化的结果。它包括两个重要成分：一是良心，即规定自己的行为免于犯错的限制；二是自我理想，即要求自己的行为符合自己理想的标准。超我遵循道德原则，具有三个作用：抑制本我的冲动、对自我进行监控、追求完善的境界。

弗洛伊德的人格结构基于心理病理学的假设，他认为，当本我、自我和超我三者保持协调平衡时，人格表现出一种健康的状态；如果三者失调乃至破坏，就会引发心理疾病。

二　价值观

每个人都生活在特定的社会环境中，对周围的一切客观事物都会有一定的想法和评价，认为有些是可取的、重要的，有些是不可取、不重要的，这就是价值观。不同个体的价值观存在很大的差异。比如，有人看重的是工作的乐趣与发展空间，而有人则追求权力与地位，这就体现了个体间价值观的不同。美国著名管理学教授斯蒂芬·罗宾斯（Stephen Robbins）认为，价值观代表了人们最基本的信念：从个人或社会的角度来看，某种具体的行为模式或存在的最终状态比与之相反的行为模式或存在状态更可取。

价值观包括内容和强度两种属性。内容属性告诉人们某种行为模式或存在状态是重要的；强度属性表明这种行为模式或存在状态的重要程度。譬如，甲、乙两位管理者都认为公平是管理员工的基本准则，这表明二人在价值观的内容属性方面基本一致。但是甲偶尔会偏袒自己的亲信，而乙在任何情况下都坚守公平的原则，由此可见，公平这种价值观的强度属性对乙而言更大。

当我们根据强度来排列个体一系列的价值观时，就可以获得这个人的价值系统。它体现了人们对周围客观事物的是非及重要性的评价，并且从总体上影响了人们的态度以及行为方式。价值观不仅影响我们对人和事的知觉判断，而且是了解员工态度和动机的基础，因此价值观对于管理学的研究具有重大的意义。

示例 2－1

比尔·盖茨独特的人格特质

名人似乎总有与众不同之处，比尔·盖茨（Bill Gates）之所以会成为当今世界的显赫人物，是因为独特的人格特质早已注定了他的非同寻常。

对小时候的盖茨来说，在课堂上睡觉是常有的事。他的生活极其紧张，三天不睡觉对他来说如同家常便饭。据一位朋友说，他通常 36 小时不睡觉，然后倒头便睡上十来个小时。他的睡觉习惯也很独特，从不在床单上睡觉。累了就躺在他那张乱糟糟的床上，拉过一条电热毯盖在头上，不管何时也不管环境如何喧闹，他总能马上进入甜甜的梦乡。盖茨至今仍保持这个习惯，坐飞机时他常用一条毯子盖在头上，然后在整个航程中酣睡不止。

盖茨喜欢辩论，辩论的时候言语粗鲁，充满讥讽甚至带有侮辱性。在表达观点时，如果有人激怒他，他会暴跳如雷。对微软公司的大多数编程人员来说，和盖茨一起参加技术会议就如同进行语言测试一样。盖茨有一种发现他人纰漏的惊人能力，在辩论的时候表现得尤为突出。一旦发现一个人的漏洞，他就会用自己最喜欢的字眼，诸如“傻瓜”“疯子”之类将对方贬得体无完肤。一位微软公司的产品经理说：“和他一起参加会议时，他总是晃来晃去，还不停地颠膝盖。他是一位头脑清晰的思考家，但却容易感情用事……他向别人发起攻击，目的就是要战胜别人。勉强他人接受自己的观点是错误的，对此他却浑然不知。他很富有也很幼稚。在控制性情方面，他从未成熟过。”

时常会有人提醒盖茨他是美国最富有的人。之所以如此，是因为盖茨看上去更像是一位普通人，他的一位朋友回忆起不久前与他偶遇时的情形说：“他哪像美国最富有的人啊，竟然没有随从，好像是闲逛一样，还对我说：‘喂，你好，我们一起去吃热狗吧。’”

只要是感兴趣的事，他都会达到狂热和痴迷的地步。这种品质在湖滨中学时就已表现得淋漓尽致，无论是在机房钻研计算机，还是玩扑克，他都废寝忘食，不知疲倦。

1974 年，当盖茨认为创办公司的时机尚未成熟而继续在哈佛大学上大二时，他迷上了玩扑克，疯狂地玩，扑克和计算机消耗了他的大部分时间。他第一次玩得糟透了，但并没有气馁，后来终于成了扑克高手。只要晚上不玩扑克，盖茨就会出现在哈佛大学的艾肯计算机中心，因为那时使用计算机的人还不多。有时疲惫不堪的他会趴在键盘上酣然入睡。盖茨的同学说，他们常在清晨时发现盖茨在机房里熟睡。

成名后的盖茨常在晚上或凌晨向其下属发送电子邮件，编程人员常在上班时发现盖茨凌晨发出的电子邮件，内容涉及他们所编写的计算机程序。盖茨经常在晚上检查编程人员所编写的程序，然后给出自己的评价。盖茨位于华盛顿湖畔对岸的办公室距其住所只有 10 分钟车程。一般的情况是，他凌晨开始工作，午夜后再回家。他每天至少要花费数小时时间来回复雇员的电子邮件。

资料来源：性格决定命运——比尔·盖茨独特个性分析. [2001-10-22]. http://www.people.com.cn/GB/shenghuo/78/115/20011022/587007.html.

第 2 节　工作分析

作为现代人力资源管理的基础性模块之一，工作分析也是人员素质测评的重要基础，工作分析的结果为人员素质测评提供了依据。本节将介绍工作分析的基本概念、工作分析与人力资源管理其他模块之间的关系、工作分析的方法，并阐述工作分析对于人员素质测评工作的作用。

一　工作分析的含义

工作分析是人力资源管理的一项核心基础职能，在近一个多世纪中，国内外学者给出了工作分析的多种定义。

罗伯特·马西斯（Robert L. Mathis）对工作分析的定义是：工作分析是一种系统地收集、分析与工作有关的各种信息的方法。

加里·德斯勒（Gary Dessler）认为：工作分析就是确定组织中工作的定位、职责、性质以及什么样的人才能胜任这份工作的过程。

小亚瑟·舍曼（Arthur W. Sherman, Jr.）将工作分析定义为：工作分析是遵循一系列事先确定好的分析步骤，通过相应的一系列职位研究，调查收集工作岗位的信息，从而确定工作的职责、任务的活动过程。

麦克考密克（E. J. McCormick）对工作分析的定义是：工作分析是研究人的工作，涉及与职务有关的信息的收集、评估与记录。

萧鸣政认为，所谓工作分析，就是分析者采用科学合理的技术和方法，对每个工作岗位的结构因素和相互关系进行分析、比较与综合，确定该岗位的工作要素特征、性质和要求的过程。

综上所述，我们认为工作分析就是采用科学的手段和方法，全面分析目标职位，收集、分析与工作相关的信息，确认组织中职位的定位、职责、权限、业绩标准和工作关系等基本要素，并对这一职位的工作内容和相关因素做详细、系统的描述和记载的过程。工作分析的最终成果是工作说明书，工作说明书包括两部分：一是职位描述，主要是对职位的工作内容进行概括，包括工作标识、职责、任务、权限、业绩标准等；二是职位的任职资格，主要是对任职者的标准和规范进行概括，包括胜任该职位的人应具备的知识、能力、技能、个人特质等。

站在组织的角度，工作分析所收集、分析、形成的信息是联系人力资源管理各职能模块的纽带，为一系列组织和管理职能提供了理性基础。而且，借助工作分析，组织能够充分了解每个工作岗位所承担的工作任务，发现职位之间的职责重叠和职责空缺现象，并通过及时调整职位提高组织的协同效应，保证组织的每项工作都能落到实处。

二 工作分析的基本操作流程

工作分析的基本操作流程如图2-1所示。

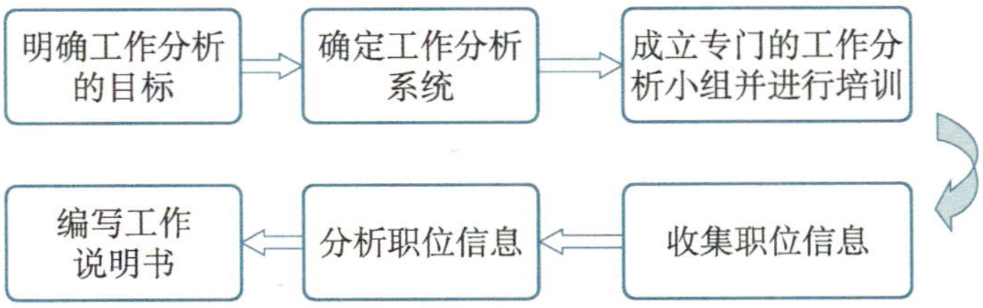

图2-1 工作分析流程图

（一）明确工作分析的目标

工作分析的第一步是要明确工作分析的目的。根据组织与人力资源管理实践的客观要求，思考为什么要进行工作分析。是为了招聘选拔、组织优化、培训开发还是绩效考核？不同的工作分析目的直接决定了需要收集何种类型的信息，以及使用何种方法来收集信息，也就是说要建立目标导向的工作分析系统。比如，以组织优化为目标的工作分析所强调的重点是对工作职责、权限的明确界定，强调职位边界的明晰化以及将工作置于流程和战略分解体系中来思考该职位的定位，此时工作分析所要收集的信息包括工作目的、工作职责、职责细分、职责分配的合理性、工作流程、职位在流程中的角色以及工作权限。

（二）确定工作分析系统

一般来说，工作分析系统分为两大类：人员导向型工作分析系统和工作导向型工作分析系统。人员导向型工作分析系统以任职者为工作分析的出发点，通过了解任职者的潜质、能力和在工作中表现出的人格特征来了解工作；工作导向型工作分析系统以工作本身作为工作分析的出发点和落脚点，将工作分析的目的直接对准工作目标、任务和其他有关事项。人员导向型工作分析系统和工作导向型工作分析系统具有不同的适用范围，工作导向型工作分析系统适合高结构性的工作，或者传统产业或组织中输入向输出的转化是标准化的情况。传统的产业分工一般非常细化，标准化和结构化程度较高，对外界环境的变化不是非常敏感，因此采用工作导向型工作分析系统具有优势。相反，当工作结构性低或者组织的输入向输出的转化是多样化的时候，采用人员导向型工作分析系统优势较大。

（三）成立专门的工作分析小组并进行培训

工作分析是一个复杂的工程，不是某个人或者单一人力资源部门就能完成的，必须获得企业高层以及各级管理人员的支持和认可，成立由高层领导者带头、人力资源部门人员和各部门核心人员参加的工作分析小组。工作分析人员通常分为三种类型：任职者、主管和工作分析专家。三种人员各有优缺点，可以互相借鉴对方的优势。具体如表 2-1 所示。

表 2-1　工作分析的三种人员

	任职者	主管	工作分析专家
优势	（1）收集信息速度快。 （2）对工作最熟悉。	（1）收集信息速度快。 （2）对工作有全面深入的了解。	（1）最客观公正。 （2）在分析方法选择上有专长。 （3）专业性强。
劣势	（1）收集到的信息标准化程度低。 （2）信息的完整度低。 （3）有可能受到员工的抵触。	（1）需要对主管进行工作分析的培训。 （2）占用时间，影响积极性。	（1）成本高。 （2）对组织中的职位缺乏了解。

通常情况下，在工作分析小组中至少要有一名工作分析专家，工作分析小组成立后需要对小组成员进行工作分析的培训。

（四）收集职位信息

工作分析所要收集的信息通常包括：与任职者相关的信息，包括胜任工作所需要的相关知识、所需具备的相关技能、受教育程度、特殊心理品质等；与工作相关的信息，包括工作主要内容、工作业绩标准、工作条件（如工作环境、工作强度、报酬信息等）。

1. 工作分析的信息来源

工作分析的信息来源主要有以下四个方面（见图 2-2）。

图 2-2　工作分析的信息来源

（1）职位的直接上级：职位的直接上级可以从组织的角度提出对任职者的要求，能够保证工作分析结果符合企业的战略目标，支持企业的长远发展。

（2）职位的任职者：职位的任职者最了解职位的工作内容和程序，可以通过访谈、工作日志等方法让任职者描述所在岗位的工作内容以及他是如何完成的。不过，从任职者得到的信息难以保证全面性和客观性，由于对工作分析有可能存在不正确的认识，任职者也可能会隐瞒或夸大某些工作信息。

（3）任职者的同事：任职者的同事可能是该职位的合作者或服务对象，也就是该职位的输出，从任职者的同事那里收集信息是从整个工作流程的角度出发，关注要提高流程效率该职位应该做什么。

（4）组织的背景资料：组织的背景资料包括组织结构图、岗位配置图、工作流程图和原有工作说明书等。有效利用这些资料不仅可以帮助工作分析人员迅速了解企业现状，更重要的是可以大幅降低工作信息收集的难度和工作量。原有工作说明书是提取工作信息并重新编写工作说明书一个很好的起点；组织结构图可以显示当前工作在组织结构中的位置和该岗位与其他岗位之间的工作关系，例如谁应该向谁汇报，任职者应该和谁进行信息交流等；工作流程图则更为重要，它可以清楚地显示现有条件下，组织中各岗位之间的工作输入和输出关系，这对现有工作流程的优化和调整是非常重要的。

2. 信息收集的方法

工作分析中收集信息的常用方法如下。

（1）工作日志法：要求任职者在规定的时间内，以工作日记的方法实时、准确地记录工作活动和工作内容。这种方法一般由工作者本人按标准格式，及时详细地记录自己工作的内容与感受，然后由工作分析人员在此基础上进行综合分析，实现工作分析的目的。

工作日志法的优点有：通过工作日志法可以直接得到有关工作内容的第一手材料，对于高水平与复杂性工作的分析，比较经济有效。

工作日志法的缺点有：工作日志法只适用于工作循环周期较短、工作状态稳定、无较大起伏的职位。同时工作日志法是一种所获信息相当庞杂的信息收集方法，后期的信息整理工作量极大，工作执行人员在填写时会因为不认真而遗漏很多工作内容，从而影响分析结果。此外，填写日志在一定程度上会影响正常工作。

（2）问卷调查法：根据工作分析的目的、内容事先设计一套调查问卷，由被调查者填写，再将问卷加以汇总，形成对工作分析的描述信息。问卷调查法是工作分析中最常用的一种方法。

问卷调查法的优点有：节省时间、经费和人力，结果容易量化，便于统计处理与分析。

问卷调查法的缺点有：问卷编制比较困难，调查结果广而不深，并且很难保证调查问卷的回收率。

（3）访谈法：访谈法是目前国内企业运用最广泛、最成熟有效的工作分析方法，访谈者按照事先准备的访谈提纲和受访者就工作内容进行深入的交流与讨论。受访者一般是该职位的任职者或其直接上级。

访谈法的优点有：访谈者可以对工作者的工作态度与工作动机等较深层次的内容有比较详细的了解；由受访者亲口讲出工作内容，更具体准确；访谈过程中访谈者和受访者之间互动交流，当员工对某些问题理解有误时可以及时与员工沟通。

访谈法的缺点有：进行访谈前需要进行大量的前期准备，需要对访谈职位进行文献研究，还需要对访谈者进行系统的培训，费时费力，成本较高；员工容易认为访谈法是对其工作业绩的考核或薪酬调整的某种依据，因而故意夸大或弱化某些职责。

（4）观察法：工作人员在不影响被观察人员正常工作的条件下，通过观察将有关的工作内容、方法、程序、设备、环境等信息记录下来，最后将取得的信息归纳整理为适合使用的结果。观察法的侧重点在于分析、提炼履行职责所需的外在行为表现以及体力要求、环境条件等。

观察法的优点有：取得的信息比较客观正确，有时具体工作过程的展现比语言描述更能让工作分析者抓住工作内容。

观察法的缺点有：观察法只能提炼出工作的外在行为表现和环境特征，因此主要适用于相对稳定的操作岗位，而不适用于职能和业务管理岗位；观察法有可能影响工作人员的正常工作，使得工作人员展现出不同于正常水平的绩效。

（五）分析职位信息

职位信息收集工作结束后，首先应该将所得到的信息交给领导者进行审核。此外，这些信息应当与从事这些工作的人员、该工作岗位的直线经理进行核对，以确保工作分析所得到的信息完整、正确。

接下来需要对收集到的信息进行整理、归纳、分类处理，对职位信息进行分析，不仅仅是针对单个岗位，还可以按照企业工作流程的先后顺序对整个部门的所有工作进行梳理、归纳，得到部门工作的任务清单，然后进一步分析部门内部的权限关系，这对部门内部理清工作权限、分析工作流程的合理性以及优化组织结构具有重要意义。

（六）编写工作说明书

通过对职位信息的收集、分析、综合，我们形成了工作分析的最终成果——工作说明书。工作说明书包括两个部分：职位描述和任职资格。职位描述主要包括工作标识、工作概要、业绩标准、工作关系，此外还有工作权限、工作压力因素与工作环境等内容，这些内容不是任何一份职位描述都必须具备的，可以根据工作分析的具体目的或职位类别，有选择性地进行安排。

任职资格以人为中心，指出为了完成工作并取得良好业绩，任职者所应具备的知识、技能、能力以及个人特质要求。任职资格可以直接作为人员素质测评和选拔的依据。工作说明书中的任职资格一般包括两大部分：行为能力和素质要求。行为能力是指员工顺利完成工作所应具备的教育水平、工作技能、工作经验和培训要求。素质要求来自企业的整体素质和分层分类的素质体系，即组织要实现战略，需要每位员工具备什么样的素质。其中，企业分层分类的素质体系主要包括通用要素、共用要素以及特殊要素。

三 工作分析在人员素质测评中的应用

一般来说，工作分析最常见的方法有两种：第一种是基于能力要求的工作分析方法；第二种是基于工作要求的工作分析方法。基于能力要求的工作分析方法不是以某个具体的职位为中心，而是去研究一系列职位，找出这一系列职位对任职者的共同要求是什么，这些任职者需要哪些通用的技能、能力和知识。例如，沟通能力和领导能力是管理类工作的任职者都需要具备的能力。基于工作要求的工作分析方法是以某个具体的职位为中心，试图准确地界定该职位的内涵和外延，比如工作定位、工作职责、工作环境、人员技能要求和能力要求。但是到目前为止，工作分析还是主要基于工作要求，基于能力要求的工作分析方法逐渐被胜任特征模型取代。本章下一节将详细讨论胜任特征模型。

如前所述，工作分析的最终成果是形成职位描述和任职资格，职位描述以职位为中心，详细阐述了职位的内涵和外延，通过阅读职位描述可以清楚地理解这个职位的定位、职责、工作权限和工作关系等信息。任职资格以人员为核心，包括两部分：显性任职资格和隐性任职资格。显性任职资格展示了该职位的任职者应该具有的技能、知识、培训要求，这些显性要求在进行招聘时是可以直接观察到的，通过候选人的简历或者笔试可以对这些显性要求进行直接判断，所以判断候选人是否具备显性任职资格相对而言较为简单并且误差较小。隐性任职资格主要是职位对员工内在的能力要求，例如，技术类员工应该具备的隐性任职资格有分析判断能力、心理承受能力、信息检索能力和创新能力等。候选人的隐性任职资格难以通过简单的面试或笔试得到，而且目前的招聘方法导向性较强，候选人很可能会根据面试官期望得到的答案进行回答，这样就无法保证人岗匹配。人员素质测评主要是对候选人的隐性任职资格进行判断，当然，要对候选人的哪些隐性任职资格进行了解，用什么方法才能最大限度地了解候选人的隐性任职资格，取决于职位对任职者的要求。人员素质测评不是要对候选人的所有素质进行了解，这种毫无目的的测评成本极高且效率极低，而是主要针对那些对组织长远发展和工作绩效的实现有重要作用的素质要素。

人员素质测评的目的是选择合适的人到合适的岗位上去，所以人员素质测评前，必须对目标岗位的主要工作内容以及目标岗位任职者的要求有充分、深刻的了解，如果对目标岗位和任职者的要求不了解，针对候选人的素质测评也就失去了意义。而工作分析就是要解决两个问题：岗位的主要工作内容是什么，岗位的任职者应该具备哪些知识、技能和能力才能很好地完成岗位所要求的工作。这两个问题的答案是人员素质测评的工作基础，所以没有了工作分析，就没有了对岗位的深刻了解，丢失了岗位对任职者的要求，人员素质测评也就难以保证人岗匹配的实现。

第 3 节　胜任特征模型

胜任特征模型是人员素质测评工作的另一个重要基础，本节将介绍胜任特征的概念、胜任特征模型与人力资源管理其他模块之间的关系、胜任特征模型的构建方法，继而阐述胜任特征模型对于人员素质测评工作的作用。

一　胜任特征的概念

美国著名心理学家麦克利兰（McClelland）在 20 世纪 70 年代最早提出胜任特征（胜任力）这个概念，他于 1973 年在《测量胜任力而非智力》一文中提到，采用传统的智力测验、性向测验方法来预测未来工作的成败是不可靠的，智力测验和一个人未来在工作中能否成功没有太大的关系，麦克利兰和他的同事倡导用胜任特征模型代替传统的智力测验作为预测未来工作绩效的方法。他将胜任特征定义为个人的一些潜在特点，包括动机、个性、自我形象、价值观、知识和技能，这些潜在特点对工作绩效有着重要作用。

美国学者斯潘塞（Spencer）在总结前人研究成果的基础上提出了胜任特征的冰山模型，冰山模型把胜任特征形象地描述成漂浮在水面上的冰山，如图 2－3 所示。

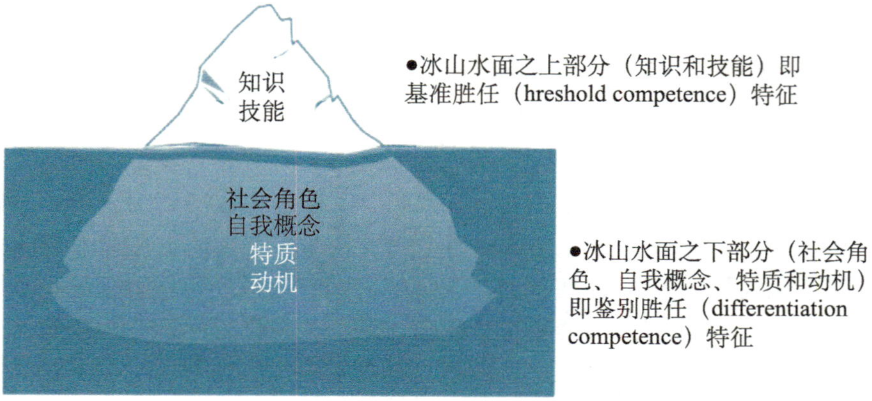

图 2－3 胜任特征冰山模型

从上述模型我们可以看出，胜任特征由“水面之上”和“水面之下”两部分组成，“水面之上”的知识和技能是相对容易观察和评价的，“水面之下”的内驱力、动机、个性、品质等是不能直接看到的，这些胜任特征只有通过具体的行动才能表现出来。

此外，美国学者博雅特兹（Boyatzis）在对麦克利兰的胜任特征进行深入研究的基础上，提出了胜任特征的洋葱模型，如图 2－4 所示。

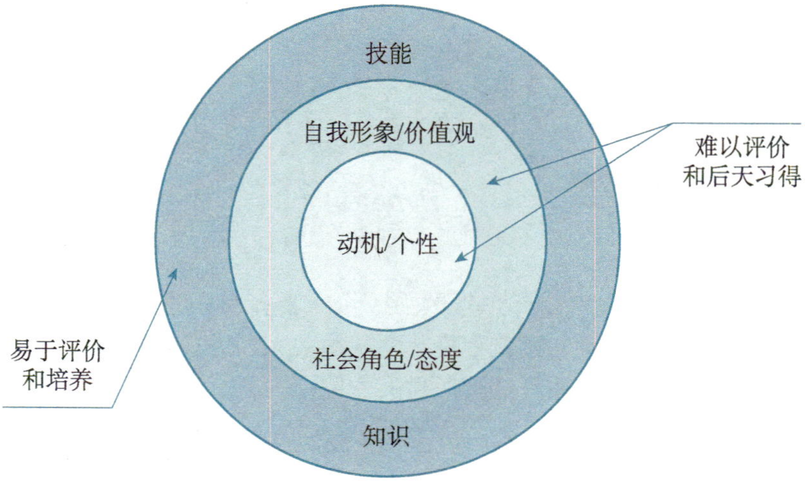

图 2－4 胜任特征洋葱模型

洋葱模型很好地展示了胜任特征各要素可被观察和测量的程度，模型中由内而外依次是动机、个性、自我形象、价值观、社会角色、态度、知识、技能等，一个人的动机、个性等内在要素难以评价和后天习得，知识、技能等外在要素则容易评价和培养。

动机指的是一个人想要做某件事情而在心理上形成的思维途径，是人内心的一种驱动力。动机会推动并指导一个人的行为方式选择，使人朝着目标实现的方向不断前进。动机是最难改变的胜任特征，因为它在人生的早期就已成形。不过动机未必完全不能改变，在内外力的作用下，动机还是可以改变的，只是难度较大。

个性指的是一个人的整体精神面貌，即具有一定倾向性的心理特征的总和。例如，有的人内向，有的人外向，有的人脾气温和，有的人易怒。改变人的个性需要相当的努力和较长的时间，因此个性也是不容易改变的。

自我形象是对自身的评价和看法，一个人对自身进行评价主要是将自己和别人进行比较，比较过程中所持有的标准就是一个人的价值观。

社会角色指的是与人们的某种社会地位、身份相一致的一整套权利、义务的规范与行为模式，是人们对具有特定身份的人的行为期望。

态度是人们在自身道德观和价值观的基础上对事物的评价和行为倾向，是对外界事物的内在感受。一个人的态度是动机、个性、自我形象和价值观综合外化的结果，会根据环境的变化而变化。

冰山模型和洋葱模型本质是一样的，但洋葱模型更加突出各胜任特征可被观察和测量的层次性。

通过对以上两个模型的分析我们知道，内在的动机、个性等胜任特征难以直接观察测量，但这些内在胜任特征是可以通过不同的行动方式表现出来的。也就是说，胜任特征对一个人的行为具有驱动效果，这种驱动效果也为我们尝试从个人行为入手来测量评价内在特征提供了有效的切入点。

二　构建胜任特征模型的基本操作流程

构建胜任特征模型通常可分为以下几个步骤（见图 2－5）。

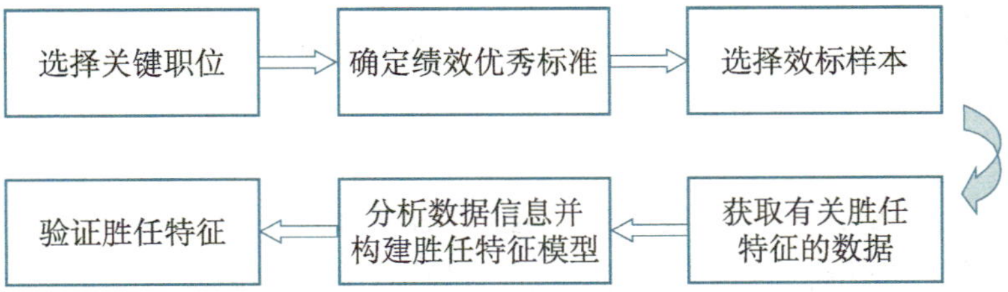

图 2－5　构建胜利特征模型的基本操作流程

（一）选择关键职位

构建一套完整的胜任特征模型需要两三个月的时间，对企业来说是非常耗时耗力的事情，因此必须首先确定哪些是企业的关键职位，值得进行这样的投入。通常关键职位由那些对公司业务的成败具有核心作用的人掌握，对企业可以产生价值增值，对这些职位进行胜任特征模型研究是非常有价值的。

（二）确定绩效优秀标准

选择了关键职位之后，就需要明确绩效优秀标准。确定绩效优秀标准就是要制定一套明确客观的规则与准则，用来衡量什么样的绩效是优秀的、什么样的绩效是一般的，从而为职位胜任特征模型的构建打好基础。

（三）选择效标样本

根据绩效标准和企业实际的考核情况选择胜任特征模型研究的效标样本：一组是绩效优秀员工，另一组是绩效一般员工，绩效优秀员工 3～6 名，绩效一般员工 2～3 名。然后根据工作分析的方法将绩效优秀标准分解细化成一些具体的任务要项，以此发现并归纳驱动任职者产生高绩效的行为特征。

（四）获取有关胜任特征的数据

有多种方法可以获取胜任特征的数据，比如行为事件访谈法、观察法、全方位评价法、专家小组讨论法等，目前最常用的方法是行为事件访谈法。

行为事件访谈法主要是以目标岗位的任职者为访谈对象，通过深入访谈，收集访谈对象在任职期间所做的成功和不成功的事件描述，挖掘出影响目标岗位绩效的细节行为。在进行行为事件访谈时，访谈者的重点是在过去的情境中所采取的措施和行动，而不是假设性的回答以及哲理性、抽象性或信仰性的行为。需要采用 STAR 工具深层次挖掘出具体的行为细节。

值得一提的是，行为事件访谈过程中最关键的是让受访者详细描述整个事件的来龙去脉，并且关注受访者在整个事件中实际做了什么。行为事件访谈法专业性很强。面对各种各样的受访者，要在有限的时间内挖掘出大量信息，访谈人员必须经过相关的专业培训，必要时在专家的指导下才能开展。

（五）分析数据信息并构建胜任特征模型

成功获取有关胜任特征的数据信息后，需要对这些数据信息进行归纳整理。进一步分析行为事件访谈资料，深入寻找绩效优秀员工与绩效一般员工的差异，特别关注绩效优秀员工和绩效一般员工在描述相同事件上的差异性，寻找区分绩效优秀员工和绩效一般员工的关键胜任特征。

结合企业胜任特征词典对胜任特征的定义，总结提炼行为事件访谈过程中得出的胜任特征，如果有的胜任特征是企业胜任特征词典中没有的，需要对胜任特征词典进行补充，将新出现的胜任特征加入胜任特征词典。

（六）验证胜任特征

不难理解，胜任特征模型的开发是一个不断证伪、不断完善的过程，胜任特征模型建立后首先要和相应职位的任职者及其直接上级进行讨论，确认模型中的胜任特征是不是驱动员工产生优秀绩效的关键胜任特征，还需确认对胜任特征的划分和界定是否准确，这种修正方式可以提高胜任特征模型的可操作性和实用性。

其次，需要选取第二组效标样本来检验胜任特征模型是否能够很好地区分绩效优秀员工和绩效一般员工。

最后，将胜任特征模型与企业的培训职能乃至其他管理职能相结合，预测以胜任特征模型为基石开展的人力资源管理活动是否能够帮助员工产生高绩效。

三　胜任特征模型的作用

胜任特征模型就是为了完成某项工作、达成某一绩效目标而需要任职者具备的一系列不同胜任特征要素的组合，包括不同的动机、个性、自我形象、社会角色、知识和技能等。胜任特征模型中包含的胜任特征一般是对取得良好工作绩效最为关键的要素。通过胜任特征模型可以找到导致员工绩效好坏的关键驱动因素，帮助员工改进与提高工作绩效。这也为人员素质测评和选拔提供了更加科学合理的标准。

（一）胜任特征模型与工作分析

传统的工作分析关注工作元素，主要考虑“为了很好地完成任务、实现业绩，任职者应该具备什么样的素质”。基于胜任特征模型的工作分析则侧重于研究在该岗位上绩效优秀员工的行为和胜任特征，结合绩效优秀员工的这些特征来定义岗位的工作职责。这种工作分析方法具有很强的绩效预测性，能够更好地引导员工的工作，促进绩效的提升。

（二）胜任特征模型与人员招聘选拔

传统的人员招聘选拔只着眼于员工所拥有的知识、技能，而忽略了员工内在的胜任特征。这样的招聘选拔方式只能满足职位空缺的短期需求，从长远来看对组织反而是有害的。基于胜任特征模型的招聘选拔着眼于吸引那些与组织文化、理念相符的人，使那些对企业持续成功最为重要的人员及其胜任特征得到了重视和强化。

（三）胜任特征模型与绩效管理

传统的绩效管理是结果导向的，主要关注员工的短期绩效。基于胜任特征模型的绩效管理则关注员工当前以及未来的长期业绩，属于能力导向的。基于胜任特征模型的绩效管理能够对员工未来的绩效进行合理有效的预期，并为调配晋升、培训开发等人力资源管理实践提供有益的指导。

（四）胜任特征模型与薪酬管理

薪酬管理系统是企业的激励机制，目的是促进员工持续不断地为企业创造价值。对这种价值的认定取决于企业关注的是什么，这也成为企业向员工支付薪酬的依据。传统的薪酬管理系统关注的是员工现在能够创造什么价值，基于胜任特征模型的薪酬管理系统关注员工现在能够创造什么价值和员工未来的发展及潜在价值，因此基于胜任特征模型的薪酬管理系统为企业关注员工未来持续的价值创造能力提供了最终的落脚点。

（五）胜任特征模型与培训开发

企业的培训需求主要来自三个方面：战略与环境分析、工作与任务分析、人员与绩效分析。企业实现战略所需要的核心胜任特征决定了各岗位的任职者所应具备的核心胜任特征，应将员工目前所拥有的能力和企业所要求的能力进行比较，在此基础上确定员工的胜任特征差距，并据此制定出相应的培训计划。基于胜任特征模型的培训开发可以有效支撑基于胜任特征模型的人力资源管理系统，特别是绩效管理和薪酬管理系统的实践。

（六）胜任特征模型与员工职业生涯发展

胜任特征模型为员工规划个人的职业生涯确定了基点和有效途径，员工可以根据自身所具备的胜任特征和岗位所要求的胜任特征，选择自己在企业中的进入起点和未来的职业发展途径，避免出现高能低就等人事错配现象。

四 胜任特征模型在应用中的不足

胜任特征模型有诸多优点，不过在实际应用中人们也发现了一些不足，大致有如下五个方面（Stone，Webster & Schoonover，2013）：

第一，不知道怎么用。很多组织都建立了胜任特征模型却不知怎么应用它，有专家认为在选拔上可能还行，但在培训开发及绩效管理上的应用则没那么好。

第二，缺乏整合。缺乏基于胜任特征模型的对人力资源管理各模块的整合，尤其是当组织针对不同的模块开发了不同的胜任特征模型时。

第三，缺乏适当的明细度。胜任特征模型有的显得过于复杂而难以应用，有的却过于简单而无法进行测量、无法让员工真切理解。

第四，稳定性不好。领导者使用胜任特征模型主要是为了将组织引导向某个特定的方向。领导者的改变可能会引起胜任特征模型的改变，从而使胜任特征模型在应用例如招聘上产生不稳定性。

第五，缺乏检验。有些组织使用了胜任特征模型却没有检验胜任特征模型是如何预测员工行为的。

五 胜任特征模型在人员素质测评中的应用

人员素质测评的最终目标是要实现以下三个匹配。

第一，人与组织匹配。如果候选人与组织的文化和价值观难以匹配，这样的人员很难长期留在组织内部，会破坏组织人才队伍的稳定性，更严重的是会出现员工挖组织墙脚的现象。所以在测评时要根据组织的整体需要、组织战略发展的需要、组织文化和价值观的需要，思考组织需要全体成员具备什么样的胜任特征。只有和组织的文化和价值观相匹配，才能支撑组织的长远发展，保持组织人才队伍的稳定性。

第二，人与岗位匹配。人岗匹配就是遵循“岗得其人，人尽其岗”的原则，根据各人拥有的不同素质和岗位要求，将不同的人安排在最适合的岗位上。做到人岗匹配要遵循三个步骤：第一步是知岗。知岗是实现人岗匹配的起点，只有先了解岗位的内容、要求，才能为岗位挑选合适的人才。要做到知岗，就必须开展工作分析，了解岗位需求。第二步是知人。所谓知人，就是根据岗位要求来挑选合适的人。知人的方法有很多种，例如简历分析、笔试、心理测验、面试、情境模拟、评价中心等。但它们或是基于人，或是基于事，知人的效果有限。在管理实践研究中我们发现，胜任特征模型是知人的有效工具。通过对工作所需胜任特征的准确界定，我们就会明确该职位的任职者需要具备哪些胜任特征，各胜任特征要求的级别或程度如何，在人员素质测评中以这些胜任特征要求和级别要求为准则去设计相应的测评方法和测评标准，可以大大提高人员素质测评的针对性，提高人岗匹配的效果。第三步是匹配。第一步我们认识了岗位，第二步我们认识了员工的优点和缺点，匹配就是把员工放到最适合他的岗位上，最大限度地发挥员工的优势，实现人才的有效利用。

第三，人与团队匹配。现代企业中没有哪项工作可以靠一个人单打独斗完成，团队合作和跨部门工作成为常态。新员工和工作团队之间的匹配既要考虑到辅助匹配，又要考虑到互补匹配。辅助匹配是指新员工和其他团队成员之间要以相似的价值观和信念为基础，这些价值观和信念是团队成员共同遵循的做事原则和共同追求的目标；互补匹配是指团队成员之间要有不同的气质、技能、能力，一个团队成员的缺点会被另一个团队成员的优点弥补，产生互补优势效应。例如，在工作团队中，要有善于沟通、技术能力强、领导力强等具备不同能力的人，这样团队才是高效的。所以人员素质测评必须考虑到团队的需要，测评前必须根据团队工作的内容，对现有团队成员进行行为事件访谈，分析团队的新成员应该具备哪些胜任特征，以发挥团队整体的最大效能。

胜任特征模型在工作分析的基础上，进一步围绕相应的岗位要求、组织环境和文化氛围要求，阐述了该岗位的任职者应该具备的胜任特征，这就要求在人员素质测评中不能仅仅关注候选人的知识、技能和工作背景，还需要挖掘候选人深层次的胜任特征，检查候选人所具备的胜任特征是否与目标职位相匹配，是否与企业的愿景、文化、价值观相符。基于胜任特征模型的人员素质测评可以挑选出那些价值观、核心能力与企业相匹配的人，这样的员工不仅能满足空缺职位的需求，而且能帮助企业达成当前以及长期的战略意图。

本章小结

1. 工作分析是人员素质测评的基础，它决定了人员素质测评的内容、方法、流程和最后的测评标准。工作分析的最终结果是工作说明书，其中的任职资格所包含的隐性任职资格是人员素质测评的主要关注对象，人员素质测评主要是对候选人的隐性任职资格进行判断。

2. 胜任特征模型中包含的胜任特征一般是对取得良好工作绩效最为关键的要素。通过胜任特征模型可以找到导致员工绩效好坏的关键驱动因素，这也为人员素质测评和选拔提供了一个更加科学合理的标准。

关键词

能力　人格　价值观　工作分析　胜任特征模型

复习思考题

1. 请谈谈能力、人格与价值观三者的含义，以及它们分别对个体行为的影响。
2. 如何理解“工作分析是人员素质测评的基础”这句话？
3. 如何将胜任特征模型应用于人员素质测评？

参考资料

1. 彭剑锋，荆小娟．员工素质模型设计．北京：中国人民大学出版社，2003.
2. 付亚和．工作分析.2版．上海：复旦大学出版社，2009.
3. Stone T H，Webster B D，Schoonover S. What do we know about competency modeling?．International Journal of Selection and Assessment，2013，21（3）：334－338.

附录　工作说明书与胜任特征模型示例

一　人力资源部招聘专员岗位工作说明书

具体如表2－2所示。

表2－2　人力资源部招聘专员岗位工作说明书

1. 工作标识			
岗位名称	招聘专员	岗位代码	
所在部门	人力资源部	岗位定员	1人
直接上级	人力资源部经理	直接下级	
2. 岗位总体目标			
根据岗位需求，招聘合适、优秀的人才，确保各部门所需人员及时到位。			
3. 工作职责			
（1）根据现有编制及业务发展需求，确定招聘目标，汇总岗位需求数目和人员需求数目。 （2）调查公司所需人才的外部人力资源存量与分布状况，并进行有效分析，对招聘渠道实施规划、开发、维护、拓展，确保招聘渠道能有效满足公司的用人需求。 （3）负责撰写招聘广告，发布职位需求信息，做好公司形象宣传。 （4）收集简历，对简历进行分类、筛选，和目标对象进行电话沟通，通知应聘者前来面试，对应聘者进行初步面试考核，出具综合评价意见。 （5）组织相关部门人员协助完成复试工作，确保面试工作及时开展、考核结果符合岗位要求。 （6）对拟录用人员进行背景调查，并与其进行待遇方面的沟通；领导签字确认后，和拟录用人员进行报道确认，发送录用通知。 （7）负责招聘网站的维护和更新，以及招聘网站的信息沟通。 （8）负责招聘费用的申请、控制和报销。 （9）总结招聘工作中存在的问题，提出优化招聘制度和流程的合理建议，完成招聘分析报告。 （10）负责建立企业人才储备库，做好简历管理与信息保密工作，跟踪和收集同行业人才动态，吸引优秀人才加盟公司。 （11）完成领导交办的其他事务。			

4. 工作联系	
汇报对象：公司总经理。 内部联系：各部门负责人。 外部联系：人才市场、招聘网站、报纸、各高校招生就业办。	
5. 素质要求	
教育水平：大学本科及以上学历。 专业要求：人力资源管理及相关专业。 经验要求：一年及以上相关工作经验。 能力要求：具有较强的综合分析能力、沟通协调能力、组织规划能力、书面表达能力，能承受较强的工作压力，办事思路缜密、细心，具有较强的责任心，富有亲和力，能熟练使用电脑及各种办公软件。	
6. 工作条件	
工作时间特征：正常时间上下班，偶尔加班。 工作环境：室内作业。 危险性：基本无危险。 使用工具设备：一般办公设备。	
部门领导签字：	日期：
人力资源总监审核：	日期：

二　高校教师胜任特征模型

高校教师的胜任特征是衡量教师综合业务能力的一项重要指标。构建高校教师胜任特征模型对于高校人力资源管理来说具有重要的实践意义，将为教师胜任特征测评与高校人力资源管理提供帮助，对于教师提升自身素质和高校开展教师招聘、培训、激励、管理都具有重要的实践意义。

高校教师胜任特征模型构建的基本原理是在胜任特征理论的指导下，找出绩效优秀教师与绩效一般教师在知识、技能、自我概念、社会角色、特质和动机等方面所表现出来的差异，通过收集、分析、整合数据的方式构建教师胜任特征模型，并根据分析结果形成具有可操作性的人力资源管理体系。

构建高校教师胜任特征模型的过程总体分为三个阶段：一是收集信息和准备阶段；二是开发模型阶段；三是验证和修正模型阶段。其中，开发模型阶段采用行为事件访谈法，由模型开发小组确定样本选择的要求和标准，然后确定选择参加访谈的绩效优秀教师和绩效一般教师的相应条件。

具体来说：（1）选择受访者。根据确定的绩效优秀教师标准，由模型开发小组提供绩效优秀教师候选名单。（2）开展行为事件访谈。在受访者同意的前提下，对整个访谈过程进行录音。要求受访者分别描述在教学科研工作中三个成功的事例。（3）访谈录音文本转录。由人力资源管理专业的两名研究生专门负责将访谈录音整理成文字，并对文本编号及打印，最终生成教师胜任特征的原始数据。（4）胜任特征编码。运用主题分析法和内容分析法识别主题和编码。由两名研究人员组成编码小组来辨别、区分各个事件中出现的胜任特征的行为指标，进行正式归类和编码。对访谈文本中出现的独有特征进行补充编码，并进一步补充到编码词典中。（5）初步构建胜任特征模型。根据对教师胜任特征的编码结果，提炼出绩效优秀教师胜任特征与教师共有胜任特征。初步整理访谈结果，根据访谈结果找出绩效优秀教师胜任特征。根据频次统计分析结果，确定绩效优秀教师和绩效一般教师的相同特征，组成教师胜任特征模型，如表 2－3 所示。

表 2－3　　教师胜任特征模型

	胜任特征			
绩效优秀教师胜任特征	优秀的教学策略	掌握学科前沿动态	沟通能力	自我教育
	专业基础扎实	服务意识	丰富的教学经验	抗压能力
	耐力	组织协调	广泛的学术人脉	领导能力
教师共有胜任特征	良好的学术声誉	自律	良好的教学组织能力	良好的科学人文素养
	高学历	自信	乐观	毅力
	责任意识	公关能力	公平竞争	社交能力

未来的国际竞争是人才的竞争，高校要培养高素质的人才，就必须具备高素质的教师，这就要求高校立足实际、着眼未来，根据教师的胜任特征模型构建合理的教师招聘、培训、管理和激励体系，促进教师教学水平和科研水平的有效提升。

第3章 人员素质测评的原理

学习目标

通过本章的学习，你能够：

◎ 理解人员素质测评的三大基础理论。

◎ 运用人员素质测评中有关统计学的基本知识。

◎ 掌握信度、效度与项目区分度等知识。

◎ 了解对测评分数进行解释的思路与方法。

引例

张专员的苦恼

H公司招聘专员张先生最近很苦恼，几个月前他从销售岗位转到了招聘专员的岗位上。刚开始接手招聘工作时，他觉得招聘无非就是笔试加面试，再加上长期的销售工作使他对各类人员都有较为深刻的了解，他甚至认为招聘专员的岗位对他来说有些大材小用了。可是，一段时间之后，他开始遇到麻烦。一次公司大规模的招聘后，人力资源经理要求他对这次招聘进行总结，在总结中要对这次招聘公司所采用各类选拔方式的信度、效度进行分析，最后还要细化到对每个测评题目进行分析。

面对人力资源经理的要求，张先生彻底傻眼了。在咨询过同事之后，张先生意识到自己可能需要补习一下人员素质测评的基础理论知识了……

资料来源：徐世勇，李英武．人员素质测评．北京：中国人民大学出版社，2017.

第1节　人员素质测评的三大基础理论

一般而言，现代人员素质测评建立在三大基础理论之上：真分数理论、项目反应理论和概化理论。其形成和发展的过程大致经历了两个阶段：20世纪50年代前，占主导地位的是真分数理论，这一阶段称为经典测验理论阶段；50 年代至今，出现了项目反应理论、概化理论，与真分数理论形成了三足鼎立的格局，这一阶段称为多种理论并存阶段。

真分数理论作为测评领域历史上第一个理论，揭示了测验最一般、最基本的规律和原则，也称经典测验理论。此后的测验理论大多是在真分数理论的研究基础上发展而来的，主要目的在于弥补真分数理论各方面的缺陷。例如，为了克服真分数理论中题目参数等指标的变异性问题，出现了项目反应理论；概化理论的出现则是为了解决对真分数理论中信度的质疑。因此一定意义上讲，三种理论存在一个继承和发展的关系，共同促进人员素质测评走向成熟和完善。

一 经典测验理论

真分数理论是最早实现数学形式化的测验理论，它在 19 世纪末出现，发展到 20 世纪 30 年代形成比较完整的体系。后人将以真分数为核心假设的测量理论及其方法体系统称为经典测验理论（classical test theory，CTT）。

（一）简介

在经典测验理论中，人的心理特征的测量结果由数值表示。但由于误差的存在，实际测得的结果和真实水平并不一定就是相吻合的，总是表现为低于或高于真实数值。为了区分误差值和真实值，心理学家斯皮尔曼（Spearman）在研究中引入了真分数（true score）这一概念。

真分数的操作定义是无限多次测量结果的平均值。相应地，每次施测得到的实际数值则称为观测分数（observed score）。观测分数与真分数之间的差异越小，则认为测验的准确度越高。从真分数的定义来看，真分数是一个理论上构想的概念，在实际测量中是无法得到的，我们只能通过不断改进测量工具、完善操作方法来使观测分数尽可能地接近真分数。

（二）理论模型及假设

经典测验理论的基本思想是把测量的得分（即观测分数）看作真分数和误差值的线性组合。如果用 X 表示观测分数，T 表示真分数，E 表示测验误差，那么经典测验理论的基本数学模型用公式表示如下：

$$X=T+E$$

$$\tilde{E}\sim(-\infty,\ +\infty)$$

需要特别指出，E 代表随机误差，即“测量结果与在重复性条件下对同一测量对象进行无限多次测量所得结果的平均值之差”。还有一个概念叫作系统误差，是指“在重复性条件下对同一测量对象进行无限多次测量所得结果的平均值与测量对象的真值（注意：‘真值’与‘真分数’的含义不同，前者是指被测物的真实值，而后者是被测物多次测量结果的平均值）之差”，因此，系统误差包含在真分数之内，它不会引起真分数的变化。

根据以上公式，可以推导出三个相互关联的假设公理：

（1）N 次误差的平均数为 0，即 $E(E)=0$。由此可推导出 $T=E(X)$，即真分数等于观测分数的平均数。

（2）真分数和测验误差之间相互独立，即 $\rho(T,E)=0$。

（3）各平行测验的误差之间相互独立，即 $\rho(E_1,E_2)=0$。

可以从三个方面进一步理解经典测验理论的数学模型和假设。第一，真分数作为反映个体心理特征的客观水平，是一个固定不变的数值。虽然由于误差的存在，真分数不能被完全估计出来，但现代测量的任务就是通过不断改进测评工具、完善操作方法来尽可能使观测分数接近真分数，并尽可能精确地估计出真分数的大小。第二，该理论假定观测分数和真分数之间是线性关系，即假定观测分数等于真分数和误差值之和。第三，测验误差完全随机，并服从均值为 0 的正态分布。它独立于所测特质之外的其他任何变量（包括该特质的真分数），这就保证了误差中不含有系统误差成分。

（三）评价

经典测验理论建立了一个包含观测分数、真分数和测验误差三个变量的线性模型，第一次将数学公式引入测评领域，并且该模型计算简单，易于理解和接受，容易推广。经典测验理论的另一大贡献在于给出了测验信度的概念。测验信度系数等于真分数方差在观测分数方差中所占的比例，从而使得测验信度系数的大小成为度量测验误差的另一种方式。

需要注意的是，经典测验理论也存在一些缺陷。第一，它给出的线性模型是粗糙的，没有对测验误差的形成原因进行深入探讨，从而难以区分不同的测验误差。第二，线性模型的假设可能存在问题。大量研究表明，真分数与观测分数间的非线性关系可能更符合事实。第三，经典测验理论对平行测验的假设受到很大质疑。根据该理论，“如果两个题目不同的测验所测量的是同一特质，并且题目形式、数量、难度、区分度以及测查等值团体后所得分数的分布都是一致的，则这两个测验被称作彼此平行的测验”，各平行测验具有相同的信度和测验标准误差。但实际上我们知道，严格平行的测验是不存在的。即使采用同一测验项目对同一组对象在不同时间施测，因为遗忘、动机、新知识与新技能获得等主客观因素的影响，观测分数也会产生较大差异。

二　项目反应理论

1952 年，美国学者洛德（Lord）在他的博士论文中首次提出项目反应模型，即双参数正态卵形模型，并提出了与此相关的参数估计方法，项目反应理论正式诞生。随着计算机技术的飞速发展，不断有新的项目反应模型和项目参数估计方法产生。

（一）项目反应理论简介及其假设与模型

项目反应理论（item response theory，IRT），又称潜在特质理论（latent trait theory）或项目特征曲线理论（item characteristic curve theory），是一系列心理统计模型的总称。根据相关定义，“项目反应理论是用来分析考试成绩或者问卷调查数据的数学模型，这些模型的目标是确定潜在特质（latent trait）是否可以通过测试题反映出来，以及测试题和被试之间的互动关系”。这种潜在特质是在观察、分析测验反应基础上提出的一种统计构想，一般指潜在的能力，并经常用测验总分作为这种潜力的估算。

项目反应理论提出了以下四个基本假设：

（1）能力单维性假设。该假设认为，组成某个测验的所有项目测量的都是同一潜在特质。

（2）局部独立性假设。该假设认为，对某个被试而言，项目间无相关性存在。

（3）项目特征曲线假设。该假设又称为“知道-正确假设”，认为若被试知道某一项目的正确答案，在回答问题时，他必然答对；如果被试答错了某一题目，这代表他必然不知道正确答案。

（4）非速度限制假设。该假设认为，测验的完成没有时间限制。因此，如果被试在项目反应上不理想，并不能归因于时间不足等外部因素，只能说明其能力不足。

需要特别解释的是项目特征曲线（item characteristic curve，ICC），它描绘了被试的某一能力（或特质）水平与其可能正确回答项目的概率之间的关系。项目反应理论中，常用θ表示这种能力或特质水平，$P_i(\theta)$表示θ能力的被试回答i项目的正确率。项目特征曲线描绘的是θ与$P_i(\theta)$之间的关系。图 3－1 所示是项目反应理论所采用的卵形项目特征曲线。

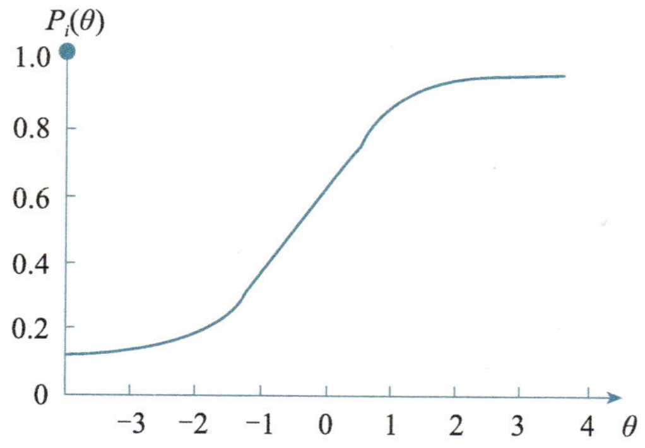

图 3－1　项目特征曲线

在项目特征曲线的基础之上写出函数解析式，即项目特征函数（item characteristic function，ICF），就是项目反应理论的模型。

项目反应模型有三个参数，分别是难度系数（difficulty index）、区分度系数（discriminative power index）和猜测系数（guessing index）。根据参数的不同，项目特征函数可分为单参数模型（难度系数）、双参数模型（难度系数、区分度系数）和三参数模型（难度系数、区分度系数、猜测系数）等。单参数模型比较简单，易于掌握和使用，但对项目参数性质的要求较为苛刻；双参数模型要求项目的猜测系数较小；三参数模型虽然具有涵盖较多项目信息的优点，但参数估计更为复杂。到目前为止，项目反应理论的模型有 Logistic 模型、拉希模型、洛德正态卵形曲线模型等 20 多种。图 3－2 所示是三参数 Logistic 模型的项目特征曲线。从图 3－2 中可以看出，项目 1 难度最小，项目 2 与项目 3 的难度相当，项目 3 的猜测系数最大，区分度最小。

根据项目反应理论可以编制各种测验（包括常模和标准参照测验）和进行题库建设，故它的应用非常广泛。而选择何种模型，则是一个具体问题具体分析的过程，并无定论，但命题方式、计分方式、参数性质、样本人数、假设的满足与否等方面可以作为选题的参考因素。

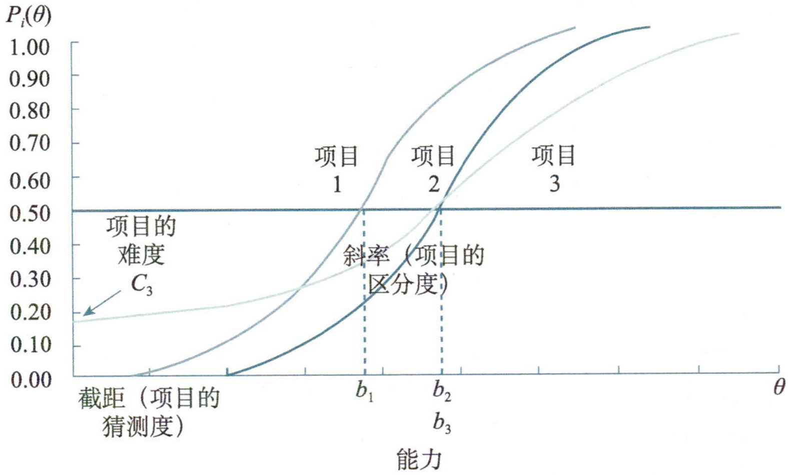

图 3－2　三参数 Logistic 模型的项目特征曲线

（二）评价

项目反应理论最大的优点是题目参数的不变性，即题目参数的估计独立于被试组（局部独立性假设）。由于被试在某一试题上的成绩不受他在测验中其他试题成绩的影响，各个被试的作答也是彼此独立的，因此能够通过答题结果对被试的潜在特质做出准确的估计。而为了满足对不同能力进行测验的要求，项目反应理论采用适应性测验的方式。

适应性测验是“根据被试的不同水平实施不同的测验项目，并使这些项目的难度和被试的水平相适应”。具体的操作方法是先向被试呈现一道中等难度的题目，根据被试的反应情况，再从题库中选择较难或较易的题目呈现给被试。随着计算机技术的进步，项目反应理论所具有的测验适应性功能可借助计算机来实现。

此外，项目反应理论也可以用于对答题正确率进行预测。由于项目特征曲线明确表示出了被试能力与项目的关系，如果已知被试的能力值，就可预测出他可能答对某个题目的概率。最后，与经典测验理论相似，项目反应理论也规避了严格平行测验的假设。

目前一些大型考试，如托福和美国研究生入学考试等，都相继采用了以项目反应理论为基础的计算机自适应测验。与此同时，一些传统的智力测验，如比奈测验、韦氏智力测验等也开始引进项目反应理论作为分析的理论依据，由此可见项目反应理论有着很好的应用前景。

当然，虽然项目反应理论相比经典测验理论有了很大的进步，但严格来讲，它仍然是有缺陷的。第一，项目参数估计的不变性在实践中是难以达到的。因为在实际操作过程中，为了估计参数，需要通过被试样本组获取数据，但不同的样本组测量数据并不一致，这也就导致了参数估计的差异。第二，项目反应理论的假设条件比较苛刻，必须有大样本进行配合，且要对假设条件进行验证。而其中广受争议的一条假设就是能力单维性假设。第三，在实际应用上，由于项目反应理论建立在比较深奥的数学理论基础之上，其接受度和推广度均受到一定限制。

三　概化理论

概化理论又称为概括力理论或拓广理论，是经典真分数理论与方差分析相结合的产物，它把多因素实验设计、方差分量模型等统计工具应用到教育与心理测量学，对经典的信度理论进行推广，对于测验的编制、施测过程中的误差控制、测验的评价等提出了一整套新的方法。1972 年，克伦巴赫（Cronbach）等人出版著作《行为测量的可靠性》，标志着概化理论的诞生。其后的学者，如布伦南（Brennan）、沙维尔森（Shavelson）和韦伯（Webb）等，在 20 世纪 80 年代对有关概化理论的研究框架进行了分析和介绍，加速了概化理论的发展。

（一）概化理论简介及其假设

概化理论（generalizability theory，GT）建立在对误差的分解之上。它“结合测量的情境关系对真分数理论中的笼统误差进行探查和分解，辨明误差的不同来源，并且在一定范围内变动测量的情境，考察这种变动引起的误差的相对变化，从而达到对误差方差进行控制、提高测验信度的目的”。

概化理论认为，任何测量都是在特定的测量情境下进行的。测量的根本目的是根据某一特定情境下的测量结果推断更广泛条件下可能得到的测量结果。该理论提出了三个基本概念。

（1）测量目标，即测量所要描述和研究的心理特征。通俗来讲，就是“测什么”。

（2）测量侧面（facet），指各种内在、外在因素，这些因素可能影响测量过程和测量结果。一个测量侧面就是某一方面的测量条件。通俗来讲，就是“怎么测”。测量侧面对测验误差有很大影响。

（3）测量情境。这是一个合成概念，由测量目标和测量侧面构成。

与真分数理论中严格平行测验的假设不同，概化理论建立在随机平行测验的假设之上。该假设大大放宽了满足平行的条件，认为凡是从同一题库中随机抽取的几份试卷都是随机平行的。在此基础之上，概化理论用可靠性（dependability）的概念代替了传统信度的概念。所谓可靠性，是指“从测量对象在样例测量上的得分到全域分的概化精确性，或者是从样例到可接受的观察全域的概化程度”。概化越精确，越能根据特定情境下的测量结果来推断广泛条件下的情况。

根据该理论，测量目标在具体关系条件下的分数叫全域分数（universe score）。当测量工作的具体关系变化时，全域分数也会变化。测量的总方差可以分解为代表目标测量的方差成分，即全域分数方差（$\delta^2(p)$）和构成误差的种种方差成分，即误差分数方差（$\delta^2(\delta)$）。全域分数方差与总方差的比，称为概括力系数（简称 G 系数）。

如果测验是常模参照测验（将被试与团体相比较，以评价被试在团体中的地位），则 G 系数 $E^2\rho$ 是评价测验稳定性程度的最佳指标，即

$$E^2\rho=\delta^2(p)/(\delta^2(p)+\delta^2(\delta))$$

若该测验是标准参照测验（将被试与绝对标准相比较，以评价被试有无达到该标准），则其依存性指标 j 是测验稳定性的最好指标。

$$j=\delta^2(p)/(\delta^2(p)+\delta^2(\Delta))$$

当全域分数方差不变而误差分数方差增大时，概括力系数变小，信度降低。反之，当全域分数方差增大而误差分数方差不变时，则概括力系数增大，信度提高。所以，随着测量情境关系的变化、测量目标与侧面的变动，概括力系数（即信度）也会不同。

用概化理论来研究测量问题时，通常分为 G 研究和 D 研究两种类型。前者又称为拓广研究，即从理论上估计与每个随机侧面相联系的误差的大小；后者又称为决策研究，即在具体情况下，在 G 研究的基础上做出某种决策。在具体操作上，可以从侧面的个数、侧面间的关系、侧面和观察全域的关系三个维度对测量进行设计，具有比较强的弹性和灵活性。

（二）评价

与真分数理论相比，概化理论具有独特的优势。第一，概化理论以随机平行测验为基础，使满足平行的条件更容易达到，实际上随机平行测验更符合测量实践的要求。第二，通过方差分析等统计工具，能够对总体测验误差进行分解，使每个部分对应于特定的误差来源，从而更便于控制测验误差。第三，概化理论中所涉及的信度概念，既能估计出主效应，也能估计出交互作用效应，还能对各估计值的大小进行直接比较。

但是，概化理论同样存在一些不足之处。第一，概化理论将所测量的心理特征看作单维度的、稳定的。因此，在实际应用中同样要强调保持试题样组的同质性。第二，在计量方法上，概化理论以方差分析为基本的分析工具，但在数据结构的复杂性方差分量估计中，有时会出现负值，这是一个很难解释的结果。第三，在测量应用上，由于随机抽样的易变性，概化理论适用于实测数据的事后分析，而难以作为事前预测的工具。一次抽样数据的分析结果仅是测量统计规律的描写，其可靠性依赖于实测数据的完备性，因而难以作为普遍规律加以推广和应用。

第 2 节　统计学的基础知识

在前一节，我们简单介绍了人员素质测评的三大基础理论。除此之外，在人员素质测评中还涉及一些基本的统计指标，它们都是报告人员素质测评结果时的常用指标。下面我们简要介绍这几个指标，以及在 Excel 和 SPSS 等软件中如何计算这些统计指标。

一　几个基本的统计指标

人员素质测评常用的统计指标有平均数、标准差和方差等。

（一）平均数

平均数反映总体一般水平或分布的集中趋势。统计学中常用样本平均数（$\bar{x}$）作为总体平均数（μ）的估计量，并已证明样本平均数是总体平均数的无偏估计量。其中，有限总体的平均数用 μ 标识，计算公式为：

$$\mu = \sum_{i=1}^{N} \frac{x_i}{N}$$

式中，x_i 为各样本观测值；N 为样本数量。

（二）标准差

标准差是总体各单位标准值与其平均数离差平方的算术平均数的平方根，反映组内个体间的离散程度，用 σ 表示，计算公式为：

$$\sigma = \sqrt{\frac{1}{N}\sum_{i=1}^{N}(x_i - \bar{x})^2}$$

式中，N 为样本数量；x_i 为各样本观测值；$\bar{x}$ 为样本均值。

（三）方差

方差是各个数据与平均数之差的平方和的平均数，反映随机变量与其数学期望（即均值）之间的偏离程度。与标准差相同，方差度量个体间的离散程度，用 σ^2 表示，计算公式为：

$$\sigma^2 = \frac{\sum_{i=1}^{N}(x_i - \bar{x})^2}{N}$$

式中，N 为样本数量；x_i 为各样本观测值；$\bar{x}$ 为样本均值。

二 利用 Excel 计算基本的统计指标

在 Excel 中，可以利用其自带的函数功能，求得数据集的平均数、标准差和方差。以 Excel 2013 为例，具体操作步骤如图 3－3 所示。

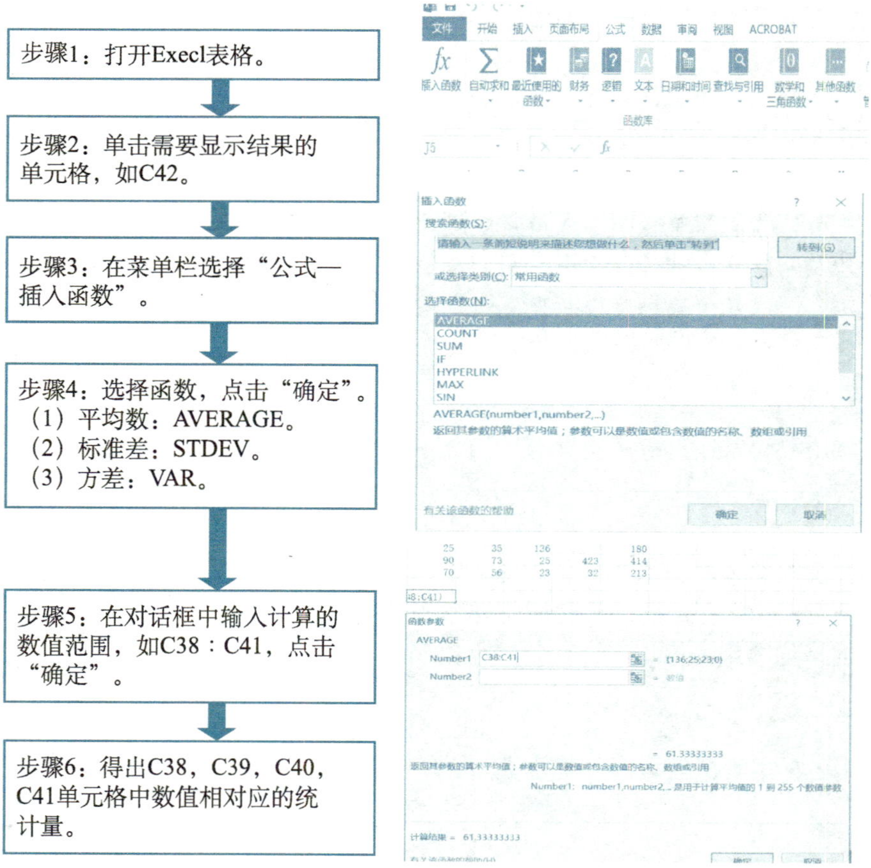

图 3－3 利用 Excel 计算平均数、标准差和方差的操作步骤

三 利用SPSS计算基本的统计指标

在SPSS中，可以利用其数据分析功能，求得数据集的平均数、标准差和方差。以SPSS 19.0为例，具体操作步骤如图3-4所示。

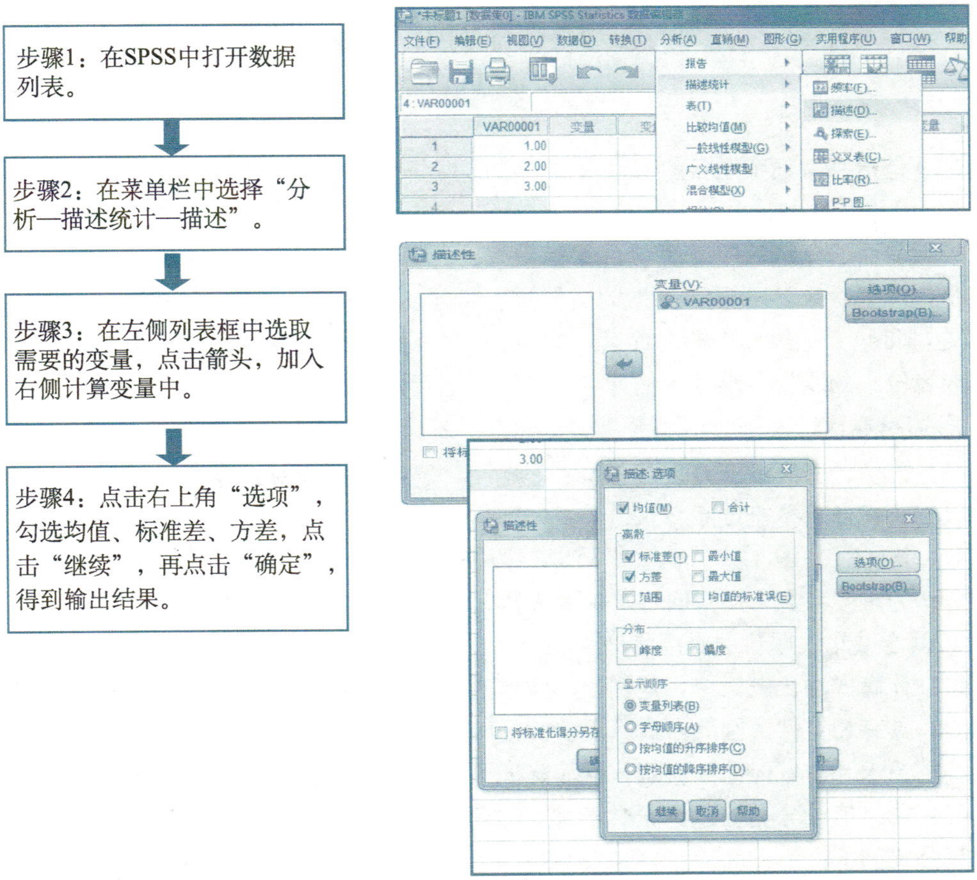

图3-4 利用SPSS计算平均数、标准差和方差的操作步骤

第3节 人员素质测评中的项目分析

常用的人员素质测评工具（例如各种量表）都是由一整套完整的题目组成的，其中的每一道题目都可以称为一个条目或项目（item）。因此，项目被看作人员素质测评工具的基本单位。本节将介绍与项目分析相关的内容。

一 项目分析的含义

作为人员素质测评工具的基本单位，项目有着非常重要的作用，通过项目分析可以有效提高测评工具的信度和效度。

项目分析（item analysis）就是以测验结果为依据，对组成测验的各个题目（项目）

进行分析，评价题目的难易和好坏程度，进而对题目进行筛选和优化。

通过项目分析，可以检验测评工具的质量，并有针对性地对各个项目进行筛选，必要时也可以进行补充，从而优化题目，最终达到提高测验信度和效度的目的。

二 项目分析的具体方法

在进行项目分析时，主要从难度分析和区分度分析两个方面着手。

（一）难度分析

难度是指答对某个题目的人数占总人数的百分比。项目的难度分析是对所有题目难易程度的分析。

根据前面的介绍，为了使项目具有最大的区分度，难度为 0.50 最理想。但在实际操作中，难度系数可以根据测量的目标进行浮动。一般认为，难度系数保持在 0.35～0.65 之间即可。但就整个测验而言，难度为 0.50 的项目应占多数，同时需要一些难度较大或者较小的题目。难度的估计可以通过以下两种方法来完成。

1. 通过率估计法

（1）二值计分类型题目。对于这一类题目，答案只有答对或者答错两种情况。可以采用以下公式计算其难度系数：

$$P=R/N$$

式中，P 为难度系数；R 为回答正确的人数；N 为参加答题者的总数。显然，$0\leqslant P\leqslant 1$。随着 P 值的减小，题目的难度将增大。

这种计算方法比较简单，适用于小规模的测验。但是其难度指标是根据样本水平来确定的，具有相对性。因此，P 所反映的是相对难度而非绝对难度，且 P 值很容易受到项目编制技术和被试经验的影响，从而降低了可靠性，不适用于大规模测验。

（2）非二值计分类型题目。对于这一类题目，测量的结果表现为不同的得分。其难度计算公式如下：

$$P=\overline{X}/X_{max}$$

式中，P 为难度系数；$\overline{X}$ 为所有答题者在该题上的平均分数；X_{max} 为该题的满分分数。

按此公式计算难度时，可以采用随机抽样的方法，选择有代表性的样本，既可以减少工作量，也有利于统计分析。

（3）分组法。先将被试依照其答题总分由高到低排列，然后将分数最高的 27%被试单独分离出来，作为高分组；相应地，将分数最低的 27%被试单独分离出来，作为低分组。在此基础之上，计算高分组正确回答该题的百分比 P_H，以及低分组正确回答该题的百分比 P_L，并由以下公式计算出该题目的难度：

$$P=(P_H+P_L)/2$$

式中，P_H 和 P_L 的计算参见 $P=\overline{X}/X_{max}$。

2. 多项选择题的难度校正

如果试题以多项选择题的形式出现，则存在一个相对较大的猜对概率，被试的得分很可能会偏高。而且，选项的数目越少，被试猜对的概率将越大，测验结果显示的能力水平就越高于被试的实际水平。因此，为了准确反映试题的难度和被试的能力，需要对多项选择题的难度进行校正。可以采用以下公式：

$$CP=(KP-1)/(K-1)$$

式中，CP 为校正后的难度；P 为未校正的难度；K 为选项的数目。

（二）区分度分析

项目的区分度又称项目的鉴别力（item discrimination），主要是指项目能否准确区分和鉴别不同水平的被试。高区分度的项目能够有效地将能力高与能力低的被试区分开来，前者在测验中会得到较高的分数，后者的分数相对来说则低很多。区分度的计算主要借助效度分析、每个项目和总分的相关分析来完成。

1. 效度分析

这里用到的效度主要是效标关联效度，即计算每个项目与效标的相关性，包括相关系数分析和鉴别指数分析。

（1）相关系数。主要依靠项目的通过率和效标成绩来计算。

（2）鉴别指数（index of discrimination）。当效标分数是连续变量时，以分数最高的27%被试作为高分组，分数最低的 27%被试作为低分组，然后分别计算每组答对某题的人数比例，以此作为该组的通过率。鉴别指数就是高分组通过率减去低分组通过率的差值。

$$D=P_H-P_L$$

式中，D 为鉴别指数，$-1\leqslant D\leqslant 1$；P_H为高分组答对该题的人数比例；P_L为低分组答对该题的人数比例。

一般来说，项目的 D 值在 0.40 及以上，表示该项目优良；D 值在 0.30～0.40 之间，表示项目良好，但如能修改会更好；D 值在 0.20～0.30 之间，表示项目尚可，仍需修改；D 值在 0.20 及以下，则表示必须淘汰。

2. 每个项目和总分的相关分析

（1）点二列相关。当试题采用二值计分法时，适用以下公式：

$$r_{pb}=\frac{\overline{x}_p-\overline{x}_q}{s_t}\sqrt{pq}$$

或

$$r_{pb}=\frac{\overline{x}_p-\overline{x}_t}{s_t}\sqrt{\frac{p}{q}}$$

式中，r_{pb}为点二列相关系数；$\overline{x}_p$，$\overline{x}_q$ 分别为通过、未通过该项目被试的平均效标分数；p，q 分别为通过、未通过该项目被试人数的百分比；s_t为全体被试效标分数的标准差；$\overline{x}_t$ 为全体被试的平均效标分数。

（2）二列相关。这种计算适用于连续变量，但其中有一个变量被分成两类的数据资料。例如，一个测验的项目分数是连续变量，而总分被分成高低（及格、不及格）两个类别；或一个测验的效标（总分）是连续变量，而项目分数被分为对、错两个类别。公式如下：

$$r_b=\frac{\overline{x}_p-\overline{x}_q}{s_t}\cdot\frac{pq}{y}$$

或

$$r_b=\frac{\overline{x}_p-\overline{x}_t}{s_t}\frac{p}{y}$$

式中，r_b为二列相关系数；y 为正态分布下 p 与 q 分割点正态曲线的高度；$\overline{x}_p$，$\overline{x}_q$ 分别为通过、未通过该项目被试的平均效标分数；p，q 分别为通过、未通过该项目被试人数的百分比；s_t为全体被试效标分数的标准差；$\overline{x}_t$ 为全体被试的平均效标分数。

（3）积差相关。当试题采用非二值计分法时，需要使用积差相关法计算区分度。但是当某一题目的分数在总分中所占的比重较大时，该题目的区分度可能会被高估。因此，有时会从总分中扣除该题目的分数，再来计算相关系数。公式如下：

$$r=\frac{\sum(x-\overline{x})(y-\overline{y})}{N\times S_x\times S_y}$$

式中，r 为积差相关系数；x 为被试在该项目上的得分；y 为被试的总得分；$\overline{x}$ 为所有被试在该项目上的平均得分；$\overline{y}$ 为所有被试总分的平均数；N 为试题的数量；S_x为 x 的标准差；S_y为 y 的标准差。

（4）因素分析。该方法主要是就试题在一个因素上的负荷大小进行分析，负荷越大说明越有区分度。通常来说，可以接受的因子负荷水平应该保持在 0.30，低于 0.30 的项目一般需要删去。可以借助 SPSS 实现计算过程。

三 项目分析的步骤

项目分析可以参照一定的流程来实施。完整、有效的项目分析一般包含以下六个步骤（孙健敏，2010）：

（1）选取有代表性的被试实施测验。

（2）计算每个被试的总分，然后按总分分组。

（3）计算高分组和低分组通过每一题的比例。

（4）分别求出每一测试题目的难度和鉴别指数。

（5）进行选项分析。

（6）修改或删减测试题目或选项。

第 4 节 信 度

面对测量结果，我们常常会产生结果是否可靠、结果是否具有说服力这样的疑惑。实际上，这是测评中的关键问题之一，也是选择和评价测评工具的重要标准之一。本节将要讨论的信度（reliability）这一概念，可以回答这类问题。

一 信度概述

任何测评工具都不可避免地会出现误差，信度通过对误差的分解来衡量测评的可靠性。

（一）信度的产生

信度这一概念产生于对误差的分解。误差是指测量值与真实值之间的差异。如前所述，根据其产生的原因及性质，可以分为系统误差和随机误差。

系统误差（systematic error）是"在一定的测量条件下，对同一个被测特质进行多次重复测量时，误差值的大小和符号（正值或负值）保持不变；或者在条件变化时，按一定规律变化的误差"。它是由某些固定的原因引起的，例如仪器结构、实验条件、依据的公理等，因此具有重复性、单向性和可测性。

随机误差（random error）是指"由于在测量过程中一系列有关因素微小的随机波动而形成的具有相互抵偿性的误差"。随机误差产生的原因非常复杂且难以消除。它与信度密切相关。

根据前面介绍的经典测验理论，$X=T+E$，可以推导出方差公式：

$$S_X^2 = S_T^2 + S_E^2$$

式中，S_X^2 为被试观测分数的方差；S_T^2 为真分数方差；S_E^2 为误差分数方差。

进一步分解

$$S_T^2 = S_V^2 + S_I^2$$

式中，S_V^2 和 S_I^2 分别表示与测量目的有关的变异和与测量目的无关的变异。因此

$$S_X^2 = S_V^2 + S_I^2 + S_E^2$$

（二）信度的定义

信度是指测量结果的可靠性、一致性和稳定性，即测量结果是否反映了被试稳定、一贯的真实特征。随机误差的大小直接影响信度的高低。随机误差越大，信度越低。从这一角度出发，信度也可定义为"测量结果受随机误差影响的程度"。一项信度较高的测验应该具有这样的特点：在同样的条件下，所测量的结果具有重复性。即多次施测，可以得到一致的结果。

信度高低的量化指标称为信度系数。信度系数是指"测量的总变异中真分数造成的变异所占的比例"。用公式表示如下：

$$r_{XX} = S_T^2/S_X^2 = 1 - S_E^2/S_X^2$$

式中，r_{XX} 为信度系数。当信度系数为 0.80 时，其含义是实得分数中有 80%的变异是真分数造成的，仅有 20%来自测量的误差。可见，信度系数越大，测量结果越准确。

在理想的状态下，$r_{XX}=1$，即测量所得的分数就是真分数。但在实际操作中，信度系数不可能完全等于 1，只能无限接近 1。在人员素质测评实践中，一般要求能力与成就测验的信度系数应达到 0.90 以上，性格、人格类测验应该达到 0.70 以上。这是选择人员素质测评工具的基本标准。

二　信度的测量方法

信度建立在对误差的分解之上。观测分数的误差来源不同，从而产生了不同的信度估计方法。下面分别予以介绍。

（一）重测信度

重测信度（test-retest reliability）又称再测信度，是指“以同样的测评与选拔工具，按照同样的方法，对于相同的对象再次进行测评和选拔，所得先后结果间的一致性程度”。两次测验的相关系数即为重测信度或稳定性系数。稳定性系数越大，说明测验的一致性越高。其计算公式如下：

$$\gamma = \frac{N\sum xy - \sum x\sum y}{\sqrt{(N\sum x^2 - (\sum x)^2)(N\sum y^2 - (\sum y)^2)}}$$

式中，γ 为稳定性系数；N 为测量结果数据的个数；x 为被分析的测量结果数据；y 为重复测量结果数据。

重测信度越接近 1，说明测量结果可靠程度越高；反之，测量结果可靠程度越低。

重测信度所考察误差的来源是时间变化带来的随机影响。它建立在三个基础假设之上：第一，想要测量的特征不是变化的，而是稳定的；第二，就遗忘与练习而言，二者的效果相同；第三，被试的学习效果在两次测量期间没有差别。但现实的情况是，如果施测的时间间隔把握不当，会使得练习和记忆对测评产生影响，且前后两次测量不完全独立，施测的环境也难以保证完全相同。因此在评估重测信度时，必须特别注意重测所间隔的时间。

（二）复本信度

复本信度（alternative-form reliability）又称等值性系数，是指“以两个等值但题目不同的测验（复本）来测量同一群体，然后求得的被试在两个测验上得分的相关系数”。

顾名思义，当预估到误差主要来自两个版本的随机误差时，我们会考察和关注复本信度。相关系数越大，说明两个复本构成带来的变异越小。这种估计方法的核心在于复本的构建。对于同一个测评工具要构建两个复本，它们在题目的数量、类型、内容和难度等各个方面都要等值。

在具体的应用中，通常需要计算等值性系数。当测量结果用分数表示时，用积差相关法计算等值性系数；当测量结果表现为等级或名次时，用等级相关法计算等值性系数。积差相关法的计算公式与稳定性系数的计算公式相同（参见重测信度的计算方法），等级相关法的计算公式如下：

$$\gamma = 1 - \frac{6\sum D^2}{N(N^2-1)}$$

式中，γ 为等值性系数；N 为测量结果的个数（被试人数）；D 为同一被试两次评定等级之差。

需要特别指出的是，复本信度也要考虑时间间隔因素。其测验方式分为两种：一种是在同一时间里连续进行测验，可以判断两次测验内容之间是否等值，得到的信度系数称为等值性系数；另一种是间隔一段时间后再进行测试，这种方法不仅可以判断两次测验内容是否等值，而且可以反映时间因素对被试潜在属性的影响程度，得到的信度系数称为等值稳定性系数，具有较高的准确性，应用也更为广泛。

（三）同质性信度

前面介绍的重测信度和复本信度分别考察了测验在时间上的稳定性和形式上的等值性，需要实施两次测验。同质性信度主要关注测验内部题目之间的关系，即考察测验的题目是否测量出了相同的内容，只需要实施一次测验。

同质性信度（homogeneity reliability）是指测验内部的各个题目在多大程度上考察的是同一内容，表现为所有测验题目得分的一致性。需要特别指出的是，某些测验题目看似测量的是同一特质，但实际上是异质的，因此不能仅从表面进行直观推断。例如，“2＋4＝?”和“3＋9＝?”都是个位数的加法，但它们并不是完全同质的，因为后者的计算还涉及进位。

为了保证测验只测量一种特质或内容，必须满足同质性条件。如果某一测验的同质性程度低，则说明在同一个测验中包含不同的测量内容，应该将测验加以分解，每个分量表只测量一种特质。常见的卡特尔 16 种人格测验包含 16 个分量表，每个量表分别测量一种人格特质。

在数学计算上，可以采用以下方法求得同质性信度系数。

（1）库德-理查森公式（Kuder-Richardson formula 20，K-R20）。计算公式为：

$$r_{K\text{-}R20}=\left(\frac{K}{K-1}\right)\left(1-\frac{\sum p_i q_i}{S_x^2}\right)$$

式中，K 为构成测验的题目数；p_i 为通过第 i 题的人数比例；q_i 为未通过第 i 题的人数比例；S_x^2 为测验总分的变异数。

该公式适用于二分法计分的项目。如果对测量结果已经做了项目分析，知道了各个项目的难度，那么采用上述公式计算信度较为方便。

当测验项目难度接近时，可以采用库德-理查森提出的简便公式，称为 K-R21 公式。这一公式以各个被试总分的平均数和方差为基础，无须提供各题的难度信息，计算起来较为方便。但必须保证各项目的难度接近，如果难度相差较大，就可能有低估的倾向。计算公式为：

$$r_{K\text{-}R21}=\frac{KS_x^2-\overline{X}(K-\overline{X})}{(K-1)S_x^2}$$

式中，K 为构成测验的题目数；$\overline{X}$ 为测验总分的平均数；S_x^2 为测验总分的变异数。

如果测验采用多重计分的方法，则需要采用克伦巴赫 α 系数来计算同质性信度。

（2）克伦巴赫 α 系数。计算公式为：

$$\alpha=\left(\frac{K}{K-1}\right)\left(1-\frac{\sum \sigma_i^2}{\sigma_t^2}\right)$$

式中，K 为构成测验的题目数；σ_i^2 为每个测题分数的方差；σ_t^2 为测验总分的方差。

（四）评分者信度

在某些测量情形中，例如投射测验、无领导小组讨论等，被试的得分依赖于评分者的判断。这种判断往往带有主观成分（受到评分者的知识水平、对测评标准的把握等各种因素的影响），从而产生误差，使得不同评分者之间的评分不一致。基于这种情况，需要考察评分者信度。

所谓评分者信度（raters reliability），是指“数名不同评分者采用同一套量表对相同被试进行评分，对所得结果进行一致性检验，以估计量表的评分客观性”。就其操作而言，最简单的方法就是由两个独立的评分者对随机抽取的同一份试卷进行打分，然后计算分数间的相关系数。在计算相关系数时，可以采用积差相关法和斯皮尔曼等级相关法。此外，也可以使用肯德尔和谐系数来计算评分者信度，前提是评分者在 3 人以上，且采用等级积分。公式如下：

$$W=\frac{\sum R_i^2-\frac{\left(\sum R_t\right)^2}{N}}{\frac{1}{12}K^2(N^3-N)}$$

式中，K 为评分者人数；N 为被评的对象数；R_i 为每一个对象被评等级的总和。如果在同一评分者的评分中有相同等级出现，可应用下式：

$$W=\frac{\sum R_i^2-\frac{\left(\sum R_i\right)^2}{N}}{\frac{1}{12}K^2(N^3-N)-K\sum\frac{\sum(N^3-N)}{12}}$$

式中，K 为评分者人数；N 为相同等级的个数；R_i 为每一个对象被评等级的总和。

采用客观性项目的测验具有一套相当标准化的评分程序，因此由评分引起的误差变异是可以忽略的。但是如果量表包含相当多的主观项目，且评分者在评分时难以避免地掺杂进主观判断成分，评分者之间所评分数的误差变异就会出现。一般认为，如果在成对的受过训练的评分者之间平均相关系数达到 0.90 以上，评分就是客观的。

在 SPSS 中，可以利用其数据分析功能进行信度分析。以 SPSS 19.0 为例，操作步骤如图 3－5 所示。

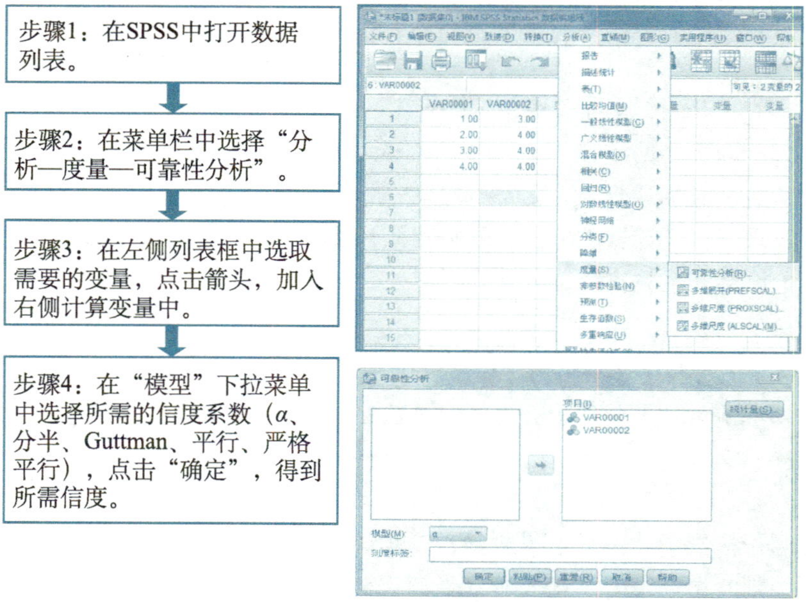

图 3－5　利用 SPSS 进行信度分析的操作步骤

三　信度的影响因素

影响信度的因素很多，被试、主试、测验内容、施测环境等各类主客观因素均能引起随机误差，导致分数不一致，从而降低测验的信度。下面介绍其中几个重要因素，需要在测验中特别予以关注。

（一）样本特征

首先是样本团体的异质程度。如果样本团体同质性较高，则分数分布范围较小，所得的信度系数就很小；反之，如果团体异质性较高，则会得出很大的信度系数，造成假性高相关。基于以上原因，不能认为当某个测验在一个团体中有较高的信度时，在另一个团体中也具有较高的信度。在这种情况下，往往需要我们对信度进行重新测量。

除了受到团体异质程度的影响，信度系数也受样本团体平均水平的影响。平均水平过高或过低都会影响测验的信度。因为对于不同水平的团体而言，项目的难度不尽相同，这种难度上的变化累积起来便会影响信度。由于这种影响不稳定且缺乏规律可循，因此难以用统计公式来推断。

（二）测验的长度

一般来说，测验越长，信度越高。这是因为：首先，随着测验的加长，可能改进项目取样的代表性，从而能更好地反映被试的真实水平；其次，测验的项目越多，每个项目的随机误差越可以互相抵消。值得注意的是，测验越长、信度越高并不代表测验越长越好。

可以用斯皮尔曼-布朗公式的通式来计算增加测验长度的效果：

$$\gamma_{KK} = \frac{K\gamma_{XX}}{1+(K-1)\gamma_{XX}}$$

式中，K 为改变后的长度与原来长度的比值；γ_{XX} 为原测验的信度系数；γ_{KK} 为测验长度变为原来的 K 倍时，该测验的信度系数。

随着测题数量的增加，信度系数的变化情况如表 3－1 所示。

表 3－1　测题数量与信度系数之间的关系

测题数量	50	100	200	300	400	500
信度系数	0.83	0.91	0.95	0.968	0.976	0.98

可见，随着测题数量的增加，测验的效果符合边际效益递减规律。因此，在编制测验题目时，在满足信度系数要求的前提下，应该将数量控制在适度的范围内。这样不仅可以节约编题者的时间和精力，而且可以避免因数量过多引起被试的疲劳和反感对测验信度带来不良影响。

（三）测验的难度

测验的难度与信度没有直接对应关系。但是当测验太难或太容易时，分数的范围就会缩小，从而降低信度。同时如果题目过难，被试可能凭猜测作答，从而无法反映出被试的真实水平。因此，只有当测验难度水平可以使测验分数的分布范围最大时，测验的信度才会最高，通常这个难度水平为0.50。

但这一难度水平更适合简答题。对于选择题，由于存在一个相对较大的猜对概率，其难度应当相应有所提高。根据洛德的观点，各类选择题和判断题的理想平均难度为：

（1）五个选项的选择题：0.70。

（2）四个选项的选择题：0.74。

（3）三个选项的选择题：0.77。

（4）判断题：0.85。

第5节　效　度

人员素质测评是否真的测出了我们想要测评的特质或内容、是否达到了我们想要的结果，就是通常所说的效度问题。

概括来讲，测验的效度就是指测验的有效性，即测验能够达到目标的程度。大家可能会对此不解。只要知道自己的目标，找个工具测量就好了，为什么还要追究测量到目标的程度呢？

其实，对于物理概念的测量，这个矛盾并不突出。比如，要测量人的身高，拿尺子量一下就行。因为大家对长度和高度没有任何争议，尺子就是用来测量长度和高度的。但是，在测量抽象的概念时，这个问题就非常明显了。比如，我希望测量一个人的智力，但是我们对智力的界定存在很大的模糊性。智力只是逻辑推理能力吗？智力只是数学运算能力吗？智力只是语言能力吗？显然不是。那么以上三种能力的总和就是智力吗？好像也不是。可以看到，对智力这样一个抽象概念的理解存在很大的不确定性。这种不确定性也就决定了测评工具的有效性困扰。这也是我们要考察效度的重要原因。因此，效度可能是比信度更加重要的选择和评价测评工具的重要标准。

一　效度概述

与信度不同，效度这一指标来源于对测评工作有效性的衡量，效度是选择和评价测评工具的另一个重要标准。

（一）效度的定义

效度（validity）是测验的有效性程度，即测评工具能够准确测出其所要测量特质的程度。测量结果与要考察的内容越吻合，效度越高；反之，效度越低。从统计的角度出发，效度也可以定义为“与测量目标有关的真分数方差与总方差的比率”。用公式表示如下：

$$r_{XY}=\frac{S_V^2}{S_X^2}$$

式中，r_{XY}为测验的效度系数；S_V^2 为有效方差；S_X^2 为总方差。

效度具有以下特征：

第一，相对性。任何测验的效度均是针对一定目标而言的，通常在专指的情况下才有意义，即测验只有用于与测量目标一致的目的和场合才会有效。所以，在评价测验的效度时，必须考虑目的与功能。

第二，连续性。效度是一个程度概念，不存在全有或全无的区别，通常用相关系数来表示。因此，使用"有效"或"无效"这样绝对的语言来评价测量结果有失妥当，而采用"高效度""中等效度""低效度"的说法可能更为科学。

第三，影响因素的复杂性。效度受到随机误差与系统误差的综合影响。与信度不同，测量过程中只要存在误差，无论是系统误差还是随机误差，都会影响测验效度，而信度只受到随机误差的影响。

（二）信度与效度的关系

信度与效度共同构成选择和评价测评工具的重要标准，二者在人员素质测评中都具有重要作用。简单来说，信度考察的是测验的准确性和可信程度，而效度考察的是测验的有效性。二者既相互区别又相互联系。

高信度是高效度的必要条件而非充分条件，这与信度和效度的产生有关。前面提到，信度来源于随机误差，而效度受到随机误差和系统误差的共同影响。根据公式 $S_X^2 = S_V^2 + S_I^2 + S_E^2$ ，当随机误差方差减少时，信度提高。有效方差的比例可能增加，但是其余系统误差的方差既可能增加，也可能减少，因此效度不一定高。但如果效度高（随机误差和系统误差的方差都小），信度必然高。因此，高信度是高效度的必要条件而非充分条件。举例来说，用磅秤这一工具来测量身高，每次的测量值都很稳定、很一致（信度高），但测量的结果是体重，而不是测量的目标——身高，因此效度很低。二者的关系可以总结如下：

首先，信度低，效度不可能高。因为如果连测量数据的准确性都不能保证，效度也就成了一句空话。

其次，信度高，效度未必高。因为信度只能说明测量的数据是准确的，但这个数据可能并不是我们想要的，也不能有效反映测量的目标。

最后，效度高，信度必然高。一个有效的满足目标的测量，其测量数据必定是准确的、稳定的。

二　效度的分类及评估方法

一般而言，我们将效度分为内容效度、构念效度和效标关联效度三类。下面分别予以具体介绍。

（一）内容效度

内容效度（content validity）指的是测题取样的适用性，是确定测量内容是不是想要测量的行为领域的代表性取样指标。如果实际测量到的内容与想要测量的内容保持一致，则表明测量结果的内容效度高。

分析内容效度需要注意三个方面的问题。第一，应该明确内容的范围。该范围可以包括一些较广泛的材料与技能，也可以是一个有限的题目总体；可以包括具体的知识，也可以包括复杂的知识。第二，测题应是所确定内容范围的代表性取样。这就意味着取样方式不能以随机或者方便为原则，而是应根据材料或技能的代表性来选取题目，一方面使得选出的题目能包含所测内容范围的主要方面，另一方面使各方面题目的比例适当。第三，要注意区分测验分数中无关因素的影响，即明确地辨别客观和主观的因素。

内容效度专门针对测题编制者所确定内容范围的有效性进行描述，具有特定性的特点。如果测评所确定的使用范围与测题编制者的定义相吻合，那么测评工具就会有效地发挥作用；如果范围难以界定，使用内容效度则是无效的。因此，从实际应用来说，内容效度主要用于成就测验和以选拔及分类为目的的人事测评。成就测验主要是测量被试掌握某种技能或学习某门课程所达到的程度，这比较容易形成内容范围。能力倾向和人格测验则不适合使用内容效度。

内容效度的评估方法有以下几种。

1. 经验推断法

经验推断法是通过经验和常识，判断实际测量的内容是不是需要测量的内容。在这个过程中，往往需要使用一些基本的逻辑推理手段，如比较、联想等。例如，对于成就测验内容效度的考察，可以检查不同年级被试的总分和每题分数的变化情况。根据经验与常识我们知道，高年级学生的知识水平、解决问题能力都要优于低年级学生。如果随着年级增高，被试的分数和每题的通过率也随之升高，就可以推测该测验基本测量了学校的教学内容。

2. 专家判断法

专家判断法是指由一定数量的专家组成评估小组，根据测验题目和假设的内容范围做出系统的比较判断。专家需要评估测评量表内容取样的充分性、代表性、必要性、适合性以及实际测评到的内容与所要测评素质的符合程度。如果测验题目对测量内容的有效代表得到了专家的一致认可，则称该测验具有内容效度。

这种评估方法的优点是简便易行，但主要依赖专家的知识和经验，主观性较强，且缺乏一个客观、可量化的评估标准。当专家的意见不一致时，就难以确定内容效度。为了进一步提高内容效度的准确性，可以采用以下公式综合专家的意见，计算内容效度。

$$C=\frac{n_e-\frac{N}{2}}{\frac{N}{2}}$$

式中，n_e为持肯定评判意见的人数；N 为评判总人数。C 的取值范围为-1～1，当 C 为-1时，表示所有专家都认为测评项目内容不当，此时内容效度最低。C 的取值越大，说明内容效度越高。

3. 统计分析方法

这是内容效度的定量评估方法，具体包括测量评分者信度和复本信度（参见本章第 4 节）。虽然它们所代表的是信度，但也可以作为内容效度的有效参考。

（二）构念效度

构念效度（construct validity）是指测验能够测量到理论的特质或者概念的程度。

所谓构念，是指一些抽象的、假设性的概念或特质，是对某一学科研究领域的模糊要素进行概括化的途径。构念通常不能直接观察和测评，例如思维能力、智力、创造力等。但通过可以观察的各种材料（如具体的行为特征），能够确定被试是否具有该项特征或素质。

构念效度的检验步骤通常包括：

（1）根据已有的文献、研究结果、实际经验等建立构念的假设性理论。

（2）根据构念的假设性理论，进行测评工具的编制。

（3）选取适当的样本施测。

（4）以科学的统计方法来检验测评工具是否可以有效解释构念的理论。

（三）效标关联效度

效标指的是衡量测验有效性的参照标准。它通常可以直接、独立地测量出目标行为。效标关联效度又称为效标效度（criterion validity），是指测验分数与外在标准（效标）之间的相关程度，这个相关系数也就是效标效度系数。因此，可以采用统计中的相关公式直接计算出效标效度系数。

计算公式如下：

$$r=\frac{\sum_{i=1}^{n}(x_i-\bar{x})(y_i-\bar{y})}{\sqrt{\sum_{i=1}^{n}(x_i-\bar{x})^2\sum_{i=1}^{n}(y_i-\bar{y})^2}}$$

$$=\frac{n\sum_{i=1}^{n}x_iy_i-\sum_{i=1}^{n}x_i\sum_{i=1}^{n}y_i}{\sqrt{n\sum_{i=1}^{n}x_i^2-\left(\sum_{i=1}^{n}x_i\right)^2}\sqrt{n\sum_{i=1}^{n}y_i^2-\left(\sum_{i=1}^{n}y_i\right)^2}}$$

式中，n 为样本数量；x_i，y_i为各样本观测值；$\bar{x}$，$\bar{y}$ 为样本均值。

按照效标测量材料获得的时间，可以将效标效度细分为同时效度（concurrent validity）和预测效度（predictive validity）。前者效标材料与观测分数同时收集，主要用于对现状的诊断；后者往往在测量结束后隔一段时间再收集效标材料，反映的是测验分数对被试相关行为的预测程度。由于不需要长期追踪，同时效度的应用比较普遍。相应地，在人事选拔、分类和安置等领域，常常需要使用预测效度。

效标效度的难点在于必须把效标转化为可操作的指标，才能进行比较。因此，效标具有双重含义：一是代表其概念内容的观念效标；二是对其进行具体度量的效标测量。例如，高校毕业生的选拔测验，其观念效标是学业能力，而效标测量则可以用沟通能力、敬业度等具体指标来表示。下面列举部分常用效标，以作为参考。

（1）学业成就：如在校成绩、学历、有关奖励和荣誉、教师对学生智力的评定等，常作为智力测验的效标，也可作为某些多重能力倾向测验和人格测验的效标。

（2）实际工作表现：是最令人满意的效标测量，多为一般智力测验、人格测验和一些能力倾向测验的效标。

（3）特殊训练成绩。

（4）等级评定：是观察者根据测验欲测量的心理特征在被试身上的表现而做出的一

种个人判断。

（5）效标团体的比较：即找出两个在效标表现上有差别的团体，比较它们在测验分数上的差别。

（6）先前有效的测验：一个新测验与先前有效的测验的相关也经常作为效度检验的证据。

三 效度的影响因素

信度会影响效度，除此之外，效度还受到测验本身、样本团体、实施过程和效标等因素的影响。下面分别予以介绍。

（一）测验本身

效度的高低与随机误差和系统误差有关，因此，凡是能造成测验结果误差的因素，都会影响效度，包括测验项目的质量、测验的长度等。

（1）测验项目的质量。测验项目是否能较好地代表所测素质的内容与结构，其语言表述是否清楚准确，难度控制是否合理，都直接影响测验的内容效度与构念效度。

（2）测验的长度。一般来说，增加测验的长度可以提高测验的信度，从而很大可能也会相应地带来效度的提高。如果已知一个测验的信度和效度，将测验长度增加，根据斯皮尔曼-布朗公式可以计算长度增加后的新测验的效度。

$$r_{Y(nX)}=\frac{r_{YX}}{\sqrt{\frac{1-r_{XX}}{n}+r_{XX}}}$$

式中，$r_{Y(nX)}$为测验长度增至n倍的新测验的效度系数；n为新测验长度与原测验长度的比率；r_{YX}为原测验的效度系数；r_{XX}为原测验的信度系数。计算表明，新测验的效度高于原来的测验。

（二）样本团体

效度受到样本团体以下特征的影响：

（1）团体的外部性质，主要是指团体的类型，包括所从事的工作、背景等各方面的特点。不同背景的被试会采取不同方法来解决同一测验问题。因此，样本团体性质的影响不容忽视，在编制测验时最好将样本团体分为若干亚团体，使效度数据与样本团体性质相匹配。

（2）团体内部的异质性。前面提到，样本团体的异质性对于测验的信度非常重要。由于效度受到信度的影响，相应地，效度系数也会受到样本团体分数分布的影响。如果其他条件相同，样本越同质，团体分数分布的范围越小，其效度越低；反之，样本异质性越大，团体分数分布的范围越大，效度越高。

（3）样本容量。样本容量越大，测验误差越小，效度越高。

（三）实施过程

测验实施过程中的干扰因素可能来自多方面：

（1）客观环境，例如噪声、高温等容易引起不适的因素，可能会导致被试的反应出现偏差。

（2）施测者。例如，施测者潜意识的引导可能会导致被试做出有违其真实意图的反应。

（3）被试。被试的特质，如生理、心理、动机、情绪、态度等因素，都会影响其心理特征的稳定性，进而影响效度。

（四）效标

效标是测验的外在因素，不会引起测验误差。但作为衡量测量结果有效性的标准，效标本身应具备构念效度（即能够有效测量出人们所想检验的特征），这样才能真正反映出预测指标的有效程度。一个好的效标应该满足以下标准：

（1）效标必须能最有效地反映测量目标，即效标测量本身必须有效。

（2）效标必须具有较高的信度，稳定可靠，不随时间等因素而变化。

（3）效标可以客观地测量，用数据或等级来表示。

（4）效标测量的方法简单，省时省力，经济实用。

第6节　对测评分数的解释

人员素质测评的解释不同于测评实施本身，它们是两个不同的、相对独立的成分，即测评过程和测评分数的解释是相对分离的。测评实施的主要目的是获得被试的各种反应信息，而测评分数的解释是利用这些反应信息对被试的素质或特征做出评价的过程。测评分数的解释是一个非常复杂的过程，以一系列复杂的计算方法和理论解释为基础。在实践过程中，人员素质测评的实施和测评分数的解释是分开进行的，而且往往由不同的人分别执行。

一　解释的基本含义

通过实施测评和对测评结果的计分，我们可以获得测评的原始分数。所谓原始分数，是指通过将被试的反应与标准答案相比较而直接获得的分数，其本身并不具有多大的实用意义，只是一个客观描述而已。

但是，原始分数并不能为我们提供一个易于理解和可直接使用的评价，而需要针对一定的依据和目的进行比较，才能得到有用的评价。

一般而言，目前存在两种对分数进行解释的思路：常模参照解释（norm reference explanation）和效标参照解释（criterion reference explanation）。

二　基于常模的解释

常模参照解释分数通常将被试的分数与某个参照团体的分数进行比较，并以该分数在这个团体中的相对等级或相对高低位置来描述被试的素质或特征。这个用来比较的参照团体，我们称之为常模团体（norm group）。由于常模团体往往是测评总体中抽取出的一个样本，我们一般也称之为常模样本（norm sample）。常模样本的分数分布就是我们解释测评分数的基础——常模。

常模（norm）是一组具有代表性的被测样本的测评结果的分布结构，包括集中趋势（通常用平均数表明）和离散度（通常用标准差表示）。原始分数通过与常模的比较可以转换成等值的导出分数，叫作标准分（standard score）。这种由测评的原始分数通过与常模的对照得到可供比较的导出分数的过程，就是测评分数的解释形式之一，称为测评分数的常模参照解释。

（一）常模样本的选择

在确定和选择常模样本时，要注意下列要求：

（1）常模样本的构成必须明确。

（2）常模样本必须是所测群体的代表性样本。

（3）样本大小要适当。

（4）注意常模的时效性。

（二）常模的类型

常用的常模有发展常模、百分位常模和标准分数常模。这里我们主要对百分位常模和标准分数常模进行简单的介绍。

1. 百分位常模

百分位常模包括百分等级、四分位数和十分位数。

（1）百分等级。百分等级是应用最广的表示测评分数的方法。百分等级的概念很容易理解。它是指把一个总体的所有分数按大小顺序排列后，再按个数等分为 100 等份，每个等份对应的百分数就是这个分数分布的百分等级（percentile rank），而刚好把所有分数个数分为 100 份的分数值则叫百分位数。

百分等级的计算关键在于确定常模样本中分数低于某一特别分数的人数比例，这可以分两种情况。

一种情况是对没有分组资料的数据分布求百分等级，公式为：

$$PR = 100 - \frac{100(R-0.5)}{N}$$

式中，R 为排名顺序；N 为总人数。

另一种情况是对有分组资料的数据分布求百分等级。对这类资料任一个分数计算百分等级的公式如下：

$$PR = \frac{100}{N}\left[\frac{(x-l)f_p}{h} + c_f\right]$$

式中，N 为总人数；x 为任意原始分数；l 为该原始分数所在组的精确下限；f_p 为该分数所在组的次数；c_f 为 l 以下的累积次数；h 为组距。

（2）四分位数和十分位数。四分位数与十分位数和百分位数的含义相似。百分位数将结果分成 100 等份。然而在许多情况下，并不需要如此精密的区分，只要分成少数的段落区间就足够了。四分法将数据分布分成四等份，实际上是第 25，50，75 等百分点分段，因而计算四分位数与计算第 25，50，75 等百分点是相同的。同样，计算十分位数则与计算第 10，20，…，90 等百分点相同。

2. 标准分数常模

标准分数是一种有相等单位的分数。标准分数常模有好几种，每一种都基于特定的平均数和标准差转换原始分数。常见的标准分数有 *Z* 分数、离差智商（IQ）、*T* 分数、标准九分等。由原始分数转换成标准分数，又分为线性转换和非线性转换两种。

（三）常模的表示方法

常模的表示方法主要有两种：转化表和剖析图。

1. 转化表

最简单、最基本的表示常模的方法就是转化表，也叫常模表（norm table），它由原始分数表、相对应的导出分数表和对常模样本的具体描述三个要素组成。测评使用者利用转化表可以将原始分数转换为导出分数，或者是针对给出的导出分数找出相应的原始分数。

2. 剖析图

剖析图是测评分数的转换关系用图形表示出来的一种模式图。从剖析图上可以很直观地看出被试在测评以及测评的各个子测评或维度上的分数及其相对位置。

三　基于效标的解释

基于效标的分数解释分为内容参照分数的解释和结果参照分数的解释两种类型。

（一）内容参照分数的解释

内容参照分数（content reference score）的测量目的是确定被试对某项确定的材料内容或技能的掌握和熟悉程度。由于比较的对象不是其他人，而是所掌握内容的多少，所以称为内容参照测评。

（二）结果参照分数的解释

结果参照分数（outcome reference score）是将效标材料直接结合到测评结果的解释过程而进行评价的分数。结果参照分数解释的常用表示方法是期望表。期望表说明了一个给定的原始分数或分数等级获得不同效标分数或等级的可能性有多大。

本章小结

1. 测评的发展有三大基础理论，首先是经典测验理论，然后是项目反应理论和概化理论。

2. 常用的信度指标主要有重测信度、复本信度、同质性信度、评分者信度。

3. 高信度是高效度的必要条件而非充分条件，具体来说，信度低，效度不可能高；信度高，效度未必高；效度高，信度必然高。

4. 常用的效度指标有内容效度、构念效度、效标关联效度。

5. 从测评工具直接得到的测验分数大多为原始分数，为了给这些原始分数赋予意义，往往采用基于常模的解释与基于效标的解释两种思路与方法。

关键词

真分数　概化理论　项目反应理论　信度　效度　项目区分度　常模　效标

复习思考题

1. 如何理解经典测验理论的数学模型和假设?
2. 如何评价项目反应理论?
3. 影响信度的因素有哪些?
4. 影响效度的因素有哪些?
5. 项目分析的步骤有哪些?
6. 测评分数的解释方法有哪些?

参考资料

1. 郑日昌．心理测量与测验．北京：中国人民大学出版社，2008.
2. 王垒．实用人事测量．简明版．北京：经济科学出版社，2002.
3. 徐世勇，李英武．人员素质测评．北京：中国人民大学出版社，2017.

第 2 篇

测评技术篇

第 4 章 心理测验

学习目标

通过本章的学习，你能够：

◎ 理解心理测验的基本内涵。

◎ 熟悉智力测验、人格测验、成就测验和职业兴趣测验的概念与理论。

◎ 熟练掌握心理测验的实施步骤。

引例

人员素质测评服务公司的兴起

人员素质测评服务公司在中国蓬勃发展是最近 10 来年的事情，这类公司可以归入人力资源服务咨询行业。在它们服务客户的过程中，心理测验的方法与工具不仅用于人事选拔，也在个人职业生涯咨询、组织内部员工发展及团队建设等方面广泛应用。相关业务领域中，这些机构的很多服务项目都用到了心理测验。

使用心理测验的领域包括：

(1) 人事选拔与测评：竞聘上岗、人才盘点、后备人才选拔、社会招聘等。

(2) 职业与领导力发展：职业规划、发展性测评、体验式培训、个人发展辅导、团队建设等。

(3) 绩效考核的过程评价。

在测评的过程中，用到的典型心理测验包括：

(1) 认知能力测验。

(2) 人格测验。

(3) 兴趣测验。

(4) 成就测验。

(5) 知识类测验。

你可能会有很多问题：什么是心理测验？心理测验与其他测评方法有什么不同之处？如何实施心理测验？等等。

第 1 节　什么是心理测验

在日常生活中，我们常常会接触到一些性格测验，比如通过选择处理问题的方式来判断一个人属于什么性格类型，这就是心理测验的一个常见例子。其实，心理测验远不是这么简单。由于心理活动的复杂性，我们很难对一个人的心理特征进行测量。但是大部分学者都认为心理特征对一个人未来的行为表现具有重要的预测作用，通过测量个体间心理上的差异或者同一个体在不同情况下的反应可以更好地预测人们从事各种工作或活动的适宜性，从而大大提高人员素质测评的效率和准确性。目前关于心理测验的研究已经有了长足的发展，心理测验在实际生活中的应用也越来越广泛。本节将介绍心理测验的含义、构成要素、优劣势和实际应用。

一　心理测验的定义

心理测验是什么？不同的学者有着不同的看法。美国心理与教育测量学专家布朗（F. G. Brown）认为，测验是“测量一个行为样本的系统程序”。而美国著名学者阿纳斯塔西（Anastasi）对心理测验的定义是“心理测验实质上是行为样组客观和标准化的测量”。

一般来讲，我们可以把心理测验简单地理解为：通过对一部分人某些代表性行为的研究来推断人们在全部行为活动中的心理状态与变化的一种方法。

二　心理测验的五个重要构成因素

完整的心理测验包含五个要素：行为样本、标准化、客观性、信度和效度。下面对这五个构成要素分别进行介绍，以使读者对心理测验有一个更加全面的了解。

（一）行为样本

心理测验中对被测者心理特征的测量是间接展开的，即通过观察被测者对某一试题的行为反应来判断被测者的心理特征。行为样本是指一组能够表明人的某一心理特征水平高低的有代表性的行为。在选择行为样本时，需要注意几点要求。首先，行为样本要能够代表行为总体，即具有代表性。样本的代表性直接决定了一个心理测验的质量，样本的行为必须能够代表大部分群体可能出现的习惯性行为。因此，那些特立独行的反应性测验是无法对日常生活中的行为进行预测的，也是我们在人事测评的心理测验中需要避开的。其次，为了准确预测被测者的心理活动，心理测验题目的选择要有代表性，那些不要求被测者做出任何显示心理状态的行为的测验都不属于心理测验，例如视力检查、音乐基本能力测验等。

（二）标准化

标准化是指心理测验的前期准备过程、实施过程和评估过程都需要实现标准化。为了能够保证测验的公平性和有效性，必须确保所有被测者面临的测验条件是相同的，即心理测验的问卷编制、施测、结果的处理和呈现都必须保持一致性，这样才能有效预测和比较个体的心理特征。测验标准化的一个重要步骤是测验的编制，需要编制者为测验提供完备详细的说明，让施测者和被测者都能更好地理解题目。此外，编制者还需要建立常模，通过经验性的历史资料确定最后结果的评估标准和参照。

（三）客观性

客观性是指心理测验的实施和结果的评估都不能掺杂任何主观因素。心理测验的客观性主要是保证题目编制的客观性，要通过严谨科学的选题、分析与试测等环节对测验问卷进行调整，剔除过于简单和过于困难的题目，保证题目能更好地测出大部分人的心理特征。

（四）信度

信度是指心理测验的可靠性程度。如果测验是真实可靠的，那么同一组被测者使用同一测验所得到的分数应该保持一致。一致性程度越大，信度越高。信度包括重测信度、复本信度、同质性信度和评分者信度等。一般来说，学业成就测验对信度的要求最高，应在 0.90 以上；人格测验和兴趣测验一般应达到 0.70～0.80。

（五）效度

效度是衡量测验结果是否真实可靠的另一个重要标准。效度是指测验的有效性程度，也就是测验的结果与真实结果的相关程度。有很多方法能够提高心理测验的效度，比如在前期的材料准备阶段要根据测验目的严格规范地编制问卷，在内容的选择和难度的设置上做到适宜等。

三　心理测验的优势与不足

与其他测评方法相比，心理测验有很多独特的优点。首先，心理测验具有科学性。心理测验有着很深厚的心理学理论基础，一个人的心理特征能够有效预测其未来的行为表现。目前对心理测验的研究已经比较成熟，出现了很多具有较高信度和效度的心理测验技术，能够较为科学地考察个体的心理特征。其次，心理测验具有公平性。心理测验有着严格的实施规范，测验的结果比较公正客观，很少受到主考官的晕轮效应、类我效应、近因效应等主观因素的影响。最后，心理测验具有便捷高效的特点。心理测验的测验实施过程通常比较简单，也比较适合大规模施测，因此可以迅速了解一个人的能力水平、个性特征与心理状态，从而可以作为帮助组织迅速做出判断的依据。

心理测验有很多优点，但它的缺点也是比较明显的。首先，心理测验的准备工作要花费大量的人力、物力和财力。随着时代的发展，人的心理特征结构不断发生变化，传统的心理测验越来越不能满足实际的需求，需要对其进行修订和更新，尤其是一些大规模用于职业选拔的心理测验，更需要投入很大的精力去编制、试测与修改。其次，心理测验对施测者的能力有很高的要求。为了保证测验过程和评估的客观性，需要选择合适的施测者并对其进行相应的培训。最后，心理测验的结果容易受到被测者主观性的影响。被测者有可能提前准备过相应的心理测验题目，或者在实际测验过程中为了获得有利于自己的结果而隐藏真实想法，这些都会造成测验结果的失真。

四 心理测验在人力资源管理实践中的应用

心理测验能够测量个体心理特征的差异，这为组织的选人、用人提供了理论基础。在目前的人员素质测评中，心理测验越来越受重视，在人力资源管理的很多环节中得到广泛应用。

（一）选拔与配置

心理测验的一个重要用途是为组织选人。一个人能否胜任某个岗位，不仅取决于其具有的专业知识与技能，也与他的适应性和胜任特征密切相关。当两个人的实际工作能力没有太大差异时，我们可以采用心理测验来判断哪个人能够更好地适应和胜任这份工作。

按照本书前面所讲的内容，我们需要通过工作分析找出该工作岗位所需要的心理特征，然后通过科学有效的施测，分析并挑选出合适的人配置到工作岗位上，这样可以大大提高选拔和配置的效率和准确性。个人的心理特征具有稳定性，而知识和技能可以通过相应的培训来获得。因此，心理测验对心理特征的关注使其日益成为组织选拔与配置人才的一个重要依据。只有人职一致，人适其职，职得其人，才能既有利于提高组织活动的效率，又有利于个体的全面发展。

（二）诊断与培训

心理测验的另一种用途是组织内部员工的诊断与培训，它可以有效诊断出个体的心理状态，并且帮助组织搞清楚不良状态的产生根源，从而着手处理。在测验结果的基础上，组织可以安排有针对性的培训来帮助个体恢复到更好的状态或者端正心态，从而大大提高组织的运作效率。

（三）评价与预防

心理测验不仅可以帮助组织了解个体的心理状态，也可以使个体更加了解自己。一方面，心理测验可以有效评价个体在心理、人格和能力上的差异，帮助个体更了解自我的发展阶段，从而采取一些有效措施预防心理疾病的产生。根据心理测验的结果，人们可以找到自己的能力倾向和个性特征，查明心理问题，为个体的行为矫正提供依据。另一方面，心理测验可以帮助个体了解自己的倾向，以便找到适合自己的发展方向，降低失败的概率。

第 2 节 能力测验

在对个体进行心理测验时，个体的能力通常是我们希望最先了解的，我们常常会选择一些成熟的能力测验来提高使用效率。以下我们介绍针对个体能力的一些测验。

前面我们已经对能力的一些基本知识做了介绍，此处再对与能力测验有关的一些重点内容强调一下。

一 能力与智力的区分

为了更好地研究能力测验，我们首先了解一下能力和智力的含义。能力是直接影响活动效率、保证活动顺利进行的个性心理特征。一般来说，可以把能力分为一般能力和特殊能力两种。一般能力即智力，包括思维能力、想象能力、记忆力等，这部分也是我们通常需要测量的部分；而特殊能力主要指某个特殊领域需要的专业知识和技能，比如程序员必须具备的编程能力等。

关于智力的理解一直处于众说纷纭的状态。传统的智商理论和皮亚杰（Piaget）的认知发展理论都认为，智力是以语言能力和数理-逻辑能力为核心的、以整合方式存在的一种能力。迪尔伯恩（W. F. Dearborn）等认为智力是学习的潜能；宾特纳等认为智力是适应新情境的能力；推孟（L. M. Terman）等认为智力主要指抽象的思维能力；中国学者王垒认为凡是个体为了应付环境、解决问题和适应性地生存所应具有的基本的、关键的东西都应包含在智力的概念中。在此基础上，他提出了一种全新的智力概念——综合智力，既包含传统智力的认知因素，又包含个性因素、动机因素以及情绪性因素。

能力测验中的专业能力测验只适用于特定领域的专业人员，因此很少大规模地推广应用。我们一般使用能力测验中的智力测验来测量大群体的心理特征。智力测验是心理测验中最早产生的一种测验，也称为普通能力测验，它通过比奈-西蒙智力测验量表而广为人知。

二 能力与智力的基础理论

智力与能力理论的研究由来已久，随着时代的发展不断涌现出各种各样的理论，这些理论影响着人们对能力、智力本质的看法，为智力测验和能力测验的发展提供了基础和依据，也使得这些测验为人们所广泛理解和接受。下面介绍一些较为著名的智力理论。

智力理论发展的前期，学者主要研究智力的构成要素以及这些构成要素之间的关系。学者斯皮尔曼提出了智力的二因素理论，他认为智力由一般因素和特殊因素组成。1927 年斯皮尔曼证实了智力是个体的一种能力，个体可以在日常生活和工作任务中使用这种能力。但有些心理学者则认为智力包括许多成分，应该独立看待其中的各种成分。瑟斯顿（Thurstone）提出了群因素理论，认为智力应该包含七种不同的心智能力，即语词理解、语言流畅、数字运算、空间想象、联想记忆、知觉速度和一般推理。

著名学者吉尔福特（Guilford）认为对智力的分析应该是多维度的，并将智力分为操作、内容、结果三个层次。卡特尔则将智力分为流体智力和晶体智力两个因素；约翰·霍恩（John Horn）在 1998 年证明了这两种智力成分的存在。晶体智力主要指个体已经内化到自身的能力和知识，比如语言理解能力、逻辑归纳能力等；流体智力则代表个体感知、记忆以及对基本观念进行思考的一种能力，比如知觉反应能力、空间推理能力等。弗农（Vernon）提出了智力的层次论，将智力分为四个层次，最高层次是智力的普通因素；第二层次是言语和教育、操作和机械方面的因素；第三层次是几个小因素；最低层次是各种特殊因素。

20世纪60年代，随着计算机技术的不断发展，智力理论又出现了新的研究方向。这一阶段的智力研究主要倾向于对智力的内部结构进行探讨，使智力的相关理论走向了因素分析与信息加工整合的新方向，这种整合越发体现出人们对于自我意识和自我认知的重视。

1983年哈佛大学教授、发展心理学家加德纳（Gardner）提出了多元智力理论。他认为智力是一种完成任务的能力，也是创造未来的能力，包含七个组成部分，分别是言语-语言智力、音乐-节奏智力、逻辑-数理智力、视觉-空间智力、身体-知觉智力、自知-自省智力和交往-交流智力。此外，他认为智力与个体所处的社会和文化环境密切相关，不同文化背景下人们的价值标准不同，对智力的理解也不同。加德纳的理论引发了人们关于智力理论更深入的思考。

三 代表性的智力测验和能力测验

介绍了能力和智力的基本理论后，下面将主要介绍一些常见的智力测验和能力测验。

（一）智力测验

1. 比奈系列量表

（1）比奈-西蒙量表。为了解决法国教育现实中出现的问题——将普通儿童和异常儿童区分开来，法国学者比奈及其助手西蒙于1905年开发了世界上第一个智力量表，用来测量儿童的记忆力、语言能力、理解能力等。该智力量表开创了智力测验的先河，后期比奈等人又对这个量表进行了两次修订，将原来的30个项目增加到59个，并且调整了一些题目的顺序从而使量表更有代表性。1911年比奈等人又针对成年人改变了一些项目内容，使其能够推广到成年人群体。

示例4-1

比奈-西蒙量表测验题目示例

找出与众不同的一个：（　　）

A. 铝　B. 锡　C. 钢　D. 铁　E. 铜

比奈-西蒙量表的贡献主要有三个方面：第一，提出了一些测量智力的方法，如把判断、推理等高级心理活动作为智力测验的内容；以年龄为标准，使智力的比较成为可能；把智力看作由感知能力、记忆力、想象力等组成的一个整体，从整体上测量。第二，第一次开发了比较客观、量化的智力测验工具，为后人提供了借鉴。第三，第一次把智力测验应用到教育领域，使人们看到了智力测验的实际价值，推动了智力测验的发展。

当然，比奈-西蒙量表也存在一些问题，包括：项目太少，尤其是测量高级心理机能的项目不多；测验的实施和计分没有标准化，导致分数的稳定性不够；有些项目的位置不当，没有按难度安排合适的年龄水平。

（2）斯坦福-比奈量表。美国斯坦福大学教授推孟于1916年对比奈-西蒙量表进行了修订，保留了原来量表中的51道题目，又自编了39道题目，最终确定的量表共有90道题目，可测的年龄组为儿童组（3～14岁）、普通成人组和优秀成人组，称为斯坦福-比奈量表。

1937年推孟采用复本形式对原先的量表再次进行了修订，修订后的量表有129个测验项目，并且这些项目可以替换使用，具有同样的效度。修订后量表适用于2岁至成人的智力水平测量。1960年，根据社会环境的新变化，推孟的学生梅里尔（Merrill）又对量表进行了修订，对题目进行了重新选择和删减，并调整了题目的顺序和难度。这个量表可以测量儿童到成人20个年龄组的智力水平，使用方便，应用广泛，题目主要包括记忆、算数、常识、图画、空间、理解等多个方面，可以从多方面把握一个人的智力水平。

1972年，桑代克对量表重新进行了标准化，新常模样本包括2 100名儿童，且包含非白种人，使量表更具科学性和代表性。1986年，桑代克再次对斯坦福-比奈量表进行了修订，此次修订是最彻底的一次，它改变了传统比奈量表所依据的一般因素（g因素）的智力模式，将其变更为一般因素下的层次结构模式，量表结构也由年龄量表发展成为分量表和分测验。

（3）中国比奈-西蒙量表。比奈-西蒙量表的出现在世界范围内引起广泛的反响，各国相继引入这种量表用于人事测评。由于比奈-西蒙量表的常模设置和题目选择都是根据西方的实际情况确定的，中国的研究者在引入量表时对其进行了修订，以更符合中国的实际需要。1924年我国心理学家陆志韦在1916年斯坦福-比奈量表的基础上修订出了中国比奈-西蒙智力测验量表。1936年陆志韦和吴天敏合作发表了修订版。1978年，吴天敏主持又一次修订，于1982年完成，称为中国比奈测验。中国比奈测验共有51个题目，适用范围是2～18岁的未成年人，每个年龄有3道题目，从易到难排列，每个题目代表4个月智龄，用离差智商评定智商的高低。此外，吴天敏根据实际需求又从这套量表中选出8个项目，组成中国比奈测验简版，一般只需20分钟即可测完，用来快速考察儿童的智力水平。

2. 韦氏成人智力量表

比奈-西蒙系列量表主要适用于儿童智力的测量，虽然之后的修订中增加了成年人的部分，但它的成人量表并不完善，不能满足实际需要。因此，学者韦克斯勒（Wechsler）开发了针对儿童和成年人的两套量表，使测量更具有针对性。

1939年，韦克斯勒编制了测验成年人的智力量表，即韦克斯勒-贝勒维智力量表（W-BⅠ）。1942年，他推出第二个韦克斯勒-贝勒维智力量表（W-BⅡ），适用于10～60岁的个体；1955年，韦克斯勒将W-BⅡ修订为韦氏成人智力量表（WAIS），适用于16～74岁的个体，进一步扩大了测验的适用范围。1981年，他又发表了韦氏成人智力量表修订版（WAIS-R）。1997年，第三次修订完成（WAIS Ⅲ）。

韦氏成人智力量表修订版（见表4-1）一般包括言语量表和操作量表两个部分，每个部分都包含7个方面的测验内容。言语量表包括常识、数字广度、词汇、算术、理解、类同和字母-数字排序7个分测验。操作量表分为填图、图片排列、积木、拼图、数字符号、矩阵推理和符号搜索7个分测验。在实际操作中，两个量表交替进行，每个分测验的原始分都不同，从18分到90分不等，最终的结果需要转化为标准分数进行比较。每个测验的平均分是10分，标准差为3分，最后通过分数的合并得到三个总分数——言语总分、操作总分和量表总分。最后使用常模表，查到三个结果——言语智商、操作智商和全量表智商，它们都是以100为平均数、15为标准差的离差智商。

表4-1　韦氏成人智力量表修订版部分测验内容

类别	测验名称	施测顺序	测验内容
言语测验（V）	常识	1	简要回答有关一般常识的问题，例如谁发现了美洲新大陆
	数字广度	3	正背或倒背主试口述过的几个数字，测量瞬间记忆能力
	词汇	5	通过视觉或听觉逐一呈现词汇，要求被测者解释每个词汇的意思，例如王子是什么
	算术	7	心算解决文字算术题，测量最基本的数理知识和数学思维能力
	理解	9	说明某种情境下最佳的活动方式和对常用成语的理解，或详细回答某些有关为什么的问题
	类同	11	概括每一对词义相似的地方在哪里，测量逻辑思维能力、抽象思维能力、分析概括能力，例如冰箱和洗衣机在什么地方相似
操作测验（P）	填图	2	指出图片中缺失的部分，测量视觉敏锐性、记忆能力和细节注意能力
	图片排列	4	按适当顺序排列图片以形成完整的故事，广泛测量分析综合能力、观察因果关系能力、社会计划性、预期力等
	积木	6	以给出的图案为样本排列积木，测量视知觉和分析能力、空间定向能力及视觉-运动综合协调能力
	拼图	8	将几块图形拼板拼成完整的人或物体图形，测量思维能力、工作习惯、注意力、持久力和视觉综合能力
	数字符号	10	将数字与其所对应的符号进行匹配，测量注意力、简单感觉运动的持久力以及建立新联系的能力和速度

韦氏智力量表传入中国后，许多国内学者都致力于对这个量表进行修订以适合中国的国情，在这个过程中，湖南医学院龚耀先先生做出了巨大的贡献。1982年，他主持修订并发表了韦氏成人智力量表中国版（WAIS-RC）。此次修订依据中国的具体情况对韦氏成人智力量表的题目进行了增删，并对题目顺序进行了一些改动。为了体现农村和城市的教育差异，他还建立了两套常模，分别适合农村和城市两个群体使用。

韦氏智力量表是智力测验中的重要方式，也是目前运用最为广泛的智力量表之一。经过多年的修订，韦氏智力量表的信度和效度不断提高，各个国家的量表本土化工作不断展开。但是韦氏智力量表因为测验过程烦琐、结果分析复杂、只能单个施测等特点，在应用上有较高的要求。

3. 瑞文标准推理测验

瑞文标准推理测验的原名为渐进矩阵，是由英国心理学家瑞文（Raven）于1938年设计的一套非文字型智力测验。这套测验的最大特点是测验中用到了大量图形，因此多用于考察被测者的观察能力和思维能力。瑞文标准推理测验自20世纪50年代起经过数次修订，目前能够适用于各个智力层次的群体。主要包括三个测验：一是 1947 年编制的彩色推理测验（CPS），适用于幼儿与智力低下者；二是 1998 年推出的标准推理测验，适用于 5 岁半以上的普通儿童及成年人；三是适用于高智力水平者的高级推理测验（APM）。标准推理测验适用于大部分普通人，也是三个测验中应用最多的。

瑞文标准推理测验由 60 道题目组成，每道题目都由缺少一块图案的图片和若干张备选小图组成，要求被测者根据图片的规律选出合适的图案填充进去。测验的 60 道题目按照难度分为 A，B，C，D，E 5 组，每组 12 道题，按照难易程度排列，考察被测者的一种智力因素。A 组考察个体的知觉辨别力、图形比较能力和图形想象力等；B 组考察类同比较能力、图形组合能力等；C 组考察比较能力、推理能力和图形组合能力等；D 组考察系列关系、图形套合能力等；E 组考察套合、互换、交错等抽象推理能力。

瑞文标准推理测验在中国的应用主要归功于北京师范大学心理系张厚粲等人，几位学者于 1986 年完成了中国版的修订，也以 1982 年的人口普查数据为依据取样 5 108 人，测定了城市地区的常模，推动了这种测验形式在中国的应用。

瑞文标准推理测验有很多优点。一方面，测验的使用范围很广，既可以用于儿童群体也可以用于成年人群体，既适用于低智力群体也适用于中高智力群体。另一方面，这种测验的形式是非文字的，可以最大限度减少文化、语言和种族的因素对测验结果造成的影响。此外，既可以个别进行也可以团体测验，大大提高了可用性。瑞文标准推理测验题目的示例如图 4－1 所示。

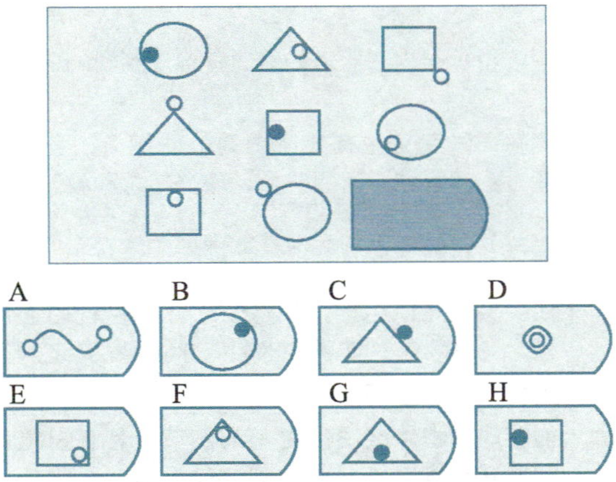

图 4－1　瑞文标准推理测验题目示例

（二）能力倾向测验

能力倾向（aptitude）又称性向，是指一个人在学习某种事物前，对学习该事物可能发展出来的潜在能力。能力倾向测验主要关注个体在某种能力上或某个领域的潜力，即经过一些特定的训练后，个体是否可以很容易地获得某些知识或者技能，是否能在这个领域有更加深入的发展，从而取得一定的成就。依据测得分数的高低可以评估哪些方面具有可塑性和学习潜力，哪些方面缺乏学习潜力，其作用在于发现个人的能力倾向，用以指导升学和职业选择，以期将来获得较大成就。在企业中，许多特定的职位对个体的能力都有一定的要求，但很多新员工在入职时缺少相应的知识和技能，需要在入职后接受相应的培训。这种情况下，员工的能力倾向就变得更加重要，因此能力倾向测验也越来越广泛地应用于人事测评。

能力倾向测验主要包括两类：多重能力倾向测验和特殊能力倾向测验。

1. 多重能力倾向测验

多重能力倾向测验（multiple aptitude batteries）是将数个能力倾向测验合并使用，用以鉴别一个人多方面的潜在能力的成套测验。一般的多重能力倾向测验包括4～9个分测验，每个分测验用来测量个体不同的能力，常模也通常根据一个标准化的群体建立。多重能力倾向测验既可以成套施测，也可以单独施测某些分测验来考察某一方面的能力。其中，一般能力倾向成套测验（general aptitude test battery，GATB）是最常用的。

GATB由美国联邦劳工部于1947年编制，既可以用于求职咨询，也可以用于学业选择。它包括12个分测验——8个纸笔测验和4个仪器测验，可以测量9种能力倾向，包括一般学习能力（G）、言语能力（V）、数字能力（N）、空间能力（S）、形状知觉（P）、书写知觉（Q）、运动协调（K）、手指灵巧性（F）、手部敏感性（M）。9种能力倾向测验标准分构成3个组合分：认知组合分，由G，V，N组成；知觉组合分，由S，P，Q组成；心理运动组合分，由K，F，M组成。GATB的内涵与结构如表4-2所示。

表4-2　　GATB的内涵与结构

成分	9种能力倾向	能力倾向的定义	分测验
认知	一般学习能力	理解指示与内在原理的能力；推理判断的能力	测验3：三维空间 测验4：词汇测验 测验6：算数推理
	言语能力	理解词语意义并有效运用词语的能力；言语理解能力；理解词语间的关系、理解句意和段意的能力	测验4：词汇测验
	数字能力	迅速并正确地进行数学计算推理的能力	测验2：计算测验 测验6：算数推理
知觉	空间能力	能够想象几何图形，并将二维方式呈现的图形转化为三维物体；能够对发生空间位置变化的图形进行再确认	测验3：三维空间
	形状知觉	能够观察物体或图形材料的细节，具有视觉对比和差异辨别；能够观察到物体形状、线段长宽的细微差异	测验5：工具匹配 测验7：形状匹配
	书写知觉	能够理解言语和表格材料的细节；能够发现副本与原样的差异；能够校对词语和数位，能够避免在数位计算中的知觉错误；对词语和数位材料的理解速度	测验1：名称比较
心理运动	运动协调	通过手与眼的协调，迅速并准确地完成精确动作的能力；迅速并准确地做出动作反应的能力	测验8：速记测验
	手指灵巧性	通过手指活动，迅速并准确地操作微小物品的能力	测验11：组合测验 测验12：拆卸测验
	手部敏感性	能够轻松灵巧地完成手部运动的能力；通过双手完成摆放和翻转动作的能力	测验9：放置测验 测验10：翻转测验

资料来源：USES，1970.

此测验适用于高中生和成年人，实施全套测验需要 2.5 小时，手指灵巧性和手部敏感性的 4 个分测验是通过机器操作完成的，另外 7 种能力倾向都采用纸笔测验的方式。得出 9 个能力倾向上的分数后，就可以判断被测者适合哪种类型的工作，如手指灵巧性、手部敏感性、运动协调能力、形状知觉能力比较好的人比较适合从事精密性较高的工作。

2. 特殊能力倾向测验

特殊能力是指完成某一特定任务所需的专业知识和技能，特殊能力倾向测验是判断个体是否在这些特定领域具有特殊潜力的一种手段。特殊能力倾向测验的主要用途是选择工业职业人员、办公室人员、特殊艺术人员等。特殊能力倾向测验主要包括文书能力测验、行政职业能力倾向测验、机械倾向性测验、心理运动能力测验等，每种测验类型又有很多种具体的测验方法。

（1）文书能力测验。常规的办公室文书能力测验主要是测量知觉的速度和准确性，用于甄选合格的文秘人员，如一般文秘测验（general clerical test，GCT）。GCT 包含 9 个部分，完成测验需要 47 分钟，可以计算出 3 个分数：文书的速度和正确性、数的能力及词语熟练程度。类似的还有科学研究会（SRA）文秘性向测验（SRA clerical aptitude，SRA-CA）。

此外，明尼苏达文秘测验（Minnesota clerical test，MCT）也是选择办公室文秘和校对人员的常用测验。该测验分为两个分测验：数和姓名比较，每个分测验含 100 个相同的对子（数和字母分别成对）和 100 个不同的对子（数和字母任意混合），要求被测者选出相同的对子。该测验能测量出完成各种文秘工作所必需的速度和准确性。

（2）行政职业能力倾向测验。行政职业能力倾向测验（administrative aptitude test，AAT）是一种针对国家行政机关人员的特殊能力倾向测验，目的是测量与行政职业成功有关的一系列心理潜能。目前，在世界各国的公务员录用考试中，具有行政职业能力倾向测验性质的考试已经成为重要的筛选工具之一。英国文官考试中的认知测验和美国文官考试中的基础能力倾向测验，本质上就是行政职业能力倾向测验。

1988 年，我国人事部首次在国家行政机关补充工作人员的录用考试中采用行政职业能力测验（简称“行测”）。经过多年的发展，已逐渐形成稳定的结构和体系，在应用中取得了良好的效果，现在它已不局限于公务员选拔，而是较为广泛地应用于各种人员的招聘和选拔工作。我国的行政职业能力倾向测验包括五大部分：数量关系、言语理解、判断推理、常识判断、资料分析，具体结构如表 4－3 所示。

表 4－3　　行政职业能力倾向测验的内容结构

部分	内容	题目数量（道）	时间限制（分钟）
分测验一	数量关系	15	15
分测验二	言语理解	30	30
分测验三	判断推理	30	30
分测验四	常识判断	40	25
分测验五	资料分析	15	20
总计		130	120

资料来源：张厚粲，龚耀先．心理测量学．杭州：浙江教育出版社，2012.

（3）机械倾向性测验。机械能力泛指个体操作机械的潜在能力与实际操作机械工具的能力，用以测量机械能力的心理测验即机械倾向性测验（mechanical aptitude test），通常包括机械常识、机械推理、空间关系、机械操作、手眼协调等。代表性的机械倾向性测验包括明尼苏达空间关系测验、明尼苏达书面形状测验、贝内特机械理解测验和SRA机械概念测验等。

这里以较为常用的明尼苏达空间关系测验（Minnesota spatial relations test，MSRT）为例。这是一个空间知觉测验，由特拉布（Trabue）等修订。施测过程如下：有A，B，C，D四块板，另有两套几何形状的木块，木块随机摆放。测验要求被测者尽可能快地将一套木板嵌入A板和B板的特定凹陷处，另一套木板嵌入C板和D板的特定凹陷处。完成全测验所需时间为10～20分钟，成绩按照耗时和错误次数计分。该测验适用于中学生和成年人，主要用于选择受训或就业人员，特别是为那些要求较高的视觉-空间速度能力和准确性的训练和工种选择人员提供参考。

贝内特机械理解测验（Bennett mechanical comprehension test，BMCT）则是较为著名的机械理解能力测验。所谓机械理解，是指被试理解实际生活情境中机械原理的能力。BMCT测量对实际情境中的机械关系和物理定律的理解能力，测验的形式是每题有一幅图和一个问题，要求被测者根据图形回答问题。例如，图4－2要求被测者回答应在天平左边放多重的砝码才能维持天平平衡。

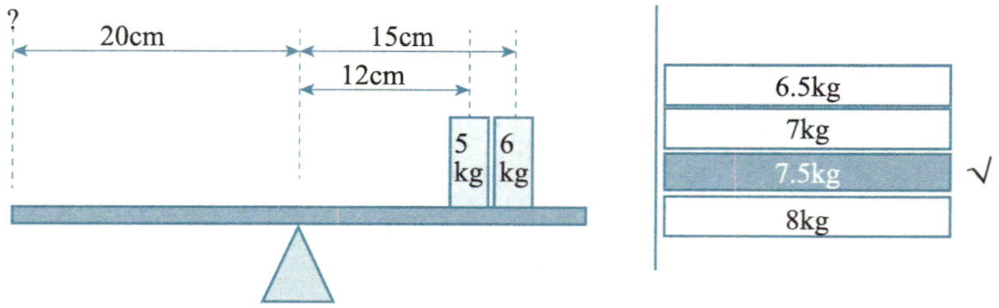

图4－2　贝内特机械理解测验示例

（4）心理运动能力测验。心理运动能力（psychomotor ability）是指从感知到动作反应的过程及相互协调的活动能力。例如，操作车床或其他精密机械时，眼和手的协调活动就是一种心理运动活动。根据对心理运动技能的高度特异性研究结果，研究者界定了11种心理运动因素：目的、臂/手的稳定性、控制的精确性、手指的灵巧性、手的灵巧性、多肢体的协调性、速度控制、反应时速、反应定向、手臂运动速度、腕/指速度。

心理运动能力测验最初是为测量工作技巧和手艺而设计的，但受实践影响很大，效度较低。研究表明，心理运动能力测验更适用于预测训练成绩而不是预测工作效率，且对简单机械式装配和操作类工作的预测效度要高于需要高水准的认知和知觉能力的复杂工作。常见的心理运动能力测验包括斯特姆伯格灵巧测验（Stromberg dexterity test）、明尼苏达手动操作速度测验（Minnesota rate of manipulation test，MRMT）、欧康纳手指灵巧测验（O'Connor finger dexterity test，OFDT）等。斯特姆伯格灵巧测验要求被测者将54个普通饼干大小的有色（红、黄、蓝）碟子按指定顺序摆放，越快越好。MRMT使用一块有60个洞的木板和对应的木块（正面红色、反面黄色），测验分为摆放、翻转、单手翻转或摆放等。OFDT要求被测者分别用两个手指或一个镊子，将钢质小钉放到纤维板的小孔中，计分以速度和精确性为标准。

特殊能力倾向测验的一部分考察内容包含在多重能力倾向测验里面，但是它作为多重能力倾向测验的补充，在单独使用上具有很大的灵活性，在一些特定领域的人事测评中也有非常重要的实践意义。

第 3 节　成就测验

成就测验与前一节介绍的智力测验和能力倾向测验同属于能力测验，但主要测量被测者对某种知识、技能的掌握水平或在某领域实际工作的表现情况。由于成就测验是所有测量工具中最为通用的一种，故特别列出一节予以详述。

一　成就测验概述

（一）成就测验的含义

成就（achievement）是指个人通过学习和训练所获得的知识、学识和技能。成就测验（achievement test）就是特别为接受过某种教育或训练的人编制的测验，目的是考察其经过教育与训练后所获得的知识、学识和技能。我国的中考、高考、研究生入学考试等都属于成就测验。

（二）成就测验的发展历史

成就测验由来已久。据史书记载，我国西周时期就已经有定期进行的学业考试；汉武帝时，实行通过书面考试来选拔官员；到 7 世纪初，隋炀帝正式建立科举考试制度，这一具有 1 300 年历史的官吏选拔制度是世界上出现最早的由国家组织的成就测验。在西方，中世纪以后欧洲各国的大学采用口试方式来考核学生。18 世纪初，英国开始使用纸笔测验对个体的知识技能进行考核。但当时无论是口试还是笔试，计分都依靠主观判断，缺乏客观性。为了对学习成绩进行客观评定，美国心理学家开始关注客观的、标准化的成就测验。1892 年赖斯（J. M. Rice）对小学生所做的单词拼写测验等被认为是成就测验的先导，为日后教育测量的发展奠定了基础。20 世纪初著名教育心理学家桑代克的《心理与社会测量导论》一书的出版标志着现代标准化成就测验与教育测量学的诞生。

随着教育测验在理论上、方法上不断地向纵深发展，如今成就测验已成为学校教育评估不可或缺的重要工具。此外，成就测验也被应用于社会各个领域，如军队、工业组织、政府机构等。其功能在于了解人员的专业知识和技能，提高选拔人员的质量，有目的地培养人才，实现人岗匹配，创造良好的经济效益和社会效益。

（三）成就测验的分类

依据不同的分类标准，成就测验可分为不同的类型。按测验的功能不同，可将成就测验分为学业成就测验和职业成就测验。前者用于教育领域，后者用于组织团体或机关。按编制方法不同，可将成就测验分为标准化成就测验和教师自编测验。标准化成就测验是由测量专家与学科教师按测量学基本原理编制的，适用于大规模评定个人学习成就水平的测验，这种测验的命题、施测、评分和解释都有一定的标准，因此具有较高的信度、效度，例如托福考试。教师自编测验则是教师依据教学需要自行设计与编制的测验。按测验的内容，可将成就测验分为单学科成就测验和成套成就测验。两者的主要区别在于，前者考察某一特定学科的知识技能，后者考察学校基础课程领域的各方面知识技能。

二 代表性的成就测验

（一）韦克斯勒个人成就测验（第2版）

韦克斯勒个人成就测验（第2版）（Wechsler individual achievement test-second edition，WIAT Ⅱ）是著名的个体成就测验之一，主要用于评价学前儿童、学龄儿童、青少年、大学生和成年人，适用于4～85岁的个体。它测量个体在阅读、写作、数学和口语方面的学习效果，可用于评价较宽范围的学习知识技能，也可用于满足某种领域的测验需要。同时，在临床群体的使用中还发现，该量表能有效鉴别有学习障碍的群体。

韦克斯勒个人成就测验（第2版）由9个分测验组成，主要测试阅读、数学、书面语言和口语4个方面，具体内容如表4-4所示。

表4-4　韦克斯勒个人成就测验（第2版）的结构

成分	分测验	测试内容
阅读	语词阅读	字母识别、语音知觉、字母的语义识别、字词识别的准确性能力
	假词解码	应用语音解码的技能，要求被测者大声读出卡片上符合英语拼写规则但无意义的单词
	阅读理解	各种阅读理解技能，包含单词、句子、文章3类题型
数学	数位运算	识别和书写数字、解答书面计算题、解答简单方程式的能力
	数学推理	数量概念，多步骤问题，有关金钱、时间和测量的问题，几何问题，阅读和解释图表问题，统计与概率问题，整数、分数和小数问题，识别数学图案等方面的能力
书面语言	拼写	拼写所听到字母、字母组合和单词的能力
	书面表达	书写过程，包含字母书写、单词流畅性、句子、段落和文章
口语	听力理解	词与图匹配、句子理解、图与词匹配的能力
	口头表达	有效使用口头语言与他人交流的一般能力，包含句子复述、单词流畅性、文章、提供指示4个部分

9个分测验的施测顺序是语词阅读、数位运算、阅读理解、拼写、假词解码、数学推理、书面表达、听力理解和口头表达。测试时间随着被测者的年龄和所施测的分测验的数量变化而变化。对于学前儿童，整个测验大约需要45分钟；1～6年级学生需要90分钟，7～16年级学生需要90～120分钟。

（二）伍德考克-詹森个人成就测验（修订版）

伍德考克-詹森个人成就测验（修订版）（Woodcock-Johnson tests of achievement Ⅲ）是1977年出版的《伍德考克-詹森心理教育测验集》的一部分——成就测验的修订

版。该测验集的另一部分为测量智力的伍德考克-詹森成套认知能力测验，两个测验可配套使用。比较某儿童在认知能力测验和成就测验上的得分，如果前者低于后者1.5～2个标准差，即可认为该被测者出现了学习困难。除了鉴定学业水平外，伍德考克-詹森个人成就测验（修订版）在临床领域也常用来评估学习障碍，是一个适用范围比较广的成就测验工具。

伍德考克-詹森个人成就测验（修订版）主要用于测量2～90岁个体在阅读、数学、书面语言、知识、口头语言5个方面的成就。阅读、数学、书面语言领域都包括基本技能测量、流畅性或自动性测量、应用或高水准技能测量；知识领域包括历史、地理、政治、经济、生物、物理、艺术、音乐、文学方面的测量；口头语言领域包括语言的表达与接受能力测量。5个测量领域包含22个分测验。测验得分一般以百分等级分数表示，也可以将分数转化为一种标准分数。

三　知识类测验

除了典型的成就测验外，知识类测验在人员素质测评领域也比较常见，它通常考察完成某工作所必须掌握的基础性知识。

我们可以把知识定义为：根据习得、观察、经验和联想等过程，对某一事物进行的了解和认识，且这些了解和认识是结构化的、能够被传递和使用的。

（一）什么是知识测评

知识测评是指对个体科学知识素质的测量和评价，包括知识总量、掌握程度、理解深度和运用程度等。知识反映了个体的认知水平、学习能力和专业技能等多方面的内容，是人员素质测评中的重要一环。

（二）知识测评的方式和题型

传统的知识测评一般通过纸笔测验的方式进行，随着计算机和网络技术的发展，计算机测验在实践中的应用越来越广泛。相对于纸笔测验，计算机测验能够提高效率，降低成本，还能快速得出测评结果。但无论是纸笔测验还是计算机测验，均经常采用以下题型：选择题、匹配题、是非题、填空题、简答题和论述题。

1. 选择题

选择题由题干和选项组成，根据正确答案的选项数又分为单选题和多选题。它具有内容范围广、计分标准客观、题意明确的优点，但编制诱答（错误答案）较为困难，无法测评实践能力。

2. 匹配题

匹配题由选择题转化而来，由若干题干和选项组成，要求被测者将题干和选项进行匹配。它具有涵盖内容多、节约测量时间的优点，且更适用于测评简单知识点的记忆。

3. 是非题

是非题包含多种形式：一是要求被测者对命题做出是非判断；二是要求找出命题中的错误；三是要求找出错误并改正；四是要求做出是非判读并阐释理由。它具有内容范围广、计分标准客观的优点，但分数易受到反应定式和猜测因素的影响。

4. 填空题

填空题要求被测者填写某一陈述中的空缺，以考察其对知识术语、基本事实、程序步骤等的记忆。

5. 简答题

简答题属于主观类题型，答案较为明晰，不易受猜测因素影响，难度较选择题大，但仍无法测量更深层次的能力。

6. 论述题

论述题同样属于主观类题型，其最重要的优点是可以测量材料理解、组织归纳、综合分析和文字表达等多项能力，但回答和评分的时间较长，受主观影响程度较大。

示例 4-2

销售人员笔试题目示例

1. 企业只推出单一产品，运用单一市场营销组合，力求在一定程度上满足尽可能多顾客的需求，这种战略是（　　）。

A. 无差异市场营销战略　　B. 密集市场营销战略

C. 差异市场营销战略　　D. 集中市场营销战略

2. 中国服装设计师李萍设计的女士服装以典雅、高贵享誉中外，在国际市场上，一件“李萍”牌中式旗袍售价高达 1 000 美元，这种定价策略属于（　　）。

A. 声望定价　　B. 基点定价　　C. 招徕定价　　D. 需求导向定价

3. 产业购买者往往这样选择供应商：你买我的产品，我也买你的产品，这种习惯做法称为（　　）。

A. 直接购买　　B. 冲动购买　　C. 往返购买　　D. 互惠购买

资料来源：徐世勇，刘亚军．人才素质测评．北京：中国人民大学出版社，2014.

（三）编制流程

知识测评的编制流程主要包括选择题目、编制试题、检验信度与效度、编制标准答案和评分标准等步骤。

第 4 节　人格测验

除了能力上的差异，人格差异也是个体差异的重要组成部分。在心理测验中，进行人格差异的测验具有十分重要的意义，而人格的复杂性也决定了人格测验的开发需要不断完善与改进。

一　人格的基本理论

人格的研究历史悠久，对于人格的研究也分为许多学派，下面我们介绍一些主要的人格理论。

（一）特质理论

人格的特质理论起源于 20 世纪 40 年代的美国，其中以美国著名心理学家奥尔波特（Allport）和卡特尔的理论最为著名。特质理论的核心观点是将人格中的某些特质作为决定个体行为的基本单位，而对人格的测评也是通过比较这些特质进行的。

1937 年奥尔波特首次提出了人格特质理论，他将人格分为两种特质：共同特质和个人特质。顾名思义，共同特质是指处于某一环境的群体共有的特质，比如中华民族共有的以和为贵的特质；个人特质则是指在同一文化中每一个体所具有的独特特质，比如有些人比较内向，有些人比较外向。根据典型性和重要性的不同，奥尔波特又将个人特质分为三个层次：一是首要特质，指个体具有的最外显、最具有代表性的特质；二是中心特质，指个体具有的某几个独特的重要特质；三是次要特质，指个体不太外显或不太重要的特质。

卡特尔的贡献则在于开创了用因素分析的方法分析人格的新局面，提出了人格特质的四层次模型。模型的四个层次分别为个人特质和共同特质，表面特质和根源特质，体制特质和环境特质，动力特质、能力特质和气质特质。1949 年卡特尔根据自身的研究成果开发出了 16 种人格测验量表，也推动了人格测验领域的发展。关于具体的测验，我们之后进行更详细的介绍。

（二）类型理论

类型理论产生于 20 世纪三四十年代的德国，这种理论主要研究个体之间的心理差异，并将人格分为几种类型，使不同个体的人格得以有效区分。类型理论主要有三种：单一类型理论、对立类型理论、多元类型理论。

单一类型理论的代表人物是美国心理学家法利（Farley），他提出了 T 型人格的概念，用于判断一群人是否具有某种特定的人格。法利认为，T 型人格是指一种冒险主义和追求刺激的人格。根据冒险的积极性和消极性，他又将 T 型人格分为 T+人格和 T－人格两种，T+人格代表一种积极的冒险，T－人格则代表一种消极的反社会的冒险。

对立类型理论的主要观点是人格类型包含某一维度的两个相反方向。例如 A-B 型人格和内-外向人格的研究。弗里德曼（Friedman）和罗斯曼（Roseman）提出了 A-B 型人格的概念，他们认为 A 型人格是指急躁、积极投入、上进心强、时间紧迫感强、行动力强等性格，拥有这种性格的群体生活压力往往比较大，情绪波动也比较大；而 B 型人格则是指不急躁、有耐心、安静稳重等性格，拥有这种性格的人生活节奏较慢，情绪比较稳定。瑞士心理学家荣格（Jung）最早提出了内-外向人格类型，他将内向人格的特质总结为谨慎、疑虑、交往面窄、倾向于自我剖析，将外向人格的特质总结为活泼开朗、愿意与人交流、情感外露。

多元类型理论的主要观点是人格类型不是单方面的，而是几种不同人格特质的组合，主要代表有气质类型学说、性格类型学说。气质类型学说是由古希腊医生希波克里特（Hippocrates）提出的，他认为人体内有四种液体：粘液、黄胆汁、黑胆汁和血液，不同的液体代表着不同的人格特质，在此基础上，他将人的气质分为四种类型：胆汁质、多血质、粘液质和抑郁质。胆汁质的人精力旺盛，勇敢热情，情绪丰富且强烈，但是做事易冲动，比较鲁莽；多血质的人情感丰富细腻，性格活泼好动，在人际交往上比较积极，但是耐性和稳定性比较差；粘液质的人比较认真，做事细致，沉默寡言，具有比较好的情绪自制力，稳定性强，但是在活力和主动性上比较弱；抑郁质的人心思细腻，踏实稳重，情感抑郁，不善于社会交往和交际，在做决定时考虑较多，优柔寡断，软弱胆小。性格类型学说则是由德国心理学家斯普兰格（Spranger）提出的，他认为人类的人格类型可以分为六种：注重实效和利润的经济型、注重审美和想象的审美型、注重探索和兴趣的理论型、注重社会和奉献的社会型、注重权力和地位的权力型、注重信仰和宗教的宗教型。

（三）整合理论

特质理论和类型理论代表着看待人格的两种不同视角，整合理论则是对特质理论和类型理论的综合，以更全面地描述一个人的人格特质。整合理论的代表人物是艾森克（Eysenk），他提出了人格结构的四层次模型，认为要从多个层面综合分析个体的人格结构。这个模型的四个层次分别是：最下层的特殊反应水平是日常观察中的误差部分；上一层的习惯反应水平是个体在日常生活中的反应，是特殊因子；再上一层的特质水平是群体的人格性质描述，属于群因子；最上层的类型水平是一般因子。艾森克将类型理论和特质理论进行了有机的融合，使人格的理论层面更广，角度也更丰富。

二 人格测验介绍

人格测验，顾名思义就是通过一些量表或者借助其他方式对人格特质进行的测验，从这些测验的结果中推断一个人在不同情境下可能产生的行为。下面我们介绍几种常用的人格测验工具。

（一）卡特尔 16 种人格测验

卡特尔 16 种人格测验（16PF）是由美国伊利诺伊州立大学人格及能力研究所的卡特尔教授编制的。这种人格测验是卡特尔教授通过大量的数据收集和文献分析，借助对现实场景中各种行为的观察，采用因素分析的方法编制的。他将所得到的人格特质总结为 16 个方面，由此构成人格的 16 种基本因素。这些因素各自独立，相关性很小，测验的施测时间大约为 45 分钟，适用于 16 岁以上的人群。16 种人格特质分别是：乐群性、聪颖性、稳定性、恃强性、兴奋性、有恒性、敢为性、敏感性、怀疑性、幻想性、世故性、忧虑性、实验性、独立性、自律性和紧张性。

16 种人格测验共包含 187 道题目，对于每一种人格特质，都有 10～13 道题目对其进行测量，这十几道题目的含义比较相似，通过反复询问减少被测者选择时出现的误差。题目出现的顺序是不固定的，遵循轮流出现的原则，使被测者无法通过上一题的内容猜测下一题的性质，有效降低了被测者猜题造成的误差。另外，题目的问法比较中性，大大降低了题目的表面效度，使被测者无法通过题目的问法看出题目所要测量的人格特质，有效降低了社会称许性造成的误差。卡特尔 16 种人格测验因信度、效度都比较高，目前在人员素质测评中广泛使用。但是这套问卷也存在很大的缺点：为了保证效度，问卷对一个人格特质设置了较多相似的题目，导致总体施测时间比较长，被测者在测验过程中可能会失去耐心，从而随意填写问卷。

卡特尔 16 种人格测验在中国的应用归功于刘永和博士与梅吉瑞的合作，两位学者合作修订了中文版本，其常模是 2 000 多名港台学生；大陆地区的问卷是由戴忠恒和祝蓓里等人修订的，并建立了成年人和大学生等一系列常模。

示例 4 - 3

16 种人格测验示例

有度假机会时，我宁愿：

A. 到一个繁华的城市去旅游　　B. 介乎 A 与 C 之间

C. 到清静的山区去游览

我有足够的能力应付困难：

A. 是的　　B. 不一定　　C. 不是的

即使是关在铁笼内的猛兽，我见了也会惴惴不安：

A. 是的　　B. 不一定　　C. 不是的

（二）艾森克人格测验

艾森克人格测验（EPQ）是由英国著名心理学家艾森克于 1975 年编制的。了解它之前，我们有必要先了解艾森克的整合人格理论。艾森克收集了大量人格因素方面的特征，运用数理统计分析，得出人格的三个基本维度——内外倾、神经质和精神质。他认为每个人的人格都包含这三个维度，只是每个维度的表现程度不同，三个维度不同表现程度的组合构成了不同个体的人格。在此基础上，艾森克开发了人格测验量表。这个量表最早形成于 1952 年，当时只有神经质这一个维度，题目数量是 40 道；1959 年艾森克对这个量表进行修订，增加了外倾性维度，并将题目增加为 48 道；1964 年艾森克又对这个量表进行了修订，首次在问卷中添加了测谎的内容，同时将题目增加到 57 道；到了 1975 年，艾森克的人格测验问卷已经比较成熟，这时问卷中已经增加了精神质维度，题目数量达到 90 道。为了使问卷更有针对性，他根据成年人和青少年的特点划分出两种类型。1985 年艾森克对量表中信度较低的部分进行了改进，将题目数量确定为 100 道，同时开发了精简版的问卷，共有 48 道题目，这有助于问卷的推广和应用。艾森克人格测验属于自陈式人格测验的范畴，即被测者本人回答问题，通过一些多选一或必答的问题，展现个人的人格特质。该测验包括四个分量表：

（1）E 量表测量个体内外倾向性。在这个量表中得到较高的分数代表着较高的外向程度，具体表现为热爱冒险，对生活中的变化感到欣喜，热爱社会交际，情绪的稳定程度比较低等。得分较低的群体则表现为不善于交际，喜欢有规律、有计划的生活，比较安静等。

（2）N 量表测量个体神经质。在神经质方面得分高的群体其人格特质表现为性格急躁、情绪不稳定、反应较为激烈等；得分低的群体其人格特质表现为反应较慢、情绪平和、控制力强、不容易冲动行事等。

（3）P 量表测量个体精神质。在精神质这一维度得分较高的人群，其人格特质表现为自尊心和攻击性较强、性格冷淡等，这并非是指神经病，艾森克认为在这一维度上有较高得分的人与有创造力相联系。在这一维度上，低分没有明确的现实意义，但是通过大量的实证观察，一些低分的人往往表现出抑郁、孤独等心理特征。

（4）L 量表是测谎量表，主要考察被测者是否在填写问卷的过程中说谎，通过测验被测者的掩饰、自身掩蔽或测定社会性朴实、幼稚的水平，也能在一定程度上反映个体的心理状态。测谎量表的分数较高意味着被测者可能比较喜欢修饰自己，分数低的人则倾向于接受自己的真实状态，心态比较单纯。测谎量表不仅可以判断其他部分的量表测量结果是否真实，也可以反映个体的社会心态。

（三）迈尔斯-布里格斯性格测验

迈尔斯-布里格斯类型指标（Myers-Briggs type indicator，MBTI）是由美国心理学家布里格斯（Briggs）和她的女儿迈尔斯（Myers）于 1942 年编制的。量表的编制建立在荣格的理论基础之上。荣格通过临床观察和心理分析得出了个体行为差异的三个维度：一是精神能量指向，指的是内外向程度；二是信息获取方式，指的是感觉和直觉的差异；三是决策方式，指的是思考与情感。布里格斯和迈尔斯母女俩通过对人类行为的长期观察与记录，增加了判断和知觉两种类型。该量表也是一种自陈式评估量表，包含个性的四个基本特征，要求被测者在这四种基本类型中做出选择。

1. 外向型（E）-内向型（I）

该维度测量的是个体内心状态与外界影响的相互作用程度。外向型的人倾向于与外界沟通交流，积极参与外界的活动，关注外界环境的变化，容易受到外界环境的影响。而内向型的人则倾向于自省，喜欢独处，在自身内部的思想和构建上花费更多的精力。

2. 感觉型（S）-直觉型（N）

该维度测量的是个体收集信息时注意的指向。感觉型的个体更加注重客观具体的事物或者事实，他们相信自己对于外界的感觉，倾向于通过测量、记录等客观方法获取信息。而直觉型的个体则将注意力放在事物未来的发展变化上，相信自己的直觉，希望通过自己对事件发展状况的预知改变事物的状态。

3. 思考型（T）-情感型（F）

该维度测量的是人们的思考和决策方式。思考型的人更倾向于逻辑决策，注重将客观的逻辑推理和分析运用到决策过程中。而情感型的人则更喜欢追随自己主观的情感，依照自己主观上的偏好和价值观念做出选择。

4. 判断型（J）-知觉型（P）

该维度测量的是一个人的生活方式和生活态度。判断型的人偏好有计划、有秩序、井井有条的生活方式，希望能够把握和控制自己的生活节奏。而知觉型的人则表现得自由散漫，更喜欢轻松随意的生活方式，他们希望自己的生活环境是灵活而有机动性的。

以上四个维度分别有自身的两极，这样的排列组合形成了 16 种性格类型，每种用四个字母表示，代表一种个性。在测验过程中要求被测者对测验项目进行反应，对每一问题做出回答。计分时将每个维度上的得分汇总得到该维度上的倾向分，再将四个维度上的倾向分综合起来，即可判断被测者的人格类型。如 ISTJ 是内向、感觉、思考、判断型，这种人认真细致，开明豁达，注重实务，追求效率和准确性，做事非常有条理性，并且可以专注而有计划地完成工作任务。对这类人而言，适合的工作是技术工作或者程序性很强的工作。他们追求独立自主的工作氛围，倾向于自己安排时间和计划，按照自己的步调来完成工作任务。这些性格类型可以分为四个大类：传统型（SJ 型）、艺术型（SP 型）、理性型（NT 型）、理想型（NF 型）。

通过 MBTI 的测验结果，人们可以从不同角度深入了解自己的个性特征，并且基于这些特征选择最适合自己的职业，因此 MBTI 的应用范围越来越广泛。许多实证研究都证明了 MBTI 的测验结果在职业选择中的重要参考作用。

（四）大五人格测验

大五人格测验是目前人格领域中比较为人所知的一个测验。1982 年，美国心理学家科斯塔（Costa）和麦克雷（McCrae）编制出第一份真正意义上的大五人格调查表。两位学者运用因素分析的方法将人格特质分为五类，分别是外倾性、责任感、开放性、亲和性和情绪稳定性。

（1）外倾性（extraversion）指一个人对与他人关系的满意程度。外倾性上得分比较高的人拥有较多舒适的人际关系，往往表现出主动、乐观、积极、热情、合群的态度；反之，外倾性上得分低的人则往往表现出沉默、谨慎、被动、退让等。

（2）责任感（conscientiousness）指一个人对待事务的专心、集中程度。一个人目标越少、越专心致力于其上，则其责任意识程度越高。责任感较高的人往往表现出自律、克制、公正，能够较好地胜任工作，在工作中获得成就感；责任感较低的人则会表现出粗心、懒惰、缺乏目标和享乐主义等状态。

（3）开放性（openness to experience）指一个人兴趣的广泛性及其对兴趣的投入。开放性高的人具有好奇心重、充满想象力和创造力、有广泛的兴趣和爱好等特征。开放性低的人则注重传统和实际，兴趣较少。

（4）亲和性（agreeableness）指一个人对于他人的态度。亲和性较高的人的特点是人际关系较为和谐，在社会交往中比较容易相信和接受他人，态度和善谦虚，愿意奉献自己的精力和时间。亲和性较低的人则表现出相反的态度，对他人不信任，不愿意与他人合作，嫉妒心重，报复心重等。

（5）情绪稳定性（emotional stability）指一个人在不同的环境刺激下情绪的稳定程度。情绪稳定性高的人表现出较少的情绪化，比较镇定，有较高的安全感。情绪稳定性低的人则表现出紧张、担心过多，容易焦虑和脆弱，情绪容易失控。

大五人格模型广泛应用于各种人事测评中，许多实证研究的数据也验证了其预测效度。巴里克（Barrick）和芒特（Mount）在 1991 年针对不同职业、不同工作性质、不同年龄的样本进行的大五人格特质和工作绩效是否有显著关系的研究中发现，责任感最能广泛应用于预测担任不同职务者的工作绩效。大五人格模型传入中国后，学者对其进行了本土化的修正，增加或修改了某些人格维度。针对中国员工的实证研究表明，人格五因素与绩效显著相关，但不同维度的预测关系各不相同，责任感和绩效的相关度相比其他人格变量最高；与工作绩效相比，情绪稳定性与关系绩效的相关性更高；与他评绩效相比，自评绩效与人格自评得分的相关性更高；不同岗位的外倾性、责任感与绩效的相关性不同。

第5节　职业兴趣测验

前面所讲的能力和人格测验能够加深对一个人的认识，这种认识可以为企业提供决策参考，也可以为个人提供职业选择方面的建议。职业兴趣测验就是与个人职业直接相关的一种测验类型。

一　职业兴趣概述

职业对人类的生活具有重要作用。一方面，我们从职业中获取物质报酬，满足基本的生活需要，也为充实精神生活提供物质基础；另一方面，我们可以在职业中不断提高自身的能力和水平，实现自身的价值。人们在进入职场前接受教育和培训，为未来的工作生活做准备；进入职场后不断奋斗，不断提高，并逐渐找到适合自己的职业。即使最终退休后，人们也与职业保持十分密切的联系。因此，研究职业兴趣具有重要的现实意义，能够帮助我们选择合适的职业，提高工作质量和工作效率，提高生活质量。

了解职业兴趣前，我们需要先了解职业及职业兴趣的概念。一般来说，职业是指人们在社会生活中所从事的以获得物质报酬作为自己主要生活来源并能满足自己精神需求、在社会分工中具有专门技能的工作。职业兴趣则是指人们对某种职业活动具有的比较稳定且持久的心理倾向。如果个体根据自己的兴趣选择相应的职位，那么他就会喜欢自己的工作，对工作更加投入，最终的表现一般也会更好。因此，职业选择需要人们从自己的职业理想和职业兴趣出发，依据自身的素质和能力，从社会现有的职业中选择一份作为自己的职业。职业选择作为职业生涯的开端，是一个重要环节。

关于职业兴趣与职业选择的理论，长期以来职业心理学家进行了许多研究，也形成了一些对求职者有较大指导意义的理论，以下简单介绍几种比较知名的职业选择理论。

（一）人职匹配理论

人职匹配理论是由帕森斯（Parsons）在《选择职业》一书中提出的，是较早的关于职业选择的研究。帕森斯认为，个体的人格特质存在显著差异，不同的职业类型要求员工具备的条件和能力也不同，如果个体的人格与职业的要求相匹配，那么就会提高工作效率，实现员工和组织的共赢。因此每个人都要选择与自身特点相匹配的职业，职业选择的过程则是二者相互匹配的过程。

在帕森斯的理论中，我们可以看到个体职业选择的三个重要因素：认识自我、认识职业、合理匹配。认识自我是指个体需要对自身的能力倾向和兴趣所在进行充分的分析与认识，从而根据自身的特点锁定适合的职业；认识职业是指个体需要充分收集关于职业的信息，深入了解职业的工作内容、薪酬水平、未来发展等情况；合理匹配是指个体通过对自身和职业进行了解，平衡双方的因素，选择适合自己的职业。

（二）择业动机理论

1964年美国心理学家弗鲁姆（Vroom）在《工作与激励》一书中提出了激发员工行

为的期望理论，他认为个体行为动机的强度取决于效价的大小和期望值的高低，用公式则表示为动机＝期望×效价。根据这一观点，个体行为动机的强度取决于效价和期望两个因素，效价越高，期望越高，个体行为动机越强。

将这一期望理论应用于择业领域就成了择业动机理论，这时动机公式可以理解为择业动机＝职业效价×职业概率。择业动机是指择业者对目标职业的追求程度，职业效价是指择业者对职业价值的评价，职业概率是指择业者能够获得这项职业的可能性大小。进一步细化这一理论，职业效价可以表达为职业效价＝职业价值观×职业要素评估；职业概率可以表达为职业概率＝竞争系数×竞争能力×随机性。经过整合，我们可以得到职业动机＝职业价值观×职业要素评估×竞争系数×竞争能力×随机性。在这个公式中，择业动机不仅受到个体主观因素的影响，也受到社会大环境的客观影响，其中个体对职业价值的评估和他获得这项职业的可能性大小发挥着最主要的作用。

（三）霍兰德职业性向理论

霍兰德职业性向理论是由美国著名心理学教授约翰·霍兰德（John Holland）于1959年提出的，他把人格分为现实型、研究性、艺术型、社会型、企业型和传统型六种（见表4－5），不同的人格类型适合从事不同类型的工作。

表4－5　霍兰德职业性向理论

职业类型	特征	相匹配的职业
现实型（R）	遵守规则、实际、安定，喜欢需要基本技能的具体活动	需要熟练技能的职业，动植物管理方面的职业，机械管理方面的职业，手工艺或机械修理、机械操作等职业
研究型（I）	内省、理性、创造，喜欢独立分析与解决抽象问题	数学家、物理学家、化学家、生物学家、设计师等
艺术型（A）	想象、直觉、冲动、无序，喜欢用艺术形式来表现自己的思想与情感	美术、雕刻、舞蹈、戏剧、绘画、写作等
社会型（S）	助人、合作、责任感、同情心，喜欢并善于社会交往、乐善好施	学校教育和社会教育方面的工作、社会福利事业、医疗与保健方面的工作等
企业型（E）	支配、自信、精力旺盛，喜欢指挥、劝导别人接受自己的意见	工商与行政管理、市场营销、保险业等
传统型（C）	有条理、稳定、顺从、有序，喜欢程序化的条理性工作	银行职员、会计、收银员、统计人员、电脑操作员等

（四）职业锚理论

美国职业指导专家施恩（Schein）通过对44名商学院工商管理硕士毕业生长达12年的追踪研究，提出了职业锚理论。职业锚是指人们职业选择的核心点，是人们内心最看重的部分，也是驱动人们进行职业选择时所依据的最本质的东西。职业锚的形成需要后天工作经验累积和自我认识的不断发展，二者的相互作用会帮助人们逐渐清楚自己最重视的东西，即选择职业的核心所在。

通过调查研究，施恩将职业锚分为五种基本类型：（1）技术或功能型职业锚，即职业选择时注重工作的实际内容，关注自身特长的发挥；（2）管理型职业锚，即职业选择时注重通向管理层的通道，关注自身是否能够成功跻身管理层；（3）创造性职业锚，即职业选择时注重成就感和自我扩充，关注自身是否能构建或者创造一些杰作；（4）自主与独立型职业锚，即职业选择时注重自由和独立的程度，关注自身能够不受组织约束；（5）安全型职业锚，即职业选择时注重职业的安稳性和收入情况，关注自身是否能够拥有安稳的工作和生活。

二 职业兴趣测验简介

了解了职业兴趣的概念和主要理论，本部分将介绍几种比较常用的职业兴趣测验。

（一）斯特朗-坎贝尔兴趣问卷

斯特朗-坎贝尔兴趣问卷（Strong-Campbell interest inventory，SCII）由美国心理学家斯特朗（Strong）于1927年出版的斯特朗职业兴趣量表（Strong vocational interest blank，SVIB）发展而来，这也是世界上第一个正式的职业兴趣量表。在编制量表的过程中，斯特朗选取了两组对照样本，一组为对自身工作感到很满意的员工，另一组为没有特殊偏好的群体，然后让这两组群体分别填写一系列关于职业的问卷，根据两组结果的差异区分出独特的项目420个，针对10种职业进行评价，由此编制了职业兴趣量表。最初的量表是存在很大缺陷的，一方面斯特朗使用的问卷是完全凭借经验设计的，没有经过严谨的数理统计检验，信度和效度上存在一定的问题；另一方面这个问卷仅适用于男性，无法推广到更广泛的群体中。针对后一问题，1933年斯特朗出版了第一个女性测验量表。1938年和1946年，斯特朗分别对男性和女性测验量表进行了修订。之后男性量表和女性量表的修订工作由坎贝尔（Campbell）分别于1966年和1969年完成。坎贝尔在修订量表的过程中，顺应社会趋势，将男性和女性量表合二为一，最终于1974年公开出版了斯特朗-坎贝尔兴趣问卷。这个兴趣问卷后来经过数次修订，目前常用的是1985年修订的版本。

1985年修订的版本共有325个项目，包括7个部分，分别是职业名称、学校课程、活动方式、娱乐方式、所交往的人的比较、两种活动的比较、自我性格评价。7个部分回答的方式有所差别，前5个部分的题目要求被测者对每道题做出"喜欢""无关""不喜欢"的回答；在后2个部分，要求被测者根据自己的偏好选择，在自我描述的部分回答"是""否""?"。

斯特朗-坎贝尔兴趣问卷包括五类量表：一般职业主题量表、基本职业兴趣量表、具体职业量表、特殊量表和管理指标量表。每个量表包括的题目数量不同，编制量表依据的理论也不同。一般职业主题量表是根据霍兰德职业性向理论建立的，有6个主题量表，每个量表包括20个题目，共120个题目；基本职业兴趣量表的题目一致性很高，属于同质性量表；具体职业量表则提供了关于被测者的兴趣与效标组兴趣之间的一致性；特殊量表包括学术满意度量表和内-外向量表两个量表，前者反映了在学术环境中的满意程度，后者反映了被测者与他人合作的意愿；管理指标量表则是对个体结果进行的统计。

斯特朗-坎贝尔兴趣问卷经过数次修订，信度和效度都有了大幅提升，经过多年发展，其效果不断被实践结果证实。

（二）库德职业兴趣量表

1939 年库德发表了第一个测验版本的职业兴趣问卷。1944 年，他又出版了库德职业偏好记录表（Kuder preference record-vocational）。这个记录表首先通过配对比较的项目形式来了解被测者在 7 个领域的兴趣，之后根据这些兴趣范围来推断被测者所感兴趣的职业。量表将所有职业分为 10 种类型：户外活动、机械、科学、运算、劝说/宣传、艺术、文学、音乐、社会服务和文书，每个类型对应一个量表，被测者的测量结果代表对此领域感兴趣的程度。题目的形式是迫选式的，被测者需要在三个选项中选出自己最喜欢和最不喜欢的。

库德职业偏好记录表主要适用于对高中学生和成年人的就业咨询和安置。之后库德对职业偏好记录表进行了修订和补充，编制了适合初高中学生选课和就职的库德一般兴趣量表（Kuder general interest survey，KGIS），这个量表仍包括 168 个三择一式的问题，涉及 504 种活动。

库德于 1966 年出版了库德职业兴趣调查表（Kuder occupational interest survey，KOIS），这一调查表采用比较的方法来测量被测者的兴趣和从事各种职业的人们兴趣之间的相似程度。KOIS 共有 100 个项目，分为 5 个分量表：验证量表、职业兴趣评估、职业量表、大学主修专业量表和实验量表。

验证量表实际上是测谎量表，用来测量被测者是否如实回答了问卷中的问题，这一部分的分数是确定整个问卷是否有效的依据。职业兴趣评估包括 10 种职业兴趣领域，可得到 10 种职业范围的分数，再将这 10 种兴趣的百分位数转换成霍兰德的 6 种职业类型的分数。职业量表考察被测者的兴趣和从业者兴趣的一致性，这部分量表也是总体量表的核心。大学主修专业量表用来测量被测者的兴趣和那些主修不同学科的大学四年级学生的兴趣之间的一致性。实验量表用来确定整个量表的效度。

相对于斯特朗的兴趣量表，库德的兴趣量表有很多创新之处。比如，后者关注被测者的兴趣范围，将适用者的年龄层延伸到了初中阶段，加入了大学主修专业量表等。

示例 4-4

KOIS 项目示例

下面每组都描述了三种活动，被测者要从每组中选择出一个最（most，M）喜欢的活动和一个最不（least，L）喜欢的活动，用圆圈在适当的位置标出自己的选择。每组都要有一个选项是空白的，表示它介于最喜欢和最不喜欢的活动之间。

1. 参观美术画廊	M	L
浏览图书馆	M	L
参观博物馆	M	L
2. 收集真迹石版复制品	M	L
收集硬币	M	L
收集石头	M	L

（三）霍兰德职业兴趣量表

美国心理学家霍兰德认为，职业兴趣与职业环境模式的匹配是决定成功最重要的因素之一。在这一理论的基础之上，他开发出了相应的职业兴趣量表，这一量表在目前的职业兴趣测评中使用得最为广泛。

霍兰德将 6 种职业类型排列成一个六边形（见图 4－3），以表示各职业类型间的关系。在图中位置相邻的两类职业兴趣相似性最大，如 C 和 R；间隔的职业相似性较小，如 A 和 E；相对的职业在兴趣上正好相反，如 R 和 S。

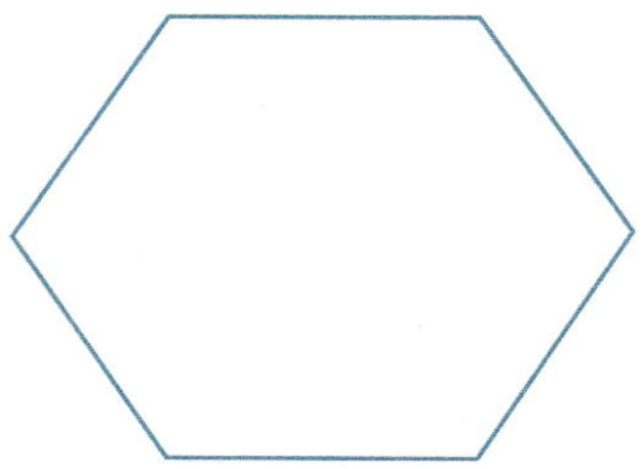

图 4－3　霍兰德职业类型六边形

霍兰德职业兴趣测验共分为 7 个部分。在第一部分的测验中，被测者需要按照喜好的顺序列举出 3 个最想从事的工作或者最喜欢的专业；第二部分要求被测者在给定的活动中选择自己喜好的活动；第三部分要求被测者在给定的活动中选择自己最擅长的活动；第四部分列举了一些具体的职业，要求被测者选出自己喜欢的职业；第五部分是一个能力类型简评，要求被测者自评，通过与同龄者比较各方面能力，对自己的能力进行评估，分数越大代表能力越高；第六部分是统计表格，要求被测者统计第二部分到第五部分的得分，第二部分到第四部分统计每个类型上得到“是”的数量，第五部分则直接统计自评得分，统计完成后将每部分的分数对应填写在表格里，进行纵向累加，根据累加的分数即可以判断出个体的职业性向；第七部分要求被测者列举出自身的职业价值观，即在求职的时候比较看重什么，此处为被测者列举 9 种人们在选择工作时通常会考虑的因素，要求被测者按照重要性排序。

霍兰德职业兴趣量表是新阶段使用最为广泛的一种职业兴趣量表，它的优点在于可以很清楚地量化每个个体的兴趣和能力所在，结果直观简洁。但是这个量表也有一些缺点，比如题目设置比较多，填写起来需要较长的时间，可能会导致被测者没有耐心；同时这个量表大部分地方需要被测者自我评价，因此需要被测者对自己有很深入的了解。

示例 4－5

霍兰德职业兴趣测验示例

霍兰德职业兴趣理论认为，个人的人格类型与职业兴趣类型密切相关。本测验将二者相结合，通过评估兴趣和特长，帮助被测者发现与自身特质更加匹配的职业和岗位，从而更好地做出职业生涯决策。

题目样例：您愿意从事下列活动吗？请选择是或否。

R. 现实型活动	选项	A. 艺术型活动	选项
1. 装配、修理电器或玩具	是/否	1. 素描/制图或绘画	是/否
2. 修理自行车	是/否	2. 参加话剧、戏曲表演	是/否
3. 用木头做东西	是/否	3. 设计家具、布置室内	是/否
4. 开汽车或摩托车	是/否	4. 练习乐器/参加乐队	是/否
5. 用机器做东西	是/否	5. 欣赏音乐或戏剧	是/否

第 6 节　心理测验的组织实施

在前面几节中我们介绍了不同类型的心理测验，无论是哪种心理测验，在开发和实施时都需要遵循一定的流程和步骤。总的来说，心理测验的组织实施包括心理测验的准备阶段、实施阶段和评估阶段，现分述如下。

一　准备阶段

心理测验的准备阶段是整个心理测验的第一个阶段，准备阶段的工作质量将直接影响到心理测验的后续实施和评估，良好的准备工作能够提高整个测验活动的效果。这一阶段主要包括五个方面的内容。

（一）界定测验范围和测验对象

开始心理测验前，首先需要界定测验的范围和对象。测验范围是指组织想要测验的某种特质或概念。为了减少操作过程中的误差，需要对测验的构念或特质给出一些操作化的定义，这就需要提前查阅心理学和测评学的相关文献，了解该构念已有的测验方法，并通过专家讨论对其进行梳理和总结。

界定测验对象，顾名思义，就是施测者需要确定将要参与测验的人群以及人群的基本特征。不同测验量表的适用人群有一定的差异，因此，对测验对象的界定会为测验方法的选择提供依据。

（二）确定测验目标，制定测验计划

组织确定了测验的范围和对象后，需要明确实施测验的目标，即为什么要进行此测验。心理测验主要用在三个领域：在组织的人事测评中，心理测验的使用较为广泛，既可以用于前期的招聘与配置，也可以用于后期的人员培训与开发；心理测验应用到教育领域，则主要期望通过对学生人格特质和心理状态的分析，对学生学业方向及就业方向的选择提供指导；而在一些职业指导机构中，心理测验主要用于职业兴趣方面，帮助求职者了解自身的兴趣与特长，选择更适合自己的职业。因此，实施测验前，我们需要明确自身的测验目标，并将这些目标分解为可以操作的概念，以便之后编制测验题目。

明确了心理测验的目标后，施测者需要制定一个详细的心理测验计划，包括心理测验的具体时间、地点、参与人员等，并保证之后的实施按照计划的安排有序进行。

（三）选择测验材料

正式编制题目前，需要收集充足的材料。这里，材料的收集是根据前面所确定的测验目标进行的。测验材料的选择需要符合测验对象和测验范围，不同的内容范围，材料的选择来源也有所不同。如果需要测验人格相关的因素，就需要施测者对人格相关的理论进行深入研究，并且充分对比目前常用的人格测验量表，根据测验范围和对象的具体要求，选择合适的测验材料。

（四）编制测验题目和测验说明书

测验题目的编制是整个测验活动最重要的环节之一，测验题目的好坏将对测验结果产生直接影响。为了使题目符合实际的要求，在编制时需要遵循以下几个原则：

第一，保证信度和效度。在编制心理测验时，提高信度和效度无疑是最重要的目标，只有测验的有效性和一致性良好才能得出可信的测验结果。

第二，选择有代表性的题目。遵循这一原则的主要目的是让选取的题目尽量不要太多而增加实施的难度，也不要过少而影响测验效果，因此，编制者需要选择最能有效测验想要测验内容的一些题目，并按照合理的顺序编排题目。

第三，题目的难易度要适中，有较好的区分度。难度适中是指题目不能太难，否则大部分人的测验分数都会很低；也不能太简单，否则大部分人都能取得较好的成绩，太难或者太简单都会使题目缺少区分度。区分度是指测验的鉴别力，即衡量测验题目对不同水平的被测者进行区分的程度，如果测验题目缺乏区分度，测验结果也就失去了比较和选择的作用。因此在编制题目时需要注意设置合适的难度，保证一定的区分度。

一套科学、有效的心理测验问卷需要不断修订和改进。编制者初步选出题目后，需要进行一系列试测来获得客观的结果，从而对题目进行评价，并根据这个评价进一步修订测验的题目、组合和顺序，使测验题目日臻完善。

完成了一套完整的心理测验问卷后，编制者还需要编制相应的测验说明书，说明书的内容包括使用目的、使用方法、注意事项、标准答案和评定方法等。很多时候，心理测验问卷的编制者并不一定是具体实践中测验的操作者，因此为了保证测验的正确使用，测验说明书尤为重要。

（五）安排测验实施

测验题目准备好后，我们便可以开始安排测验的具体实施了。首先，应该提前准备好所有相关材料，并安排相应的场地和时间。其次，施测者自身要做好测验准备。在实际情况中，很多时候测验的施测者与问卷的编制者并不是一个人，这样就要求施测者在测验之前充分熟悉测验的材料、流程、注意事项等，保证整个测验过程的流畅性和专业性。同时，施测者也需要根据具体测验的要求，准备好相应的道具和材料，比如纸笔、模型、设备等。最后，需要通知被测者参加测验。一般而言，测验前应该事先告知被测者测验的具体时间、地点、目的、范围、试题类型以及需要被测者做好的准备等。事先告知可以使被测者对测验有充分的心理准备，不至于因为突然测验而惊慌失措以致影响测验效果。

二 实施阶段

做好了心理测验之前的准备工作后，就可以进入心理测验具体的实施阶段了。在这一阶段，我们需要遵循一个最重要的原则——标准化，所有实施步骤都需要有标准化的规范，施测者不能根据自己的主观理解随意增减信息或者做出一些暗示，否则会影响测验结果的有效性。

（一）指导语

测验中用到的指导语要实现标准化，即在测验实施过程中应该使用统一的指导语。指导语分为两种：一种是给被测者的测验材料，上面列举了一些测验的要求和测验要用到的材料。给被测者的指导语一般应该列在测验材料的开头，简洁易懂，并且要求是可操作化的，主要内容包括作答形式、时间限制、计分方式、保密情况等。另一种是给施测者的，主要包括测验的进一步解释、一些注意事项和一些意外情况的处理方法。

（二）测验环境

保证测验顺利实施的另一个重要因素是合适的测验环境。良好的环境包括安静而宽敞的地点、适当的光线和通风条件等。在测验的同时也要避免外界的干扰，可以在测验地点外面贴上“勿扰”的标识来防止打扰。

（三）时间限制

在心理测验中，智力测验和能力测验一般要考察个体的反应速度，这就要求施测者严格遵守规定的时间，不能随意调整和变动。对于人格测验来说，通常是没有时间限制的，应该给被测者充足的时间完成测验。因此，是否需要设置时间限制要根据测验的性质而定。如果有时间限制，必须将关于时间的限制事先告知被测者。在作答的过程中，施测者可以根据需要进行适当的关于时间的通知和提醒。

（四）观察和记录

对被测者的评估主要依据书面答案与施测者的观察和记录两个方面，因此，施测者需要严格按照测验说明书所要求的标准化程序进行观察和记录，尽量避免掺杂个人的主观情感。为了做到这一点，施测者需要在测验前充分了解测验的规则和要求，施测时精神集中、仔细观察、及时记录，以便评估测验结果时使用。

三 评估阶段

心理测验实施阶段结束后则进入心理测验的最后也是非常重要的一个环节——心理测验的评估阶段。这一阶段主要包括分析结果和评估与反馈两项内容，下面详细介绍这两个方面。

（一）分析结果

得到测验结果后，就需要对这些结果进行分析，我们需要根据测验的目的选择合适的参照指标，给出合理的解释。

1. 常模参照测验的结果分析

这种方法主要是将被测者的成绩与其他个体或群体做比较，参照人员应该具备相应的测验特征，根据这个人的成绩在团体中的位置推断他的情况。比较常用的解释方法有发展量表、商数、百分等级等。

2. 标准参照测验的结果分析

在标准参照测验中，个体的成绩不是和其他人或者群体比较，而是与一个特定的标准进行比较。比如在成就测验和资格测验中，我们根据个体实际获得的分数了解其掌握知识的程度。

虽然常模参照分数和标准参照分数有不同的参照指标，但两者并不是互相排斥的，很多时候人们将这两种分析方法结合起来使用。通过两种解释，既可以了解个体真实的情况，也可以了解个体在团体中的相对情况。

（二）评估与反馈

完成结果的分析后，我们需要给这些分析结果赋予现实的意义。这方面的主要工作是结合测验说明书对结果进行符合实际的解释，并将这个结果应用到实际的人力资源管理工作中。在给测验分数赋予实际的解释意义时，我们需要注意考虑个体在测验前的经历和背景，并且充分考虑测验的情境和可能产生的误差，不能单纯根据分数武断地下结论。

测验结果经过了合理解释后便可以在实际的人力资源管理工作中应用，在这个阶段我们要注意测验结果的沟通和反馈。在向被测者和使用者报告分数及解释结果时，一方面要考虑到被测者和使用者很可能是非专业人员，因此需要注意使用简洁易懂的语言，不能一味列举专业词汇，以便于被测者和使用者理解；另一方面要注意考虑结果会给当事人带来的影响。由于报告分数和解释结果会对当事人的自我评价和自我认知产生一定的冲击，尤其是个体自我认识不够时，因此需要格外慎重，给当事人做一些有必要的思想工作。

整个心理测验的过程环环紧扣，要求严格标准化地操作，任何一环的疏忽或者失误都会对结果产生很大影响，甚至可能导致前功尽弃，因此，组织在人事测评中使用心理测验时，需要充分考虑自身的能力，为施测者提供必要的专业培训，保证心理测验的准确性。

本章小结

1. 心理测验的构成要素有以下五个：行为样本、标准化、客观性、信度、效度。

2. 心理测验包括能力测验（含智力测验）、职业兴趣测验、人格测验和成就测验等。

3. 心理测验在实施阶段需要注意在指导语、测验环境、时间限制、观察和记录等方面坚持标准化原则。

关键词

心理测验　能力测验　智力测验　人格测验　成就测验　职业兴趣测验

复习思考题

1. 心理测验的优势和不足有哪些？
2. 常用的智力测验有哪些？
3. 常用的人格测验有哪些？
4. 常用的职业兴趣测验有哪些？

参考资料

1. 郑日昌．心理测量与测验．北京：中国人民大学出版社，2008.

2. 徐世勇，陈伟娜．人力资源的招聘与甄选．北京：清华大学出版社，北京交通大学出版社，2008.

3. 徐世勇，刘亚军．人才素质测评．北京：中国人民大学出版社，2014.

4. 张厚粲，龚耀先．心理测量学．杭州：浙江教育出版社，2012.

5. 孙健敏，高日光．人力资源测评理论与技术．北京：首都经济贸易大学出版社，2010.

6. 徐世勇，李英武．人员素质测评．北京：中国人民大学出版社，2017.

附录　某国有企业的心理测验实践

某企业是国有特大型高科技企业集团，在人才发展规划中提出要培养领军管理人才、创新专业人才和高技能人才。在此思想指导下，人力资源部委托外部咨询机构通过科学、规范的测评为其二级单位选拔综合素质全面、管理能力突出、具有专业特长的管理后备人才进入后备库。

该企业希望通过选拔，达成以下目标：

（1）根据二级单位领导班子成员所需具备的能力素质，对候选人的基本素质及管理潜质进行综合测评。

（2）根据测评结果，对入库后备人员的职业发展给出定向建议。

外部咨询机构根据二级单位管理人员的素质要求，建立了胜任特征模型，重点测查维度为：

（1）脑力类：系统思考、学习创新。

（2）态度类：战略执行、成就导向。

（3）人际类：影响与沟通、团队建设。

根据胜任特征要求，外部咨询机构选择了相应的心理测验：

（1）认知能力测验之资料分析测验。选取二级单位负责人所要处理的财务数据、相关文件等材料，并经过一系列编制心理测验的程序进行科学组卷，通过施测重点测查候选人对数据、文字资料的分析判断能力、决策能力、学习创新能力等。

（2）特殊能力倾向测验之管理问题解决测验。选取二级单位负责人通用管理问题作为测查情境，并经过一系列编制心理测验的程序进行科学组卷，通过施测重点测查候选人的系统思考、影响与沟通、团队建设、战略执行等能力。

（3）人格测验之人岗匹配度测验。通过成套心理测验，重点测查候选人的成就导向、沟通管理风格等，预测候选人的职业发展倾向。

由于候选人超过了300人，为了提高施测效率，外部咨询机构通过在线测验保证测验实施的效率。

外部咨询机构通过选取科学的心理测验工具及其他情境模拟和面试技术，为企业选取了符合要求的后备人才。

题目样例如下：

1. 九宫格

下面的方框中，横行或竖列数字之间存在一定的规律，请根据这个规律推断出“?”所代表的数字。（　　）

4	9	8
6	25	64
9	64	?

A. 25　　B. 216　　C. 36　　D. 343

2. 言语推理

下面给出了一段陈述，请你根据这段陈述以及后面的问题，从四个选项中选择一个你认为正确的选项。

蜀国出现了灾荒，大量百姓流离失所，但仍有不少人饮酒狂欢。为了节省粮食，刘备决定在蜀国实行禁酒令，并且砸毁酿酒的器具。

以下哪项最能对刘备的决定构成质疑？（　　）

A. 能够酿酒的人家里通常不缺少粮食

B. 禁令很难执行，许多人会私下饮酒

C. 蜀国的酒绝大部分来自吴国

D. 蜀国的人会大量流失，逃到他国

3. 数字推理

下面是按某种规律排列的数列，但缺少其中一项，请你仔细观察数列的排列规律，然后从四个选项中选出你认为最适合的一个来填补空缺。

200，144，114，84，72，60，（　　）

A. 58　　B. 56　　C. 54　　D. 52

4. 图形推理

下面包含两套图形和四个可供选择的图形。这两套图形具有某种相似的特点，请选出你认为最适合的一个，使两套图形具有最大的相似性。（　　）

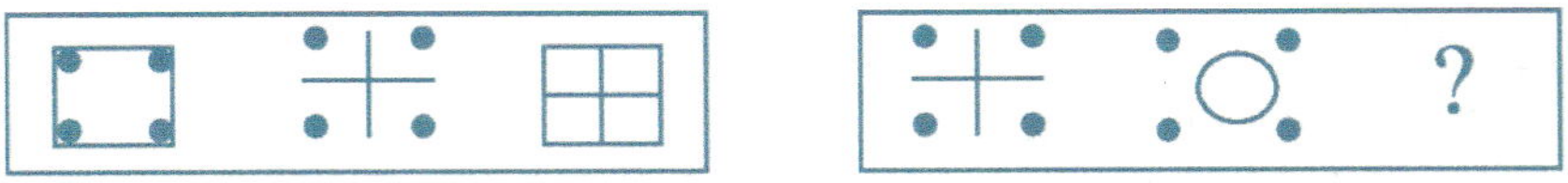

A. 　B. 　C. 　D. 

5. 资料分析

请根据资料提供的信息，选择你认为最适合的答案。

2003—2006年，中国境内已披露有16家网络交友企业获得风险投资，总融资额将近1亿美元。无论是数量还是金额，2006年该行业投资都达到了最高值，占总数的67.4%。

中国境内网络交友行业企业融资金额分布

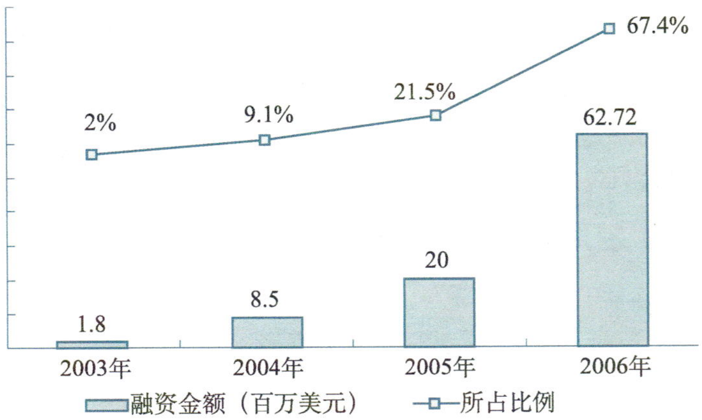

2006年获得的融资金额是之前三年获得金额总和的（　　）倍。

A. 1.58　　B. 1.98　　C. 2.07　　D. 2.37

6. 言语理解

底特律研究发现，交通运输需求是土地使用模式的结果。通过分析土地使用情况和交通出行之间的关系，研究者发现，住宅、工业厂房、商业、娱乐设施的建设带来可以预测的交通量，而厂房关闭或房屋拆迁将导致交通量的减少。此外，家庭特征也是交通流量增加或减少的重要因素，如家庭中有较多的就业者则需要出行。因此如果确定了土地使用状况，就能预测人们的出行情况。以下可以描述底特律研究的主要目的的是（　　）。

A. 证明交通运输需求和土地使用模式有联系

B. 更好地预测交通运输需求

C. 为拥有众多就业成员的家庭提供交通便利

D. 研究各种设施对交通的影响

资料来源：徐世勇，刘亚军．人才素质测评．北京：中国人民大学出版社，2014.

讨论题：

在该案例中，某国有企业所采用的测验方法包含本章所讲的哪几类测验？

第 5 章 情境判断测验

学习目标

通过本章的学习，你能够：

◎ 理解情境判断测验的基本内涵。

◎ 了解情境判断测验的开发程序。

◎ 熟悉视频情境判断测验。

引例

新兴的情境判断测验

星巴克（Starbucks）作为一家全球知名企业在人员素质测评领域也做出了很多有益尝试。例如，星巴克在招聘店长时通常会采用一种新的测评技术，星巴克称之为虚拟工作体验。很多人力资源管理者不清楚这是什么样的技术，其实在人员素质测评领域它有个标准化的名称，叫情境判断测验或者虚拟情境测验。

关于情境判断测验还有一个例子。你和竞争对手乙公司碰撞频繁。你给客户打电话，客户告诉你，你们公司所提供的××产品价格高于乙公司，如果能以同等价位或更低价格销售，还是会考虑你们公司。据你所知，乙公司在业内长期采取低价抢市场的战略，公司产品虽然价格略低，但质量不高。实际上，为了维护这家客户，一直以来××产品的利润率几近为零，基本没有下调的空间。这种情况下，你会怎么处理？

这个例子可以说是情境判断测验最早的应用雏形，依据工作分析的结果设计出最能体现职位对员工素质要求的情境，考察被试的表现并对其未来的行为绩效做出预测。传统的心理测验和职业能力倾向测验不能满足测验结果与工作绩效高度相关的目的。而如果总是参照高层管理人员评价中心，如无领导小组讨论、角色扮演等方法，将会耗费大量的人力、物力和财力，这对于企业而言是一个巨大的负担。作为评价中心家族的重要成员，近年来兴起的情境判断测验受到了关注和重视。它依据需要招聘人员的胜任特征模型开发一套情境判断在线测评系统，通过合理地设计备选项目，并设定评分标准，能有效解决测评人数众多、情境模拟测验难度大的问题。

情境判断测验在人事选拔与教育领域中已然成为有效的预测工具，加深对该测评工具的了解无疑会为招聘工作带来更大的效益。

第 1 节 情境判断测验概述

选拔、测验和评估的基本任务是以在选拔与测验过程中获得的有限信息为基础，对一个人当前和将来的工作绩效进行精确的预测。情境判断测验就因其与认知能力测验相接近的效度、较小的亚团体差异和有利于被试反应的高表面效度而逐渐成为一种明确的、普遍的预测方法。本节将从情境判断测验的含义、产生历史、适用范围和特点几个方面介绍情境判断测验，使读者对情境判断测验这一测评工具有更深入的了解。

一 情境判断测验的界定

情境判断测验（situational judgment test，SJT）是指向被试描绘出与工作相关的问题情境，让被试对与该问题相关的一系列反应做出评价或选择，根据被试的作答来判断其是否具备相应的胜任特征。情境判断测验的理论假设是：个体在处理与工作中真实问题类似的问题时的行为，可以很好地预测其工作中的实际行为。向被试呈现与工作相似的场景，对其行为进行评价或对其行为的目的进行解释，能够有效地预测个体的工作绩效。情境判断测验试题通常包含三个部分：

（1）题干部分。描述一个工作情境，并提出相关问题。从情境提供方式看，有传统的纸笔形式，即通过文字描述来展现情境，进而让被试根据情境和问题选择答案；也有新兴的影视短片形式，事件的起因、经过和结果通过演员的表演得以展现，答案选项则以字幕的形式出现在录像片段之后，被试看完录像后，在答题纸上作答。

（2）选项部分。针对题干所设置的问题，列出若干解决措施或办法，这些选项能部分或全部解决题干所设置的问题。

（3）指导语部分。确定作答要求，即对选项的判断或选择形式。常见的作答形式包括选出最优选项，选出最优选项和最差选项，对选项按照有效性进行排序，评定各选项的有效性程度等。

把情境判断测验与其他类似的基于情境的评估方法区别开来是有意义的。情境化面试是给被试呈现与工作相关的情境，然后由面试官评定被试反应的有效性（通常是使用行为锚定的评定量表）。无论是在形式上还是在效度上，情境化面试都与情境判断测验十分相似。情境化面试与大部分情境判断测验之间的主要区别是：题目如何呈现给被试（口头的还是书面的）；被试的反应如何给定（口头的还是从一组封闭的选项中进行选择）；被试的反应如何进行评分（基于面试官的判断还是与评定标准进行比较）。

情境判断测验与其他一些以情境为基础的方法，如工作取样，以及很多评价中心方法，如公文筐测验、角色扮演等也具有某些相似之处。然而，工作取样和评价中心在形式上远胜于情境判断测验，因为它们真实地把被试置于情境之中，而不是仅仅向被试呈现一个描述的情境。因此，这些方法测量的是做事能力，而不是认知能力，在这些方法中，行为是直接评估的，而不是通过被试的自我报告（将会做什么或应该做什么）间接评估的。最后，与情境化面试一样，这些方法要求评分者对被试进行评分，而情境判断测验可以进行机器评分。因此，情境判断测验与面试、工作取样和评价中心有某些共同特征，但是它们之间也存在很多重要的区别。例如，情境判断测验更易于评分，易于在大规模测验中使用，从而在招聘和选择的早期阶段成为富有吸引力的选择。

二 情境判断测验的缘起

虽然对情境判断测验的关注热度在近些年才迅速增加，但是对人类决策进行测量的想法已经有很长的历史了。其实，在美国的第一次公务员考试中就包含一些情境性题目。例如，1873年的专利局商标主审官的考试中，就包含以下题目："一家金融公司申请把一个设计图案作为商标进行保护，并在商标上加上注释说明。对于这个申请，你怎么处理？"在这次考试中还有其他类似题目。之后，1905年的比奈量表包含25道抽象性题目，例如："一个人冒犯了你并向你道歉，你怎么办？""当一个人征求你对一个了解不多的人的看法时，你应该怎么说？"比奈量表的这一部分也包含情境性的指导语："阅读每个句子的开头部分，然后暂停，并重复说'应该怎么办呢？'"尽管向被试呈现了情境，但早期的这些做法并没有向被试呈现应对情境的可能方法，而是让评分者对开放式反应的有效性进行评价。实际上，这些题目是情境化面试有据可查的最早样例。

第一次广泛应用情境判断测验，并采用封闭反应选项的测验是乔治·华盛顿社会智力测验。该测验中有一个分测验名为社会情境判断测验，其中包括许多工作中的情境条目，要求被试据此进行确切的判断，需要对情境中人们的动机深入了解，借以做出正确回答。对每个情境，测验给出了多个回答供选择，其中只有一个回答正确。这可以说是情境测验最早的雏形。在第二次世界大战期间，人们继续尝试使用情境判断测验测量人类的判断，军队心理学家使用这种形式的测验测评士兵的判断能力。这些判断测验包括情境和一系列反应选项。测验要求被试凭借个人能力、常识、经验做出判断，而不是依靠逻辑推理。

20世纪40年代到60年代早期，人们也曾尝试采用情境判断测验来评估监督和管理潜能。这种预测监督和管理潜能的努力一直持续到20世纪80年代。20世纪90年代开始，情境判断测验在工业与组织心理学领域的相关研究呈井喷状发展，并且得到越来越广泛的应用。这种测量技术着重对与工作直接相关的能力和技能进行测验，以低仿真、低成本形式的情境模拟形式施测，代表了选拔技术的进步。

三 情境判断测验的理论基础

近年来，学者们开始重视对测验理论基础和本质的研究。主要代表为20世纪90年代莫托维德罗等（Motowidlo et. al.，2006）提出的行为一致性原理和内隐特质理论（implicit trait policy）。他们基于关键事件分析和专家判断编制了一套用于选拔电信行业初级经理的情境判断测验，结果显示，作答者的得分与其上级评定的相关系数为0.28～0.37（$p<0.01$），即测验可以在一定程度上预测个体的工作表现。为了解释这一结果，莫托维德罗等人提出，测验题目基于实际工作情境中的行为反应，要求作答者根据惯有行为模式进行评价或选择，遵循行为一致性原理，即过去的行为是未来行为的最好预测。莫托维德罗等人将测验称为低仿真模拟，因为测验模拟工作情境。

测验结果除了可以在一定程度上预测工作绩效，还与认知能力测验和人格测验存在较高的相关。莫托维德罗等人提出的内隐特质理论在一定程度上解释了测验结果和人格测验有较高相关的原因，并认为它反映了由情境判断测验反应选项表现的行为特质对个体关于其有效性判断的因果效应。该理论认为，个体在人格特质上的差别影响对显示这一人格特质的行为有效性的判断。例如，高亲和性的个体把一个情境判断测验中非常亲和的反应选项判断为比非常不亲和的反应选项有效得多，因此他们的内隐特质原则会表现为，反应选项所表现的亲和性的行为特质与他们行为有效性判断之间较强地正相关，而低亲和性个体的判断则只比非常亲和的反应选项略高，因此他们的内隐特质原则表现为，反应选项所表现的亲和性的行为特质与他们关于行为有效性判断之间较弱地正相关。换言之，高亲和性的个体较低亲和性的个体在评价行为有效性时，会赋予亲和性更高的权重，即他们会给高亲和性的行为更高的评价，而给低亲和性的行为更低的评价。

虽然行为一致性原理和内隐特质理论解释了情境判断测验为什么能预测工作行为，但目前关于测验与绩效的准确机制很大程度上仍是推测。未来需要对测验的理论基础和本质进行深入的探讨与研究。

四 情境判断测验的应用

情境判断测验已经广泛应用于评估各种构念，包括工作知识、隐性知识、认知能力、人际技能以及人格特质等。情境判断测验最为典型的用途是人力资源选拔工具。那些在工作相关情境中能够恰如其分地做出反应的被试被认为拥有更好的工作知识和技能，他们可能比在该情境下无法做出恰当反应的被试具有更高的工作绩效。而且，情境判断测验作为选拔工具的价值还在于，相比认知能力测验，它的负面效应较小，表面效度较高。

情境判断测验不仅能够用于人力资源选拔，而且能够用于工作培训。在培训开发中运用情境判断测验的想法绝非空穴来风。例如，美国空军就曾把情境判断测验运用于机组资源管理团队的培训之中，也曾有研究者在测量知识吸收效果的培训评估中运用了情境判断测验。此外，情境判断测验还能够应用于培训需求的分析和培训工作的评价，用于培训外派管理人员以使他们更好地理解异域文化，或者培训销售专员如何使用多样化的接近策略。不管是在基于个体的组织之中还是在基于团队的组织之中，情境判断测验都已经用于主管和经理的培训之中。与此相类似，在组织的奋斗过程中，情境判断测验还作为领导者和团队成员的诊断工具而广泛使用。

情境判断测验非常适用于对各种团队进行评估，其原因在于：第一，在具有各种酌情行为（discretionary actions）的绩效背景中，情境判断测验是一种有效的工具，其在预测团队角色行为方面有可能是非常合适的。团队背景为团队成员的行为提供了更多的灵活性，为其实现各种酌情行为（例如组织公民行为）提供了更多机会，所有这些都增加了情境判断测验的重要性。第二，情境判断测验是在丰富多彩的环境下去探究个体的能力，各种判断基于情境信息而做出。团队角色的合适与否也取决于他们的背景，因此任何给定角色的合适与否，都取决于情境因素。团队角色能够很好地运用到情境判断测验的开发之中，因为这些测验可以提供关于上述这些角色的背景性线索。第三，情境判断测验允许在多元环境下对行为进行评估。多元环境评估要求个体认识并评价他们所在环境中的多种因素，并在一系列行动中运用这些因素。团队角色扮演所处的团队环境显然属于多元环境。

对于基于团队的组织选拔而言，基于团队角色的情境判断测验将特别有用。我们可以通过以下几种方式使用这种情境判断测验。第一，选拔那些具备识别和承担团队中最恰当角色的能力的雇员，组织便能够获得整个劳动力队伍所需要的一般性合作能力。第二，对已指定正式领导者（即团队领导者）的基础团队而言，来自情境判断测验的信息能够用来确保那些被授予领导职位的人拥有必备的团队角色能力。第三，那些使用了更为先进的团队形式（如自我领导团队）的组织，能够使用团队角色进行相关决策，譬如对各团队进行安排，确保每个团队都具备各种必需的角色能力。

五 情境判断测验的特点

心理测量学领域对情境判断测验的研究和应用可以追溯到 20 世纪 20 年代，经过近一个世纪的发展，它逐渐成熟和完善，近年来国内外研究者对它的关注日益增多。该测验之所以受到越来越多的重视，主要是由于它显示出了以下特点。

（一）接近实际情境

情境判断测验以实际工作情境中非常可能发生的关键事件为基础加工编制。比如，要考察被试的沟通协调能力，在设定问题情境时就从管理者与上下左右沟通过程中经常遇到的难题中抽取典型的情境，具体地讲就是给被试设置“当同级其他部门不支持你的工作时，你会怎么办”这样的问题情境，看被试在这种近似真实的情况下是如何沟通的。被试在作答这样的题目时，会有一种身临其境的感觉，有利于激发他们的答题热情。

（二）评分的客观化与经济性

情境判断测验评分的客观化是指与评定标准进行比较而非依据面试官的判断。在对被试的工作能力进行测评时，非常重要的一项要求就是客观、公正。使用情境判断测验考察个体的胜任特征能够满足客观、公正的要求，不会因为评分者的不同而给被试留下不公平的印象，避免因为评分者评分尺度的不统一而造成评价偏差，因而能够大规模施测。和评价中心的其他测评方式相比，情境判断测验的施测成本较低，并且省时省力，方便快捷。

（三）能够锚定员工能力水平

领导者都关心自己企业员工的能力水平与同行业其他单位员工的能力相比处于什么水平，是否具有竞争力。使用情境判断测验能够满足企业领导者的这一要求。因为情境判断测验是客观题，收集的数据量足够大时就可以建立员工素质常模。如果想知道自己单位的员工与其他单位同级职务员工的能力相比处于什么水平，直接将观测分数与常模分数做比较就可以实现。而评价中心的其他技术，如无领导小组讨论、角色扮演、公文筐测验等，常常由于评分者的差异、测评分组的差异等导致不同批次的测评成绩不能直接比较，也就不能满足招聘者的上述要求。

（四）能够勾画出管理能力的轮廓图

情境判断测验不但可以提供管理能力的总体水平得分，而且能够提供管理能力不同方面的水平得分，从而勾画出管理者管理能力的轮廓图。根据这个轮廓图，可以对管理者进行岗位安置和有针对性的培训辅导。

第 2 节　如何编制情境判断测验

一　通过工作分析收集素材

工作分析是测验开发的基础，通过工作分析可以了解两方面的情况：一方面是职位的具体工作内容，即工作的职责、具体任务与活动、岗位在整个组织结构中的地位等，这些信息有助于我们理解所需考察的维度，同时可以为情境的设计、相应的行为反应设计提供大量素材；另一方面是对任职者的要求，包括能力、个性特征、知识技能等方面的要求，这些信息可以帮助我们确定所需考察的维度。

获取以上信息的具体方法主要是通过开放式问卷向任职者或其上下级、同事进行调查，对任职者或其上下级、同事进行关键事件访谈。关键事件法一般要求受访者描述工作中遇到的一些典型工作情境，在描述的时候可以通过结构化的问题要求受访者说明当时的情境、如何处理以及结果如何。通过关键事件，可以提取出胜任岗位者需具备的能力与素质，并以此为基础设计问题情境。

二　确定情境判断测验的题干

呈现给被试的情境或题目题干是任何情境判断测验的基础，题干涉及四个关键问题：（1）题干的保真性。指题干的真实性程度，或真实地再现工作任务要求的程度。（2）题干的复杂性。不同的情境判断题目题干的详细、具体程度各有不同，有些情境判断测验还采用了派生技术，以一个共同的基本情境为基础派生出多个亚情境。（3）题干的内容。大多数情境判断测验关注的是人际性情境，但毫无疑问它们也能够用来评估程序性知识。（4）题干的来源。从我们对以往文献的回顾来看，开发题目题干的一般方法有两种：关键事件法和基于理论法。

关键事件法是最常用的一种收集题干内容的方法，在典型的关键事件法中，我们从主题专家（如在职人员、管理者或客户）那里收集工作情境的关键事件，或者不给主题专家提供关键事件的具体指导，或者指导主题专家写下从工作分析中获得的与胜任特征有关的事件。收集关键事件后，将关键事件归类，选择有代表性的情境，把事件编辑成类似长度和格式的题干。我们也可以从档案性的来源渠道获得关键事件，档案记录可以成为情境判断测验所需事件一个丰富的渠道来源。

开发题干的第二个途径是使情境判断测验反映某些潜在模型，不是借助关键事件法的帮助，而是使之适合一个理论模型，这个模型可以是一套胜任特征、通过工作分析所识别出的心理特征、文献综述，或者关于有效绩效重要决定因素的理论。

三 确定情境判断测验的选项

在绝大部分情境判断测验中，其题目题干后面都跟着 3～12 个甚至更多情境应对的可能措施，编制反应选项是情境判断测验中的一项重要任务。可以通过两种方式获取反应选项素材。一种是针对具体的问题，请主题专家提供对每个情境的一个或多个反应，分别写出好的处理方式和差的处理方式。在其他情况下，我们也使用情境判断测验开发者编制的反应选项，但是使用主题专家相对来说更有优势：一是由于经历过情境判断测验所呈现的情境，其提供的反应选项真实性更高；二是一支庞大的主题专家队伍可以对一个给定情境编制出一个庞大的、各不相同的可能反应选项库。另一种方式就是分别请在岗者中的绩效优秀者和绩效一般者作答。开发者对最初收集的答案进行编辑和整理时，要对相似的答案进行归类、合并，去除与问题解决无关的答案以及社会称许性较高的答案。对反应选项的基本要求有以下几点：(1) 有较强的问题针对性，而且要切合实际，不能太离奇；(2) 选项要有区分度，好答案与差答案之间要拉开档次，被试对一个选项的选择或评价能够体现其该方面能力的强弱；(3) 一些题目要求被试进行单项选择，对于这类问题，所列选项必须指向同一个维度，不同选项只能反映相同能力的强弱程度，而不能反映不同的能力。收集反应选项后，编辑行为选项。

被试的作答方式有三种：第一种是选择法，即要求被试从多个行为反应中选择一个最可能采取的做法，或者同时选出最可能与最不可能的做法。第二种是评价法，即针对选项提及的行为对问题解决的有效性，让被试逐一进行评价，评价工具一般采用利克特 5 点或 7 点量表。第三种是排序法，要求被试按照选项的有效性或者采取的可能性进行排序。三种方法中评价法是目前多数学者认为最有效的方法。勒格雷（Legree）在他的研究中证明，评价法使项目之间的相关最高（0.62），而其他方法中最高仅为 0.51。选择法中多选要比单选好，汉森（Hanson）和博尔曼（Borman）对比了多选法和单选法，发现多选法能够使总体项目之间有更高的相关（0.33）。

最后，开发计分键。与认知能力测验不同，情境判断测验题目的反应选项都是合理的，是哪个答案最好的问题，而不是哪个答案正确的问题。确定计分键的方式包括专家计分、实证计分、理论计分和因子计分等。专家计分时，专家（或优秀员工）对反应的有效性做出判断，或者确定最好和最差的选项。确定为最好的选项计分为正确，确定为最差的选项计分为不正确。实证计分时，对样本进行施测，将高绩效个体选择的选项计分为正确，低绩效个体选择的选项计分为不正确。理论计分时，反映理论的选项计分为正确，与理论矛盾的选项计分为不正确，与理论无关的选项计分为 0。理论计分可能更易于作假，因为理论也可能有缺陷或不正确。因子计分在题目没有确定构念时使用，也用于筛选题目。一些测验使用多种计分方式，如专家和实证综合计分。目前，哪种计分方式更好并没有一致的结论，相关研究也很少。未来需要对不同的计分方式进行研究，并将研究结果用于指导测验开发和人事测评实践。

四 情境判断测验的施测

情境判断测验的指导语主要有四种：第一种是知识型或“应该做什么”指导语，要求被试根据给出的情境，识别出最好的或最正确的行动路线，一般是从多种反应选项中选择最有效的选项，变式是选择最有效和最无效的选项。第二种是行为型或“将会做什么”指导语，要求被试根据给出的情境表达出他们的行为倾向，一般是选择最可能采取的选项，变式是选择最可能和最不可能采取的选项。上述两种方式都属于迫选式。第三种方式要求被试评价每个反应选项对解决情境中问题的有效性。一般采用利克特 5 点或 7 点量表，请被试按照从 1（非常无效）到 5 或 7（非常有效）的量表评价每个选项的有效程度。第四种方式要求被试对反应选项按照有效性或先后顺序排序。

根据指导语类型，赋分标准与方法相应有如下几类：第一，选出最有效选项（最可能选项），选对（与专家选项相同）计 1 分，选错计 0 分。第二，选出最有效（最可能）选项与最无效（最不可能）选项，选对 1 项计 1 分，选对 2 项计 2 分，均选错计 0 分；或者将最有效（最可能）选项选为最无效（最不可能）选项计－1 分，反之也计－1 分；或者令被试选出最有效选项和最无效选项，但求取的是专家在这两项上设定值前项减后项的差。第三，使用利克特量表时，事先由专家将每一反应在最有效至最无效（最可能至最不可能）等级量表上给出设定值，再计算被试评出值与专家设定值的离差，离差小者为优；或者不求离差而求相关系数值，这时要求反应选项的个数应多；或者只考察最有效（最可能）选项上的离差。第四，使用排序方法时，按专家排序的标准给每个反应选项赋予一定的分值，然后把作答者的选择按此标准进行量化。不同的测验指导语和赋分方法各有优势和不足，可能会对测验的效度产生影响，但目前还缺乏相关效度的比较研究，测验开发者可以根据实际测评需要进行适当的选择，未来研究对此仍需进行深入的探讨。

五 情境判断测验的影响因素

（一）测验形式

视频形式的测验比计算机化和纸笔形式的测验有更大的表面效度，基于视频的情境判断测验的保真度要比基于书面的高，呈现的信息也更丰富、更详细，有更强的视觉和情感上的吸引力，被试感知更积极，这导致更高的效标关联效度。视频形式的测验开发成本更高，开发难度也更大，需要编写剧本、聘请演员、拍摄、编辑录像等程序。而且录像形式的测验使用成本也更高，需要准备电脑等相关设备。但是视频形式的高保真模拟是有价值的，相对于行为符号的测量，它更好地反映了测量的行为样本。基于视频的情境判断测验广受欢迎，尤其是情境和反应都以视频形式呈现的交互式情境判断测验获得被试的最好评价。

（二）作假行为

考虑到测验使用自我报告的形式，属于低仿真模拟，在一个操作化情境中进行测验可能会增强被试以一种看起来能被很好地接受的方式进行作答的动机，也就是说增强作假的可能性。虽然当前的文献并没有明确指出作假与情境判断测验的明确关系，但是总结已有的情境判断测验研究，被要求尽可能诚实回答的被试和被要求作假的被试平均分数有差异。虽然情境判断测验在某种程度上能够作假，但是它们比传统人格测验有较低的易作假性。研究指出，以下几个因素是影响情境判断测验可作假性的调节因素：第一，测验题目有更大的认知负荷时，不易作假。第二，反应选项的透明度与被试能够确定正确答案的程度有关，明晰的题目更易于作假。第三，反应指导语类型是关键因素，它影响测验的认知负荷和反应失真量，一般认为行为型指导语测验比知识型指导语测验更易作假。第四，研究设计类型与组内设计相比，后者的作假效应量通常较小。此外，作假条件的类型也影响作假行为，比起在实验室研究中“严阵以待”的被试，求职者可能会较少放任自己作假，作假能力和作假动机并不是一个概念。

（三）训练与辅导

当一种选拔方法流行时，相关人员会参与商业测验训练接受辅导，掌握提高测验分数的策略，进而提高被选上的可能性。我们将辅导定义为一系列旨在提高测验分数的更为广泛的干预，它通常伴随着提高对测验的熟悉度、增加测验技巧、增加被测领域的知识等目标。了解情境判断测验潜在的可辅导性很重要，因为这直接影响了测验的效度。辅导和作假一样，可能会导致受雇用的人在所测量特征上的真实分数低于他所表现出来的分数，接受过辅导的个体要比未接受辅导的人占优势。

（四）反应指导语类型

反应指导语可能影响测验的效标关联效度。情境判断测验通常使用两种不同类型的反应指导语：行为型指导语和知识型指导语。知识型测验测量工作知识，而工作知识是工作绩效很好的预测源。不过，因为预期的行为预测未来的行为，一些研究者认为行为型指导语更有效。我们认为，不易作假的测验具有更高的效度，而行为型测验比知识型测验更易作假。知识型测验测量如何行动的知识，诚实者和作假者都真实回答。在行为型测验中，诚实者报告行为倾向，作假者报告他们的知识。如果所有的被试诚实回答，那么行为型测验将比知识型测验产生更高的效度，因为前者评价的行为倾向能比后者评价的知识更好地预测未来的行为。然而，当被试作假时，两种测验都测量知识，效度相同。总之，虽然情境判断测验与人格测验相比不易作假，但在一定程度上仍可作假。在人事选拔实践中，建议使用知识型指导语，因为知识型测验更不易作假。

第 3 节 视频情境判断测验

绝大多数情境判断测验采用纸笔测验的形式，即以书面形式呈现刺激，并提供多选格式的反应选项。然而，随着视频计算机技术的发展，其他形式的情境判断测验的开发和应用越来越多。通过视频片段呈现的情境判断测验近期就得到了广泛应用，被试可以直观地感受到人们之间的交流，知觉到其情绪、压力以及行动所面临的两难困境。视频情境判断测验保留多选的答题形式，但同时提供一种更为丰富的评估环境，使情境得以充分描绘、丰富刻画。通过这种形式，我们可以更好地理解被试将如何解释工作场所中他人的言语行为与非言语行为，以及如何做出反应。

一 视频情境判断测验的前期准备

在应聘者眼中，纸笔与视频两种测验形式的主要差别在于问题情境的呈现方式不同，但从前期开发的角度来看，两种测验形式还是存在显著差异的。视频情境判断测验在前期开发上更为侧重测验问题的典型化、维度化，在实地拍摄时更为侧重测验情境的可操作化和形象化。

（一）确定考察维度

通过工作分析确定的维度并不都适合用视频测验来考察。纸笔测验依赖于文字和语言，视频测验则主要以图像和声音为媒介。这种特点决定了纸笔测验可以表现比较模糊的情境，而视频测验擅长刻画具体、丰富的情节。对于涉及较多抽象内容的维度，视频测验并不能起到很好的作用。此外，纸笔测验对于一些维度已经能起到较好的测查效果，没有必要再花费大量资源去开发视频测验。据此我们可以区分哪些维度适合用纸笔测试，哪些维度适合用视频测试。

总的看来，视频测验不适合表现模糊情境。模糊情境中通常没有具体的事件发生，只有对相对静态的故事背景、环境及形势的描述，如“公司经营惨淡，员工士气低落”，“某行业近十年来发展迅猛，市场竞争日益白热化”等。如果采用视频形式来表达这种模糊情境，一种方式就是采用长时间的空镜头，同时用大量的配音将原文字内容表达出来。在传统的影片艺术表现手法中，空镜头通常作为渲染意境、烘托气氛、引起人们联想的辅助手段，如果完全采用空镜头加配音来表现一个问题情境，则不能充分发挥视频测验的优势。从本质上讲，这种方法仅仅是将文字信息转化成声音信息，视频的图像并没有起到作用，如此采用视频就浪费了资源。

另一种方式是找出一系列能够体现这种环境特点的具体事件，集中地将其展现，通过具体事件让被试体会背景信息。这种情况下，被试容易转向关注细节，难以从具体事件中提取信息形成抽象的概念。这种方法也容易导致整个短片时间加长，信息量增大。由于个体的短时记忆能力以及信息加工能力有限，被试最后可能记不清楚前面描述的情节，因此采取这种方法难度很大。但是，在实际应用中一些维度只能用模糊的情境来考察。对于“思维分析”“战略决策”这类涉及抽象思维或者“价值取向”“组织承诺”这类涉及抽象概念的维度，问题需要具备一定的深度和广度，通常需要给被试提供大量的背景材料、详尽的环境描述以供其分析使用，当采用视频来表达大量的背景信息时，就会遇到上述种种问题，所以视频测验不适用于考察这类维度。

视频适用于处理一些细微的情节，比如考察洞察力，其中的重要方面就是看被试是否敏于观察细节、能不能通过细微枝节发现问题。在纸笔测验中如果将各个细节都进行描述，则显得过于直白，而且行文冗长；如果采取模糊处理，又不能准确地表达设计者的原意。视频测验则能很好地解决这一问题，因为画面直观形象，表现力强于文字语言；表现手法也相对灵活，既可以在展现主要场景的画面中囊括一些细节表现，而不对其重点描述，又可以采用近镜头对其进行详尽的刻画。

视频测验也适用于考察与情绪相关的维度。描述情绪的词汇很多，基本的有快乐、愤怒、悲哀、恐惧，在其基础上派生出来的复杂情绪有羞耻、悔恨、嫉妒等，语言对后者的刻画往往显得苍白无力，所以用语言往往不能表达我们想要传递的真实情绪信息，而录像可以通过演员惟妙惟肖的表演真实地传达出这种复杂的信息。总的来说，一些维度通常指向个体的具体行为或个性特征，通常采用比较具体的行为事件来考察，如洞察力、主动性、客户服务意识、情绪管理能力、沟通能力等，这些维度最好采用视频测验来考察，因为它对情节的描述更加丰富、具体，可以避免被试由于个人对细节的不同理解而带来的偏差。

（二）编制测验题目

通过工作分析可以提取出相应的系列关键事件，结合测验具体考察的维度，进一步对这些事件进行筛选和改编。选取的事件要典型，问题解决空间要足够大，通过改编去除一些烦琐、不必要的情节，尽量使事件矛盾或冲突明朗，一道题目最好只聚焦一个维度。

每道题目都要有剧本，具体的剧本要反映三方面的内容：（1）人物的视觉造型描写，包括年龄、性别、着装、举止、人物之间的关系；（2）场面选择和背景描述；（3）具体发生的事件，包括人物的动作以及对话等。相对故事影片来说，视频测验只是提供一个简单的故事情节，向被试交代清楚一个场景即可，短片应力求简洁、清晰，所以剧本最好按照事件发生的自然顺序编写。

根据一个成形的剧本，进一步进行分镜头剧本的创作。分镜头剧本即将原始剧本的文学内容分切成一系列可以摄制的镜头，在拍摄时先分别独立拍摄各个场景，后期制作时再通过剪辑将各个镜头内容组合到一起，形成一个完整的短片。分镜头剧本给现场拍摄提供了一个具体的行动纲要，有助于后期拍摄、剪辑工作顺利开展。下面以一道考察“管理能力”的题目为例，简要介绍原始剧本。

示例 5-1

“管理能力”的原始剧本

时间、地点：白天，某办公室内

主要人物：

上级（李经理）——男，35 岁，稳重、事务繁忙

下属（小王）——男，25 岁，腼腆青涩

李经理是部门领导，下属小王向他汇报说不知道如何获得完成李经理安排的一项特殊任务所需要的相关资源，李经理应该怎样处理？

原始剧本尽管对事件进行了具体描述，但其拍摄的操作性较差，还需要进一步细化和改编。改编后的分镜头剧本如下。

示例 5 - 2

“管理能力”的分镜头剧本

（镜头 1：近景淡入）李经理在办公桌前对着一大堆资料焦头烂额。

画外音：李经理是公司的青年才俊，受上级器重刚被提升为部门领导者，他一直想大展拳脚，新官上任，事务繁忙。

（镜头 2：全景）李经理在办公桌前蹙眉深思，突然敲门声响，李经理喊：“请进！”自己站起来并把材料分类放置好。

（镜头 3：切全景）小王拿着文件袋进入办公室：“李经理，您让我布置场地的任务遇到了一些困难，设备不足，预算超支，可是财务部门拒绝追加拨款，这是活动详细的策划方案和预算开支。”同时呈上材料文件袋。李经理说：“好的，我先抽空看一下。”小王退出办公室。李经理翻阅了一会儿。

（镜头 4：中景）李经理翻着文件袋里的材料，自言自语道：“看来小王的确碰到了麻烦事儿。”画面静止。

资料来源：陈晶，车宏生．情境判断测验的研究进展．心理学探新，2006，26（4）：78－82.

二 视频情境判断测验的实地拍摄

虽然视频测验的情节简单，但对各个环节的考虑不可缺漏，拍摄前进行的准备工作主要包括以下方面：摄像器材、照明灯光、演员造型、服装、道具、布景方案、场记。

摄像器材最好能选用专业的数码摄像机，不过对于一些比较小的场景，配置高的家用摄像机也能收到不错的效果。另外，视频测验由于会通过大量人物对话来传达题目信息，所以高质量的采音话筒是必不可少的。对于一些由长镜头拍摄的人物对话场面，可以通过让演员佩戴无线胸麦来实现，也可以后期配音。

灯光上尽量利用自然光拍摄，自然、清晰地展现画面。在一些逆光拍摄的镜头中，画面可能会显得昏暗，导致一些细节体现得不够充分，这时就需要采用各种灯具以及阻光工具来模拟自然光，但注意主光不能太多，以免光线互相干扰，而使画面显得很虚假。

对于故事情节一般采用分镜头进行拍摄，所以制作者在拍摄前就要对画面的内容和镜头之间的结构进行周密细致的安排。对于不同的画面要采取不同的景别，表现宏观的自然环境时一般选用远景，表现事件全貌或人物动作时一般选用全景，表现人物心理活动或情绪时一般选用特写镜头。具体操控摄像机时要做到起要稳、摇要匀、落要准、画要平。场记也是一项非常重要的工作，需要记录每个完成镜头的信息，内容包括场次、镜号、景别、所拍内容、磁码。精细到位的场记工作能为后期剪辑节省大量时间。

三 视频情境判断测验的后期制作

通常视频情境判断测验的后期制作包括对拍摄的镜头进行剪辑合成，添加配音和字幕。

目前后期制作的主流是采用非线性编辑系统，这种系统建立在计算机基础上，对画面可以进行任意顺序的组接，随时任意选取素材，而不必按顺序从头到尾对短片进行编辑。目前非线性编辑软件有很多，Adobe Premiere、会声会影以及 Vegas 等使用起来都非常方便。

如果前期拍摄时人物对话的声音录制不清晰，后期就需要通过配音来弥补。另外，虽然影像传达的信息是直观的，但是缺少说明，我们需要充分运用配音来补充大量信息。在这一点上，视频测验的情节与电视作品相似，是视听结合的艺术。但它与电视作品又存在不同，视频测验不仅是信息传递工具，也是测验工具，需要通过考察被试的观察、推理和反应来推测被试其他潜在的能力，所以对于刻画细节、情绪的场景，就没有必要通过配音解说来澄清，而需要被试自己去观察和理解。此外，虽然测验是严肃的事情，但我们仍然可以在测验开始、中间题目转换时加上平缓、轻松的音乐，以缓解被试测验时的紧张情绪。

字幕的第一个作用是交代短片中的人物、场景信息。由于每道题目的影像播放时间有限，一般只展现产生冲突的事件情境，所以与一般的影视作品不一样，视频测验没有大量的时间、片段去对片中人物角色、角色之间的关系以及环境进行铺垫并缓缓道来。但如果不交代这些信息，又会影响被试对情节的理解。可以用字幕配合画面去交代相关背景信息，比如当画面呈现一个人物工作的近镜头时，我们可以通过字幕打出这个人的姓名、职务或剧中人物身份；当出现一个会议场景时，也可以用字幕呈现会议的主要内容、参会人物等。

字幕的第二个作用是呈现答题选项。需要注意的问题是确定字幕呈现的时间。因为只有问题情境播放完后，才可以出现相应的问题，被试才能结合具体问题，对储存在短时记忆中的情境信息进行回忆和加工，进而对荧幕上接着出现的字幕进行分析，从而选择答案。而字幕播放完毕后，所有与该题相关的信息都会在荧幕上消失，被试不能像纸笔测验一样回头再对前面的题目进行分析或者重新选择，只能随着影片的播放继续作答下一道题目。

而对于一些考察行为倾向的题目来说，一般要求被试对一个问题作倾向性的回答，答案反映的是被试的偏好，而非理性加工后的结果，这时就要设定一个较短的时间，要求被试凭直觉反应尽快作答。如果字幕呈现时间过长，被试就有理性思维加工的时间，那么答案可能就体现不出其真正的倾向。解决这个问题的方法就是从施测对象总体中抽取出有代表性的被试样本，对样本进行个体施测，计算截至被试给出答案时字幕出现的时间，根据平均反应时间确定最终录像答案呈现的时间。

经过上述几个步骤，视频测验的开发基本完成。此后还需要进行预测验，确定题目的难度、区分度，以及整套测验的信度和效度，根据预测验结果删除或进一步修改指标不好的题目。最后编写指导语和结果报告。指导语要说明视频测验的形式和作答方式，特别要提醒被试思考作答的时间有限。结果报告不仅要给出被试的测验成绩，还要具体说明成绩所代表的含义，即需对被试在测验所考察维度方面的能力或个性特征进行详细描述。

四 视频情境判断测验的优势与挑战

（一）视频情境判断测验的优势

第一，展现的情境更为真实、具体，给出的信息更加丰富。相较于传统的纸笔方式，视频的运用能够提升情境判断测验的保真度。特别是视频能够以声音感染、面部表情及其他非言语行为等方式高度呈现工作场所的刺激，更接近我们在工作场所可能经历的面对面情形，对具体工作的导向性较强，因而与纸笔测验相比，该测验形式的预测效度也更高。

第二，具体化的测验情境可以诱发被试参与的积极性，全运用视频可能会增加应聘者的兴趣，以及提升其对表面效度的认知度。电子娱乐产品的推陈出新、丰富多彩让人不禁担忧，对于精通数字媒体的用户而言纸笔形式的评价是否显得老套，尤其在情境判断领域。虽然对于广大群众而言视频技术已经并不新鲜，但在评估领域中仍属新兴事物。因此，以电子媒介的形式呈现评估刺激的做法可能是顺应时代、合乎逻辑的选择，被试的反应也更加积极。

第三，因为视频情境判断测验将书面刺激材料的使用减到最少，因而能够很好地减少亚组差异。典型的纸笔情境判断测验与认知能力测验的平均数之间存在实质性的相关关系，用音频或视频形式呈现刺激将能减少与一般认知能力的相关度，从而具有较小的团队差异。视频测验在较大程度上摆脱了语言文字的束缚，应聘者在观看录像时不需要对大量文字进行斟酌，这样就可以尽量避免个体的文化因素或认知能力等对其作答的影响，因而可以更好地考察被试非认知因素的维度特征。

第四，视频测验与纸笔测验一样，也可以进行团体施测，与目前国内选拔较为流行的评价中心相比，情境判断测验的逼真度更高，且具有非常显著的效率优势，这对于重视效率的组织来说具有较强的吸引力。另外，交互式情境判断测验开发在技术上的可能性被认为是视频情境判断测验一个令人感兴趣的潜在优势。与线性视频情境判断测验的测验内容不能变化相比，交互式视频情境判断测验能够根据被试对前面视频/音频的不同反应与表现，呈现不同的视频/音频内容。也正是因为被试能够与情境判断测验进行互动，这种交互性能进一步加强视频情境判断测验的保真度。

第五，视频情境判断测验还有与基于计算机的评估相关的一些典型优点，包括更加便捷的实施（题目的自动提供与答案记录）、提供及时反馈的能力、在残障人士中使用时灵活性提升。视频情境判断测验兼具纸笔测验和评价中心的很多优点，在未来的选拔领域中将会起到更加重要的作用。

（二）视频情境判断测验的挑战

视频情境判断测验的潜在挑战主要在于开发较为复杂，创建和维护情境判断测验的成本较高。除了纸笔情境判断测验开发所必需的资源，早期的视频情境判断测验还需要专门的硬件设备、程序编写以及音频/视频制作费用，交互式视频情境判断测验会因开发分支场景而产生额外费用，技术变革还会引发维护费用。

技术会过时，视频内容同样会变得陈旧，虽然各种努力可以最大限度地减少或抵消视频内容的时代性痕迹，但显而易见，更新视频情境判断测验的内容要比更新纸笔情境判断测验的内容需要更多的资源。交互式视频评估的评分将会引发新的问题，因为分支题目或嵌套题目并非独立的，所有被试完成的题目不可能完全相同，因此很难对信度进行评估。

本章小结

1. 情境判断测验的理论基础是行为一致性原理和内隐特质理论，测验结果除了可以在一定程度上预测工作绩效，还与认知能力测验和人格测验存在较高的相关性。Motowidlo et al.（2006）提出的内隐特质理论在一定程度上解释了测验结果和人格测验有较高相关的原因，并认为它反映了由情境判断测验反应选项表现的行为特质对个体关于其有效性判断的因果效应。该理论认为，个体在人格特质上的差别影响对显示这一人格特质的行为有效性的判断。

2. 情境判断测验已经广泛应用于评估各种构念，包括工作知识、隐性知识、认知能力、人际技能以及人格特质等。情境判断测验最为典型的用途是人力资源选拔工具，还能够用于工作培训和对各种团队进行评估。最后，对于基于团队的组织的选拔而言，基于团队角色的情境判断测验将特别有用。

3. 影响情境判断测验效度的因素如下：首先是测验形式。视频形式的测验比计算机化和纸笔形式的测验有更大的表面效度，相对于行为符号的测量，它更好地反映了测量的行为样本，基于视频的情境判断测验广受欢迎，尤其是情境和反应都以视频形式呈现的交互式情境判断测验，获得被试的最好评价。其次是作假行为。考虑到测验使用自我报告形式，属于低仿真模拟，在一个操作化情境中进行测验可能会增强被试以一种看起来能被很好地接受的方式进行作答的动机，也就是说增强作假的可能性。再次是训练与辅导。当一种选拔方法流行时，相关人员会参与商业测验训练接受辅导，掌握提高测验分数的策略，进而提高被选上的可能性。了解情境判断测验潜在的可辅导性很重要，因为这直接影响测验的效度，接受过辅导的个体要比未接受辅导的个体占优势。最后是反应指导语类型。不易作假的测验有更高的效度，而行为型测验比知识型测验更易作假。

关键词

情境判断测验　视频情境判断测验

复习思考题

1. 如何理解情境判断测验的优缺点？
2. 如何理解视频情境判断测验的维度选择？
3. 编制情境判断测验时要注意什么问题？
4. 情境判断测验指导语的选取有什么技巧？
5. 如何理解情境判断测验的理论基础？

参考资料

1. 徐世勇，刘亚军．人才素质测评．北京：中国人民大学出版社，2014.

2. 徐世勇，李英武. 人员素质测评. 北京：中国人民大学出版社，2017.
3. 陈晶，车宏生. 情境判断测验的研究进展. 心理学探新，2006，26（4）：78－82.

附录　情境判断测验案例

作为每个题目题干的社会情境来自对教师的访谈。我们请他们举例说明这样一种情境：在教学生涯中碰到过，但并未受过正式教导该如何应对。附在每个题干后的是一系列可能的反应选项。在生成这些反应选项的过程中，我们试图尽可能多地保留教师在访谈中所提到的实际反应。

下面展示了题干（即情境），以及一系列可能的反应选项（即反应策略）。为了使阐述尽可能清楚，括号内列出了相应的策略。需要注意的是，策略并没有列在呈现给被试的实际问卷上。此外，在题目之间对反应选项的次序进行了平衡，因此表示各种策略的不同反应选项并不总是以同样的次序出现（如回避策略有时在反应选项的开头，有时在中间，有时在结尾）。最后，在实际的测评工具中，可能有不止一个反应选项来阐述某种特定策略（如有两个或更多的反应选项属于遵从这个选项）。

史密斯夫人刚结束了一年级某班的课程，她的所有学生仍在教室里，还没有离开去休息。她收到一张纸条，上面写着："史密斯夫人，我爱你。"这张纸条来自学生迈克。迈克是一名非常害羞的男生，这是他第一次表达对史密斯夫人的感情。通常当她对他讲话时，他不敢直视，并且会脸红。

根据所给情境，请简要说明你应对该情境时首先考虑的问题：

____

请根据所给情境，评价下列陈述的质量：

1	2	3	4	5	6	7
完全不同意			不确定			完全同意

1.（遵从）明早之前，史密斯夫人应写信回复迈克，并说明她有多么欣赏他的字条。

2.（咨询）史密斯夫人应将这件事情告诉另一个认识迈克的老师，并从他那里获取应该如何反应的建议。

3.（协商）史密斯夫人应在读完纸条后，马上将迈克带到一边，私下里感谢他。

4.（回避）史密斯夫人应该什么也不做，置之不理即可。

5.（代理）史密斯夫人应该请学校里的心理学专家与迈克谈话。

6.（立法）史密斯夫人应在班上宣布，她从学生那里收到的任何纸条将会得到保密。

7.（报复）史密斯夫人应该当着全班同学的面告诉迈克，给老师写情书的行为是不合适的。

上面介绍的情境属于一般性的应对下级的情境，下面介绍的则是应对上级的一个情境。

杰克逊先生所在学校的教研部主任请教研部的所有老师提交一份文件，集中说明他们在这一年的成就。该任务时间非常紧，而且在平常的教学任务之外，但这是教研部所要求的。杰克逊真的想做点成绩出来，所以他在课后和周末花了很多时间做这件事，并对他提交的最终成果十分得意，但他收到的评价仅仅是“一般”，远不是“优秀”甚或“良好”。杰克逊觉得他应该得到更高的分数，尤其是他为此花费了大量的时间。

根据所给情境，请简要说明你应对该情境时首先考虑的问题：

____

请根据所给情境，评价下列陈述的质量：

1　2　3　4　5　6　7

完全不同意　不确定　完全同意

1.（遵从）杰克逊在以后的任务中应尝试花费更多的精力。

2.（咨询）杰克逊应告诉几个信得过的同事，他感到十分愤怒，并向他们寻求建议。

3.（协商）杰克逊应私下告诉教研部主任他的想法。

4.（回避）杰克逊不应在这件事上借题发挥。

5.（代理）杰克逊应请一位同事为他说情。

6.（立法）杰克逊应从此做出决定，他将忽视未来任何来自教研部主任对其文件的评语，不管是好的还是不好的。

7.（报复）杰克逊应说服其同事反对未来来自教研部主任分配的任何额外任务。

介绍完应对下级和应对上级的情境后，下面呈现的特定情境属于应对同级的范畴。

汤普森先生平常与同事相处融洽。一天，在一个关于课程的部门会议上，一名同事对他进行了人身攻击，因为与大多数同事相左，汤普森先生对一个新项目持有不同的意见。

根据所给情境，请简要说明你应对该情境时首先考虑的问题：

____

请根据所给情境，评价下列陈述的质量：

1　2　3　4　5　6　7

完全不同意　不确定　完全同意

1.（遵从）汤普森应重申他关于课程的看法，但申明他愿意遵从团队的意见。

2.（咨询）会后，汤普森应询问某位其他老师，应该如何应对同事的批评。

3.（协商）汤普森应私下与该同事沟通，并说他觉得人身攻击是不合适的，有些出格。

4.（回避）汤普森应忽视人身攻击，继续与其他老师讨论。

5.（代理）汤普森应请相关负责人提醒该同事注意自己的行为。

6.（立法）汤普森应该提议建立规范教职工会议的正式制度。

7.（报复）汤普森应声明他对回应卑鄙的人身攻击不感兴趣，但很乐意回答关于他对项目看法的问题。

第 6 章
面　试

学习目标

通过本章的学习，你能够：

◎ 理解面试的含义。

◎ 掌握面试题目编制的方法和原则。

◎ 熟悉面试的实施过程与实施方法。

◎ 明确面试官的常见误区以及应对策略。

引例

求职者如何通过面试关

作为企业人才的把关者，人力资源部的工作人员必须依靠良好的素质和丰富的经验，从成百上千的应聘者中挑选出真正适合招聘职位的几个人。反过来想，想要在求职路上一帆风顺，必须通过人力资源部这一关。那么，何不听听人力资源资深经理的意见，真正做到知己知彼、百战不殆？下面是一位人力资源资深经理对应试者的一些忠告。

1. 行为描述面试

这种面试要求应试者描述曾经完成的工作，人力资源经理通过了解过去发生的事件来预测未来。应对这样的面试，一定要把握住人力资源经理想要详细了解个人能力的心理，通过举例子、描述细节来体现个人的特点，越详细越好。

2. 问题解决型面试

这种面试一般会提供一个问题，让应试者给出解决方案，以考察应试者的分析能力和创造能力。在回答这类问题时，应试者不妨要求面试官给两三分钟思考时间，以便给出一个相对完善的答案。

3. 案例面试

这样的面试往往提供篇幅很长的案例，给大约 2 小时时间进行阅读总结，另外还有可能需要演示分析结果，是一种强度较大的面试类型。应试者应该表现出很强的收集、整理信息和归纳总结能力。

4. 压力面试

在这样的面试中，面试官会故意创造一种不友好的气氛，刁难应试者，目的在于考察应试者是否拥有积极的心态和正面的态度。所以一定要避免与面试官产生冲突，而应该展示出成熟的态度和冷静处理问题的能力。

资料来源：阅人无数的资深 HR 对应聘者的面试忠告．[2008－06－18]．http：//www.exam8.com/qiuzhi/qiuzhi/mianshi/200806/675004.html.

第 1 节　面试概述

面试是人员素质测评中最重要且最常用的测评方法之一。因此，面试在人力资源管理工作中发挥着至关重要的作用。为了使读者能够对面试的基本内容有一个清晰的认识，本节将介绍面试的内涵、历史背景、适用范围、分类、优势与不足。

一　面试的含义

面试是指在预先设计好的特定情境下，通过面试官与应试者面对面地直接交谈，观察应试者的行为表现，了解应试者的能力、求职动机和个性特征等情况，从而对应试者适应职位的可能性和发展潜力做出评价。

面试强调利用面对面的方式，使面试官与应试者之间有直接的信息交流，从而对应试者做出准确、客观的评价。相比其他纸笔测验方法（如公文筐测验、心理测验等），面试使得面试官能够更加直观、灵活和深入地了解应试者的外部表现以及内在特征。因此，面试是一种有理论支持的、在实际工作中行之有效的人员素质测评方法。

二　中国古代的面试实践

通过面试选拔人才的方法有着悠久的历史，中国古代文献中记载了许多关于面试的内容。春秋时期，孔子以“听其言而观其行”的方法来选拔弟子，从言语和行动两个方面对弟子进行评价。《史记·魏世家》中记载，李克为魏文侯选人列了五个标准：居视其所亲，富视其所与，达视其所举，穷视其所不为，贫视其所不取。三国时期诸葛亮在《心书》中提到，识人要从“志”“变”“识”“勇”“性”“廉”“信”七方面入手，即问之以是非而观其志，穷之以辞辩而观其变，咨之以计谋而观其识，告之以难而观其勇，醉之以酒而观其性，临之以利而观其廉，期之以事而观其信。及至近代，曾国藩在其识人相人的名著《冰鉴》中提到，应从“神骨”“刚柔”“容貌”“情态”“须眉”“声音”“气色”七个方面对人才可用与否进行评价。

中国悠久的面试文化在中国独特的选官制度——科举考试中得到了广泛应用。科举考试中的殿试更多的是采用面试的手段来评价人才的优劣。明清时期，许多勤政的皇帝甚至对县级地方官也要亲自面试，遇到不合格之人立即淘汰。中国的这些做法于 19 世纪为英国所效仿，帮助其建立了自己的文官制度。此后，英国的做法又为其他欧美国家所仿效。可以说，中国的面试实践深深影响了全世界。

三 面试的类别划分

按照不同的分类标准，可以把面试划分为不同的种类。学习这些分类可以让我们进一步加深对面试的认识。

（一）根据面试的结构化程度划分

1. 结构化面试

结构化面试又称为标准化面试，这种面试会按照结构化的要求，提前准备好一系列与测评目的相关的问题并安排好问题的顺序，然后面试官在面试中严格按照一定的程序与应试者进行交谈或对其进行观察，根据应试者的表现进行相关评价。结构化面试一般具有较高的信度和效度，面试结果可以通过量化进行比较。缺点是面试内容不够灵活，无法获取更深层次的信息。结构化面试主要具有以下三个特征：

（1）依据工作分析所得的测评要素设计面试问题。不同的招聘职位有不同的职位要求与胜任特征，结构化面试中所提的问题一般都是经过精心设计、与胜任特征模型高度相关的问题。因此，工作分析作为结构化面试的第一步，对于结构化面试的影响非常大。

（2）结构化面试的问题及其提问顺序都是事先确定的。结构化面试强调按照事先设计好的程序进行面试，尤其是涉及职责和技能方面的具体问题时，面试程序的差异可能影响最终的测评结果。

（3）标准化的评分程序。结构化面试中问题都是结构化的，每个问题都有明确的评分标准，这能有效地避免主观上的归因错误，提高信度与效度。

2. 非结构化面试

非结构化面试允许面试官与应试者自由决定讨论问题的方向，面试前没有准备严格的提问框架和问题的标准答案。面试官与应试者可以自由展开交流，整场面试在比较轻松的氛围中进行。这种面试的好处在于面试官和应试者比较容易形成良性的互动氛围，面试官可以了解更多更深层次的信息。而其缺点在于面试的随意性较大，对面试官的专业性要求比较高，面试结果容易受面试官主观因素的影响。因此，并不能从根本上否定非结构化面试这种方法。它的成功实施在很大程度上依赖于面试官的个人因素，包括某个领域的专业经验，以及丰富的社会、人际经验等。

3. 半结构化面试

顾名思义，半结构化面试是一种介于结构化面试和非结构化面试之间的面试方式。可以同时使用结构化的题目和非结构化的题目，在应试者回答相同的问题时，根据不同应试者的不同回答进行不同的追问，以达到深入、细致地了解应试者的目的。这种方法兼顾了结构化面试和非结构化面试的优点，具有良好的适用性，在实际工作中的应用越来越广泛。

（二）根据面试的组织方式划分

1. 系列面试

系列面试即对应试者进行多轮面试，一般分为初试、复试，甚至会有第三次面试、第四次面试。应试者需要一路过关斩将，才能最终得到职位。在每一轮面试中，面试官会针对应试者的表现给出自己的评价，在各轮面试都结束时会进行综合评价，以决定录用人选。此种方法可以避免单个面试官决定应试者命运的缺点，能对人才进行较为准确且全面的评价，提升组织用人的科学性与准确性。其缺点是程序复杂，组织成本较高。

2. 小组面试

小组面试是指由多个面试官（其中一人为主面试官）同时对一个应试者进行面试。小组面试允许每位面试官从不同的侧面对应试者提出问题，要求应试者进行回答。通过此种方法，面试官能对应试者有更加全面和综合的了解，能获得更深入、更有意义的回答，也能减少因面试官的个人偏见而引起的误差。但这种方法的缺陷在于容易给应试者造成比较大的压力，影响应试者的发挥。此外，在小组面试中，面试官对不同的答案可能有不同的看法，很难达成统一。这是影响小组面试效果的一个重要因素。

（三）根据面试的内容划分

1. 职位能力面试

此种面试侧重关注与职位相关的信息，如职位所要求的基本知识与技能、应试者在相关岗位的工作经验等。针对应届毕业生，主要考察其对本专业的了解程度、实践技能及潜力等；针对社会人才，主要考察其工作经历、之前所承担的任务和责任等。这种面试方法侧重于对应试者学历和工作经历的考察，以了解其是否具有相应的岗位胜任力。

2. 情境化面试

情境化面试是指给应试者一个特定情境，考察应试者在此情境下的表现。情境化面试的题目一般是模拟工作场所中可能出现的情境，通过考察应试者在特定情境中的表现，判断应试者是否胜任某项工作。在面试之前，面试官会对情境化面试的题目确定一个最佳答案，然后根据应试者的回答来对其进行评分。比如，一个系统工程师可能会被问及："在休假期间公司计算机系统出现严重故障，你会如何应对？"是立即赶回公司处理系统故障、以休假为由拒绝处理，还是找人代为处理？采用某种做法的理由是什么？所有这些答案均会影响到面试官对应试者的评价。

3. 行为描述面试

此种面试与情境化面试相似，都是考察应试者在特定情境下的行为表现，但行为描述面试的不同之处在于它关注应试者曾经如何处理某种场景，这种场景是实际发生过的。其基本原理是：未来行为或绩效的最好预测指标是过去的行为或绩效。例如，某企业招聘一位培训专员时会问及："你以前负责或参与了哪些培训项目？""你在其中扮演的角色如何?”“项目遇到问题时你是怎么处理的，这样处理的原因是什么?”“结果如何?”等等。具体内容详见第7章。

4. 压力面试

压力面试主要是指面试官对应试者提出一系列不礼貌的、容易使人感到难堪的问题，使应试者感到不舒服，然后在交流中不断寻找应试者回答中的漏洞进行追问，刺激应试者，以此来观察应试者在压力下的行为表现。如果在压力面试下应试者能够应付自如，为自己的观点找出充分的证据，那么就会被认为是能够承受压力的人。反之，如果应试者表现得惊慌失措，语无伦次，丧失信心，甚至对面试官怒目而向、采取过激行为，则被认为抗压能力较差。这种面试方法主要用于招聘责任重、任务多、压力大的岗位候选人。这种面试方法的优点是能够准确了解应试者的心理素质和抗压能力，潜在的风险在于难以对面试过程进行控制，需要面试官拥有很高的面试技巧及控制能力，否则容易造成面试的失败。

示例6-1

压力面试题目示例

题目1：针对这次申报的职位，请总结出你有所欠缺的五个方面。

题目2：从总结的不足之处来看，你确实不适合职位的要求。如果我们不录用你，你接下来会做些什么?

题目3：根据刚才的陈述，你连普通的客户都应付不了，面对刁难的客户，你怎么能够应付得来?

题目4：依照我们的判断，你并不能够应对将来的工作。你怎么证明自己能够胜任这份工作?

题目5：从经历来看，你根本不能长期在一家公司工作。而我们是一家对忠诚度要求很高的公司。因此，我们很怀疑你的求职意愿。

四 面试的适用场景

面试在现代人员素质测评中的地位十分重要，其测评的内容非常广泛。面试能够测评应试者的语言表达能力、逻辑思维能力、综合分析能力、反应应变能力、专业知识素养以及态度、动机、人格特质、兴趣爱好等方面的内容。一般来讲，当人们面对以下两种情境时，会采用面试这一手段。

(一) 十分看重笔试中难以获得的信息

笔试是一种简单易行的测评方法，能够使考官对应试者的书面表达能力、基础知识掌握程度、部分专业能力有一定了解，但难以评价应试者的仪容仪表、工作经验、个性特征、价值观念等内容，这时就需要使用面试进行评价。因而面试，尤其是在管理岗位招聘时，更加受到用人单位的重视。通过面试，用人单位能较好地对人才进行综合评价，挑选出既与企业价值观相吻合又具有高素质的人才。

（二）十分看重应试者的求职动机

用人单位在进行招聘活动时首先需要了解的信息是应试者的求职动机，应试者的求职动机会影响入职后的行为表现，而面试正好是了解求职动机的最好手段之一。通过面试，面试官能与应试者进行面对面的交流，了解鲜活的第一手资料，而不是经过文字加工的相关描述。此外，面试官能在与应试者交流的过程中，通过追问、设置情境等手段分辨应试者言语的真假，了解其真实的求职动机。

五 面试的优势与不足

面试作为应用最广泛的测评工具之一，具有很多独特的优势，但也存在一些不足之处。面试的优势在于交流直接、双向沟通以及灵活性。

（一）交流直接

观察和谈话是测评应试者的气质、人格和能力的有效方法。观察和谈话是一种直接的信息交流过程，这种过程保证了信息的真实性，通过观察应试者表现出来的语言和行为方面的外部特征，可以预测隐藏在外部特征下的气质、人格和能力等方面的内容。一个人言辞的内在逻辑性、感染力、影响力，以及仪表、风度等都是面试官观察的重要方面，这些都是应试者潜意识中流露出来的特征，很难掩饰。通过观察这些方面，面试官能够对应试者有更为深入的了解。

（二）双向沟通

不同于纸笔测验，面试是一个双向沟通、直接交流的过程，应试者在面试过程中能够得到及时的反馈。一方面，面试官按照工作胜任特征的要求对应试者进行观察并提问，对应试者的仪容仪表、工作态度、工作经验、价值观念等有较为深刻的了解，从中获得笔试中难以获得的各种信息；另一方面，应试者也可以根据面试官的反应判断自己的行为表现，从而及时进行调整。此外，应试者也可以通过面试更加直观、深入地了解自己所应聘职位及单位的基本情况，更好地做出求职决定。

（三）灵活性

面试在实际操作中具有很大的灵活性，具体表现在以下三个方面。

1. 面试内容可以根据应试者个人进行相应调整

在实际招聘过程中，应试者的个人情况是不同的，包括学历、经历、背景、职位都有所差异。举例来说，两个人应聘同一个程序开发员的职位，一人为国内名牌大学计算机系的应届毕业生，另一人无光鲜的学历但在编程领域从业多年。那么在面试中，针对前者肯定是着重考察其专业知识的掌握情况以及在校表现，针对后者则着重考察其实践经验。

2. 面试内容可以根据工作岗位的要求进行相应调整

不同岗位对胜任特征的要求是不同的，所以在面试之前需要进行工作分析，在面试过程中，根据特定岗位对应的胜任特征模型来相应地考察与提问。因此，面试过程中的考察内容存在差异，需要因地制宜。

3. 面试内容可以根据应试者在面试过程中的表现进行相应调整

虽然很多面试的题目都是提前准备好的，但这不意味着面试程序是一成不变的。在面试的过程中，针对不同背景的应试者以及他们的不同表现，需要根据应试者回答问题的情况决定下一题打算问什么。在很多情况下，面试官不会拘泥于事先拟定的题目，而是会根据具体情况进行深度追问。

（四）不足

面试作为一种测评手段有很多优势，但也存在不足之处。面试最大的问题就在于受面试官主观因素的影响，尤其当面试是非结构化时，面试官的表现将极大影响面试的公平性和结果。此外，面试官在面试过程中会受到一些心理效应的影响，比如首因效应、近因效应、对比效应、刻板印象等，从而影响面试的有效性。这些问题将在本章随后的内容中详细介绍。

第2节 面试题目的类型、设计与编制、获取

合适的面试题目是面试成功的重要因素，本节将介绍面试题目的类型、设计与编制、获取。

一 面试题目的类型

面试的题目包括背景性问题、知识性问题、智能性问题、情境性问题、行为性问题和意愿性问题几个类别。

（一）背景性问题

应试者在进入面试房间后，一般都会有不同程度的紧张情绪，影响自身的发挥。背景性问题的主要目的就是为面试营造良好的沟通氛围，缓和应试者的紧张情绪。此外，通过背景性问题还可以对应试者有一个基本的了解，为进一步交流提供有价值的话题。因此，典型的面试一般都会从背景性问题开始。

示例 6-2

背景性问题示例及注意事项

题目1：怎么来到这里的？我们公司还好找吧？

题目2：简单向我们介绍一下自己。学习经历情况怎样？工作经历情况怎样？

事项1：时间不容易控制，可能会过多占用宝贵的面试时间。

事项2：应试者可能侃侃而谈，而使面试官不容易抓住想要考察的重点。

（二）知识性问题

面试官一般偏好招聘对特定岗位比较了解的员工，这样的员工可以尽快投入到实际工作中。知识性问题主要询问应试者对特定岗位相关知识的了解和掌握情况，所以这类问题对于那些对专业知识要求较强的工作岗位来说尤为重要。

示例 6-3

知识性问题示例及注意事项

题目 1：什么是质量管理？

题目 2：什么是财务预算？

事项 1：保证知识性问题具有代表性、典型性、全面性等。

事项 2：在整个面试过程中所占时间过多会影响对应试者基本素质的考察。

（三）智能性问题

智能性问题是指一些思考和争论的现实问题，而不是简单的智力问题。智能性问题一般都是比较自由的问题。对于这类问题，往往是仁者见仁，智者见智，因此并无标准答案，借此考察应试者的综合分析能力、逻辑思维能力和语言表达能力。面试官在对这类问题进行评判时，不能以自己的看法为标准，而应该把考察的重点放在应试者是否能够条理清晰地表达自己的观点、分析是否有广度和深度、表达是否有逻辑性和可信服性。

示例 6-4

智能性问题示例及注意事项

题目 1：春节前夕，我国政府 3 天 45 小时内组织 8 架飞机赴埃及接回总计 1 800 人回国。谈谈你对此事的看法。

题目 2：为落实安居工程、做出合理的预算安排，某市住房建设局成立专项调查组，计划在全市范围内开展一次危房调查，了解全市居住危房的真实情况。有人建议：设计一张调查问卷，以报纸为载体让居民填写，然后回收与汇总数据以获取信息。请对这一方法做出评价。你有没有更好的调查方法？

事项 1：人们对问题的判断容易受到现有理论的影响。

事项 2：人的分析能力并不代表问题解决能力，更不代表他们是否愿意去解决问题，所以智能性问题考察的方面有限。

事项 3：问题易流于宽泛。

（四）情境性问题

情境性问题是给应试者一个假定的工作情境，要求应试者回答在此情境下会如何应对。情境性问题本质上属于语言模拟类问题，考察的能力包括决策能力、思维敏捷性、随机应变能力等。

示例6-5

情境性问题示例及注意事项

题目1：假设领导安排你和小张一起负责某活动的推进。在推进过程中，小张提出了一个很有新意的策划方案，但你觉得很不现实。多次沟通后，他仍然坚持己见，此时，工作进度已经拖后了不少。面临这种情况，你会怎么做？

题目2：你和同学一同进入新单位，你勤奋、成绩突出，但领导对你印象不佳，同学受到信任，领导却总为难你。你怎么做？

事项1：情境的收集比较费时、费力，且难以逼真。

事项2：应试者的回答更多偏于理论化，而且不见得在遇到实际问题时就会这么做，实际行为还会受个人能力、动机等因素的影响。

事项3：对情境性问题的回答更多依赖应试者的经验，而不仅仅是素质。

（五）行为性问题

行为性问题通过让应试者叙述过去实际发生的经历，考察员工表现出来的能力、素质。

示例6-6

行为性问题示例及注意事项

题目1：请向我们讲述一个你亲身经历的类似事例：你接手了一项新工作，该项工作对专业性要求较强，但之前你并不了解该专业领域，对工作程序也不清楚。当时你是如何处理的？

题目2：你有没有遇到过类似的情况：你接手了一项工作任务，这项任务需要其他部门或其他人的协作才能完成，但是他们却为你设置种种障碍，导致任务无法推动？之后你是怎么处理的？

事项1：行为性问题对追问的要求比较高，对面试官的要求也比较高。

事项2：人的行为是有变化的，需要推论应试者过去行为和将来行为之间的一致性。

事项3：应试者可能会隐瞒自己真实的行为经历。

（六）意愿性问题

意愿性问题主要考察应试者的价值取向、报考动机、与职位要求的匹配性以及生活态度等个性倾向。可以直接提问，也可以借助投射和被迫选择技术。

示例6-7

意愿性问题示例及注意事项

题目1：请告诉我们在大学期间，你将大部分时间都用在了哪些方面？你是怎么考虑的？

题目 2：你在原单位最不开心的一段经历是什么？你为什么选择离开原来的单位来应聘这个职位？你对个人未来五年职业发展的考虑是什么？你是怎么打算的？

事项 1：应试者的回答会受到社会期望价值观念的影响。

事项 2：要想了解应试者的真实想法，需要对意愿性问题进行组合。

事项 3：应试者本人可能不了解自己的求职意愿。

二 面试题目的设计与编制

（一）面试题目的设计原则

在进行面试题目的设计时，设计者需要考虑一系列原则，以保证面试题目的有效性。

1. 顺序性原则

在面试过程中，题目的顺序是非常重要的。顺序性原则包括以下几个方面：一是要遵循先易后难原则。先问的题目要相对简单一点，这样可以缓解应试者的紧张情绪，使应试者获得一定的自信，从而更快地进入状态，发挥自身的水平。二是先一般后专业原则。先出现的一般问题能够使应试者较为轻松地作答，亦为应试者回想专业知识留出了时间，此原则可以使应试者更好地避免失误，提升成绩。三是先共性后个性原则。如果开门见山地问及个性问题，会提高应试者的警惕性，可能得到不真实的回答；相反，如果先从共性问题入手，则容易形成相对轻松的面试氛围，降低应试者的警惕性，可以更加真实、深入地了解应试者。

2. 针对性原则

面试的题目要针对不同岗位特定的胜任特征进行设计。一般来说，设计面试题目时，首先应该对岗位进行工作分析或以工作说明书为基础进行设计。这样设计出来的题目能够测评出工作所实际需要的胜任特征，从而实现应试者个人素质与组织所需要素质之间的匹配，为企业招到合适的人才。因为每个岗位对员工素质的要求并不同，所以在为特定岗位准备面试题目时，一定要因时制宜、因地制宜，避免出现一套题目包打天下的情况。此外，面试题目还要考虑应试者的来源和背景情况，要选择适合应试者的问题，题目不宜过偏过难。比如，如果某个职位的求职者 90%是学生，则在设计题目时应多注重对基本能力、综合素质及潜力的考察，而不应该把重点放在对工作经验的考察上。

3. 代表性原则

面试的题目要具有代表性，也就是说，在设计面试题目时，不应把题目出得过于发散，而是要设计出能够考察工作核心能力的题目。比如，就招聘专员来讲，“你认为在整个招聘过程中哪一步是最难的，为什么”这样的问题就是比较好的问题，因为它既能考察应试者的经验，又能考察应试者对整个招聘活动的理解与相应的职业素养。

4. 灵活性原则

这一原则要求设计者在编制题目时采取灵活的做法：一是要留有余地，题目不宜过于死板，要为以后的修改与扩充预留下充足的余地；二是要为整场面试铺垫下合适的节奏，张弛有道，能够根据具体情境做出相应调整。

（二）面试题目的编制程序

面试题目的编制程序主要包括准备阶段、编制阶段和试测阶段。

1. 准备阶段

这一阶段的主要工作是确定面试的目的、素质要求、面试题目的类型和取材，以及面试的组织与协调等。

2. 编制阶段

（1）根据测评要素设计题目：每个题目都是为了测评某个胜任特征设计的，可以一个题目考察多个特征，也可以多个题目考察一个特征。

1）设计具体问题：文字要精炼，表意要明确，措辞要严谨。

2）设计可能的追问：根据题干的外延和内涵进行设计，要尽可能考虑到可能出现的回答。

3）设计题目的评分要点：评分要点可以帮助面试官把握评判应试者素质的主要着眼点和行为。包含两个部分：题目的设计思路；指出对应试者应该观察和评价的若干方面，以及相关行为与结果标准。

（2）按顺序安排题目：题目的安排要遵循前面讲述的原则，利于应试者逐渐适应，展开思路。

3. 试测阶段

在题目的试测阶段，面试官对岗位的在职者进行测评，收集典型的回答并制定评分细则。在选取试测对象时，要选取两组试测样本分别进行测试，一组为绩效优秀员工，一组为绩效一般员工。将两组人员的得分进行汇总并对比，如果绩效优秀员工的得分与绩效一般员工的得分差不多，则表明此面试题效度不高，不能有效地区分绩效优秀员工与绩效一般员工，不能用于招聘面试。如果绩效优秀员工的得分普遍高于绩效一般员工，则表明此面试题目效度较高，能够有效区分绩效优秀员工与绩效一般员工，可以用于招聘面试。

三 面试题目的获取

一般来说，面试题目可以通过下面几种方式获取。

（一）通过网络下载

当今社会信息网络十分发达，在网络上能搜到大量相对成熟、可靠的面试题目。这种方式的优点是可以大大减少题目编制的成本，网络上的题目类型众多，可以满足不同企业的需求。但它也存在很多缺点：一方面网络资源的质量参差不齐，企业需要花费大量时间和精力进行挑选；另一方面由于是直接套用，信度与效度难以保证。此种方法适用于严格控制招聘成本的中小企业。

（二）向专业测评公司购买

随着测评需求的不断增加，市场上出现了许多比较成熟、专业的测评公司。它们针对不同的行业开发了不同的题库，用人单位在需要时可以考虑购买。此外，还可以从高校、研究机构等购买面试题目。此种方法的优点在于面试题目一般经过大量样本的检验，质量较好，内容比较完善。但如果题目和企业的实际情况脱节，信度与效度则难以保证，并且向专业公司购买需要花费较多的成本。因此此种方法适用于对面试较为重视、具有一定实力的企业。

（三）自主开发

用人单位可以根据自身的组织特点与用人需求，依靠自己的力量或者请外部咨询公司开发出一套适合自身组织特点的面试题库。此种方法使面试题目能够植根于组织自身，较好地反映组织的用人需求。但是费时费力，且成本较高，一般适用于资金充裕的大企业。

第 3 节　面试的组织与实施

面试是一个系统的过程，通常来说，一个完整面试的组织和实施主要包括三个阶段：准备阶段、实施阶段和评估阶段。

一　面试的准备阶段

面试的准备阶段包含一系列比较复杂的工作，主要有以下内容：首先是面试题目的编制，其次是面试评分标准的确定，然后是面试官的选择与培训，接下来是面试场地的布置，最后是关于应试者的安排。

下面主要介绍面试评分标准的确定、面试场地的布置与应试者的安排，关于面试官的选择与培训将在下一节详细介绍。

（一）确定面试的评分标准

编制完面试的题目后，面试官需要运用头脑风暴的方法，把应试者可能的回答尽量列出来，并根据这些回答与职位所要求胜任特征的吻合程度进行分类和排序，制定相应的评分标准，最终形成面试评分表，以尽量避免在面试中出现面试官分歧严重的情况。在面试过程中，每位面试官需要将对应试者的评价填入面试评分表，面试结束后再对评分表进行整理。

面试评分表主要由三部分组成：第一部分是应试者的基本信息，即应试者的姓名、性别、所应聘职位等。第二部分是评价要素及相应的评价等级，评价要素一般包括个人修养、求职动机、语言表达能力、应变能力、社交能力、自我认识能力、个性特征、健康状况、进取心、相关专业知识以及总体评价，而评价等级一般分为差、较差、一般、较好、好五个。第三部分是对应试者的录用意见，一般有建议录用、有条件录用、建议不录用三种，并且要附上用人部门、人力资源部门及公司领导的具体意见和签名。表 6－1 是一份面试评分表样表。

表6-1 面试评分表

姓名		性别		年龄		编号	
应聘岗位				所属部门			
评价要素		评价等级					
		1差		2较差	3一般	4较好	5好
个人修养							
求职动机							
语言表达能力							
应变能力							
社交能力							
自我认识能力							
个性特征							
健康状况							
进取心							
相关专业知识							
总体评价							
录用意见		建议录用		有条件录用		建议不录用	
用人部门意见： 签名：		人力资源部门意见： 签名：			公司领导意见： 签名：		

资料来源：王丽娟．招聘与录用．北京：中国人民大学出版社，2012：268.

面试评分表编制完成后，接下来的工作是检验评分表的信度和效度。用人单位应该就此表进行充分讨论，以查漏补缺；有条件的公司要请咨询公司或高校人力资源专家对此表进行检验，以获得专业意见，提升表格的科学性；此外，还可以展开模拟面试，观察其信度和效度。一张成熟的面试评分表往往要经过多方检验。只有通过这些检验，面试评分表才能真正具有较高的信度和效度，才能提升招聘面试的科学性，才能为组织挑选出优秀人才。

（二）布置面试场地

1. 面试场地的布置原则

好的场地将有利于面试的进行，一般来说面试场地的布置要遵循以下几个原则：

（1）因地制宜原则。这一原则要求用人单位在选取面试场地时，要考虑招聘职位的高低、应聘人数的多少、招聘岗位的不同、是否需要听众以及听众人数等客观条件。一般来说，较高职位的面试对应较小的场地，因为在较小的场地中更容易进行深入交谈，这与应试者平时的工作环境也比较相似，有利于其缓解压力；前来面试的人数越多，挑选的场地就应该越大。不同的岗位，面试的场地也会有所不同：某些需要展示技能的面试，需要在能提供相应设备的场地中进行；如果需要听众，则可根据听众人数的多少选择相应规模的场地。

（2）平等尊重原则。面试是应试者和用人单位双向选择的过程，用人单位和应试者之间应该是平等的。这要求用人单位在布置面试场地时，要尽量使面试官和应试者席位的规格和档次保持一致，避免出现面试官高高在上、奢侈豪华，而应试者窘迫不堪的状况，这会大大影响用人单位的组织形象，也会给应试者带来较大的压力。

（3）气氛适宜原则。场地的整体风格会影响应试者的心理状态，对一般的面试来说，场地要尽量布置得宽松、亲切，这样最有利于应试者舒缓紧张情绪，发挥出最好水平，如果要进行压力面试，则需把场地布置得严肃庄重，同时应选择较为狭小的场地，给应试者以心理上的压迫感，以考验其抗压能力。

2. 面试场地的具体布置

面试场地的布置主要分为以下几种：

（1）圆桌式。面试官和应试者坐在同一张圆桌旁，这样可以最大限度地减少面试官与应试者的距离，使应试者感觉轻松自在，有利于应试者的发挥。

（2）近距离相对而坐式。面试官与应试者在相隔不远的桌子两端相对而坐，此种方式使面试官与应试者保持一定的距离，既照顾了应试者的情绪，又使面试显得较为正式、专业，是大多数用人单位采用的方法。

（3）远距离相对而坐式。面试官与应试者在相隔较远的桌子两端相对而坐，这种方式会增加面试的庄重性与严肃性，但是由于相隔较远，会影响面试官与应试者的交流。

在面试场地布置中还需要注意：

第一，场记席应安排在面试官席旁边；

第二，面试官与应试者的桌面布置应基本相同；

第三，要在离面试场地不远处设置休息处；

第四，要对面试官席、场记席、应试者席有明确标示；

第五，应有共同的计时时钟。

（三）对应试者进行安排

这一阶段的主要任务是通知面试者进行面试并准备好接待工作。工作人员需要通过网络、电话、短信等手段及时通知应试者面试的时间和地点，并且安排好面试接待人员，在休息处放置饮用水等必备用品，尽量为应试者创造舒适、宽松的环境。此外，还要合理安排面试时间和顺序，避免出现某些应试者等待时间过长的情况。

二 面试的实施阶段

做好面试的准备后，就要开始正式进行面试，这一阶段是面试官考察应试者的最关键阶段。面试官需要按照一定的方法循序渐进地展开面试，应试者也需要注意一些问题，尽量在面试中表现完美。

（一）面试过程的四个阶段

1. 关系建立阶段

此阶段主要是面试官与应试者进行简单的沟通，聊一些比较轻松的话题，如地理位置、家乡、文化等。通过这种简单的寒暄可以迅速拉近面试官与应试者之间的距离，缓解应试者的紧张情绪，使得面试顺利进行。

此阶段可以提这样的问题："你是湖南人？那很能吃辣吧？""今天下雨了，你带伞了吗？"等等。

2. 导入阶段

此阶段是从关系建立阶段到正题阶段的过渡。在此阶段，面试官会问一些应试者熟悉的、有准备的题目，如"能谈谈你在学校的学习和实践经历吗？""能谈谈你对过去工作的看法吗？""你认为自己最大的优点和最大的缺点分别是什么？"等等。这一阶段主要是为了创造一个宽松的氛围，让应试者意识到考察已经开始但又不使应试者过于紧张。

3. 正题阶段

此阶段是考察应试者能力、素质最主要的阶段，面试官会就招聘岗位所需要的核心胜任特征对应试者进行询问，然后根据应试者的回答对其素质进行基本判断，作为录用与否的重要参考依据。在这一过程中，面试官应根据 STAR 法则来对应试者进行考察。

4. 收尾阶段

主要问题都问完后，就进入到面试的收尾阶段。在这一阶段，面试官应检查前面所提的问题，看有无遗漏。同时，在面试的初期，应试者可能因过度紧张而表现不佳，这时需要给应试者填补漏洞的机会。此外，这一阶段也允许应试者向面试官提一些问题，应试者所提问题的好坏将直接影响其在面试官心中的印象。一般来说，好的问题应该显示出应试者的上进心和良好素质，如"我在入职后能得到哪些培训？培训的形式是怎样的？""公司的职业晋升通道是怎样设计的？"等等。当双方均无其他问题时面试结束，此时应告知应试者通知面试结果的时间和方式。

（二）面试过程中存在的问题

1. 面试官对所招聘职位不了解

在公司中，人力资源部承担了大部分人力资源管理工作，如果只由人力资源招聘专员担当面试官，那么就只能按照自己的理解来进行招聘。事实上，很多面试失败的原因就是面试官对所招聘职位不够了解。

2. 面试操作过程不规范

问题主要是用人单位在组织面试时保密措施不严密，面试顺序任意指定，面试题目难易不一，面试时间长短不一等。此种问题会大大影响用人单位的组织形象，使面试的信度和效度变差，用人单位难以挑选出真正优秀的人才。此外，操作过程的不规范也会使公司内部对面试的公正性产生怀疑，增加对于"走后门""托关系"的猜测，这样不仅会加深公司的内部矛盾，也会影响领导者的威信。

3. 面试官缺乏技巧

面试是一项具有高度技术性的人力资源管理活动，对面试官的要求非常高。面试官不仅要具有扎实的专业基础和丰富的实践经验，还要善于引导和观察。只有具备上述诸多条件，才能真正确保面试的信度和效度。实践证明，在面试前对面试官进行培训是非常重要的，它会在较大程度上提升面试官的面试水平。

4. 面试过程中的随意性

面试过程中的随意性主要表现在两个方面：一是面试的提问比较随意。有些面试官在面试过程中提问较为随意，想问什么就问什么，这会造成严重的后果：一方面这将直接影响面试官和用人单位在应试者心中的形象，另一方面面试官若只专注于某一方面的问题则会影响到对应试者其他方面的考察。二是面试过程中的评价比较随意。在现实的招聘和选拔中，面试官难免会受到晕轮效应、对比效应和类我效应等的影响，面试评分变得主观和随意。研究表明，企业随意性的面试与应试者入职后绩效表现的相关性是 0，即随意性面试完全不能测度应试者的工作能力，只会给企业增加成本。面试是一项高度主观性的活动，但是面试官应尽量避免受这种主观性的干扰，使面试科学公正。

5. 侵犯个人隐私

有些企业的管理水平不高，在面试活动中侵犯应试者个人隐私的事件时有发生。比如有些企业在招聘女性销售员时，居然会问及应试者的性经历，甚至会问出“当工作需要你在身体上做出一定牺牲时，你愿不愿意”这样的问题。事实上，这样的问题不仅会大大损害用人单位的形象，同时会带来不必要的麻烦，某些维权意识强的应试者可能会直接将用人单位告上法庭，使企业蒙受不必要的损失。这些用人单位应该学习成熟企业的做法，尽量尊重应试者的个人隐私。

6. 面试中的歧视行为

由于反歧视的力度不够，企业的招聘和录用活动中存在大量歧视行为，比如性别歧视、年龄歧视、身高歧视、地域歧视，更有甚者，某些用人单位还存在属相歧视、星座歧视、血型歧视。事实上，这些因素往往与工作本身毫无联系。各种各样的歧视行为不仅会增加面试的不公平性，也会大大影响用人单位的形象。

（三）应试者应注意的问题

1. 做好面试前的准备

接到面试通知后，应试者应该做好详尽的准备。首先，应试者应该对自身有一个清晰的了解，明白自己的优势和劣势；要整理和回顾以往的学习和工作经历，思考自己曾经参与的重大事件；要尽量确立起自己的长短期目标，明白自己想要什么。其次，应试者需要对自己所应聘的单位有一个较为清晰的了解，弄清楚用人单位的基本情况、雇主形象、财务信息、使命和价值观、工作环境等，寻找自己与应聘单位的契合点，因为绝大多数用人单位都会在面试中提出“你为什么选择我们”这样的问题。然后，应试者可以学习一些面试技巧，在面试中发挥最好的水平。最后，在面试之前，最好进行角色扮演练习，可以让你的家人、朋友扮演面试官，你要试着在他们面前自如表达，而非一味背诵记忆，尽量做到让话语自然地说出来。

2. 注意着装

对于女性，尽量选用简单得体的裤装和套装，避免过于性感的装扮；要化淡妆，避免化浓妆，指甲油和唇膏的颜色不可过于鲜艳；尽量少戴耳环、手镯等饰品；手包和公文包不可过大；香水不可喷得过多、过浓。对于男性，西服要干净整洁，衬衫和领带要干净干练，不可招摇；擦亮皮鞋，穿干净的袜子；发型要保持整洁，不可过长，最好剃掉胡须；指甲不可过长，要干净整洁；不要带闪闪发光的珠宝；尽量少用香水。

3. 做好印象管理

首先，要保持积极向上的精神状态，尽量使面试官对自己产生好印象。其次，在面对诘难时，要应对有道，尽量消除负面影响，如果遇到尴尬的状况，可以通过合理的理由（包括借口和辩解）、事先申明、自我设障、道歉等方法化解。最后，要做好非言语印象的管理，比如在面试过程中不要左右摇晃，不要驼背，不可有过多的小动作，与面试官要有眼神交流等。

4. 在面试的结束阶段，要留意面试快结束的迹象

比如有些面试官会看看手表，有些面试官会向你使眼色，此时就要尽量使自己的陈述收尾。面试结束时，要对面试官表示感谢。此外，还可以在面试结束后给面试官发感谢信等。

三 面试的评估阶段

面试结束后，面试官应该及时整理面试记录，对面试过程中出现的不清楚的地方互相交换意见，将自己的记录与面试前确定的评分要素进行比照，客观地打分，为录用决策提供重要参考。

第4节 面试官的常见误区与应对策略

面试官在面试中的表现将直接影响面试的有效性，因此选择合适的面试官是面试成功的重要因素。本节将首先介绍面试官的来源和素质要求，其次介绍面试官在面试过程中经常陷入的误区，最后介绍如何针对面试官在面试中可能犯的错误对面试官进行有针对性的培训，以提高面试的效果。

一 面试官的来源与素质要求

一般来说，面试官多是用人单位内部的人员。初试的面试官一般由人力资源部主管、人力资源招聘专员、相关用人部门人员构成，在复试和更高级别的面试中，相关部门的管理者和公司高层管理者都有可能参与。用人单位也可以聘用外部专家来辅助指导面试过程，以提高面试过程的科学性和有效性。一般来说，一次面试活动需要多个面试官的参与，这样可以形成合理的分工，提高面试效率，也有利于减少个别面试官主观因素的影响。面试官小组以5～7人为宜，通常由人力资源专家、董事会代表、公司分管领导、部门主管等组成，其中一人为主考官，其他为副考官。

面试是一种具有较大主观性的人员素质测评方法，对面试官的情境把控能力与语言能力、专业知识等均具有较高的要求，所以，选择好的面试官是面试成功的关键。合格的面试官应具备以下几个条件。

（一）对专业知识十分了解

面试官的专业知识包括两个方面：一是对人力资源专业知识的了解，对面试流程的各个方面都有清晰的把握。二是对所招聘职位专业知识的了解，这是确保面试成功的重要前提，如果缺乏对所招聘职位专业知识的了解，面试官就不能与应试者进行深入交流，不能真正考察对实际工作至关重要的胜任特征，面试的信度和效度就会变差。

（二）具有丰富的工作经验

面试官的工作经验和社会经验会极大地影响面试的效度。丰富的工作经验和社会经验能拓宽面试官和应试者的交谈面，并使面试官深入洞察应试者，真正了解其工作能力。

（三）具备良好的道德修养

面试官是用人单位对外界展示自己的重要桥梁，具备良好道德修养的面试官可以展现出优秀的企业形象和企业文化，吸引优秀人才加盟。面试官的公平、正直与否更直接影响面试的信度与效度，影响企业的选人用人大计。

（四）熟练运用各种面试技巧

面试是一种技巧性很强的人力资源管理活动。它要求面试官在观察、倾听、提问的过程中，掌握好节奏，把控整个面试场面，并通过上述手段对应试者进行全面、深入的了解。

（五）具有良好的自我认知

知己才能识人，如果面试官对自身缺乏正确的认知，那么在面试过程中必然会摆不正位置或误导应试者，使面试流于失败或使用人单位招不到真正合适的应试者。

（六）具有良好的洞察力

面试官在面试过程中，应对应试者的回答去伪存真、去粗取精，应该具有识别假话、谎话的能力，同时应有慧眼识人的勇气和能力。只有这样，才能真正为组织遴选出优秀人才。

（七）善于把握人际关系

面试不是一项孤立的人力资源管理活动，而更多的是一项重视与人合作、倾听沟通的工作，面试官在进行面试活动时，要处理大量的人际互动问题，而如何处理以及处理结果的好坏直接影响着面试的成败。所以，面试官一定要善于把握人际关系。

二 面试官的常见错误

在面试过程中，一些经验不够丰富的面试官经常会陷入各种各样的误区，这些误区大部分是由心理因素引起的，很难察觉，却会对面试结果产生重要影响，下面将分别介绍几个面试中常见的错误。

（一）首因效应

首因效应也叫第一印象，是指面试官通常在面试开始几分钟甚至在看到简历时就对应试者有了判断，后续的面试活动通常很难改变这种判断，从而造成认知上的偏差。研究表明，第一印象在面试中占据十分重要的地位，难以给面试官留下较好第一印象的应聘者，其面试成功率非常低。在面试活动中，应试者的申请表和仪表是第一印象的重要组成部分，许多面试官对应试者的第一印象往往由这两个因素决定。举个简单的例子，如果一位应试者来参加面试时衣着不整洁，就会给面试官留下不礼貌、不注重细节的第一印象，这种第一印象会一直持续到面试结束。首因效应会大大影响面试的效度，降低企业选人用人的科学性，可能使企业与优秀人才失之交臂。

（二）晕轮效应

晕轮效应又称光环效应、联想效应，是指应试者某一方面的突出特点掩盖了其他方面的特点。晕轮效应会使面试官产生以偏概全的错误，在面试上表现为：应试者某一方面表现好，其他方面表现一般或较差，面试官却注重应试者好的那一面，从而武断地认为应试者每个方面都好，这样的判断无疑是不准确的；反之，应试者某一方面表现较差，但其他方面表现较好，面试官却只关注较差的部分，认为应试者整体都差，这样的做法也是受晕轮效应的影响，是应该避免的。

（三）近因效应

近因效应是指人们对最新发生的事情往往记忆比较深刻，在面试过程中表现为：一位应试者在前一阶段的表现比较出色，但在最后阶段的表现较差，面试官更多地记住应试者最后阶段的表现，这对应试者是非常不利的；反之，应试者在前一阶段的表现较差，但在最后的表现比较好，这也会造成面试官的不公平评价。

（四）负面效应

这种效应是指面试官对应试者的印象容易从好变坏，而不易从坏变好。事实上，很多面试就是寻求负面信息的过程，负面信息比正面信息更能受到面试官的重视，如果应试者在面试的前期阶段表现不好，但后来表现较好，面试官也会因为负面效应的影响而难以给应试者高分。

（五）对比效应

面试过程中，面试次序的差异将会在很大程度上影响面试官的评价，面试官难免会对各位应试者的表现做出对比和评价，而这种对比会影响到整场面试的效度和公平性。举个例子，如果连续出现表现较差的应试者，突然出现一个表现较为普通的应试者，则面试官可能会给这个应试者打一个相当高的分数，但继他之后连续出现的几个表现普通的应试者分数可能会比他低，事实上这个应试者并没有那么好，只是因为与前面几个应试者相对比而显得好。毫无疑问，对应试者的高估将对应聘结果产生不利影响。

（六）刻板印象

刻板印象是指对某个特定的社会团体或阶层有着特定的看法，并用这个看法来评价属于这个团队或阶层的人。例如，面试官通常会认为 90 后比较有个性、名牌大学毕业的学生能力比较强等。刻板印象有利于面试官在众多的应试者中快速理清头绪，但是也会给面试带来很大的片面性，因为每个人都有自己的特性，刻板印象可能会使面试官判断失误，埋没真正优秀的人才。

（七）类我效应

在面试过程中，面试官可能会因为应试者与自己有相似的经历或者在性格、爱好等方面存在相似之处，选择性地忽略应试者的其他缺点，给应试者打高分，这种做法就是受类我效应的影响。例如，如果面试官在面试过程中遇到老乡或从同一所学校毕业的应试者，就可能会对该应试者产生好感。

（八）非语言行为

面试过程中的非语言行为也会对面试结果产生影响。研究表明，在面试过程中经常微笑、与面试官眼神接触比较频繁的应试者所得的评价相对较高。

三 面试官的培训

针对面试官在面试过程中可能陷入的误区，主要有两种办法：一是选择合适的面试官，这在前面已有叙述，下面将介绍第二种办法——对面试官进行培训。具体的培训措施包括以下几个方面。

（一）培训面试官做好面试前的准备工作

面试前的准备工作主要包括两个方面：一是在面试前认真阅读工作说明书，了解这一职位需要什么样的核心胜任特征，并对这些核心胜任特征做出清晰界定，避免因不熟悉工作而犯错的可能。二是在面试前认真阅读应试者的简历和申请表，深入了解应试者的基本情况，做到有的放矢。在面试之前一定要对前来面试的应试者有基本的了解，否则在面试过程中的提问就会浮于表面，难以挖掘出应试者的真正特质。

（二）培训面试官的判断能力

面试官在招人选人的时候需要高超的判断能力，如果缺乏判断能力，就会犯以偏概全等错误。高超的判断能力是为组织选拔优秀人才的重要前提。

（三）培训面试官的询问能力

面试的核心是面试官与应试者的交流，若面试官没有高超的询问能力，就不能挖掘出应试者的深层次特质，难以为组织遴选出优秀人才。

（四）培训面试官的应变能力

任何一场面试都不可能尽善尽美，总会有意外状况的发生，这就很考验面试官的应变能力。应变能力高的面试官面对风波时总能处置有道，欠缺应变能力的面试官则可能惊慌失措，不知如何应付。面试官的应变能力决定了面试官对整场面试的把控程度。

（五）对面试官进行道德教育

面试之前对面试官进行道德教育是十分必要的。对于应试者而言，面试官是决定他们命运的重要人物，如果面试官在面试过程中不能做到客观公正，恪守公平，则会严重影响面试的效度，对组织的发展造成严重的影响。

本章小结

1. 在对应试者的求职动机十分看重时或是对笔试中难以获得的信息十分看重时，会采用面试这一手段。

2. 面试题目的设计一般遵循以下四个原则：顺序性原则、针对性原则、代表性原则、灵活性原则。

3. 面试的题目包括背景性问题、知识性问题、智能性问题、情境性问题、行为性问题和意愿性问题几个类别。

关键词

面试　面试官的常见误区

复习思考题

1. 如何评价面试的优缺点？
2. 在面试中面试官常见的错误有哪些？
3. 面试过程中容易产生哪些问题？

参考资料

1. 刘远我．人才测评：方法与应用．2版．北京：电子工业出版社，2011.

2. 徐世勇，陈伟娜．人力资源的招聘与甄选．北京：清华大学出版社，北京交通大学出版社，2008.

3. 徐世勇，刘亚军．人才素质测评．北京：中国人民大学出版社，2014.

4. 徐世勇，李英武．人员素质测评．北京：中国人民大学出版社，2017.

附录　人力资源经理助理的面试过程

张君在东部沿海的一个大城市工作，她在一家规模不大的外资企业担任人力资源经理已经快两年了。在这之前，张君在外企摸爬滚打了五六年，积累了比较丰富的管理经验。因此，公司晋升她为人力资源经理助理。做助理期间，张君帮助企业其他部门招用了很多员工，部门领导普遍反映她水平高、招的人好用，张君也一直引以为豪。很快，随着人力资源经理离开公司，她直接接手了人力资源经理的工作。

张君很喜欢人力资源经理的工作，她自己也觉得在这个岗位上游刃有余。不过，最近的一件事情让她心里有些怪怪的。事情还要从一年前说起。

大约一年前，张经理一个人到古城A市去旅行。旅行中，她发现当地人特别纯朴善良。做了很多人事工作，张经理已经习惯人与人之间的复杂关系，那样的一个环境使她重新感受到人与人之间的美好。因此，尽管是一个人出远门，当地也没有朋友，但她一点都不觉得陌生。

回到公司以后，同事告诉她助理跳槽走了。她尽管觉得有些不快，可是由于刚刚旅游回来，心情很愉快，也没有当成一回事。她对自己说：人往高处走，再找一个合适的吧。

在招聘人力资源经理助理之前，张经理根据公司内部关于人力资源经理助理的任职资格条件，列出了几条要求：（1）有责任心；（2）工作细致认真，有耐心；（3）具有较强的亲和力和沟通能力；（4）具有两年以上相关工作经验；（5）英语听、说、读、写能力过硬。

面试了几个人以后，张经理没有找到合适的。正在失望的时候，有个年轻的姑娘进来面试。简单看了一下她的简历：A 市人，刚刚毕业一年，没有相关工作经验。尽管条件不符，但张经理还是让她进来了。

这个小姑娘姓王，从外貌来看，还算比较漂亮，说话略带有一点 A 市的口音。张经理突然觉得小王很亲切，认为她满足第三条，即具有较强的亲和力和沟通能力。最糟糕的是，小王没有相关工作经验，张经理想了想：这没有什么关系，只要认真，有责任心，经验很快就会积累起来。小王的英语也差一些，张经理用英语提问，她几乎听不懂，更不要说用英语回答了。张经理觉得，尽管这是个外资企业，但平常听说英语的机会并不多，只要能够阅读简单的材料就可以了。因此，张经理让小王用英文写了一份材料，主要是介绍自己的家乡。小王按照要求写了份英文材料，张经理看了看，认为可以就放入招聘档案了。

此时，张经理觉得自己好像有些过于宽松了，就对小王提出了一个问题，打算看看她的反应能力："你的穿着太普通了，甚至有些过时啊。"小王有些不好意思地说："我刚刚来到这里，经济上也不好。另外，我也不是一个很时尚的人，即使有了较高的收入，我也跟不上时尚。"这个回答让张经理想起了以前的自己。于是点了点头，也就不再问了。

很快，小王就上班了。尽管她对业务并不熟悉，但她踏实、肯干，不懂的地方也喜欢请教。张经理很喜欢小王，只要有时间就跟她讲业务上的知识，并不厌其烦地告诉她做人力资源管理工作的注意事项。这在之前是从来没有过的事情。小王的进步很大，很快就胜任了自己的工作。公司的其他人也说小王很聪明，张经理认为自己选对了人，发自内心地长出了一口气。

最近，张经理学习了面试的一些理论和技巧。这让她想起了对小王的招聘过程。她不禁问自己："当初自己的招聘程序是对的吗？如果不对的话，现在小王做得也很好。这如何解释呢？"张经理陷入了困惑。

讨论题：

1. 张经理在寻找助理的过程中陷入了哪些面试误区？
2. 如何解答张经理在最后提出的那个问题？

第 7 章

行为描述面试

学习目标

通过本章的学习，你能够：

◎ 了解什么是行为描述面试及其与工作分析和胜任特征模型的关系。

◎ 理解并熟练掌握行为描述面试的理论基础。

◎ 了解行为描述面试的设计过程。

◎ 掌握行为描述面试的一些追问技巧。

引例

联合利华的行为描述面试

要在短短一小时内快速了解一个人，面试提问是关键。那么，面试的时候应该问哪些问题才能了解候选人，从而正确地评估他与岗位的匹配度？如果你打算应聘一家外资企业，那么在进入到面试环节就很可能被人力资源招聘经理问到这样一个问题：请描述一件或一个让你感觉最失败的事情或者经历。

一位应聘者的回答如下：

在大三暑假，我应聘联合利华暑期实习生失败了，而且是在第一轮小组面试中就被淘汰了。这对于向来以能言善辩在班里著称的我来说，绝对是一个很大的失败。当时我们小组讨论的话题是牙膏销售，每个人代表一个城市。每个人能看到的材料就是自己所在城市的牙膏销售中出现的问题。当时整个小组讨论进行得很不顺利，因为小组的“领导者”特别强势，完全主导了整个讨论，而且实话实说，他确实引导整个小组走错了方向。他一直在用 SWOT 分析法引导大家进行分析讨论，但是实际上，整个小组领取到的材料已经是 SWOT 当中的“威胁”了，牙膏在各个城市的销售已经遇到了威胁，我认为需要重点讨论的是具体的应对措施，而不是再重新分析一遍 SWOT。

在小组讨论过程中，我一直在尝试扭转局面，把整个小组讨论引导到具体行动方案的制定上。我首先提醒“领导者”他的思路不对，但是他还是坚持自己的思路。然后，我又尝试争取小组其他成员的支持，但是其他组员刚才已经跟着“领导者”分析了半天，都不愿意或者不敢中途转换思路。

最后的结果很惨，我们小组除了“领导者”过关，其他人全部没过。事后我做了总结，我认为“领导者”被选中，应该是由于他在小组讨论过程中表现出来的积极和踊跃。而相比之下，我没能坚持自己的观点。我之所以将这次小组面试的经历作为最大的失败经历，并不是因为没能通过小组面试，而是因为自己在心态上失败了。我没有完全投入到小组讨论的解决问题实战中，而是过于注重个人留给面试官的印象，总是提醒自己不能太有侵略性，因为别人的经验里提到面试官最讨厌太有侵略性的“出头鸟”！这样的心态导致我不能强势地坚持自己的观点，最终失败。从这个失败中我明白一个道理：无论做什么事情都要首先从集体利益出发，也就是要想办法为集体解决问题，有了集体的成功，才会有个人的成功。为了集体的利益即使失去了个人的风度也可以在所不惜。而如果“私心”太重，反而会影响自己的表现。

上面描述的就是在世界500强企业中最常使用的一种面试形式。田效勋、柯学民和张登印（2018）在《过去预测未来：行为面试法》（第3版）一书中称之为行为面试法。行为面试法在研究领域有一个更为规范的名字，叫过去行为描述面试法，也是一种标准化雇佣面试方法，它试图通过挖掘候选者过去的行为模式，来预测其未来是否成功。

第1节　行为描述面试概述

一　行为描述面试的概念

行为描述面试规范的名字叫过去行为描述面试（past behavior description interview，PBDI/BDI），1982年由汤姆·詹兹（Tom Janz）提出，是一种基于行为一致性理论和胜任特征理论的结构化面试。在对目标职位进行深入分析的基础上，通过构建胜任特征模型界定职位所需的关键胜任特征，在应聘者过去的经历中探测与这些要求的关键胜任特征有关的行为样本，在胜任特征层次上做出录用决策。行为描述面试是以应聘者行为特征为评判基准的甄选技术，通过提问影响绩效的关键行为性问题来评定应聘者的胜任等级，相对于其他面试方法，能最大限度减少面试官的主观判断和个人偏见，并且追问技术的应用能有效识别应聘者的作假行为。国内外企业实践表明，行为描述面试是一种预测效度相对较高的甄选技术，但在不同企业实际效果的差别较大，而且受构建者自身因素影响很大。

二　行为描述面试的理论基础

BDI有两个理论基础：行为一致性原理和胜任特征模型。

（一）行为一致性原理

行为一致性原理认为，过去的行为是未来行为的最好预测。因为人的行为具有连续性，所以充分了解应聘者之前工作中的相关行为，可以正确判断应聘者选择本组织的动机，并有效预测其未来在本组织中所采取的行为模式。行为一致性原理包含两方面内容：第一是应聘者在近日所做的行为比他很久以前的行为，对预测其将来同样行为的参考价值更大。第二是应聘者的行为次数越多，对将来行为预测的准确性越高。

个体的行为不但反映其态度，而且会进一步加强其态度。一般认为行为是由个体的态度决定的，但越来越多的研究发现，行为与态度是互相影响的。一些反复的行为最终能影响一个人的为人处世态度。也就是说，只要明确应聘者过去的行为，便可预测其在未来工作中的行为，当然这种行为应是近期行为。例如，应聘者在上一份工作中从事售后服务时心不在焉，这除了反映出他服务态度不恰当之外，面试官还可预测，该应聘者在将来从事同种工作时，极可能采用相同的态度来为客户提供服务。不过，语言表述不等同于实际行为，所以应根据应聘者的行为描述和经验，而不是个人观点对应聘者进行评价。

（二）胜任特征模型

胜任特征模型又称胜任特征冰山模型，它把个体胜任岗位的诸多胜任特征描述为漂浮在水中的一座冰山，知识和技能是冰山在水面之上的部分，称为基准胜任特征，是胜任某一职位的外显因素，通过短期的学习或培训可使其发生改变；社会角色、自我概念、特质和动机是冰山在水面之下的部分，称为鉴别胜任特征，无法通过直接观察加以判别，是区分个体绩效水平的决定性因素。越接近底层，胜任特征稳定性越强，决定作用也越强。个体绩效水平是由不易发生改变的鉴别胜任特征决定的，因此个体绩效行为存在一致性倾向，过去行为成为未来行为的最好预测。

行为一致性假设有明显的局限性，对某些职位来说知识和技能这些基准胜任特征也是绩效水平的决定性因素，鉴别胜任特征在职位绩效表现上体现得较少，如会计、维修师等。后天学习或培训对这类职位的任职人员绩效有显著影响，采用行为描述面试招聘这类职位会忽略应聘者的学习和成长。因此以行为一致性假设为理论基础的行为描述面试应该用于招聘鉴别胜任特征在绩效表现上起决定作用的职位。复杂职位和高层次人才的工作对象稳定性差，工作任务重复性低，对工作方法所要求的灵活性高，个体的专业知识和技能水平只是任职资格的基本要求，工作风格、管理技巧、领导魅力等成为决定绩效的关键因素。项目经理、人力资源部主管等职位决定绩效的关键因素无法通过直接观察来评判，并且稳定性较高，短期培训或学习不易使其发生改变。实证研究也支持行为描述面试在招聘复杂职位和高层次人才时有较高的效度，录用的员工绩效水平高，离职率低。为保证面试的效度，企业应根据职位性质有选择地使用行为描述面试。

三 行为描述面试的特点

行为描述面试是目前最准确和最有效的招聘方法，它具有实地测试求证、可靠性及高成本效益等特点。

（一）实地测试求证

行为描述面试过程中，面试官通常让应聘者描述其工作经历中曾经发生的事件，涉及的内容范围广泛，花样较多，所以应聘者事先准备好的难度较大；另一方面，应聘者在描述自己经历过的事件时，很容易呈现出自己的真实经历，而非个人的感觉、情绪、想象、判断、猜测或意见。即使想要刻意隐瞒或修饰事件中的某些细节，在经验丰富的专业招聘人员追问问题的攻势下，应聘者也很容易暴露自己的实际情况。通过应聘者对经历过的事件的陈述，招聘人员能够了解应聘者解决问题的能力、适应能力、团队协调能力及工作态度等重要信息，从而预测其在将来工作中的表现以及与应聘职位的适合程度。如果应聘者的答案不够具体，招聘人员可以进一步用类似的问题来追问，获取最直接的行为描述资料。行为描述面试获得的信息主要来源于应聘者的行为描述和经验，并非应聘者的个人观点，因此采集的信息更加直接客观，具有更高的真实性，进而有力地保障了招聘结果的准确性。比起其他传统的招聘方法，这种方法更能获得最合适的人选。

（二）可靠性

行为描述面试中采用的一些方法有效地保证了其可靠性。

（1）招聘人员询问应聘者一些与过去工作行为相关的问题，这类问题具有很高的可靠性。例如，招聘人员会问："请详细描述你最近一次离职的时间和经过。"应聘者的回答只涉及客观行为，不会掺杂个人观点，因此可靠性较高。

（2）每一个应聘者都受到平等的对待。所有应聘者无论背景如何，在应聘同一职位时，面试官都会一视同仁，所考虑的因素只与工作有关，不涉及个人隐私或外在特性，因此其获得的关于应聘者的信息相对客观，可靠性也必然较高。

（3）面试过程会详细收集应聘者与工作相关的个人资料，并记录下必要的信息。这些详细记录的信息就是显示应聘者各方面能力的最好证据，有效地保证了招聘结果的可靠性。

（4）招聘人员最后的选择有充分的理由。面试官最后的决定有充分的材料和面试记录作为支撑，避免了主观臆断和个人偏好造成的错误决定。

（三）高成本效益

行为描述面试相对于传统面试减少了反复面试的次数，有效缩短了招聘的时间周期。招聘的准确性使大多数被招募的人员在新的工作中有出色的表现，避免了由于不合适的人选造成的经济损失，因此具有较高的成本效益。

四　行为描述面试的效度

与传统招聘方法相比，行为描述面试是目前最准确、科学和有效的面试方法。与招聘相关的各方都能从中受益，招聘经理得到相应职位的最佳人选，管理者得到最佳的时间和成本预算，应聘者得到最公平的竞争机会。研究表明，一些没有经过仔细策划及安排的招聘面试，平均的预测效度只有约 0.14。显而易见，传统的招聘面试在挑选人才的工作上存在不少问题：第一，错误的挑选方式费时费力，不能有效解决人才紧缺问题；第二，反复面试的方式提高了招聘成本，加大了企业的财务压力；第三，应聘者的条件得不到准确评估，使其失去了有效地表现自己的机会。行为描述面试的预测效度较传统的招聘面试高，运用这种面试方法，管理者能用更少的时间、更低的成本，更准确地为企业招聘到最适合的人才。

行为描述面试的应用越来越广泛，目前关于行为描述面试效度的研究大多是和情境面试（SI）一起做比较研究，研究结果也基本上拿两类面试的结果进行比较，仍没有定论。

很多研究发现，行为描述面试和情境面试的效度都较高，而且没有明显区别。不少元分析研究表明，情境面试和行为描述面试都能预测广泛的效标行为，包括受教育年限、任务绩效、组织公民行为等。Gibb & Taylor（2001）在新西兰的社会工作者中使用匹配的情境性与行为描述性面试题目，发现情境面试和行为描述面试对社会工作者的绩效都有较好的预测效度（$r=0.60$ 和 $r=0.40$）。Day & Carroll（2003）以 120 名申请某课程的大学生为被试，以学业成绩为效标，发现情境面试与行为描述面试对效标的预测效度同样好（$r=0.37$ 和 $r=0.36$）。Latham & Sue-Chan（1999）对 20 个关于情境面试和行为描述面试研究的元分析发现，校正后的效度系数都在 0.50 左右。Taylor & Small（2002）对 30 个关于情境面试的研究和 19 个关于行为描述面试的研究进行总结，发现前者的平均效度为 0.45，后者为 0.56。

也有研究表明情境面试的效度高于行为描述面试。Latham & Skarlicki（1995）发现，只有情境面试与组织公民行为显著相关，行为描述面试则不显著相关。Klehe & Latham（2005）以 79 个 MBA 学生为被试，行为描述性与情境性题目平行设置，各为 9 个题目，以 MBA 期间的团队工作成绩为效标。结果发现情境面试和行为描述面试的评分者信度分别为 0.83 和 0.92，行为描述面试的效度系数为 0.34，情境面试的效度系数为 0.41，二者差别不明显。回归方程中，情境面试在行为描述面试之外对团队工作绩效提供了更多的变异解释率，行为描述面试则不然。4 个月后，Klehe & Latham（2005）又让同一批面试参与者用同伴评定的方法评定了每个人在团队工作中的典型绩效和最优绩效。结果发现，行为描述面试（$r=0.34$）和情境面试（$r=0.41$）都能预测典型绩效，而情境面试（$r=0.25$）可以预测最优绩效，行为描述面试则不能（$r=0.11$）。近年来有些研究者发现情境面试的预测效度，尤其是在复杂工作中的预测效度不如行为描述面试。Pulakos & Schmitt（1995）在一种复杂工作职位的申请者中实施了情境面试和行为描述面试，每种面试的参与者都是 108 人，结果发现情境面试的效度为 -0.02，行为描述面试的效度为 0.32，这使人们认为情境面试可能不适用于高层职位的人事选拔。

Huffcutt et al.（2001）选择 59 名加拿大海军军官申请人为被试，其中男性 52 人，女性 7 人，以录取后上级对其工作表现的评价为效标，研究发现两种条件下情境面试的效度系数分别是 0.20 和 0.02，而两种条件下行为描述面试的效度系数分别是 0.47 和 0.31，这支持了情境面试不适合高层职位选拔的观点。Huffcutt et al.（2004）对 54 项研究进行了元分析，总样本量为 5 536。研究发现，工作复杂性影响情境面试的效度，即随着工作复杂性的增加情境面试的效度会降低，但行为描述面试的效度则不受工作复杂性的影响。可见，国外对情境面试和行为描述面试的效度问题尚存在争议。有人认为，情境面试的预测效度在简单工作中与行为描述面试一样好，而在复杂工作中不如行为描述面试。Klehe & Latham（2005）则不同意这一观点，他们认为如果严格按照情境面试的原理设计面试，则情境面试在复杂职位选拔中也有很好的效度。Klehe & Latham（2005）认为，之所以在有些研究中出现情境面试效度不高的情况，是因为面试题目中没有设计两难处境（dilemma），或者没有充分的预备研究（pilot study）。两难处境可以起到平衡社会期望性反应的作用，预备研究则有助于发现区分度不高的面试题目并加以删除。

我国学者也对情境面试与行为描述面试的效度问题进行了研究。黎恒（2003）发现，在相对基层职位的人才选拔中，情境面试与行为描述面试的效度并没有体现出明显差异；而在中层职位中，行为描述面试的效度接近 0.50，情境面试的效度却出现了负值。这一结果表明情境面试和行为描述面试都适合简单职位的人事选拔，但是只有行为描述面试适用于相对复杂职位的人事选拔。但批评者认为，在多质-多法分析中，黎恒（2003）将测评的四个维度当作特质，采用两种面试方法，研究结果的真实性值得怀疑：情境面试与行为描述面试各维度得分及总分之间均负相关，而且情境面试与效标之间也负相关，这与国外研究结果相左。杜红等（2007）随机抽取了某上市公司的 43 位在岗中层管理人员作为面试实验对象，结果发现情境面试与行为描述面试的信度系数都较高，而且没有明显差异。情境面试在任务绩效上的回归系数为 0.350，在总体绩效上的效度系数为 0.364；行为描述面试在任务绩效上的回归系数为 0.395，在总体绩效上的效度系数为 0.537。因此可认为行为描述面试的预测效度高于情境面试。

第 2 节　行为描述面试的设计

行为描述面试提供了一个系统、科学、有效的面试过程，通过这个过程逐步深入，招聘面试有条不紊地进行，完全处于招聘人员的掌控之中。由于招聘前的准备工作细致入微、严谨周密，招聘过程中的信息收集充分以及有科学的评估测试体系作保障，大大提高了招聘的成功性。图 7－1 是行为描述面试的流程。

一　工作分析——行为描述面试的开发基础

撰写科学的工作说明书，明确岗位的胜任特征是实施行为描述面试的基础。工作分

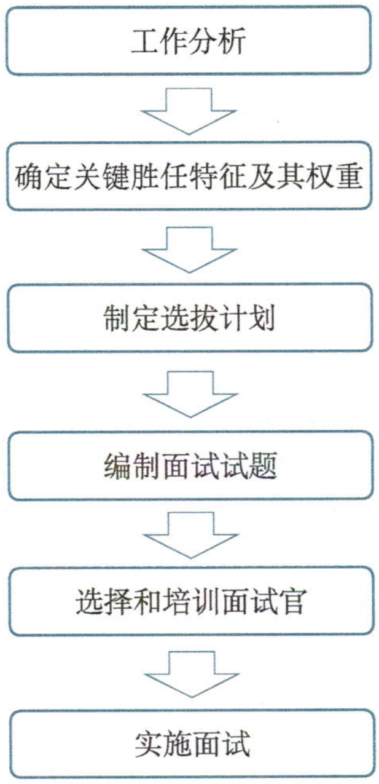

图 7－1 行为描述面试的流程

析要识别和定义工作的任务和有效完成工作所需要的知识、技能、能力和其他特征（knowledge，skills，ability，and other characteristics，KSAO），在面试之前，企业要掌握哪些胜任特征是某一项工作所需要的，然后通过面试找出具备这些胜任特征的人。所以，企业首先要做好工作分析，明确工作任务、工作职责、关键绩效和人员任职资格等，进而通过对现有员工的实地调研，找出其关键胜任特征。

（一）胜任特征与胜任特征模型

基于以往研究学者的归纳和讨论，孙武（2008）认为，“胜任特征是能把某职位中表现优异者和表现平平者区别开来的、个体潜在的、较为持久的行为特征。即胜任特征应该是个体潜在的行为特征，可以最大限度地概括各种行为。这些特征可以是认知的、意志的、态度的、情感的、动力的、倾向性的等。所测的不是具体的行为表现，而是一类行为所共同具有的特征，如沟通技能、忍耐、设定适中的目标、自我发展等，因为胜任特征具有很强的概括性，所以能够代表更多的具体行为。”

学者们普遍认为，胜任特征模型具有以下三种重要特征：

（1）和工作绩效关系密切，甚至可以预测员工未来的工作绩效；

（2）与任务情境相关联，有动态性；

（3）可以区分绩效优秀者和绩效一般者。

胜任特征模型包括胜任特征、特征描述及行为等级锚定标准。开发胜任特征模型是行为描述面试的第一步，其准确性和效度是整个面试流程的根基。构建一个切合企业实际的胜任特征模型是一项复杂的工作，对参与工作的人员素质要求较高。为保证其准确性和效度，需要对初步形成的胜任特征模型进行不断的调试和验证。实力相对较弱的企业，开发胜任特征模型缺乏人员素质以及公司财力等方面的支持；处于起步和成长阶段的企业，受企业内外部环境变化和企业战略调整的影响，企业职位体系不稳定，职责界定不明确，构建胜任特征模型的难度较大。因此，并不是所有企业都适合开发胜任特征模型，作为行为描述面试的根基，不适合开发胜任特征模型的企业应慎重选择面试方法。

（二）工作分析的方法

进行工作分析的方法主要有关键事件法和任务推断法两种，分别适应不同的职位特点。

关键事件法是工作分析较为常用的方法。如果待聘职位是企业内比较成熟、重要的，可以选用关键事件法，采用问卷或访谈等形式，从与职位存在工作联系的上下级、同岗位从业人员及其他存在沟通关系的人员那里获取信息。企业需要了解待聘职位在工作中的典型绩效事件，如最佳和最差事件，并作为职位关键事件；明确事件中在岗员工要面对的情境、工作目的、任务以及行为和结果；进而归纳出若干（一般 5 个左右）对应待聘职位的胜任特征。为避免操作者的理解出现歧义，每个胜任特征要用一段语言来描述，并给出最能代表这一素质的两三个关键事件。

如果待聘职位是组织中新设立的，或者职位的工作模式、任务、方法、人员要求等有了较大变化，很难收集职位的典型绩效事件，那么企业可考虑选用任务推断法。具体步骤是：首先确认工作的最终结果，然后将每一个结果分解为对应工作任务的几个部分，最后甄选、识别完成工作任务所需的胜任特征。企业人力资源部经理的胜任特征、工作任务及工作结果之间的关系如图 7－2 所示。胜任特征都需要经过企业测评才可用于判断适合职位的人选，其中针对专业知识的考核可以采用笔试的方式进行。

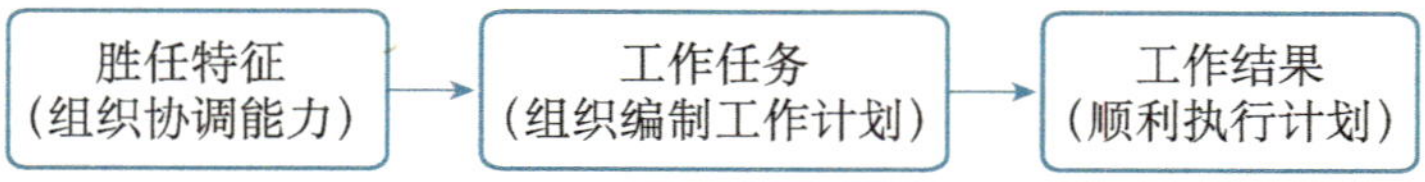

图 7－2 胜任特征、工作任务及工作结果之间的关系

资料来源：宋江平，袁洁秋．行为描述面试．企业管理，2011（2）：79－81.

（三）以关键事件访谈为方法的工作分析

关键事件访谈是一种开放式的行为回顾式探察技术，是揭示关键胜任特征的主要途径。这一方法是由美国哈佛大学心理学教授麦克利兰博士及其研究小组于 20 世纪 70 年代初期首创，当时美国政府委托他们寻找驻外联络官。麦克利兰研究小组利用关键事件访谈收集信息，总结出杰出者和胜任者在行为和思维方式上的差异，从而找出对外联络官的关键胜任特征，并进一步确定最终人选。

关键事件访谈需要受访者列出他们在实际工作中遇到的关键情境，包括正面结果和负面结果。这里的关键事件是指对工作和团队绩效有重要影响的事件，包括最佳和最差的绩效表现。这些关键事件中有正面的结果，也有负面的结果。受访者要非常详尽地描述在那些情境中发生了什么。具体包括：这个情境是怎样引起的？牵涉到哪些人？受访者当时是怎么想的？感觉如何？在当时的情境中想怎么做？实际上又做了些什么？结果如何？在询问过程中，受访者会习惯性选择对他们来说比较特别的事实来说，所以要简单地询问“重要事件”，不要加任何限制。受访者如何认定“重要”是一条评定他们才能的重要线索。通常，绩效优秀者和绩效一般者对于重要事件的选择差异性较大。提供有效的关键事件需要足够的相关工作经验。按照经验性原则，应该从在目标职位上至少有 6 个月以上工作经验的管理者或从业者那里获得关键事件。

参与关键事件分析的成员包括职位上级、从业者和其他了解该职位的人。访谈者可以是个体也可以是小组，受访者通常包括 5～8 个关键事件专家（熟悉该职位的人员，也可以包括组织内部中高层管理人员）。收集关键事件的方法有两种：当待聘职位的关键事件专家人数较少时，可以进行个别访谈；当关键事件专家人数较多时，可以运用小组访谈或问卷法，从关键事件专家那里收集关键事件信息。工作分析人员通常向每位关键事件专家询问尽可能多的关键事件，通常每人能回忆出 5～10 个关键事件。因此，对某个典型职位就可以形成 50 个左右的关键事件。

确定关键事件后，工作分析人员需要通过讨论将关键事件归纳为 4～8 个关键胜任特征。浏览一系列关键事件，确定成功或失败的行为模式。一旦第一个关键胜任特征被确认，所有关键事件中与它相关的东西都将属于它，然后再从余下的关键事件中寻找下一个关键胜任特征。这样反复进行下去，直到所有的关键事件被归纳为不同的关键胜任特征，这个过程就完成了。在对关键事件进行归纳时，可以借助目前工作中已经存在的一系列胜任特征（如决策能力、沟通协调能力等）。一般来说，工作的复杂性越大，所需关键胜任特征的数目也越多。每个关键胜任特征至少应包括三四个关键事件。所以，只有一个关键事件的胜任特征在进一步的分析中就可以删除。形成一系列关键胜任特征后，删除关键胜任特征中多余的关键事件。最后，每个关键胜任特征都用一小段话来描述，并在该定义后列出一些最有代表性的关键事件。

二 确定关键胜任特征及其权重

每个工作说明书都包括有关最低教育水平和特定工作经验方面的内容，即使职位要求的变化非常迅速，在短期内根据最低职位要求进行招聘的做法也是可取的。然而保证招聘的长期有效性取决于工作说明书中的核心部分：关键胜任特征。一般来说，关键胜任特征不超过 6 个，否则你会发现对职位胜任特征的要求是不切实际的，在大多数情况下，不在关键胜任特征之列的其他胜任特征在组织内都可以获得。在工作分析阶段，通过关键事件法工作分析人员已经收集了关于空缺职位的大量信息以及所需人才的信息。接下来的工作是确认该职位所要求的关键胜任特征，这样寻找和评估候选人时就会有所依据。通过对大量关键事件的详细记录，工作分析人员对关键事件进行研究并提炼出关键胜任特征，并对绩效优秀者和绩效一般者进行比较，提炼出关键胜任特征及其定义和分级描述。

提炼的重点应主要放在访谈中的 8 个要点上：

(1) 选择的关键事件是否相同；若涉及的工作范围相似，受访者谈及的具体内容是否相同。

(2) 对参与对象的态度是否存在差别。绩效优秀者和绩效一般者如何看待参与的人、事务或设备，他们对他人的看法是肯定还是否定的。

（3）思维模式是否存在差异。

（4）受到激励的具体内容是否存在差异。

（5）在表达感情和控制情绪上是否存在差异。

（6）面临相似的情境时行动的方法和技巧是否存在差异。

（7）结果如何。

（8）其他访谈者观察或感受到的特征是否存在差别。

以下原则可用于指导工作分析人员准确地提炼关键胜任特征。

（1）清晰界定关键胜任特征。在界定评价标准时，很多企业往往用一些比较笼统的语言来描述用人标准，如团队精神、应变能力等，没有具体的操作定义。由于汉语语义非常丰富，每个评价人对于什么是团队精神和应变能力在理解上存在很大的差别。以团队精神为例，在工作说明书中，这个词经常列为要求应聘者具备的素质。但不同的人对团队精神的理解相差会较大。对有些人来说团队精神意味着营造团队成员的平等氛围和对团队做出承诺。对其他人来说，团队精神则意味着分享工作成功的荣誉。可能还有些人认为，具有团队精神的人应当能够使其他成员积极和热情地投入工作。这就必然导致不同的人对同样的胜任特征有不同的评价结果。因此应该对评价标准进行清晰的界定，可以不求概念上多么准确、严谨，但一定要统一。另外，在关键胜任特征的表述方式上要力求用动词进行表述。

（2）明确限定关键胜任特征。在选拔关键岗位人才时，如果职位比较重要，企业总想通过设定全面的衡量标准来降低选人风险。很多企业在选拔中高层管理人员时，往往会列出一大串评价标准，如仪表气质、思维能力、计划能力、组织与协调能力、决策能力、创新能力、原则性、应变能力、沟通能力、成就动机、业务能力等。实际上，标准太多，在评价时会分散注意力，难以把握重点，最后可能是哪个标准也评不准，即使对所有方面都进行了准确评价，也很难进行用人决策。一般来说，在设置了较高的门槛指标之后，只要把握有限的（5～8 个）关键胜任特征就可以了。

（3）更具组织情境的个性化胜任特征。不同企业、不同岗位对人才的要求大不相同，如果都是评价创新能力、组织协调能力、计划能力，那就很难做到拿锁配钥匙，根据锁的孔型（特定企业、特定岗位）选配合适的钥匙（人才）。一般评价标准制定得非常明确、具体的企业，大多是之前对用人的需求进行了深入研究的企业，这种评价标准为选拔合适的人才奠定了良好的基础。虽然在很多时候关键胜任特征可能在不同的企业都采用相同的词语来表示，但它们的内涵很可能不同，具体到行为等级的描述上也会存在差别。所以，要在充分了解企业环境和工作岗位的前提下建立胜任特征模型，不可照搬照套。要实现关键胜任特征的个性化，就必须严格按照关键事件访谈的步骤和操作流程进行，这样提炼出的关键胜任特征才会是针对具体企业背景的、独特的、专用的选拔指标。

（4）软硬兼备。所谓硬能力，是指知识、经验、技能等比较容易评估的素质；所谓软能力，是指创新、团队精神等不太容易评估但又非常重要的素质。对关键职位来说，大部分失败者失败的原因在于缺乏魄力、保守、不能有效领导团队、只顾眼前利益等。因此，在选聘关键职位人才时，应根据胜任特征冰山模型，既关注冰山在水面之上的知识、能力和经验等胜任特征，又关注冰山在水面之下的那些胜任特征。冰山在水面之上的胜任特征清楚可见，但不一定是取得优秀业绩的决定因素，冰山在水面之下的胜任特征是潜在的或者不易观察到的，但对关键职位的人才来说是更为重要的。因此，胜任特征清单中必须包括取得成功所需的个人或人际关系因素。每一个职位的关键胜任特征都应当包括完成工作所需具备的情商能力、逆商能力的标准。进行关键事件访谈时，应把更多的权重赋予那些关键事件数目最多、在工作中极重要的关键事件所属的关键胜任特征。通常采用 1～5 的等级权重，5 代表最重要的关键胜任特征。一旦确定了最重要的关键胜任特征，其他与之相比就能得到一个从 1～5 的权重，然后按照斯塔法确定百分比权重。在这个阶段，最好是企业的经营班子以及其他参与这一过程的关键人员都认同这个胜任特征清单。可以包括董事会成员、空缺职位的上级、人力资源部经理甚至是空缺职位的直接下属。至少，待聘职位的直线上级应当认同这个清单。这个过程包括大量的沟通和说服工作，既费时间又费精力，但是对于达到观点一致、选聘结果获得企业的认可等长期利益大有好处。

三　制定选拔计划

选拔计划的直接来源是工作分析确定的胜任特征，选拔计划要说明行为描述面试是不是测量这些胜任特征的最好方法。

做这项决定时要考虑以下因素：第一，工作知识通常最好通过其他方法测评，如书写测验。第二，对于技能和能力的测评，也有许多方法可以选择，如评价中心。第三，行为描述面试最适合评价其中的某些能力，如言语的、人际的、适应及灵活性的技能和能力。

表 7－1 给出了一个选拔计划的示例，这是某公司绩效管理系统的项目主管职位，这个职位是组织中的一个新职位，胜任特征是从工作任务推断出来的，该职位的胜任特征被确定为：人事管理、计划、高工作标准、分析能力、言语沟通、绩效管理系统的知识。其中绩效管理系统的知识采用书面测验，其他五项采用面试。

表 7－1　　绩效管理系统的项目主管职位选拔计划

胜任特征	是选拔必须做的吗？	测评方法
人事管理	是	面试
计划	是	面试
高工作标准	是	面试
分析能力	是	面试
言语沟通	是	面试
绩效管理系统的知识	是	书面测验

资料来源：何发平．行为描述面试的开发与实施．商场现代化，2007（36）：294－296.

四　编制面试试题

行为描述面试需要仔细地计划并且有步骤地实施。实际上，如果想在面试中获得有效信息，前期准备工作需要花费较多时间。准备工作中最重要的一项任务是根据关键胜任特征设计相应的面试题本。对每一个关键胜任特征，至少应出两个以上考核题目。题目的数量主要是根据关键胜任特征的权重确定的。编写题目时，同样可先由工作分析人员各自独立完成，然后经过小组讨论共同确定，这样可以集思广益，避免偏见与遗漏。通过工作分析人员的讨论及头脑风暴，往往会发现个人许多未曾考虑到的问题，使题目及评分标准更加准确、更加切实可行。行为描述面试的关键是向应聘者询问怎样处理与所需关键胜任特征相联系的情境下的一系列问题。问题的设计通过提取每项关键胜任特征的行为描述来完成。在关键事件中，行为描述包括三个成分：应聘者面临的情境、应聘者自身的实际行为和结果。面试官从每一个行为描述中寻找，先询问一个针对特殊情境的开放式问题，然后以追踪式问题调查证明面试者的行为和结果。开放式问题应事先规划，追踪式问题则可以由面试官在面试中自然形成。

设计的问题一定要是行为性问题，而不是理论性问题或引导性问题。理论性问题主要询问应聘者的一般理论意见，而不是询问具体做了些什么。引导性问题主要促使应聘者提供他认为你所期望的答案，也不是询问具体做了些什么。行为性问题希望了解应聘者曾经发生的真实行为以及得到的工作经验。表 7－2 提供了人员管理、计划、沟通、组织协调四个胜任特征的理论性问题、引导性问题和行为性问题的比较。

表 7－2　理论性问题、引导性问题和行为性问题的比较

能力	理论性问题	引导性问题	行为性问题
人员管理能力	如何对付难以管理的员工？	你擅长解决员工之间的矛盾或冲突吗？	作为一名主管，你曾如何处理棘手员工的问题？
计划能力	为什么要按照不断变化的要求来调整计划？	如果在工作中需要按照不断变化的要求来调整计划，你会介意吗？	请你讲一个按照不断变化的要求调整计划的事件。当时的情况怎样？结果又怎样？
沟通能力	如何解决管理过程中出现的沟通问题？	你能解决工作中出现的沟通问题吗？	请你讲一个最近在工作中遇到的沟通问题，你是怎样解决的。
组织协调能力	有人说“一个和尚挑水吃，两个和尚抬水吃，三个和尚没水吃”，你怎么看？	你能解决“一个和尚挑水吃，两个和尚抬水吃，三个和尚没水吃”的问题吗？	在工作中由你负责的最成功的一次集体活动是什么？你是怎样开展活动的？

资料来源：何发平．行为描述面试的开发与实施．商场现代化，2007（36）：294－296.

行为描述面试出题应注意以下几个方面：

（1）提问的顺序是先以一个开放式问题引出，使面试者进行行为描述，然后用追踪式问题促使面试者为情境、行为和结果提供具体的细节。开放式问题经常用于证实面试者在某特殊领域的经历，例如，“有时经理人不得不约束下属，你遇到过这种情况吗？”

（2）问题应避免社会称许性及引导性，即开放式问题应该集中在当时的情境上，而不是面试者回答问题的结果（关键胜任特征的直接行为表现）。假如要形成行为描述面试问题对顾客服务工作的顾客服务导向进行评定。与其问“在最近的零售服务中，你有过设身处地为顾客着想的情况吗？”不如问“在最近的零售服务中，我想你有时不得不面对一些焦虑不安的顾客，那你能考虑到他们一些特别为难的地方吗？”这样，问到了具体需要为顾客设身处地着想的情境，但却没有提到“设身处地”一词。

（3）尽可能询问面试者最近发生的事件，不要问多年以前的事件。在题目中多使用“最近”“上一次”“不久前”等时间限定语。人的行为及态度会随着时间而改变。随着个人经验的增长、成熟程度的提高，面试者极有可能会从别人身上学到一些新的行为，随之在态度上也会受到启发而改变。早期的行为在预测日后表现方面不及较近的行为准确。

(4) 要注意使用一些最大限度的形容词，如“最近的”“最难忘的”“最具挑战性的”“最困难的”“最失望的”“最大的”等，这样的词语限定了应聘者的举例范围。面试所引发的信息最能代表其能力倾向，对于关键事件的选择差异本身就体现了他们能力水平的差异。而且，问题中含有最大限度形容词，那么应聘者的答案亦会较为具体和肯定，因为他只需要回想一个处境及事件，其他一般的情况可以不理。

(5) 面试官在引发问题时要留意用词。一般是以简单的过去式来发问，如“谁做的?”“发生了什么事?”“如何进行?”“什么时候进行?”“你当时的心情如何?”可以采用的发问语是“怎样”“如何”“什么”，而要慎用“为什么”。因为当面试官询问为什么时，他便引导面试者去解释，一旦开始了解释，面试者便会在答案中引入他的个人意见、感觉、判断，甚至猜测，而无须描述他的行为。当然，面试官在探察应聘者行为背后的思维模式和决策的依据及过程时也可以用“为什么”来发问。如果应聘者的回答更多的是理论性、抽象性的阐述，那么可以直接打断他，告之希望阐述按照这些理论他具体做了什么。

(6) 为了防止应聘者在面对不成功经历的问题时用“我从来没有发生过这样的事”来搪塞，面试官可以在问题的前面暗示应聘者每个人都有这样的经历。总之，行为描述面试所提的问题应是与面试者过去的工作内容和绩效有关的。在准备面试题本时，最主要的两点就是：第一，提问要紧紧围绕关键胜任特征；第二，要让面试者讲述行为事件。

最后，要构建评价量表（见表 7－3）。评价量表需要提前构建。面试官通过评价量表评价应聘者对面试问题所做回答或反应的质量。评价量表可以采用等级计分制。根据应聘者的表现与胜任特征的比较，面试官要在完全不符合（1 分）、不符合（2 分）、基本符合（3 分）、比较符合（4 分）以及完全符合（5 分）上给予分数，分数越高表示其越符合职位要求。

表 7－3　面试评分汇总表（样例）

面试职位：某公司人力资源部经理　　面试者：

面试地点：　　面试时间：

胜任特征	面试官			汇总分数
	A	B	C	(A+B+C)/3
人员管理				
计划				
组织协调				
沟通				
专业知识（考试）				

说明：完全不符合计 1 分，不符合计 2 分，基本符合计 3 分，比较符合计 4 分，完全符合计 5 分。

五 选择和培训面试官

在面试提问中，面试官不仅要了解应聘者的行为，还要探求其行为背后的动机，因此，行为描述面试要求面试官拥有较高的面试技巧，比如追问技巧、谎言识别技巧等。另外，在面试中往往也不止一个面试官（表7－3中设计了三个面试官）。为提高面试的效度，首先要选出那些有智慧的、表现出有效面试技能的面试官；其次要对面试官进行培训。在首次实施行为描述面试前，面试官几乎都需要接受培训。培训的内容大致有：传统非结构化面试存在的问题、行为描述面试的优点、行为描述面试的开发、面试问题与笔录的技巧、评价误差的消除、实施行为描述面试的步骤和技术等。行为描述面试以行为事件为研究对象，能否有效地引导应聘者回答相关问题、追问细节和对行为表现做出评判直接关系到面试的成败，因此对面试官的培训至关重要。

面试官的培训内容主要有以下几个方面：

（1）面试官心理引导技巧，包括怎样建立互动关系、怎样提问和回应。面试应在友好的氛围中进行，任何的偏见和敌对心理都会干扰面试的效度。面试官应该正确引导和调整应聘者的状态，使其正常发挥。

（2）面试官对胜任特征的理解。面试官要完全理解胜任特征和行为等级锚定标准，如果这个环节出现问题，面试官的评判标准可能会回归到主观经验，各种习惯性心理误差会干扰既定的评判标准，难以保证面试的客观性和准确性。

（3）面试官的评分标准相对统一。多个面试官对同一应聘者行为表现的评定等级应相对一致，不应出现等级差别太大的情况。同一面试官对不同应聘者的评定标准也应相对一致，即对于类似的行为表现评定等级应相同或相近。

（4）把握面试流程和面试技巧，包括在面试中能否控制节奏、纠正偏离面试主题的情况和应对有特殊情况的应聘者。

针对以上培训内容，可采用的培训方法有：

（1）聘请资深行为描述面试专家培训面试官。资深专家有丰富的行为描述面试经验，在实践中积累了大量面试技巧，通过培训能快速提高面试官的素质。

（2）对考核指标和评分标准进行充分的讨论。面试官要经过集体讨论的方式来达成对胜任特征和行为等级锚定标准相对一致的理解，消除各种片面和不一致的理解。

（3）进行模拟面试。面试官可能根本不知道自身缺点是什么以及面试哪一个环节可能会出现问题，在相对真实的面试环境中模拟检测可以预先发现理论层面不能识别的问题，使面试官对自身可能出现的问题有明确的了解，提高面试水平。

（4）行为示范法。用现场学习或视频学习的方式学习实施行为描述面试比较成功的企业，从中获取经验来提高自身水平。这种方法虽然简单，但如果能深入分析学习对象为什么能成功，揭示现象背后的实质问题，并结合本企业实际情况加以运用，也是一种低成本又高效的方式。

第3节　行为描述面试的实施

在进行行为描述面试时，应先以一个开放式问题开始进行提问，让应聘者描述其行为，然后再用追踪式问题促使应聘者描述事件的情境、任务、行为和结果等细节。行为描述面试一般会持续一个小时甚至更长的时间。追问在行为描述面试中发挥着非常重要的作用，面试官不仅要询问在实践中应聘者的行为，还要探查这些行为背后的动机。在询问追踪式问题时，可以借助 STAR 工具获知事件的详细信息。

一　行为描述面试中的 STAR 工具

要求应聘者描述一个完整的事件时，通常用 STAR 工具来询问追踪式问题，具体有以下内容。

（1）情境（situation）：当时的情况是怎样的？是什么原因导致这种情况发生的？都有什么人参与？周围的情况是怎样的？

（2）任务（task）：当时你的实际想法是什么？你当时想怎么做？考虑了什么样的背景问题？

（3）行为（action）：你对当时情况的反应是什么？你采取了哪些具体措施？你当时做了什么或说了什么？你在整个事件当中承担了什么角色？

（4）结果（results）：事情的结果怎么样？你收到了什么反馈？

借助 STAR 工具进行行为事件面试要注意以下几点：

（1）STAR 工具的四个方面缺一不可，否则应聘者描述的就不是一个完整的事件。

（2）在描述情境和任务两项时，要注重应聘者对当时参与人员和当时情况的观察以及对当时情况的感受，并且这种感受应是基于应聘者自身采取的行为的，并不是基于假设或者推理的。面试官在询问感受时不能刻意引导，防止应聘者的感受受到面试官引导的影响。

（3）“你当时说了什么或做了什么”这个问句包括以下问题：“你当时对于事件的基本态度是什么？是积极还是消极的？”“你对事件的认识是怎样的？”“你要采取什么措施？”“你当时基于什么动机（自我实现还是想得到老板的夸奖）？”

（4）事件的结果应该描述客观事实，而不是应聘者的主观推断或感受。

示例 7 - 1

用 STAR 工具主持行为描述面试

下面是一个销售经理行为描述面试的例子：

题目：请描述你努力说服他人接受你的观点的一次经历。

回答：有一次，我说服一位客户购买了公司生产的保健产品……

追问（S）：这件事大概是你工作几年的时候发生的？那时你在哪个单位工作？

追问（T）：你当时与客户沟通时想要完成哪些具体任务？

追问（A）：为了完成任务，当时你具体说了些什么？做了些什么？

追问（R）：最后的结果怎么样？在多大程度上完成了你的任务？

二　基于 STAR 工具记录行为描述

在行为描述面试中，面试官必须记录应聘者在面试中的行为描述，以备接下来进行分析和评价。在记录应聘者的行为描述时，也可使用录音技术来协助。而依据 STAR 工具记录应聘者的行为描述，可以有效把握应聘者过去关键行为及经历的本质和核心。依据 STAR 工具记录应聘者的行为描述要从以下四个方面进行（见图 7－4）。

第一个是情境：记录关键行为及经历发生的情境；

第二个是任务：记录关键行为及经历发生的原因和任务；

第三个是行为：记录员工当时所采取的关键行为及经历；

第四个是结果：记录员工关键行为及经历所导致的后果。

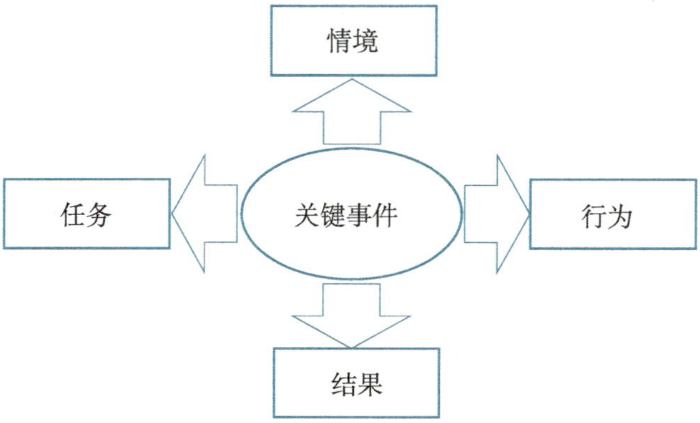

图 7－4　STAR 工具结构图

对应聘者提供的每一个行为描述的记录均应包括 STAR 工具中的四个要素。记录时通常只要记一些关键的词或短语，面试官在面试结束后应尽快回忆和补充完整。行为描述记录与一般记录的要求不同，面试官不能写下自己主观及概括性的词，也不应该将应聘者说的话用自己的文字来描述，而要近乎逐字记录。若面试官真的不能记下应聘者所说的每一句话，那就记录下那些与胜任特征有关的回答，特别是涉及关键行为及经历的内容。

三　行为描述面试中的追问技巧

追问有两种目的。第一是给应聘者更多的机会针对先前的回答进行补充，使面试官获得更多的信息，做出充分的判断。行为描述面试的第一个问题只是个引子，它本身所引发的信息非常有限，关键在于追问。就如同剥洋葱一样，需要一层层地往里深入。面试官在面试时，需要拿出刨根问底的精神，打破砂锅问到底，以便获得实实在在的信息。第二是辨明真伪。虽然面试官应抱着基本信任应聘者的态度来进行面试，但在这种特定的环境下，即便是较诚实的应聘者也有可能会为了获得宝贵的工作机会而尽量掩盖自身的缺点，也可能夸大甚至编造自身的各种优势。应聘者提供真实信息时往往表现为：讨论目标；提及不令人满意的成果；讨论实现目标过程中的障碍；讨论经验教训等。相反，应聘者提供虚假信息时的表现为：倾向于夸大自我；对重要事件缺乏情绪描述；在成功案例中过于强调个人贡献；尽可能避免使用第一人称；没有提供评价他人的理由；缺乏细节描述等。面试官需要通过追问识别这些虚假的信息，看清应聘者的真实能力和素质。在行为描述面试中，面试官只要觉得无法根据当前所获得的信息对应聘者的能力素质进行判断，就有必要进行追问。在面试实践中，应根据应聘者初次回答的不同情况采取不同的追问方式。一般说来，主要有以下五种追问方式：查漏补缺式、刨根问底式、反戈一击式、多多益善式和声东击西式。

（一）查漏补缺式

查漏补缺式是指对所有行为事件都要针对其不可或缺的四个部分进行提问。完整的行为事件包含四个要素，即情境、任务、行为、结果。情境是事件发生的背景。任务是在一定情境下所要达到的目标。行为是为达到该目标所采取的具体行动。结果包括积极的和消极的结果。具备了四个要素才是一个完整的行为事件，它可以使面试官全面了解该应聘者的知识、经验、技能以及工作风格、性格特点等与工作有关的各方面。

然而，这种方法的缺点在于如果应聘者讲述时间较长，就会降低面试效率，增加面试成本。因此，面试官需要慎用此种追问方法，不能引出过量信息。

示例 7-2

典型的查漏补缺式问题

典型的查漏补缺式问题如下：

（1）关于……事情的最后结果是怎样的？

（2）对于（当时的背景、某人的反应等）你能不能讲得更详细一些？

（3）当时这个事情发生的背景是什么样的？

（4）在当时的情境下，你是怎么做的？

（二）刨根问底式

刨根问底式追问主要针对非行为事件及对应聘者知识态度、思维决策方面的了解。应聘者所讲述的不一定是行为事件，也有可能是应聘者个人的想法或理论知识。非行为事件主要有以下三种类型：（1）含糊事件。如“我时常花时间了解客户需求，而且客户很满意。”这里“时常”的表述很含糊，对了解客户需求这一行为的时间没有进行具体的描述。（2）主观事件。如“我认为作为一个领导，关键是关心下属。”“认为”是一种主观的看法，并不能说明应聘者曾经有该行为，也就不能推测应聘者是否具有这方面的能力。（3）道理事件。如“要开发一个新的市场，首先我会做市场调查……然后我会发布广告……”“会”是用得最多的词，它说明应聘者的论述是基于某种理论或假设。但面试官关心的不是应聘者是否知道这些理论，而是应聘者是否具有这方面的能力，是否在实际工作中按照某一理论或经验表现出相应的行为。

非行为事件的描述中，会较多使用的主观性词语有应该、我会、我想、可能等；含糊不精确的词语有经常、有时、常常等；角色不清楚的词语有我们、每个人、大家等。当遇到这样的描述词语时，面试官要进行引导，将应聘者的讲述引回到行为事件上，让应聘者讲述过去发生的事件，而非假定的事件或抽象的思想观点。如果应聘者讲的是抽象的观点，立即让其举例予以说明，从而达到探求细节、刨根问底的目的。如果引导不成功，那就要结束面试，否则就是在浪费时间。

为了了解应聘者知识的深度、广度、精度以及价值观等，当应聘者的陈述中提到某些理论术语、对事件的判断等时，面试官可据此进行提问。虽然这些提问可能与面试主题关系不大，但应聘者的回答可以反映出他的知识水平、基本素质、动机、兴趣和价值观。例如，应聘者在回答问题时提到了老子“无为而治”的观念，那么面试官就可以有针对性地询问：“你对无为而治是如何理解的？你认为如何在企业中做到无为而治？”

最后，对与应聘岗位主要工作任务相关的关键事件，面试官则可以有针对性地提出考察应聘者思考问题的方式及决策依据等方面素质的问题。知道什么是知识，做过什么是经验，做成什么是能力，怎么做成的是智慧，能够正确权衡度量全局则是思想。比知识更重要的是能力，比能力更重要的是智慧，比智慧更重要的是思想。通过询问“面对当时的情境，你是如何进行思考以及做出这一决定的”这一问题，面试官就可以有效地了解应聘者的思维方式和决策水平。

示例 7-3

典型的刨根问底式问题

典型的刨根问底式问题如下：

(1) 我非常高兴你们能成功地完成这项任务，能不能请你着重描述一下，你个人在这个团队里具体做了什么？在这个案例中，你个人具体跟客户打了哪些交道？（针对应聘者总是用“我们”来阐述事件）

(2) 我希望了解的是你亲身经历的事件，请你具体谈一个案例吧。（针对道理事件和主观事件）

(3) 你刚刚提到……（某个概念或判断），能否详细谈谈你是如何理解的？

(4) 为什么你会做出这样的决策，你当时是怎样考虑的？

（三）反戈一击式

面试官可以根据应聘者的回答提出与之不一致的疑问，而这种不一致却是一般状况下经常发生的事实。例如，面试官会问：“大多数时候，解决朋友之间的纷争在感情上是一种磨难，你是如何做的？”这种追问方式一旦使用正确就会非常有效。然而，这种策略要比其他策略更难以掌握，因为面试官需要了解在某个特定的情境下何种结果会经常发生，然后才能有针对性地提出追问。其次，在面对对答如流的应聘者时，面试官也要提高警惕，这极有可能是因为他经历过好几次面试，提前背熟了。遇到这种情况，面试官应在其“背”得兴高采烈时，用自然的口吻询问一下：“稍微打断一下，你刚才说的那点非常不错，我特别感兴趣，你能再重复一遍吗？”这时面试官就会感觉到应聘者的话现在听起来很不顺畅。或者当所有的面试题都已问完后，面试官再来个“回马枪”，将这个面试题拿出来重新询问：“哦，刚才你讲的……事情，我想再听听你对这个问题的看法，能再说一遍吗？”若是跟刚才的答案一字不差，那就说明他的回答是事先编好的故事；如果很自然地说出口，那很可能是真的事实。

示例 7-4

典型的反戈一击式问题

典型的反戈一击式问题如下：

（1）在大多数情况下……行为是……（很难、不经常）发生的。为什么你能成功地完成呢？

（2）你刚刚讲的……（行为、结果）在大多数相似情境下并非如此，为什么你的行为或最后事情的结果是这样的？

（3）你刚刚讲到的事情我很感兴趣，能不能从头开始再讲一遍？可以更详细一些。

（四）多多益善式

这种策略鼓励应聘者尽可能地陈述，从而引出一番“高谈阔论”。这种策略和第一种方式类似，都希望应聘者能提供额外的信息，而区别在于多多益善式的追问问题并没有特定的指向。例如，面试官可以问：“请告诉我更多信息。”“还有呢？”“请接着讲。”这种类型的追问问题并没有给应聘者关于陈述内容的任何特定指向，而只是鼓励他们多讲。同样，这种方法会具有与第一种方法相似的缺点，就是可能会收集过多的信息，从而影响面试效率和成本。

示例7-5

典型的多多益善式问题

典型的多多益善式问题如下：

（1）关于……请讲得再仔细一些。

（2）我对……比较感兴趣，你能告诉我更多的信息吗？

（3）你刚刚提到了……但讲得过于简略，能不能再为我们深入地讲述一下？

（五）声东击西式

声东击西式追问方法稍微复杂一些。当应聘者准备在面试中撒谎时，他们会提前做好充分准备，包括一些特定的细节。如果面试官发现应聘者的陈述富有细节，但却从非言语行为中或凭直觉察觉出其内容可能有捏造的成分，就可以采取这一追问策略。追问的方向应与目前应聘者的回答内容南辕北辙，或相关度较低，或让其简略地阐述来干扰应聘者的思维。例如，假设应聘者正在“喋喋不休”地陈述工作习惯，面试官可以问：“请问你在生活中是如何处理家人之间的矛盾？”这个突如其来的问题会干扰应聘者在记忆中顺利地提取信息。随后面试官再折回来针对前面涉及工作习惯的某个细节进行提问。问题的干扰对于诚实者的阐述而言，自然不会产生较大的影响，而对于撒谎者来说就可能会造成较大的认知困难去重新组织先前提供的信息。这一方法可以和查漏补缺式、刨根问底式组合使用。

示例7-6

典型的声东击西式问题

典型的声东击西式问题如下：

（1）请简要阐述一下……

（2）当你……你是如何处理的，请简单阐述一下。

以上五种追问方法都有助于面试官更为清楚地了解应聘者，并且可以根据一些谎言线索对其陈述内容进行真实性判断。然而，每种方法都有自身的缺陷和不足，在具体使用时一定要注意根据应聘者的初次回答内容进行灵活选择（见表7－4）。比如，如果陈述涉及的某个情境及其结果是正常情况下都会发生的，那么反戈一击式问题就不适用了。更为重要的一点是并非在任何时候都需要追问。如果应聘者的陈述细节丰富、完整而客观，那么追问就没有任何价值。总之，有效进行追问是面试中面试官必须具备的一项能力，追问的问题越深入、越有针对性，就越能获得关于应聘者真实、丰富的信息，也就越能帮助面试官做出正确的面试决策。面试官掌握这门技巧有赖于将五种追问方法创造性地运用于实践中，并从面试氛围、倾听技巧及把握追问时机上予以修炼，这样才能让行为描述面试真正成为“选才利器”。

表7－4　　行为描述面试五大追问方法的比较

追问策略	特点	使用条件	不足
查漏补缺式	确保行为事件的完整性	初次回答的事件要素不完整或不清晰	时间较久，信息过量
刨根问底式	排除非行为事件；了解应聘者的知识水平、思维深度、价值观等	应聘者初次陈述是非行为事件或陈述中涉及与岗位主要工作相关的关键信息	信息过量，耗费时间
反戈一击式	提出不一致的询问，要求详细解释或复述	面试官了解某种特定情境下的一般结果；应聘者回答时不假思索、应对如流，好似背台词	面试官可能会通过非言语行为线索泄露怀疑的态度而“吓坏”某些实际上诚实的应聘者，导致其发挥失常
多多益善式	无具体指向，鼓励应聘者提供更多的信息	应聘者的阐述是行为事件，但却显得拘谨、放不开	陈述缺乏针对性，引出大量无用信息
声东击西式	要求简略，提出与应聘者目前的陈述南辕北辙、相关度低的问题以干扰其认知	应聘者的陈述富有细节，且有说谎、捏造的嫌疑	较依赖面试官的谎言识别能力

资料来源：孙武．结构化面试研究．厦门：厦门大学，2008.

四　评分和决策

行为描述面试完成后，应该尽快整理笔记（或录音），分析应聘者提供的行为描述。在整理笔记时，应确保每一个行为描述的标签都与相应的胜任特征联系在一起。如果有些行为描述反映出多个胜任特征，就应该标明更多信息。

在对应聘者做出评定之前，首先评定单个胜任特征，然后对应聘者在整个面试过程中的行为体现的成绩予以评定。对应聘者在某个胜任特征上评分的依据是：行为描述的情境与工作所面临的情境的相关程度；应聘者的行为有效性；对一个具体的胜任特征有许多种行为描述；对最近行为的描述。其中行为的相关性和有效性尤为重要。

在对应聘者的成绩进行讨论之前，每一个面试官都应该对各应聘者在每个胜任特征上的得分做出自己的评价。然后将所有面试官的评分加总，就可得到每个应聘者在每个胜任特征上的得分。一旦对每个应聘者的每个胜任特征都形成了一致意见或平均等级，最后的甄选决策就水到渠成了。

在统计完每一位应聘者的成绩后，接下来要依据表 7－5 将应聘同一职位的所有应聘者进行评分比较。需要先结合每个胜任特征的权重，分别计算应聘者每个胜任特征的权重得分，然后加总应聘者每个胜任特征的权重得分，即求每个应聘者总权重得分（总权重得分＝人员管理胜任特征的权重分数＋计划胜任特征的权重分数＋组织协调胜任特征的权重分数＋沟通胜任特征的权重分数＋专业知识胜任特征的权重分数），接下来按总权重得分多少进行排名，这时可优先考虑聘用总权重得分第一的应聘者。

表 7－5　评分比较表

面试职位：　　　　　　　填表时间：

胜任特征	权重	应聘者 1	应聘者 2	应聘者 3
		权重分数＝平均成绩×20%	权重分数＝平均成绩×20%	权重分数＝平均成绩×20%
人员管理				
计划				
组织协调				
沟通				
专业知识（考试）				
总权重得分				
分数排名				

本章小结

1. 行为描述面试是一种基于行为一致性理论和胜任特征理论的结构化面试。在对目标职位进行深入分析的基础上，通过构建胜任特征模型界定职位所需的关键胜任特征，在应聘者过去的经历中探测与这些要求的关键胜任特征有关的行为样本，在胜任特征层次上做出录用决策。相对于其他面试方法，它能最大限度减少面试官的主观判断和个人偏见，并且追问技术的应用能有效识别应聘者的作假行为。

2. 行为一致性原理认为，过去的行为是未来行为的最好预测。它包含两方面内容：第一是应聘者在近日所做的行为，较他很久以前的行为，对预测其将来同样行为的参考价值更大。第二是应聘者的行为次数越多，对将来行为预测的准确性越高。

3. 胜任特征模型具有以下三种重要特征：(1) 和工作绩效关系密切，甚至可以预测员工未来的工作绩效；(2) 与任务情境相关联，有动态性；(3) 可以区分绩效优秀者和绩效一般者。

关键词

行为描述面试　胜任特征模型　行为一致性原理

复习思考题

1. 什么是行为描述面试?
2. 工作分析的目的是什么? 工作分析和胜任特征模型之间有什么关系?
3. 行为一致性原理的基本内容是什么?
4. 行为描述面试的设计有哪些重要步骤?
5. 如何追问以提高行为描述面试的效度?

参考资料

1. 何发平. 行为描述面试的开发与实施. 商场现代化, 2007 (36): 294 - 296.

2. 孙武. 结构化面试研究. 厦门: 厦门大学, 2008.

3. 宋江平, 袁洁秋. 行为描述面试. 企业管理, 2011 (2): 79 - 81.

4. 谭艳玲, 戴良铁. 基于行为事件面谈技术的面试提问方式. 经济论坛, 2005 (16): 50 - 51.

5. 田效勋, 柯学民, 张登印. 过去预测未来: 行为面试法. 3 版. 北京: 中国轻工业出版社, 2018.

6. 曾垂凯, 时勘. 结构化面试的两种模式. 现代管理科学, 2009 (7): 9 - 11.

7. 仲理峰, 时勘. 胜任特征研究的新进展. 南开管理评论, 2003, 6 (2): 4 - 8.

8. Taylor P J, O'Driscoll M P. 结构化面试方法. 北京: 中国轻工业出版社, 2006.

9. Gibb J, Taylor P J. Further analysis of structured employment interview question types. Asia-Pacific Journal of Human Resource Management, 2001 (41): 371 - 382.

10. Day A L, Carroll S A. Situational and patterned behavior description interviews: a comparison of their validity, correlates, and perceived fairness. Human Performance, 2003, 16 (1): 25 - 47.

11. Latham G P, Sue-Chan C. A meta-analysis of the situational interview: an enumerative review of reasons for its validity. Canadian Psychology, 1999, 40 (1): 56 - 67.

12. Taylor P J, Small B. Asking applicants what they would do versus what they did do: a meta-analytic comparison of situational and past behavior employment interview questions. Journal of Occupational and Organizational Psychology, 2002 (75): 277 - 294.

13. Latham G P, Skarlicki D. Criterion-related validity of the situational and patterned behavior description interviews with organizational citizenship behavior. Human Performance, 1995, 8 (1): 67 - 80.

14. Klehe U C, Latham G P. The predictive and incremental validity of the situational and patterned behavior description interviews for team playing behavior. International Journal of Selection and Assessment, 2005, 13 (2): 108 - 115.

15. Pulakos E D, Schmitt N. Experience-based and situational interview questions: studies of validity. Personnel Psychology, 1995, 48 (2): 289 - 308.

16. Huffcutt A I, Weekley J A, Wiesner W H, Degroot T G, Jones C. Comparison of situational and behavior description interview questions for higher-level positions. Personnel Psychology, 2001, 54 (3): 619 - 644.

17. Huffcutt A I, Conway J M, Roth P L, Klehe U C. Evaluation and comparison of the situational and behavior description interview formats. International Journal of Selection and Assessment, 2004, 12 (3): 262 - 273.

18. Huffcutt A I, Conway J M, Roth P L, Stone N J. Identification and meta-analytic assessment of psychological constructs measured in employment interview. Journal of Applied Psychology, 2001 (86): 897 - 913.

第 8 章 无领导小组讨论

学习目标

通过本章的学习，你能够：

◎ 了解无领导小组讨论的基本内涵。

◎ 掌握无领导小组讨论题目的类型、获取方法与编制步骤。

◎ 明确无领导小组讨论的实施流程与注意要点。

引例

锦州东港电力有限公司的无领导小组讨论

锦州东港电力有限公司是由辽宁省电力有限公司和香港东港（锦州）投资有限公司共同投资组建的大型发电企业。公司在 2004 年推行了人力资源改革，建立了竞聘上岗的用人机制，通过全员竞聘对人力资源进行了重新整合，一批新人走上了管理岗位，企业核心竞争力大幅提升。为了保证管理队伍的素质，公司对竞聘上岗的管理人员设立了 3 个月的试用期，试用期满后中层管理岗位 44 人中有 3 人没有通过考核而被解聘，暴露出企业在人事选拔与任用科学性方面的不足。公司经营层领导意识到人事选拔与任用对企业的重大意义，为此决定建立一套科学有效的测评体系，提高人事选拔的有效性。公司人力资源部在国际人力资源管理研究院的培训指导下，掌握了无领导小组讨论的测评技术，并成功地在机加分部经理的竞聘中进行了应用。

无领导小组讨论是评价中心常用的一种无角色群体自由讨论的测评形式。其操作过程是：由被测者按一定人数组成一个小组，不确定会议主持人，不提出具体要求，根据主试提出的真实或假设的材料，就某一指定题目进行自由讨论，要求小组能形成一致意见，选出一名代表进行汇报。主试通过观察被测者的表现，看谁具有组织领导能力，谁驾驭或实际主持了整个会议、控制了会场，谁提出并集中了正确的意见、说服他人达成了一致决议。无领导小组讨论主要用来检测被测者的组织协调能力、口头表达能力、团队精神、辩论说理能力、人际关系能力等，同时考察被测者在自信心、进取心、责任感、灵活性、情绪稳定性等方面的特点和风格。

资料来源：李锐平，杨旭芳．无领导小组讨论在机加分部经理甄选中的应用．职业，2005（S1）：153－155.

第 1 节　无领导小组讨论概述

无领导小组讨论是在目前的招聘实践中比较常用的人员素质测评工具之一，由于它独特的优越性，越来越多的企业在其初始阶段的招聘工作中即采用这种工具作为招聘手段。本节将从无领导小组讨论的含义、历史背景、适用范围、优缺点几个方面介绍无领导小组讨论，以使读者对无领导小组讨论这一测评工具有更深入的了解。

一　无领导小组讨论的含义

无领导小组讨论（leaderless group discussion，LGD）是指运用松散型群体讨论的形式，快速诱发人的特定行为，并通过对这些行为的定性描述、定量分析以及人际比较来判断被测者个性特征的人事测评方法。

无领导小组讨论的具体操作方法是将讨论小组（一般由 5～7 人组成）引入一个只有一桌数椅的空房间内，不对小组讨论的主持人和组长进行指定，也不布置具体的议题与议程，只是通过一个简单的案例对某种管理情境进行介绍。在这个情境中隐含着一个或数个待决策和待处理的问题，以引导小组展开讨论。这种方法通常没有人对小组成员的座位进行引导。在小组讨论过程中，对可能出现的冷场、僵局甚至是争吵等情况，观察者也不出面干预，而是令其自发进行。在最后的测评过程中，评委对每个被测者在小组讨论中的表现进行评分。根据每人在讨论中的表现及所起的作用，观察者按既定维度对被测者进行测评。这种测评方式通过观察被测者的口头表达、非语言沟通表达、身体姿势、面部表情、语速、语调以及手势等，来测评被测者在解决问题能力、组织协调能力、情绪稳定性、沟通能力、团队合作能力等方面是否与拟任岗位相匹配。

二　无领导小组讨论的历史背景

就历史背景来看，无领导小组讨论起源于 1920—1931 年。这一时期，德国军事心理学迅速发展，里夫尔（J. B. Rieffer）创造了这一测评方法。但直到 1939 年，德国军方才开始运用该方法选拔军事人才，一直持续到第二次世界大战晚期。第二次世界大战结束后，无领导小组讨论由军事领域进入民用领域，许多德国民用机构开始运用无领导小组讨论技术选拔行政和商业管理人才。受德国情境测验技术发展的影响，1942 年英国战争人才选拔部也开始将情境测验引入部队选拔军事人才，开发了包括无领导小组讨论在内的一系列情境测验。第二次世界大战结束后，无领导小组讨论陆续在英国、澳大利亚、南非、挪威、美国等国家得到应用。美国联邦机构也开始应用无领导小组讨论技术选拔人才，在 190 个公共服务机构中，将近 25%的单位应用无领导小组讨论技术。

三 无领导小组讨论的适用范围

毋庸置疑，无领导小组讨论在现今的人员招聘选拔活动中发挥着越来越重要的作用。一般情况下，它适用于挑选具有领导潜质的人或某些特殊类型的人（如营销人员）。随着社会经济的发展和人员招聘需求的增多，无领导小组讨论的适用范围越来越广，不再仅仅适用于中高层员工，大企业校园招聘、公务员考试等都在使用无领导小组讨论技术。无领导小组讨论主要适用于那些与人际交往密切相关的岗位，如中高层管理人员、人力资源管理人员、行政管理人员、营销人员等，而对于生产类员工、信息技术人员并不适用。

国外的研究表明，无领导小组讨论在评价中心中的使用频率为 59%。而国内的一项研究证明，其在评价中心中的使用频率为 85%，仅次于公文筐测验，是评价中心的主要组成部分之一。此外，无领导小组讨论也成为国家公务员招募测验的工具。

四 无领导小组讨论的优缺点分析

无领导小组讨论同其他测评工具一样，既有突出的优点，也有一定的缺点。

（一）无领导小组讨论的优点

1. 测评效率高

测评效率高是无领导小组讨论得到广泛应用的一个重要原因。与传统的测评方式不同，无领导小组讨论可以让一组人（通常是 5～7 人）自行讨论。在这种方式下，无领导小组讨论一方面能够有效地节省测评组织方的时间，另一方面可以观察在相同情境下被测者的不同表现，从而对被测者进行直接的对比。显然这样对比得到的结果更有助于招聘或选拔单位做出决策，从而显著提升整个招聘或选拔活动的效率。

2. 被测者在测评活动中的人际互动非常多

在诸多测评方法中，无领导小组讨论具有很强的人际互动性，而其他人员素质测评方法如笔试、面试、心理测验、公文筐测验等都不像无领导小组讨论那么注重人际互动。而正是由于这种特性，无领导小组讨论被广泛应用于那些需要频繁处理人际关系的岗位招聘。

3. 独特的考察维度

在无领导小组讨论中，被测者三个方面的能力会得到综合考量：一是在团队中社会交往和人际交流方面的能力，如组织协调能力、合作意识、团队精神、沟通能力、影响力等；二是解决问题的能力，包括探索和利用信息、分析判断、理解以及创新等；三是个性特征，如自信心、独立性、灵活性、情绪稳定性等。无领导小组讨论可以对一些笔试和面试不能考察或难以考察的能力和素质进行考察分析，因此在实际的测评活动中，尤其是中高层管理人员的测评中，往往将无领导小组讨论与其他测评方法结合起来，以更加全面、深入地掌握被测者的真实能力。

4. 被测者较难自我掩饰

有些被测者倾向于在测评之前做大量的准备，掩饰自身的某些缺点，以期在测评中获得较好的分数。在这种情况下，评委在评价被测者的真实情况时会存在一定的偏差。但在无领导小组讨论过程中，由于被测者常常处于压力的环境下，难以进行自我掩饰，往往会在无意之中表现出自己各方面的优点和缺点，便于评委对其进行准确的评价。

5. 平等、客观、公平

无领导小组讨论中组织者不对被测者进行角色地位分配，也不事先设定角色和身份，被测者角色地位平等。被测者在测验中的表现取决于自身的综合素质，每个被测者都能在其中展现自己的能力。此外，与面试、角色扮演等其他人员素质测评方法相比，无领导小组讨论受评委主观性的影响最小，评委受晕轮效应、对比效应、类我效应等的影响也较小，因此能够根据被测者的表现，给出公正客观的分数，保证了测评的公正性。

（二）无领导小组讨论的缺点

1. 选题标准较高

无领导小组讨论对选题的要求很高，选题的质量对测评结果有很大的影响。首先，无领导小组讨论对题目的难易程度有很高的要求。题目不能太难，否则小组成员之间的冲突将会很大，很难达成一致意见，被测者也容易受到很大的压力，影响被测者的正常发挥。题目也不能太简单，否则被测者将很快达成一致意见，无法对其进行全面的观察。此外，无领导小组讨论的题目应该与实际工作有一定的相关性，以便于评委对被测者的胜任特征进行观察。

2. 被测者的表现容易受到干扰

无领导小组讨论是一项互动性很强的测评活动，被测者需要与不同性格、不同能力的成员相互交流，甚至发生激烈的争执。在这个过程中，某些被测者容易受到同组其他成员的影响，难以发挥出自身真实的水平。

3. 制定评分标准的难度大

正式测评前，一般评委都需要制定相应的评分标准，评分标准包括评价维度以及各评价维度所占的比重。由于无领导小组讨论是一项非常开放的测评活动，评委无法预测测评活动中可能出现的情况，也无法对测评活动进行引导，因此，对评价维度进行区分、理清评价维度在测评中所占的比重、避免重叠和混淆是一项高难度的工作。

4. 对评委的要求很高

无领导小组讨论对评委的要求高表现在以下三个方面：第一，在专业素养上，评委必须具备较为丰富的专业知识，并且对工作内容相当熟悉，否则测评的内容和结果就会流于表面，难以保证效度。第二，评委要对被测者的表现进行主观判断，很难保证完全的公正和客观，此外，评委对评分标准的理解不同，也会造成评分的不同。因此，评委在无领导小组讨论开展之前必须接受相应的培训，熟悉无领导小组讨论的相关技术，以保证其对被测者的表现做出客观评价。第三，对于有实力的公司而言，为保证测评的可靠性，一般需要聘请咨询公司或高校的人力资源专家对整个测评过程进行把关，这无疑会增加招聘成本。

针对上述问题，有专家提出了如下解决方案，如表 8－1 所示。

表 8－1　　无领导小组讨论的难点及解决方案

难点	解决方案
制定评分标准和评分均较为困难	• 可考虑引入能力特征模型或评估模型 • 评价内容行为化 • 先定性（分等级），后定量（打分数）
对评委的要求很高	• 对评委进行培训，统一评分标准 • 多人评价，减少主观性 • 全程录像，便于回顾和研讨 • 可考虑引入第三方专业测评咨询机构
对讨论题目的要求高	• 基于测评目的，进行有针对性的开发 • 反复对题目进行讨论和修订
被测者的表现受同组其他成员的影响	• 了解被测者的基本情况 • 基于测评目的，认真思考和设定无领导小组讨论的分组原则 • 结合其他测评方法，进行综合评价

资料来源：苏永华．人才测评操作实务．北京：中国人民大学出版社，2011.

第 2 节　无领导小组讨论的题目

无领导小组讨论的题目是整个无领导小组讨论展开的基础，本节将介绍无领导小组讨论题目的类型、获取方式、设计原则和编制流程。

一　无领导小组讨论题目的类型

无领导小组讨论题目的常见类型主要有开放式问题、多项选择问题、两难问题、操作性问题、资源争夺问题几类。

（一）开放式问题

顾名思义，开放式问题的思路比较宽泛，没有明确的标准答案。这种问题主要考察被测者的思路是否清晰，是否有新的观点和建议。例如，你认为怎样才能做好销售？关于此问题，被测者可以从培养亲和力、寻找目标客户、积极介绍产品、维护客户关系等方面回答。开放式问题对于评委来说容易出题，但是不容易对被测者进行评价。此类问题不太容易引起被测者之间的争辩，所考察被测者的能力范围较为有限。

示例 8－1

开放式问题示例

1. 你选择我们公司的最大理由是什么？
2. 你认为中国大学生最缺乏的素质是什么？
3. 中国要如何发展经济才能超过美国？

（二）多项选择问题

此类问题是让被测者在多种备选答案中选择有效的几种或对备选答案的重要性进行排序，主要考察被测者分析问题实质、抓住问题本质方面的能力。对于评分者来说，比较难出题目，但对于评价被测者各个方面的能力和人格特质比较有利。

示例 8－2

多项选择问题示例

七位人大代表列出了现在需要为百姓办的实事，选出三件你们认为最重要的上报市长：

1. 某教授提出延长供暖时间。
2. 某研究机构研究员提出支持科技创新，为科技项目提供贴息贷款。
3. 某代表提出上班时间交通拥挤问题急需解决。
4. 某文史馆参事提出始建于 1909 年的大马路需要救护和维修。
5. 某街道办事处主任提出在小区设信息板，防止广告乱贴等。
6. 某高校校长提出为大学生提供各种就业信息，到西部地区锻炼。
7. 某市民提出建设文化广场。

（三）两难问题

两难问题是指让被测者在两个没有明显优劣之分的选项中选择一个，这两个选项具有同等程度的利弊，不能直观地看出一个选项比另一个选项更好。主要考察被测者的分析能力、语言表达能力以及说服能力等。例如，你认为对于求职者而言，是高薪酬重要还是所在行业重要？无论哪个选项，被测者都能找出一定的理由支持自己的观点，因此，这类问题可以引发充分的辩论，对于编制者而言出题也较为容易。

示例 8－3

两难问题示例

1. 单位严令禁止打电子游戏，并明文规定违者开除。一天无意中闯进领导办公室时发现领导正在打电子游戏，你怎么办？

2. 现在有些地方提出高级人才子女中考加分，有人认为这有利于人才的引进，有人认为这会导致教育的不公平，你怎么看？

3. 一笔钱只能用于修敬老院或者学校，你会怎么做？

4. 一家公司由于业绩良好，准备将盈余资金进行基金投资，投资方向有债券基金和股票基金两种。目前有几家基金公司可供选择，以下是各家基金公司的基本情况介绍，请你根据这些参考信息，选择两家基金公司：

（1）A 公司：运营规模大，资金实力雄厚，经营时间长，经验丰富。

（2）B 公司：成立时间不长，规模不大，但是在债券投资方面业绩突出。

（3）C 公司：资本充足，规模中等，但近几年业绩表现一般。

（4）D公司：一家外资公司，有先进的风险评估系统，风险控制能力较强。

（5）E公司：本公司的一家控股公司，没有太多成功经验，但是本公司在当初收购时曾承诺要扶持E公司的业务发展。

（四）操作性问题

操作性问题是让被测者利用给定的材料和工具设计出指定的物体。这类问题考察的是被测者的主动性、团队合作能力以及在团队中的角色等。

（五）资源争夺问题

资源争夺问题是指在资源有限的情况下，让处于同等地位的被测者进行资源的分配，考官一般会给每个被测者分配一定的角色，模拟现实的场景。此类问题主要考察被测者的语言表达能力、分析能力、判断能力、发言的积极性和反应的灵敏性等。

示例 8-4

资源争夺问题示例

1. 公司董事会经考虑计划拿出2 000万元资金，支持以下6个部门的业务发展：销售市场部、客户服务部、中央研发部、供应链管理部、人力资源部、战略财务部。你们6人分别代表6个部门，为自己所代表的部门争取尽可能充裕的资金，以发展相关业务。但是，6人小组讨论的结果如果突破2 000万元预算，各方将不能获得资金。

2. 参加讨论的8人分别为8个申办城市运动会候选城市的代表，每人会拿到一些关于这个城市的情况介绍，然后根据自己的优势与其他人进行竞争，争取申办权。

表8-2是无领导小组讨论题目类型一览表。

表8-2　无领导小组讨论题目类型一览表

问题类型	定义	考察要点	举例	特点
开放式问题	答案的范围可以很广、很宽，没有固定答案	全面性、针对性、思路是否清晰、是否有新见解	你认为什么样的领导是好领导	1. 容易出题 2. 不太容易引起被测者之间的争辩
多项选择问题	多种备选答案中选择有效的几种或对备选答案的重要性进行排序	分析问题实质、抓住问题本质的能力	某信息中心收集20条信息，只能上报8条，请讨论出结果	1. 难以编制题目 2. 较容易形成争辩
两难问题	在两个各有利弊的选项中选择一个	分析能力、语言表达能力以及说服力	你认为以工作为导向的领导是好领导，还是以人为导向的领导是好领导	1. 编制题目比较方便 2. 可以引起争辩 3. 两个选项要保持均衡
操作性问题	给被测者一些材料、工具或者道具，设计出一个或一些由考官指定的物体	主动性、团队合作能力以及在实际操作任务中所充当的角色	给被测者一些材料，要求他们相互配合，构建一座铁塔或者楼房的模型	1. 主要考察操作能力 2. 不太容易引起争辩 3. 对考官和题目的要求比较高

续前表

问题类型	定义	考察要点	举例	特点
资源争夺问题	适用于指定角色的无领导小组讨论，让处于同等地位的被测者就有限的资源进行分配	语言表达能力、分析能力、概括或总结能力，发言的积极性和反应的灵敏性、组织协调能力等	让被测者担当各个分部门的经理，并就有限数量的资金进行分配	1. 可以引起被测者的充分辩论 2. 对讨论题的要求较高 3. 要保证角色之间的均衡性

资料来源：孙健敏，彭文彬．无领导小组讨论题目设计．中国人力资源开发，2004（7）：48-52.

二 无领导小组讨论题目的获取方式

讨论的题目、评分表和实施指南或技术手册构成了整个无领导小组讨论题目的样本。其中，实施指南或技术手册是从技术角度对无领导小组讨论的具体组织实施过程进行指导和说明，一般都有一个固定的模式，只需在实施无领导小组讨论前根据实际情况进行一些必要的修订即可，因此，这方面的工作量比较小。题目和评分表则必须根据具体的测评目的和要求，进行针对性的研发和设计，这方面的工作量相对较大。这就意味着，针对每次无领导小组讨论，只需要对讨论题目和评分表进行相应变化，而无领导小组讨论的指导说明基本上是现成的，无须进行大的改变。

与面试题目的获取方式类似，无领导小组讨论题目的获取也存在如下三种方式。

（一）网络下载

当今网络十分发达，网络上有大量成熟、可靠的试题，企业采用此种方法可以大大减少招聘成本。但是此种方法存在的问题是网络上资源良莠不齐，需要花费较多的时间、精力来进行挑选和甄别。另外，网络资源相对开放，被测者有可能提前准备了相应的题目，造成测验的不公平。此方式适用于严格控制招聘成本的中小企业。

（二）自主设计

根据目标职位的特点和胜任特征，用人单位可以依靠自己的力量或者求助于外部力量开发出一套适合自身组织特点的无领导小组讨论题库。但是此方式比较费时，成本也高，比较适用于有实力的大企业。

（三）购买

可以向专业的测评公司及高校、研究机构等购买试题。此方式较为简便、快捷，使用效果也较好，缺点是对评委的专业性要求较高，花费的成本也比较大。

三 无领导小组讨论题目的设计原则

无领导小组讨论的题目一般比较通俗易懂，但都是经过严格的程序设计出来的，设计过程中必须遵循相应的原则，否则很难达到预期的效果。无领导小组讨论题目的设计一般遵循以下原则。

（一）与工作实际相关联原则

这一原则也是其他所有测评题目设计时都必须遵循的原则。一旦脱离了实际工作，不能反映出工作所需要的胜任特征，无领导小组讨论题目的设计就将变得毫无意义。这就要求做到：首先，尽量从实际工作内容中选取典型事例以供讨论；其次，事例的背景要与实际的背景相一致，避免与实际脱节。所有讨论材料最好都是从应聘者将要面临的实际工作中抽取出来的，只有做到这一点，才能真正保证无领导小组讨论的信度和效度。

（二）难度适中原则

如果设计的题目太难，会较难达成一致，也就达不到百家争鸣的效果，难以对人才进行很好的比对。而如果题目太简单，则很容易达成一致，同样达不到无领导小组讨论的预期效果。这就要求我们设计的题目难度适中，让被测者有话可说。

（三）矛盾性原则

在一次无领导小组讨论中，评委主要根据被测者的交流活动进行评价，而题目中的矛盾越多，被测者之间的交流活动也会越多。实践表明，所讨论问题中隐含的矛盾冲突的大小将直接影响测验的效果。因此，我们在设计无领导小组讨论的题目时，必须人为设定相互矛盾的制约和条件，以使被测者在无领导小组讨论中因为矛盾而充分暴露自身的特质。

（四）因地制宜原则

此原则要求用人单位在设计题目时充分考虑企业的实际情况，权衡好投入与收获的关系。自主开发题目和购买题目能达到很好的效果，但会在较大程度上增加招聘成本；而如果是从外部购买或者从网上下载，不可直接拿过来就用，还需根据本单位的特点进行一定的改变。

（五）公平性原则

如果无领导小组讨论的题目需要分配被测者的角色，那么要确保各个角色的地位相对平等，避免因指定角色的不同而导致在讨论中的强弱势差别。举个例子，某单位的无领导小组讨论题目是这样的："某市举行一项预算分配会，共有 3 亿元预算，在座的分别是教育局局长、公安局局长、科技局局长、卫生局局长、社保局局长、分管发改委的副市长，请 6 位做好预算分配。"这种题目具有不公平性，因为分管发改委的副市长毫无疑问比其他几个职位具有更高的职权，在讨论中必然会占据更加强势的地位，这种人为设定某些角色强于其他角色的做法是应该避免的。

四 无领导小组讨论题目的编制流程

如果已经拥有比较成熟的技术手册，那么无领导小组讨论题目的开发就可以分为以下步骤：确定评价指标、收集素材、筛选案例、选择题目类型、编制题目、专家研讨、设计评分表、试测和检验、修订题目和定稿。

（一）确定评价指标

无领导小组讨论评价指标的确定应当围绕拟任岗位的胜任能特征要求进行。通常情况下，需要通过工作分析或已有的工作说明书来确定无领导小组讨论的评价指标。通过工作分析或查阅工作说明书，能理清岗位活动的种类、性质、特点以及核心要素，从而明确该工作岗位需要怎样的核心胜任特征，为无领导小组讨论的评价指标设立创造条件。

评价指标的数量一般以 4～6 个为宜，如果指标过多，会分散评委的注意力，也会增加评价的主观性，导致测评的准确性下降。国外的研究表明，无领导小组讨论中评价指标的数量越多，则评价的信度和效度越低，因此评价指标一般不宜超过 6 个。而如果评价指标较少，则很难对被测者进行全面的评价。具体评价指标的数量要以岗位的实际需要为准。

（二）收集素材

素材收集的最好来源是从实际的工作中抽取出典型事例，这样的事例能充分反映工作所需的核心胜任特征，便于评委对其进行评价。值得注意的是，后期在对典型事例进行加工的过程中，最好不要脱离工作实际，因为这会大大降低测评的信度和效度。

（三）筛选案例

无领导小组讨论题目设计的难度适中原则与矛盾性原则要求我们在选取案例时，尽量选取那些有一定难度、具有突出矛盾但是经过讨论可以达成共识的案例，这些案例为被测者提供了充足的发挥空间，便于评委对被测者进行充分、细致的观察。

（四）选择题目类型

前面已经介绍了无领导小组讨论题目的不同类型，不同类型的题目有各自的优缺点，也有独特的适用范围，在选择题目类型时要根据工作的具体要求而定。开放式问题和操作性问题所包含的矛盾比较少，不易引起被测者之间的争辩，因此一般不考虑使用。而两难问题对于出题的要求过高，且考察的要素相对简单，过程不容易控制，也应尽量避免使用。平常使用最多的是多项选择问题和资源争夺问题。这两类问题既容易引起争辩，又能够得到较好的控制和比对。但是这两类问题要注意角色之间的均衡性，不能人为地使某些角色强于或弱于其他角色。

（五）编制题目

编制题目时需要与人力资源部、相关主管进行充分沟通，获得关于工作职位的充足资料。此外，网络资源的运用也可以为题目的编制提供信息上的补充。

（六）专家讨论

题目编制完成后，要成立专家组对所编制的题目进行研讨。专家组的成员主要分为两类；一类是测评专家，可以从咨询公司或高校聘请，他们的主要作用是审查话题与所需考察胜任特征的相关性；另一类是所招聘岗位的部门主管，他们主要审查话题与实际工作的相关性，确保话题不与实际工作相脱节。

专家研讨的重点包括：

（1）案例与话题是否与实际工作相联系。

（2）案例与话题是否均衡（资源争夺问题）。

（3）案例与话题是否适合考察需要考察的胜任特征。

（4）案例与话题是否存在常识性错误。

（5）案例与话题是否还有需要完善的地方。

（6）是否有更好的建议（案例、话题、考察方式等）。

（七）设计评分表

一张评分表应该包括如下要素：指标、行为记录、评分标准、评分等级等，表 8－3 是评分表样表。

表 8－3　　无领导小组讨论评分表

日期：______　　时间：______　　考生姓名：______

考场：______　　组别：______　　评　　委：______

测验指标		团队意识	沟通能力	主动性、积极性	协调能力	判断力、情绪稳定性	外貌气质
权重		22	22	17	14	13	12
评分等级	优	16～22	16～22	12～17	10～14	9～13	9～12
	中	5～15	5～15	4～11	4～9	4～8	4～8
	差	0～4	0～4	0～3	0～3	0～3	0～3
行为记录							
评分							
总分							

说明：

1. 团队意识：

优：着眼大局，关注整个小组讨论的统一结论，甚至最终放弃个人意见，服从小组意见。

中：积极维护个人所在一方的观点，但有时有过激行为。

差：对别人攻击自己一方的观点无动于衷，置身事外。

2. 沟通能力：

优：表达思路清晰简洁，善于运用语音、语调、目光和手势，他人发言时认真倾听，强调自己观点时有说服力。

中：表达思路清晰，能运用手势和目光，能听取别人的意见。

差：不善言谈，思维和观点混乱或模糊。

3. 主动性、积极性

优：发言积极，有质量的发言在 6 次以上，讨论前配合主考官布置考场，行动积极。

中：发言还算主动，有质量的发言在 3 次以上。

差：反应迟钝，发言被动，发言在 2 次以内。

4. 协调能力

优：能积极和小组内部人员进行有效沟通，达成统一意见。

中：能和同组人进行沟通。

差：不和人交流，不参与讨论。

5. 判断力、情绪稳定性

优：理解问题准确、迅速，见解独到，能镇定自若、有风度地回答对手的提问和进行反驳。

中：理解问题到位、适当，能心平气和地发言和提问。

差：思路混乱，不知所云，情绪激动，爱打断别人的发言，甚至出言不逊，辱骂对方。

6. 外貌气质：

优：着装良好，对自己很肯定，很有自信。

中：着装简洁实用，仪表整齐，有良好的自制力，看起来自信。

差：着装粗心，仪表较差，无气质，缺乏自信，不修边幅，自卑或狂妄。

（八）试测和检验

试测前，有两个需要注意的问题：一是试测者必须与应聘者具有某种程度上的相似性；二是要做好试题的保密工作，必要时可与试测者签订保密协议。

在试测过程中主要针对题目的难度、平衡性以及符合实际的程度进行考察。首先，题目难度一定要适中，使试测者能够迅速理解材料，并对材料中的主题展开争论；其次，如果需要给试测者分配角色，注意不能人为地使某些角色过强或过弱；最后，要确保题目能够联系工作实际。

试测的反馈具有十分重要的价值，主要包含三个部分：参与者的感受、评分者的感受以及分析的结果。参与者的感受是指试测者对于亲身参与的题目的难度是否适中、内容是否合适、能否与其他参加者进行顺畅的交流等方面的感受；评分者的感受是指评分者对于评分容易程度和评分准确度等方面的感受；分析的结果主要是指结果的信度和效度如何。

（九）修订题目和定稿

根据试测的反馈，对拟定的题目进行具体分析。如果讨论的题目在试测中没有出现任何问题，能够满足各个方面的要求，那么就可以直接确定为测验题目，不需要进行修改；否则，就需要对原题进行一定的修改。题目确定好后就可以定稿了，定稿后要特别注意试题的保密，防止因题目泄露而影响公平性。

第3节　无领导小组讨论的组织与实施

通常来说，完整的无领导小组讨论的组织和实施主要包括三个阶段：准备阶段、实施阶段和评估阶段。

一　无领导小组讨论的准备阶段

无领导小组讨论的准备阶段一般包括以下几方面的内容。

（一）材料准备

要准备的材料包括无领导小组讨论的实施指南、题目、评分表和计时表。实施指南一般都有固定的模式，不需要太多变化，而讨论的题目前面已详细介绍，在此不再赘述。

1. 制定评分表

评分表是评委用来对被测者进行打分的工具，一份科学合理的评分表将会大大增加无领导小组讨论的信度和效度。评分表在前面也已介绍过。这里我们需要注意避免以下几个问题：

（1）测评要素不符合实际工作要求。由于评分表的开发比较困难，需要花费很多的人力、物力成本，因此很多单位在进行无领导小组讨论时会用网络上现有的评分表或借用其他单位的评分表，这就造成评分表水土不服，不能真正测量被测者的优劣。

（2）观察要点过多。用人单位在设计评分表时，可能希望一次测验能够考察被测者的所有能力、要素，因此会出现评分表过于细化、观察要点过多的问题。事实上，无领导小组讨论是一项容易让评委和被测者都高度紧张的测评技术，过多的观察要点会分散评委的精力，使评委的打分偏向主观化，从而降低信度和效度。事实上，实践证明，如果存在过多的观察要点，则被测者的总体分数会比较接近，但在具体项目上会出现较大的差距。

（3）评分标准过细，分数难以确定。在无领导小组讨论有限的时间内，评委不可能对被测者进行面面俱到的观察。过细的评分标准会加重评委的负担，分散评委的注意力，在实践操作中甚至可能会出现评委放弃评分标准，而直接根据总体印象打分的现象。

（4）评分方式操作性不强。现今我国在无领导小组讨论的实践中，倾向于采取评委对被测者的每个方面逐一打分的做法，但这种做法对评委的要求很高，在人力资源管理水平不高的时候，无疑会增加无领导小组讨论的主观性，影响其信度和效度。

那么，究竟什么样的评分表才是好的评分表呢？表 8－4 是优秀评分表示例。

表 8－4　　无领导小组讨论评分表示例

<table>
<tr><th>测评要素</th><th>观察要点</th><th colspan="2">评分标准</th><th>评价等级</th></tr>
<tr><td rowspan="10">资源整合能力</td><td rowspan="4">讨论中能否树立个人权威，组织他人进行讨论</td><td>行为描述</td><td>等级</td><td rowspan="3"></td></tr>
<tr><td>发展三个以上支持者</td><td>A</td></tr>
<tr><td>发展一至三个支持者</td><td>B</td></tr>
<tr><td>没有支持者</td><td>C</td><td rowspan="3"></td></tr>
<tr><td rowspan="3">关键时刻能否协调人际关系，缓解冲突</td><td>三次以上有效协调讨论气氛</td><td>A</td></tr>
<tr><td>一至三次有效协调讨论气氛</td><td>B</td></tr>
<tr><td>没有协调讨论气氛</td><td>C</td><td rowspan="4"></td></tr>
<tr><td rowspan="3">能否整合别人的观点并加以利用</td><td>三次以上有效总结、利用别人的观点</td><td>A</td></tr>
<tr><td>一至三次有效总结、利用别人的观点</td><td>B</td></tr>
<tr><td>没有利用别人的观点</td><td>C</td></tr>
<tr><td colspan="5">评价说明：组合评定无 C，B 不超过两个为合格。根据面试比例调整标准，原则上就高不就低。</td></tr>
</table>

资料来源：李红英．无领导小组讨论评分环节的设计．中国人力资源开发，2009（7）：45－48.

2. 设计计时表

计时表的作用在于控制无领导小组讨论的时间和节奏。一般来说，被测者为 7 人左右的无领导小组讨论，讨论时间要控制在 1.5 小时左右（时间可以随被测者人数做出相应调整）。出于公平性的考虑，应当确保每个被测者拥有大致相当的发言时间，因此对于发言过于频繁且用时过多的被测者，计时员可以进行提醒，并对超出时间的被测者做出停止发言或者扣分的处罚。计时员的插话和提醒一般每次不得超过 10 秒。当然不是每场无领导小组讨论都会有计时表的限制，很多时候要靠被测者自己去争取更多的发言时间和机会。表 8－5 和表 8－6 是计时表和插话表的示例。

表 8-5　　无领导小组讨论计时表示例

序号	被测者姓名	发言次数（次，秒）						合计	
		1	2	3	4	…	10	发言时间	发言次数
1									
2									
3									

资料来源：朱燕，张宏．无领导小组讨论的准备．人力资源，2001（1）：55-56.

表 8-6　　无领导小组讨论插话表示例

序号	被测者姓名	插话次数（次，秒）						合计	
		1	2	3	4	…	10	插话时间	插话次数
1									
2									
3									

资料来源：朱燕，张宏．无领导小组讨论的准备．人力资源，2001（1）：55-56.

（二）人员准备

1. 评委的选择和培训

评委在无领导小组讨论中承担着控制程序和技术指导的重要职责，更是测验结果的最终决定者，在无领导小组讨论中居于非常重要的地位。一般来说，评委要符合以下条件：

（1）熟练掌握无领导小组讨论的实施程序。这是十分重要的前提条件。

（2）熟练掌握无领导小组讨论的实施技术及细节要求。

（3）理解并掌握无领导小组讨论的评分标准与评分方法。

（4）有较强的沟通能力、应变能力和协调能力。

在评委选拔过程中，要注意以下两点：评委人数与参与讨论的被测者人数比例一般为1：2，这样每位评委就有足够的精力观察被测者；如果测评的目的是晋升，则不能由被测者的直接上级担任评委。选好后还需对评委进行培训，培训需要注意以下两点：

第一，统一测评要素的评价标准。统一的评价标准可以减少测验过程中评委的主观性，保证评委评分的一致性。

第二，使评委了解相关的技巧。无领导小组讨论中的相关技巧主要是观察和判断的技巧，一般来说，观察和评价的主要依据是：观点是否有新意；当意见相左时如何处理；是否赢得他人的支持和拥护；是否善于倾听；是否只顾自己讲或者经常打断他人的发言；是谁在引导整个讨论进程；是否经常进行阶段性总结等。

2. 对被测者进行分组

无领导小组讨论是一项团体性的测评活动，当被测者很多时，就需要进行分组。分组时需要注意以下几个问题：

（1）人数。一个小组以5～7人为宜。每组人数过多虽然会缩短总体测评时间，但在单场的讨论中会使评委应付不过来，影响评价的效果，而且会压缩每位被测者的发言时间，使评委不能对被测者进行全面的考察。人数过少会使辩论不充分，不能达到深入挖掘被测者素质的目的，而且每组人数过少必然导致总体组数过多，这会使无领导小组讨论持续时间过长，加重评委的负担。此外，每组人数最好是双数而非单数，这样会降低被测者通过投票达成一致的概率。

（2）性别。每组中男女比例要适当，女性不得少于 2 人，要避免女性变成少数和弱势群体，或被其他男性以“女士优先”为理由推为记录人或者总结发言人，这会大大影响测评效果。

（3）年龄。年龄差距会对讨论过程产生重要影响，因此要注意不同年龄层次的搭配，避免讨论过程中由于年龄原因而产生威逼或谦让行为。

（4）个性特征。在一个小组中，应该存在不同个性特征的成员，这样小组成员之间容易摩擦出火花，使讨论更加深入、更加全面，被测者不同的想法可以产生碰撞和融合。反之，个性差异较小的被测者组成的队伍，辩论要么过于激烈，要么过于沉闷，所以应根据个性特征搭配好被测者。

（5）职位层级。被测者的职位层级应当尽量接近，存在上下级关系的被测者不应分配到同一组，要避免因原职位或层级不同而出现威压、退让等行为。

（6）职位类别。不同职位类别的被测者最好不要放在一起，管理类的被测者较之于其他被测者，无疑在无领导小组讨论中更有优势。

（7）所属部门。来自同一部门的被测者彼此比较熟悉，也比较默契，因此难以保证无领导小组讨论测评的准确性。要尽量把不同部门的被测者分到一组。

（8）测评经验。参加过无领导小组讨论的被测者可能会更有经验，表现得更好，这会影响测评的信度和效度。

（三）场地布置

无领导小组讨论的场地布置要注意以下几点：

（1）在被测者席位上摆放标有编号及姓名的席卡、1～2 张白纸及签字笔，席卡应为双面编号，摆放角度要便于评委观察，也要使被测者之间彼此看清楚。

（2）被测者席位最好呈扇形摆放。这种摆放方式一方面有利于评委进行观察和评判，另一方面有利于被测者注意到其他人的位置，从而方便彼此之间的沟通。要避免出现 V 字形摆放，因为这样会出现领导者位置。

（3）评委席与被测者席间距 4 米左右，以防过近给被测者带来无形的压力。

（4）评委席要摆放标有评委姓名的席卡。

（5）记录员席和非评委观摩席应设于评委席后。

二 无领导小组讨论的实施阶段

做好相应的准备后就进入到无领导小组讨论的实施阶段。无领导小组讨论的实施流程有很多类型，但总体来说，一场无领导小组讨论会经过以下几个阶段：起始阶段、轮流发言阶段、交叉讨论阶段、总结陈词阶段。在实施阶段有可能会出现一些问题，下面也会介绍这些问题及解决方案。

（一）无领导小组讨论的具体实施

一般说来，无领导小组讨论的具体实施可以用图 8－1 来概括。

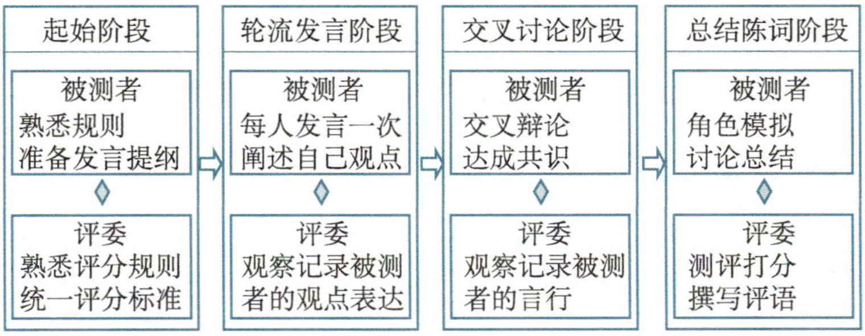

图 8-1　无领导小组讨论的具体实施

资料来源：黎恒，丁晓岚．无领导小组讨论的实务操作：中层管理人才选拔案例．中国人力资源开发，2002（9）：39-41.

如上所示，无领导小组讨论是一个规范化的流程。起始阶段的主要内容是：首先，评委向被测者讲解无领导小组讨论的要求，并宣读讨论题目；其次，评委给所有被测者一定的时间进行提问，在此之后被测者不得再向评委询问任何问题；最后，评委留给被测者 5～10 分钟时间准备，用以构思讨论提纲。

轮流发言阶段的主要内容是：主考官宣布讨论开始，被测者依相应的顺序每人阐述观点，限时 5 分钟，在此阶段，其他被测者不得进行插话和干扰。

交叉讨论阶段的主要内容是：被测者就自己的观点充分发表自己的意见，同时听取别人的意见。这个阶段要求被测者克服差异，形成统一意见。此阶段要注意的是要事先规定讨论结束后所有成员必须达成一致意见，但不能采用投票或举手表决的方式，只能采用沟通、交流的方式。

总结陈词阶段的主要内容是：要求在被测者中选出一名发言人，代表整个小组做讨论总结。

此外，需要注意的是评委在整场讨论中只对被测者的表现进行观察和打分，不得对讨论过程做任何形式的干扰。此外，计时员要对整场比赛的时间和节奏进行控制，也要对辩论中的违规行为（如某些被测者发言次数过多，发言时间过长）做出处理，即通过插话的方式提醒，但注意插话次数不宜过多，每次插话最好不超过 10 秒。

（二）无领导小组讨论实施阶段常见的问题及解决方案

（1）在无领导小组讨论过程中最常见的问题是，很多小组没有良好的时间规划，在时间结束时没有完成预定的目标，从而造成成绩不理想。这一现象较多出现在未设立计时员的无领导小组讨论中。针对此问题，评委可以在准备阶段着重提醒被测者不能完成任务的后果，也可以在讨论过程中根据具体情况适时进行调整。

（2）被测者在讨论过程中没有较多的观点交锋和碰撞，很快就达成了一致意见。针对这一现象，评委要快速反应，可以指出被测者未解决的问题，或者提出新的相关任务供其进行讨论。

（3）小组中出现一个非常强势的被测者，他在讨论中处于主导地位，其他被测者的表现机会相对较少，导致评委对其他被测者观察不足。针对此问题，评委可以在讨论结束后增加一个评委与被测者互动的环节，通过抛出新的问题使其他被测者发言，观察其表现。

（4）小组之中出现多个强势的被测者，他们为了维护自己的观点互相交锋与对抗，不愿进行妥协，导致小组迟迟不能达成统一的意见。这种情况下，计时员要及时提醒被测者剩余的时间。

（5）评委由于观察不足无法对某些要素进行评价。针对这一情况，主评委应引导其他评委对这一要素进行讨论，达成统一意见。如果实在无法进行评分，则统一不评分，并在最终记录表中标明不评分的原因。

三 无领导小组讨论的评估阶段

讨论结束后，评委应及时总结测验过程中所做的记录，并根据之前确定的评价要素对被测者进行客观的评分，为录用决策提供重要参考。

（一）对被测者进行评价和打分

评委对被测者的评分分两个阶段。第一阶段，在小组讨论中，评委要观察并记录被测者的典型行为，之后根据典型行为并对照评价标准，对被测者进行打分。此阶段，可以要求每位评委对全部被测者都进行观察，并记录其典型行为表现；也可以在评委之间进行分工，每位评委仅负责观察 2～3 名被测者并记录其行为表现。两种方法各有利弊，要根据具体情况进行选择。第二阶段，在小组讨论后，评委要对被测者的典型行为进行汇总，根据典型行为对照评价指标，对被测者进行评分。

在评分过程中需要注意的问题有：

（1）不能过早打分。评委过早打分，会影响测评结果的准确性。一般来说，评委不得在讨论过半前进行打分。此外，对某些把握不大的行为标准，可以在讨论结束后评委相互交流以定夺。

（2）不能太晚打分。讨论一结束，评委就应根据记录、录像、记忆对被测者进行评价和打分，因为此时评委对无领导小组讨论的印象最清晰，做出的决策准确率较高。

（3）对于在无领导小组讨论中不活跃的被测者，应多收集证据，多听取其他评委的意见，经充分讨论之后再进行打分。

（4）评分结果有一定的区分性。评委应注意使被测者的分数拉开差距，不能搞平均主义，否则就选不出合适的人才。

（5）应尽量减少因心理效应而产生的误差。这些心理效应主要有首因效应、类我效应、晕轮效应、近因效应等。应对这些心理效应的方法在“面试”一章已经做过详细论述，在此不再赘述。

（二）对测评效果进行分析

得出最终的评分结果并不意味着整个测评过程的结束，我们可以就测评的信度和效度进行分析评价。信度是指测评方法的可靠性程度，如无领导小组讨论的实施过程是否公正，无领导小组讨论的题目是否合适，无领导小组讨论的测评因素选择是否合适等。效度是指测量结果与实际结果之间的相关性程度，测量结果与所要考察的内容越吻合，则效度越高；反之，则效度越低。测评结束后，可以观察被测者在工作后的表现，如果被测者被用人单位录取后工作绩效较好，则表明本次无领导小组讨论是成功的，效度较高，反之亦然。这样做的目的是对此次测评活动做出评价，为以后无领导小组讨论的开展提供经验。

本章小结

1. 无领导小组讨论的适用范围大致是那些经常跟人打交道的岗位，如中高层管理人员、人力资源管理人员、行政管理人员、营销人员等，对于技术人员、生产类员工则不适用。

2. 无领导小组讨论可以考察被测者三个方面的能力：一是在团队中社会交往和人际交流方面的能力，如组织协调能力、合作意识、团队精神、沟通能力、影响力等；二是解决问题的能力，包括探索和利用信息、分析判断、理解以及创新等；三是个性特征，如自信心、独立性、灵活性、情绪稳定性等。

3. 无领导小组讨论题目的编制流程包括以下几个步骤：确定评价指标、收集素材、筛选案例、选择题目类型、编制题目、专家研讨、设计评分表、试测和检验、修订题目和定稿。

关键词

无领导小组讨论

复习思考题

1. 如何理解无领导小组讨论的优缺点？
2. 如何理解无领导小组讨论题目的设计原则？
3. 制定无领导小组讨论评分表时要避免哪些问题？
4. 无领导小组讨论过程中容易产生哪些问题？如何解决？
5. 无领导小组讨论的评分要注意哪些问题？

参考资料

1. 胡月星．领导人才测评．北京：中国发展出版社，2009.
2. 徐世勇，刘亚军．人才素质测评．北京：中国人民大学出版社，2014.
3. 孙健敏，彭文彬．无领导小组讨论题目设计．中国人力资源开发，2004（7）：48－52.
4. 徐世勇，李英武．人员素质测评．北京：中国人民大学出版社，2017.

附录　无领导小组讨论案例

一　背景

你现在是某集团公司（该公司共有6个分公司）下属分公司的人力资源经理，同时也是集团公司薪酬委员会委员。现在集团公司决定将一笔特殊奖金授予6个分公司中3

名工作表现出色的员工。6 个分公司各自推荐了 1 名候选人，你代表自己的分公司出席。

二 困境

这笔奖金的数量有 5 万元。虽然你希望所有候选人都能得到这笔特殊奖金（因为他们的表现都非常优秀），但公司并不允许你这样做。这笔奖金只能授予一等奖 1 人，奖金 3 万元；二等奖 2 人，奖金各 1 万元。

在参加讨论会之前，你已经和分公司经理交流过意见，他同意本分公司候选人应该获得这笔奖金。委员会中的其他人同样代表他们所在的分公司，会努力为他们所代表分公司的候选人争取尽可能多的奖金。同时，他们也是集团公司薪酬委员会委员。

三 过程

你将看到一份关于本分公司候选人的背景材料。在正式讨论开始之前，你要用不超过 5 分钟的时间阅读材料。正式讨论开始之后，要向其他成员介绍本分公司候选人的情况，阐述理由，听取他人的观点，然后经过充分讨论之后形成一个决议。在讨论结束的时候，要尽量得出一个一致性的建议，否则，任何人都将无法得到这笔奖金。

正式讨论的时间限制为 1 小时，在此过程中主考官将不做任何干涉，一切由成员自行安排。

四 要求

具体要求如下：

（1）这笔资金只能按照要求给 3 个人，不能平均分配。

（2）如果不能达成一致，也可以暂时不动用这笔资金。

（3）做出一份书面报告，将最后决议的理由陈述清楚，以便向总经理汇报。

五 目标

你的目标如下：

（1）作为分公司代表，努力争取使你所代表的候选人得到这笔资金。

（2）作为集团公司薪酬委员会委员，促使临时会议形成合理、有效的分配决议。

六 候选人资料

以下均以分公司代表的第一人称进行叙述。

（一）候选人赵逸飞：设备公司高级销售经理

赵逸飞是一个年轻的销售经理，进入我们公司工作的时间不长。但他为公司做出的贡献有目共睹。他非常善于和客户建立关系，他与公司两个最重要客户的密切关系是任何人所不能比的，去年他所完成的销售额是最多的。他给公司带来了很大的利益，但最近我听说另一家与我们竞争的公司会给他提供 20 000 元的月薪，为了经济利益，他很可能会离开公司，这样不但会造成公司利益上的损失，而且竞争对手还会如虎添翼。

与他谈话的时候他表示，假如给予他实质性的薪水增加，他就会留下来。他确实是一个难得的人才，我们应该尽量留住这样的员工。

赵逸飞在上一次提薪时很不幸运，因为公司只给上年3月31日之前来公司的员工提薪，而他恰好是4月1日来的。我认为在这次特别奖金的授予中应给予相应的弥补。

候选人的具体情况如下：

（1）目前的月薪：8 000元。

（2）与和他同类工作的员工的工资相比：中等水平。

（3）其他公司同类工作的员工的月薪范围：8 000～20 000元。

（4）最后一次提薪的时间和数目：没有资料。

（5）最后一次奖金和数目：没有资料，2 000元。

（6）在本公司服务的时间：1年5个月。

（7）起始薪金：8 000元。

（8）学历：本科。

（9）相关工作经验：3年。

（10）下一次正常奖金的时间：半年以后。

（二）候选人江月：广告展览公司设计师

江月具备优秀的设计能力，她在美工与平面设计方面十分擅长，由她主持设计的广告均取得了较好的效果。在上一次大型博览会上，由她主持设计的展览展示得到了公司内外的一致好评。她是一位很难得的设计师，而且勤奋好学。为了提高工作能力，她去中央美术学院攻读了硕士学位。读书期间，她的工作丝毫没有受到影响。

当她6月返回工作岗位时，我就建议为她提高薪金，但上级一直没有批准。

我们公司一向主张员工不断进修，提高自己的工作能力，我认为我们应该用这笔奖金来奖励她的勤奋与突出成就，并且她在学术方面的发展又大大增强了工作能力。

候选人的具体情况如下：

（1）目前的月薪：6 500元。

（2）与和她同类工作的员工的工资相比：多出15%。

（3）其他公司同类工作的员工的月薪范围：4 000～8 000元。

（4）最后一次提薪的时间和数目：一年半以前，300元。

（5）最后一次奖金和数目：一年以前，1 000元。

（6）在本公司服务的时间：4年7个月。

（7）起始薪金：1 500元。

（8）学历：硕士研究生。

（9）相关工作经验：8年。

（10）下一次正常奖金的时间：半年以后。

（三）候选人张华文：华旅公司信息中心主管

信息中心成立的时间不算很长，张华文是中心的创建者之一。多年以来，他在工作中兢兢业业。

去年以来，由于新增加了一些设备，信息工作的重要性也日益显露出来，张华文作为中心主管以及技术水平最高的电脑工程师，任务更加繁重。尤其是今年上半年，他领导全中心的员工加班加点完成了全公司的计算机联网工作。其间，他们经常工作到深夜，甚至彻夜不眠。现在我们公司的计算机网络如此畅通，很大程度上就归功于他。

就张华文的工作繁重性和技术水平而言，我们给他的薪水是较低的。他在工作中表现出很强的能力和责任心，应该受到奖励。

候选人的具体情况如下：

（1）目前的月薪：5 800 元。

（2）与和他同类工作的员工的工资相比：非常低。

（3）其他公司同类工作的员工的月薪范围：5 000～15 000 元。

（4）最后一次提薪的时间和数目：一年半以前，300 元。

（5）最后一次奖金和数目：一年以前，1 000 元。

（6）在本公司服务的时间：3 年 2 个月。

（7）起始薪金：1 800 元。

（8）学历：本科。

（9）相关工作经验：10 年。

（10）下一次正常奖金的时间：半年以后。

（四）候选人苏文辉：华星公司高级技师

苏文辉是一名非常踏实肯干的员工，在我们公司已经工作了 20 年，为公司的发展立下了汗马功劳，在员工中有口皆碑。

这样一个有经验的技师不应该只拿现在这么少的薪水。我们的产品在市场上之所以站得住脚，很大程度上是依靠我们的产品过硬。苏文辉一向致力于产品的设计和开发工作，他的一项技术成果在今年年初获得了全国一等奖。

候选人的具体情况如下：

（1）目前的月薪：4 500 元。

（2）与和他同类工作的员工的工资相比：没有资料。

（3）其他公司同类工作的员工的月薪范围：4 000～8 000 元。

（4）最后一次提薪的时间和数目：一年半以前，300 元。

（5）最后一次奖金和数目：半年以前，3 000 元。

（6）在本公司服务的时间：20 年 4 个月。

（7）起始薪金：40 元。

（8）学历：大专。

（9）相关工作经验：20 年。

（10）下一次正常奖金的时间：半年以后。

（五）候选人王洪波：电子公司安保员

王洪波以前在公司中的表现是“出了名的”。他经常迟到，上班时间开小差，还与人打架斗殴。

但最近一年以来，他的转变让人吃惊。他上班不再迟到，工作也非常认真。尤其是积极采取行动避免了两次重大意外事故的发生，为公司挽回了近 30 万元的损失。还有一次，他在社会上见义勇为，直到别人将奖状送到公司，我们才得知这件事情。这几件事情后来在总公司都通报表扬了。最近，他还自费参加了业余的学习班，提高自己的知识和能力。

由于对他的过去的偏见，任何奖励都与他无缘。我建议授予他特别奖金，是因为这样做可以让员工知道，只要付出了努力、做出了优异的表现，不管过去的表现如何，都可以获得奖励。

候选人的具体情况如下：

（1）目前的月薪：1 500 元。

（2）与和他同类工作的员工的工资相比：中等水平。

（3）其他公司同类工作的员工的月薪范围：1 000～2 000 元。

（4）最后一次提薪的时间和数目：一年半以前，150 元。

（5）最后一次奖金和数目：无。

（6）在本公司服务的时间：5 年 8 个月。

（7）起始薪金：300 元。

（8）学历：高中。

（9）相关工作经验：6 年。

（10）下一次正常奖金的时间：半年以后。

（六）候选人杨雪萍：商贸公司办公室主任

杨雪萍的工作超乎寻常地琐碎，然而她在工作中表现得非常耐心、细致。公司能够正常地运转，她有很大的功劳。

与其他候选人相比，她可能显得有些平凡，因为她并没有什么突出的事迹。但恰恰是在这平凡的工作中才表现出了她的不平凡。这份工作并不是任何一个人都可以做得这么好的。

在工作中她克服了许多困难。她的家离工作地点很远，每天早出晚归，上小学的孩子还需要照顾。在这种情况下，她上班从不迟到。因此，我认为像她这样的兢兢业业的工作者最应该得到奖励。

不久之前，在她的家庭中发生了一件不幸的事情：丈夫患了不治之症，她在经济上和情感上都遭受了沉重的打击。但她并没有因此影响工作。目前，她在经济方面有很大困难。即使授予这笔奖金，也是杯水车薪、无济于事，但我们认为还是应该授予她这笔奖金。

候选人的具体情况如下：

（1）目前的月薪：3 500 元。

（2）与和她从事同类工作的员工的工资相比：略低一些。

（3）其他公司从事同类工作的员工的月薪范围：3 000～6 000 元。

（4）最后一次提薪的时间和数目：一年以前，200 元。

（5）最后一次奖金和数目：一年半以前，1 000 元。

（6）在本公司服务的时间：6 年 3 个月。

（7）起始薪金：500 元。

（8）学历：本科。

（9）相关工作经验：11 年。

（10）下一次正常奖金的时间：半年以后。

讨论题：

1. 在无领导小组讨论中，编写材料时应该注意哪些问题？
2. 在组织无领导小组讨论的过程中，如何避免出现失控的情况？

第9章
公文筐测验

学习目标

通过本章的学习，你能够：

◎ 掌握公文筐测验的基本概念与内涵。

◎ 了解公文筐测验题目的来源与编制方法。

◎ 熟悉公文筐测验的操作流程。

引例

公文筐测验在某高科技公司的应用

某高科技行业的一家公司是国内该行业中的领军企业，已经走过10个年头，公司自成立以来保持较高的增长速度。随着第三个五年计划的确立，公司面临全新的发展机遇。尤其是随着公司规模的扩大，年轻的管理干部在组织建设、人员培养、沟通协调等方面面临较大的挑战。

为此，公司人力资源部尝试通过聘请外部管理咨询机构对现有中高层管理人员进行管理能力和沟通协调能力两方面的评价，并尝试基于此在这两个关键职位的胜任特征上对他们进行针对性的培训和培养。

经过详尽的调查，外部管理咨询机构建议在测评环节加入公文筐测验。随后，外部咨询专家和公司相关业务部门的人员共同开发了符合组织文化和现状的公文筐测验。测验选取的情境为组织内部中高层管理人员在管理团队和沟通协调中的典型工作难题。经过施测，测验有效地发现了每位应试者在这两个方面存在的问题。随后，外部咨询专家以公文筐测验为素材对应试者进行了针对性的辅导，帮助他们在这两项管理技能上进行了改进和完善。

资料来源：徐世勇，刘亚军．人才素质测评．北京：中国人民大学出版社，2014.

第 1 节　什么是公文筐测验

在人力资源管理工作中，人员素质测评工作一直是企业关注的重点，企业常常采用不同的方法测量不同人群独特的胜任特征。优秀的管理人员作为企业发展的中坚力量，对企业的生存和发展起着重要的支撑作用。因此，选拔、评估管理人员尤其是中高层管理人员也就成为现代组织人力资源管理的重要任务。在日常工作中，管理人员每天需要处理大量文件，他们需要通过这些文件领会高层管理人员的意图，协调上下级的关系，以及处理日常的事务性工作，文件处理的好坏也是管理人员绩效的重要衡量标准。因此，能否很好地处理各类文件成为中高层管理人员能否胜任工作的关键。公文筐测验就模拟了管理人员这种处理公文的工作情境。

一　公文筐测验的含义

公文筐测验（in-basket test）又称文件筐测验，是管理人员评价中心最常用和最核心的测评技术之一。在公文筐测验中，要求应试者完成某一管理人员或者领导者的工作，处理一系列日常的书面公文文件，包括备忘录、邮件、电话记录、报告、信函、文稿等。在工作中，公文文件通常会放在公文筐内等待处理，因此将其命名为公文筐测验。

公文筐测验中使用的公文文件内容非常广泛，通常会因岗位要求的不同而涉及人事安排、组织结构调整、财务计划、工作流程改动、政府法令公文、市场信息与客户关系等多个方面，文件所提供的信息有可能前后一致，也有可能互相矛盾，需要应试者综合考虑各个文件的内容，给出处理意见。

在进行公文筐测验时，应试者需要在规定的时间（通常是 1～3 小时）内处理一定数量（通常是 10～30 份）的公文文件，具体的限制时间和公文数量根据公司的具体情况和岗位的要求而有所不同。在公文筐测验中确定时间限制和公文数量是非常重要的，足够的公文数量可以测评应试者的综合处理能力，而时间限制可以考察应试者在有时间压力的情况下能否分清轻重缓急并迅速做出决定。测验开始后，要求应试者独立完成公文处理，一般情况下考官不提供任何援助。测验结束后评分者会对应试者在处理文件过程中的行为表现和所给出的书面答案进行评价，以判断应试者的计划、组织、领导、决策、授权、信息处理能力及其对工作环境的敏感度。在必要的时候评分者还会在测评结束后对应试者进行访谈，深入了解应试者做出某种处理的具体原因，以澄清不清楚之处。

二　公文筐测验的产生与发展历史

公文筐测验的历史最早可以追溯到美国军方的尝试。第二次世界大战期间，美国派向敌方的情报人员屡屡受挫。美国军方经过调查后发现，这些情报人员受挫的原因是他们并不符合情报人员的要求，军方一直采用的选拔军事人才的方法可能存在问题。为了扭转在军事上选人不善的不利局面，美国军方委托心理学家开发了一套以情境模拟法为核心的人员素质测评方法，用以选拔合格的军事人员和特工，取得了出人意料的成功。

最早将情境测验技术从军用领域引入民用领域的是美国电话电报公司（AT&T），该公司于 1956 年开发了一套以工作情境模拟为核心的测验，其中就包括公文筐测验。公司用这套工具去测评企业内部的 400 余名经理人员，测评的重点在于评估经理人员的知识、技能、价值观和职业愿望等，并将测评结果保存下来。8 年后，公司将当年保存的结果与这些经理人员近年的业绩及晋升情况做对比后发现：在提升到部门经理级别职位的人员中，当年对于他们的评价有 80%是正确的；而在未被提升的人员中，预测的准确率高达 90%。

目前，美国已有千余家知名公司采用公文筐测验技术来选拔、考核企业中高层管理人员，其中不乏 IBM、福特汽车、通用电气等大型企业，我国一些规模较大、管理较为规范的企业也已开始使用这种测评方法。

在理论研究上，1957 年，弗雷德里克森（Frederieksen）发表了第一篇有关公文筐测验的学术论文，该研究致力于为美国空军大学的培训效果开发一套初步的评估方法，应试者在公文处理上的表现作为评价培训效果的有益参考。该研究首次探索了公文筐测验的统计学属性，初步证明公文筐测验具有比较良好的信度与区分度。另外，该研究还考察了测验准备和过程的完善性以及应试者的反应。之后的几十年里，有关公文筐测验的研究结果大量出现，该技术也获得了比较完善的发展，逐渐成为社会认可的有效测评方法之一。

三 公文筐测验的优势与不足

在公文筐测验中，要求应试者在一个模拟的工作环境中接替某一管理人员或领导者的工作，处理各类公文文件，这考虑到了应试者参加工作后可能面临的工作情境。公文筐测验给予应试者的背景信息和测验材料都是以书面形式呈现的，因此，相对于管理人员评价中心等其他测评方法（如无领导小组讨论、角色扮演），企业能够同时对大批量的应试者进行相同的测验，使测验结果变得可以区分，提高了人事选拔的效率。而相对于普通的纸笔测验来说，公文筐测验的题目是对工作场所中可能发生的情境进行模拟，使得测评方式更加生动、灵活，也能够测评应试者真实的能力水平。

（一）公文筐测验的优势

具体来说，公文筐测验具有以下几个方面的优势。

1. 测评内容的广泛性

除了某些需要实际操作才能体现出来的动态要素，公文筐测验可以涵盖与目标职位相关联的所有静态要素。在公文筐测验中，文件材料通常来自多个部门，从而可以考察应试者多方面业务运作能力和多项管理技能，进而对中高层管理人员进行较为全面客观的评价。

2. 测验情境的仿真性

公文筐测验的最大特点之一就是测验的情境与实际管理工作的情境非常类似，所采用的文件贴近日常的公文，有时甚至就是完全真实的公文。在这种情况下，应试者将会完全投入到测验中，表现出平时工作时的状态。因此，如果应试者能在公文筐测验中妥善地处理相关文件，那么可以预测应试者符合该职位的工作要求。

3. 操作实施的简便性

公文筐测验只要求应试者对所提供的各种书面材料进行处理，答案也是以书面形式呈现的，基本不涉及人与人之间的互动行为。所以相对于结构化面试、无领导小组讨论等以人与人之间的互动为主要形式的测评方法，此技术的操作实施相对比较简便。

4. 应用范围的广泛性

公文筐测验的应用范围非常广泛，它不仅能为企业招聘合适的中高层管理人员提供有效的测评方式，也能为企业评估现有管理人员的工作业绩、工作能力，为之后开展管理人员培训打下基础。同时，公文筐测验本身就可以当作一种培训手段来使用。此外，公文筐测验还能为人力资源规划和组织设计提供信息。

5. 题目设计的灵活性

公文筐测验的内容是非常灵活的，可以根据具体职位的特性和能力要求，选择设计相应的题目。

6. 测验的平等性

公文筐测验把应试者置于模拟的工作情境中去完成工作，为每一个应试者提供了相同的情境，也使得对于应试者的评估有统一的标准。

7. 较高的信度与效度

由于公文筐测验的题目是实际工作场景的再现，因此我们可以预料到公文筐测验具有很高的信度，实证研究也证实了这一观点。研究表明，公文筐测验的评分者信度在0.6～0.8。在效度方面，公文筐测验的构念效度、效标关联效度、同时效度得到了实证研究的验证，表明了公文筐测验作为选拔和绩效预测的测评技术的有效性。

（二）公文筐测验的不足

任何一种人员素质测评技术都有其局限性，公文筐测验也不例外。公文筐测验的缺点主要体现在以下方面。

1. 编制成本较高

公文筐测验中题目的编制需要编制者具有很强的专业能力，通常需要心理测量专家、管理专家和企业实际管理工作者的参与，而公文文件的收集和题目的典型化、规范化都需要大量的人力和时间，通常一份公文筐测验题目的编制需要一个月以上的时间，编制成本比较高。

2. 评分较为困难

由于组织间管理理念、组织结构、组织文化等方面的差异，对文件的处理标准可能有所差别。而且在实际的测评过程中，由于理解方面的偏差，专业人员和实际工作者对应试者文件处理的评分难以保持一致。这就要求在公文筐测验的过程中，请有经验的测评专家进行指导，而这方面的专家并不容易请到，所以公文筐测验难以大规模推广，简单模仿公文筐测验的行为并不能保证测验的有效性。

四 公文筐测验的适用范围

公文筐测验一般适用于组织中高层管理人员的选拔和培训，因为这些管理人员在日常工作中会进行大量的公文处理工作。公文筐测验主要从两个角度考察管理人员从事管理工作时的能力：一是业务角度，包括对组织多方面业务的运作能力，对人、财、物、信息的把握和掌控；二是管理技能角度，包括计划、组织、领导、决策、授权等。公文筐测验作为组织选拔、培训（培养）和考核中高层管理人员的有效技术之一，为企业的中高层人力资源管理和组织结构设计提供了科学可靠的信息。

第 2 节 公文筐测验的编制与题目获取

在公文筐测验中，编制合适的公文筐测验题目是最重要的环节，也是直接影响测验效果的关键步骤。题目编制的好坏将直接影响后续测评实施和评分环节，最终也将影响公文筐测验的可靠性和有效性。本节还将介绍如何获取公文筐测验题目。

一 编制公文筐测验题目的注意事项

有效的公文筐测验题目能够比较真实地模拟实际工作场景，考察应试者相应的胜任特征。为了达到这一目的，设计者需要深入到组织的管理现场，收集相关素材，确定典型的测验题目。公文筐测验的题目编制应注意以下几点。

（一）题目的典型性

主要是指公文筐测验中所用到的题目要尽可能涵盖实际工作中所能接触到的文件，包括政策法规公文、记录性公文、指示性公文、报告性公文等，在形式上也要体现多样化，备忘录、邮件、电话记录、报告、信函等都要占到一定的比例。但是公文筐测验题目不能完全照搬实际文件，需要进行整合和再造，使得应试者能够在有限的测验题目中尽可能多地接触未来工作中会涉及的内容，从而达到更好的测验效果。

（二）题目的区分度

有效的测评方法必须具备一定的区分度，可以把具备胜任特征的人和不具备胜任特征的人区分开来。因此，公文筐测验的题目应该难度适中，避免出现“天花板效应”（即题目设置得太难，极少有人能够做出来）和“地板效应”（即题目设置得太简单，几乎所有人都能做出来）。

（三）突出主题

通常情况下，公文筐测验中公文的测评主题应该突出，文件的描述应以考察应试者某方面的能力为核心，避免应试者因为没有抓准问题的核心、过度拘泥于次要细节问题而浪费测评时间。

二 编制公文筐测验题目的基本步骤

编制一套有效的公文筐测验题目是一个较为复杂的过程，大致可以分为以下五步：确定测评要素；编制题目；第一阶段试测；制定评分标准；第二阶段试测。

（一）确定测评要素

正式编制题目前，需要确定公文筐测验所需考察的测评要素。测评要素的获取主要有两种方式：一是通过岗位胜任特征模型分析，得出目标岗位的关键任务指标和胜任特征，从而使题目的设计更加具有针对性。如果企业已经有成熟的工作说明书，则可以直接查阅确定测评要素。二是通过对相关管理者的访谈更加准确地界定在实际工作中胜任某岗位所需要的关键要素。在此基础上，要充分考虑公文筐测验的特点对要素进行再次选择，并不是所有要素都适合用公文筐测验来考察，而且每种要素要占多大的考察权重也需要根据测评的具体职位而变化。通常来说，公文筐测验可以考察多种能力。

示例 9-1

测评要素

与“事”有关的能力包括：

（1）分析和判断能力。

（2）洞察力。

（3）统筹规划能力。

（4）决策能力。

（5）授权与控制能力。

（6）预测能力。

与“人”有关的能力包括：

（1）人际敏感性。

（2）沟通能力。

（3）组织建设能力。

（二）编制题目

1. 收集文件素材

公文筐测验主要用于中高层管理人员的选拔与培训，因此所需要的题目主要围绕管理能力进行取材。管理能力是一种复合型的能力，主要包括自身素质、实践经验和掌握的知识。公文素材不能凭空杜撰，而应该来自任职者的实际工作。公文素材的收集主要有两种方法：一是召集一批优秀的管理人员和他们的直接上级开交流会，让他们回想自己在工作中处理过的印象深刻的各种事情并记录下来。征集关键事件的总体数量取决于所需编制的文件数量，一般按照所需编制文件数量的 2～3 倍来征集。为了使得收集的事件更加贴近测评的要求，事先应当告诉各位管理者测评要素的内涵。二是从组织内部现有的各类公文中获得公文筐测验所需要的原始文件素材。

2. 对素材进行加工

通过上述方法所得到的素材并不能直接用于公文筐测验，需要对素材进行一定的加工。如果素材没有体现任何测评要素，那么这个工作事件就不能使用，需要予以剔除；如果事件能反映出某个所要测评的要素，则把这个事件划归到相应的要素上，从而得到反映每个要素的大量工作事件。接下来要对每个要素下的诸多事件进行加工：有的事件太过抽象或不够完整，则需要适当补充完善；有的太过冗长，则需要进一步精简；有的包含多个事件，则需要适当拆分，尽量使每个事件只反映一个核心要素。

虽然公文筐测验的题目是对实际工作中公文的模拟，但完全真实的公文不适宜直接作为公文筐测验的材料。一方面，在应试者既有单位内部人员又有外来人员的情况下，使用公司内部的真实材料违背了测验的公平公正原则，在同等条件下内部人员更容易获得较高的分数，这对于想输入新鲜血液的组织来说非常不利；另一方面，真实的公文一般需要经验丰富的管理者才能够进行处理，因此不太适合对潜力进行考察。因此，对于完全真实的公文材料也需要进行进一步的加工才能作为公文筐测验的题目使用。

完成上述加工后，还需对文字的表达方式和呈现形式进行加工。具体的要求是，语句要表述清晰，简明扼要，表意确切，不产生歧义。为了凸显公文筐测验的逼真性，文件还可以用多种方式来呈现，如采用不同规格和大小的纸张、打印稿和手写稿穿插等方式。

3. 对文件进行组合

首先，需要对加工完成的文件进行分类，通常可以把文件分为三种类型：决策类、完善类和批阅类。决策类文件通常以请示、报告之类的形式呈现，描述日常工作中遇到的非常规性问题，应试者需要在统筹分析的基础上提出一个决策方案或从已给出的几种方案中选择最佳方案。完善类文件往往是信息和条件有缺陷的文件，着重考察应试者是否善于提出问题和获得进一步的信息。批阅类文件要求应试者能区分事件的性质和轻重缓急，提出处理意见，这类文件是最常规的文件。

其次，要依据拟任岗位的要求和管理情境对各种文件进行组合，从而形成一套完整的公文筐测验题目。在文件组合的过程中，要根据文件的难度合理安排顺序，通常应该是由简单到困难，形成合理的梯度，从而避免应试者在一份很难处理的文件上思考太久而影响对后面文件的处理。此外，还要控制一个公文筐中文件的数量，以保证大多数应试者能在规定时间内完成测验。

（三）第一阶段试测

公文筐测验编制完成后，需要开展第一阶段的试测工作。试测工作主要有三个方面的作用：首先，试测可以获得各种可能的答案，从而为测验标准答案和评分标准的制定提供依据；其次，试测者能够对测验题目的内容和表达方式等提出他们的意见，通过对绩效优秀员工和绩效一般员工的试测结果对比，也可以发现测验是否具有良好的区分度；最后，可以借此机会对考官进行培训，以保证其掌握公文筐测验的实施流程。试测的对象应该是目标岗位的任职人员，包括绩效优秀人员和绩效一般人员，人数应该在 30 人以上，这样才能获得具有统计意义的数据。

（四）制定评分标准

评分标准的制定是测验评估过程中的基础环节。评分标准主要分为两个部分：第一个部分是参考标准，参考标准界定了在某个要素上什么样的文件处理方式表明应试者的能力高，而什么样的文件处理方式表明应试者在这一方面能力较弱。通过之前的试测，可以确定一个公文筐测验中文件的处理方式在各个层次水平的代表性答案，每种答案体现了不同的能力水平。第二个部分是等级水平，指不同的处理方式所体现出来的能力等级的量表系统，可以采用 5 点量表或者 7 点量表，5 点量表将应试者在某个要素上的表现分成优秀、良好、尚可、较差、很差 5 级。将量表等级与参考标准对应起来就得到了公文筐测验的评分标准。表 9－1 给出了计划组织能力的评分标准示例。

表 9－1　公文筐测验中维度评分标准——以计划组织能力为例

维度	评分标准	等级描述
计划组织能力	优秀	• 能够有条不紊地处理各种文件和信息材料，并根据信息的性质和轻重缓急进行准确的分类处理 • 处理问题时能及时提出切实可行的解决方案 • 能系统地事先安排和分配工作，注意不同信息之间的关系，有效地利用人、财、物和信息资源
	良好	…………
	尚可	• 分析和处理问题时能够区分轻重缓急 • 能够看到不同信息间的关系 • 解决问题的办法不是很有效，在资源的分配与调用方面也不尽合理
	较差	…………
	很差	• 处理各种文件和信息材料时不分轻重缓急，没有觉察到各种事件之间的内在联系 • 解决问题时没有考虑到时间、成本和资源方面的种种限制，以致提出的问题解决办法不可行

资料来源：徐世勇，刘亚军．人才素质测评．北京：中国人民大学出版社，2014.

（五）第二阶段试测

根据所得的题目和评分标准对目标职位的其他任职者进行第二阶段的试测。在双盲的情况下，计算人员的管理绩效与测评结果的关联性，从而获得信度、效标关联效度等信息。

三　公文筐测验题目的获取渠道

公文筐测验在国内的使用历史相对较短，目前题目的主要来源有以下几种。

（一）专业测评咨询机构

即邀请专业的测评咨询机构为组织设计公文筐测验题目。国内外有许多专业咨询机构，如美世、怡安翰威特等，这些咨询公司都享有很高的声誉。采用这种方式的优点是，咨询机构多年从事管理咨询方面的工作，积累了大量经验，拥有很多专业从事测评设计、经验丰富的专家，也拥有丰富的公文筐测验的题库，能够很快提供一套适合的测验题目，同时在专家的指导下，能够保证整个测评过程的正规性、有效性。但是这种方法也存在一定的缺点。首先，邀请专业的测评咨询机构进行题目设计将花费大量的成本，这也是公文筐测验在国内并没有大规模推广的原因之一。其次，外部咨询机构的专业人员如果不能很好地跟组织进行沟通，不了解组织的特殊需求，编制的题目不能很好地实现组织的测评目的。

（二）专业网络论坛

通过各大搜索引擎、门户网站或者专业人力资源论坛可以下载公文筐测验的题目。这种获取方式最大的优点是成本比较低，因为网上的资料大部分是免费的，这样可以节省企业用来编制公文筐测验题目的成本。这种资料获取方式的缺点也显而易见：一方面应试者也可以通过网络获取这些公文筐测验题目，提前进行相应的准备，从而使测验失去公平性；另一方面，网上能搜索到的公文筐测验题目的质量不能保证，由非专业人士编制的题目显然效度不会太高，而那些大公司使用的公文筐测验题目虽然取得了很好的效果，但不一定符合特定组织的特殊要求。这两方面的因素也是大部分小企业在使用公文筐测验时效果不好、流于形式的原因。

（三）自主编制

组织内部的人力资源管理人员和其他高层管理人员也可以一起设计公文筐测验的题目。运用这种方式编制公文筐测验题目也有其优缺点。优点有几个方面：首先，编制题目的人员对公司内部的情况比较熟悉，平时工作中也经常接触到公文的处理，所以编制出来的题目比较符合公司日常的工作情境。其次，由组织内部的人员进行公文筐测验题目的设计也能节省题目编制的成本。最后，在公文筐测验过程中，如果考官是编制这些题目的人员，那么就会对整个测验有一个清晰的把握，这样有利于测验的顺利进行，也能对测验过程中出现的各种问题进行控制。缺点是管理人员如果缺乏对相关测评知识的深入理解，就不能很好地编制出一套有实际测量效果的测验题目。

上述三种题目获取途径都各有优缺点，无论通过哪种方法获取公文筐测验的题目，都需要结合组织的实际需求进行修改和完善，以使测验能够最大限度地模拟组织真实的工作场景。理想的公文筐测验题目的编制最好能有管理学家、心理学家和组织管理人员的参与，互相取长补短，从而设计出一套科学的、贴近组织需求的、高效的测评工具。

第 3 节　公文筐测验的操作流程

公文筐测验的操作流程可分为三个阶段：准备阶段、实施阶段和评估阶段，每个阶段都是非常重要的，任何一个阶段出现纰漏，都会影响测评结果的最终有效性。所以在操作实施时，必须严格按照操作要求对应试者进行施测，以保证测验的科学性和公平性。

一　公文筐测验的准备阶段

（一）准备好相关的材料

除了上一节提到的题目和相关评分标准，还需要准备的测验材料包括答题背景、指导语和答题册等。

答题背景包含应试者的身份、工作职责和在组织中的地位等信息，其主要目的是给应试者处理公文材料提供背景情况，保证应试者有足够的背景信息可以参考并尽快进入角色。

指导语是在正式的公文筐测验之前考官对应试者所做的引导性发言，包括公文筐测验的任务、相关要求等，其目的是保证每个应试者都能准确地理解测验的要求。下面给出一个典型的指导语示例。

示例 9－2

指导语示例

请大家注意，我们马上将要开始公文筐测验。为了不影响测验，请大家先关闭手机及其他通信设备。

请大家查看一下是否都已经拿到了一份测验材料和答题册（主持人展示），首先请大家在答题册上填写好自己的姓名、编号等相关信息。在测验没有开始之前，请不要翻看测验材料。

在这次测验中，你将作为一个特定的管理人员，在 2 小时内处理一系列公文文件，这些文件放在办公桌上的公文筐里。在测验中你可以使用以下工具：答题册、相关背景材料、测验材料、铅笔、计算器。

大家都听明白了吗？有问题的请举手……（若有问题，则主持人加以解答；若没问题，则开始作答。）

答题册是发给应试者书写答案的文本，评分时会根据答题册上的内容进行相应评价。答题册主要由三部分构成：一是应试者的姓名、编号、应聘岗位、文件序号等；二是处理意见（或处理措施）、签名及处理时间；三是处理理由。具体如表 9－2 所示。文件序号表示的是文件的标识顺序，通常按由易到难排序，但不代表应试者处理的顺序，应试者可以根据事情的轻重缓急调整处理顺序。给所有应试者的文件顺序应当相同，以保证公平。在某些特殊情况下，需要应试者就某个问题写一份处理报告，此时需要另附几页空白的答题纸。

表 9－2　　公文筐测验答题册示例

应试者姓名		应试者编号	
应聘岗位		文件序号	
处理意见：		处理理由：	
签名		处理时间	

（二）选择合适的测验场地和时间

在场地和时间的选择上，公文筐测验要尽可能真实地模拟办公环境。测验场地应该具备空气清新、采光良好、环境安静整洁等条件；此外，还应当至少保证每个应试者有一张宽敞的办公桌和必要的办公文具。如果应试者数量较多，相互之间应当保持一定的距离，以免互相干扰。测验应尽量安排在办公时间进行。为了保证测验的公平性和保密性，最好将所有应试者安排在同一时间内完成测验。

（三）选择合适的考官

公文筐测验是一项专业性很强的工作，对考官的素质要求也比较高。他们不仅要掌握管理学和心理学方面的知识，了解公文筐测验的理论基础，还要对测评对象所任职务的任职资格和职责权限进行过深入、系统的研究，能够对应试者做出全面、客观、公正的评价，在需要的时候恰当地展开问询。正式测验开始前，考官要掌握测验程序，熟记指导语，在测验过程中对应试者的合理问题予以解答。

此外，如果在应试者中既有组织内部员工，又有外来应试者，考官应该在测验开始前向所有应试者介绍组织的相关背景情况，以减少由于应试者对于组织和职位熟悉程度不同而造成的测验结果的差异。

二 公文筐测验的实施阶段

公文筐测验和普通的考试比较相似，具有严格的时间限制和考试规范。测验的时间为 1～3 小时，具体的时间视公文数量和题目难度而定。在应试者处理文件时，需要安排考官对应试者在答题过程中的行为表现进行观察。考官也可以适当做一些记录，记录的内容要详细具体，不要进行主观、不成熟的评论，而是要记下客观的信息。如果应试者的人数过多，则可以录下整个测验过程，这样做的好处是可以通过视频回放观察应试者在测验过程中的工作状态和行为表现，这些行为表现将对后期考官的评价提供有益的参考。

此外，还有一些具体的行为规范，如正式测验开始前，应试者不得翻看测验材料；应试者对文件的处理建议都要写在答题册上；除特殊情况，应试者一般需要独立完成测验，不能与外界进行任何形式的交流；应试者在该阶段有任何问题都不得向考官进行提问；测验结束时，应试者必须立即停止作答。对于提前完成测验的应试者，也不要让他们离开考场，在下一个阶段考官有可能会对应试者进行必要的追问。

三 公文筐测验的评估阶段

公文筐测验的最后一个阶段是评估，也就是要对应试者的作答给出公正、科学的评定。公文筐测验答案的开放性和测验背景的复杂性，给测验的评估带来了极大的挑战，对考官也提出了很高的要求。

考官的评分结果将对公文筐测验的结果产生直接影响。因此正式测验前，需要对考官进行相应的培训。公文筐测验的评分者一般由两部分组成：一部分是对目标职位有经验的管理人员，他们对职位的胜任特征和职责要求有深刻的理解，但往往缺乏测评方面的专业知识，因此需要对他们进行测评方面专业知识的培训；另一部分是测评专家，他们能够很好地把握测评要素的概念和评价尺度，但是对具体岗位的了解往往不够，无法真正领会测评要素的内涵。所以对于测评专家而言，需要增强对岗位权责尤其是胜任特征的理解。测评专家和组织的管理人员互相沟通，取长补短，才能提高整个评估工作的准确性。

对评分者进行训练，仅仅通过技巧的传授和讲解是远远不够的，还需要通过实践操作来巩固。通常可以让多位评分者同时对几份公文筐测验的作答情况进行评分训练，当发现评分者的评分结果与预先设定好的标准差异比较大时，需要让他们陈述自己的评分理由，据此对他们进行再次指导，使他们更好地把握评分尺度。之后，再进行第二次试评分甚至第三次试评分，直至达到预先设定的标准为止。

示例 9-3

公文筐测验的评分方法简介

(1) 行为元素评分法。即针对单个文件的行为反应方式做出评分。一是针对该项考察维度进行评分；二是评估其在问题解决过程中所采取的方式方法及其最终效果。最后得分为二者的综合得分。行为要素评分法易于操作和计分，是最为常用的一种方法。

(2) 维度评分法。即以考察维度（如系统思维、统筹规划、决策能力等）为单位，在关注维度上对应试者进行评分。评分前，需要确定特定问题的主要评分维度和次要评分维度，均予以评估。维度评分法在计算最终得分时，需要分配合理权重，综合各个题目下该维度的得分，操作相对困难。但其测评结果能够量化分析应试者的优势、劣势，为之后的决策提供明确的依据。

(3) 总体评分法。即以更为宏观、全面的方式对应试者的行为做出评价，评分内容包括文件处理方法、思考问题方式、组织管理能力等。总体评分法操作较为困难，在当前的实践中使用较少。

资料来源：田效勋，等．发现领导潜能：情景模拟测验技术应用手册．北京：人民邮电出版社，2011.

公文筐测验结束后，考官需要立即对应试者的表现给予评分和书面评价，首先由每位考官独立给出得分，然后由工作人员收集考官的评分表进行汇总并比较分析。如果不同考官在某一指标上的打分出现很大的差异，则需要考官进行讨论得出相对一致的意见，以保证测验的评分者信度。如果评分的差异性不大，则可以取平均值作为最终的得分。在实际应用中，为了减少测验评分的时间、提高评分的内部一致性，还可以采用锚定计分法，即每个考官都只对所有考核维度中的 2～3 个维度进行计分，以解决信息加工量过大的问题，克服考官的评分标准在所有维度之间频繁转换带来的误差。

表 9-3 给出了公文筐测验评分表的一个例子。除了打出一个简单的分数，考官最好能够在各个测评要素上写出书面评语，从而为评估提供更多宝贵的信息，也能更加清楚地反映出考官对于应试者的意见。书面评语可从以下几个方面撰写：(1) 关于应试者的其他补充信息，可以对评分表中没有详细指出的要素表现点做一个记录，也可以补充记录在评分表的考察要素中没有显示的应试者的其他突出特点；(2) 对应试者的疑惑，指

考官在看了应试者的书面答案和做了补充追问后对应试者仍存在的疑问，暂时没有办法了解，可留待其他测评技术去探索；(3) 考核意见，即在评语中提出应试者是否有资格参加下一轮考核以及下一轮如何对应试者进行考核的建议。

表 9-3　　公文筐测验评分表示例

测评要素及权重		具体观察要素	评分	备注
分析判断能力（25%）	判断的速度	能在尽量短的时间内迅速抓住问题的要点		
	判断的质量	能正确辨别出各项文件的重要性和紧迫性，并按照优先级排列，抓住问题的核心，找出造成问题的根本原因		
统筹规划能力（20%）	规划的速度	能在尽量短的时间内迅速对手头的工作进行规划		
	规划的质量	能发现文件之间潜在的联系，从而根据各信息的具体情况做出统一、合理的规划		
决策能力（30%）	决策的时效性	根据公文的紧迫性和重要性，对公文所反映的情况及时处理		
	方案的可行性	做出的决策在现有条件下可以做到，且不与其他决策相冲突		
授权能力（15%）	区分任务性质	能表达出个人的合理要求与意愿，并合理使用职权让他人按照自己的要求去完成工作		
	分配任务	能合理地给他人分配任务，并给予适当的指导		
书面表达能力（10%）	思路清晰	表述有逻辑性，层次分明		
	措辞合理	称谓、用词、语气、文体与自己的身份相符，用词准确，言简意赅		
评语： 评分者签字：			总得分：	

本章小结

1. 公文筐测验的对象是组织中的中高层管理人员，考察的能力包括业务角度（对组织多方面业务的运作能力，对人、财、物、信息的把握和掌控）和技能角度（计划、组织、领导、决策、授权等）。

2. 公文筐测验题目的设计要注意题目典型、难度适中和主题突出。

3. 公文筐测验题目的编制程序包括五步：确定测评要素、编制题目、第一阶段试测、制定评分标准、第二阶段试测。

关键词

公文筐测验

复习思考题

1. 如何评价公文筐测验的优缺点？

2. 公文筐测验的评分方法有哪些？

参考资料

1. 田效勋，等．发现领导潜能：情景模拟测验技术应用手册．北京：人民邮电出版社，2011.
2. 徐世勇，陈伟娜．人力资源的招聘与甄选．北京：清华大学出版社，北京交通大学出版社，2008.
3. 徐世勇，刘亚军．人才素质测评．北京：中国人民大学出版社，2014.
4. 徐世勇，李英武．人员素质测评．北京：中国人民大学出版社，2017.

附录　公文筐测验题目举例

指导语：今天是 2016 年 9 月 1 日，恭喜你有机会在之后的 2 小时里担任××公司人力资源部副总经理。人力资源部李总经理正在外地出差，你将在他回来之前全权代理他的职务。××公司是一家大型国有股份制企业，其人力资源部下设四个处：人事处、劳资处、福利处、资产管理处，分别处理人力资源调配、工资奖金、员工福利和资产管理等工作。现在是上午 9 点，听取下属汇报工作、做好今天的工作安排后，你来到办公室。秘书已经将你需要处理的今日积压的文件整理好，放在文件夹内。文件的顺序是随机排列的，没有任何意义，你需要自己去排序处理。你必须在 2 小时之内处理完文件，并做出批示。11 点你还要接待一批重要客户。在这 2 小时内，你的秘书会为你推掉所有杂事，相信没有人会来打扰你。另外，很抱歉，由于各种原因，你在处理文件的过程中，没有办法与外界通话。

现在需要你以文件、备忘录、便条、批示等形式，将所有文件的处理意见做出书面表达，最后交给秘书传达。在公司，你被员工称为王副总或王总。

好了，可以开始工作了，祝你一切顺利！

文件一：

王副总：

近期我公司进行了一次设备更新，约有 100 台电脑被淘汰，现在放在仓库里。虽然这批电脑的性能已经不能满足我公司的正常工作需要，但是大部分仍然能正常工作。我们了解到现在我市有部分民工子弟学校正在采购一批二手电脑，以供教学使用。此事如何处理，是卖给学校还是无偿捐赠，望您指示。

资产管理处

2016 年 8 月 30 日

请你提出处理意见。

文件二：

王副总：

近段时间，第五车间的公司员工反映他们的工资不能按时发放，并且经常被无端克扣，他们还指责车间主任王文埃绩效考核时不能客观、有效地对员工进行评定。他们有可能会集体罢工或辞职。此事如何处理？请您批示。

劳资处

2016 年 8 月 30 日

请你提出处理意见。

文件三：

王副总：

近期各部门相继反映，由于我公司不断发展扩大，各部门的事务性工作量大幅增长，因此需要聘用一些专职秘书以缓解各部门的工作压力。以往我们的做法是从本地大专院校招聘临时秘书，虽然成本较低，但是稳定性差，不能满足长期工作的需要。现在我处拟从社会上公开择优招聘秘书 20 余名，关于此项工作您的意见如何？另外，如果决定招聘这批秘书人员，您是否参加面试？

人事处

2016 年 8 月 30 日

请你提出处理意见。

文件四：

王总：

人力资源信息：9 月 20 日在××饭店召开华东地区大型企业人力资源管理高峰论坛。届时到会的有各企业人力资源部总经理或副总经理，以及国内外一些人力资源管理专家和学者。您是否参加？请回复，以便我及早做出安排，办理相关报名事务。开会时间：9 月 20 日上午 8：00—11：30，下午 13：30—16：30。

秘书

2016 年 8 月 30 日

请你提出处理意见。

文件五：

王副总：

公司办公室转来一封群众来信。信中说公司总务处员工陈伟在某居住地扰得四邻不安，群众很有意见。如果情况属实，将会对公司名誉产生负面影响，特别是其居住地附近住有我们公司重要大客户的一些中高层管理人员。总裁要求尽快处理此事。

秘书

2016 年 8 月 30 日

请你提出处理意见。

附：群众来信

××公司：

我们是富豪居民小区 24 号楼的部分住户。贵公司员工陈伟在我们这里租房居住。他经常在家中搞舞会接待朋友，唱卡拉 OK，夜里很晚也不结束，影响了我们正常的生活和休息。此外，他还常与社会上一些不三不四的无业人员来往，关系密切，令人反感。希望贵公司能够对此人帮助教育。如果他再这样下去，我们将与派出所联系解决问题。

24 号楼部分居民

2016 年 8 月 30 日

文件六：

王副总：

在前些天的台风中，第一车间和第四车间反映屋面大面积漏水，经过勘查发现是由于房顶年久失修，屋顶建材已经锈蚀，需要总体更换，否则下次大雨情况将更加严重。但是今年的检修预算已经用完，不知能否增加预算，请批示。

资产管理处

2016 年 8 月 30 日

请你提出处理意见。

文件七：

王副总：

根据我们的调查，公司中青年员工离职率高与公司现有住房分配制度有一定关系。目前，公司已停止为员工建设或购买住房，仅为员工提供住房补贴，让他们自行租房居住或由公司提供帮助向银行抵押贷款买房居住。但由于房价太高，中青年员工无力购买，租房又不稳定，员工没有安全感。我们考虑，是否可由公司出资建设或购买一些小型公寓，以适当价格出租给暂时无房的员工，并规定在一定的期限后迁出公寓，给后来的员工暂住。这样可以使中青年员工安居乐业，降低核心员工流动率。此建议是否得当，请指示。如果可行，我们将向总裁办公室提出报告。

福利处

2016 年 8 月 30 日

请你提出处理意见。

文件八：

王副总：

公司业务不断扩大，效益再创辉煌，根据上月公司董事会的会议精神，我们拟定了一个为公司中层管理人员和核心员工涨薪 15%的薪酬调整方案。此方案是否得当，请批示。

劳资处

2016 年 8 月 30 日

请你提出处理意见。

文件九：

王副总：

关于开展“我们需要怎样的企业文化”的讨论现已告一段落，我们计划下周三上午 10：00 召开一次中层正职以上管理人员参加的专题讨论会。会议主题是如何确立公司的企业文化、怎样建设我们公司的企业文化。会上将请您说一说对这个问题的看法。届时我们准备把您的讲话要点打印成文件下发。望您务必参加，并将您的看法写成文字资料交给我们以便打印。（测验要求：必须在文件处理中由个人完成此项工作。）

人事处

2016 年 8 月 30 日

请你提出处理意见。

文件十：

王总：

据了解，我们的员工福利位于同行业的中上等水平。但考虑到现在行业的激烈竞争和高流动率，为了增强凝聚力和吸引力，提高员工的福利待遇是一项有力的激励措施。

因此，我们提出一项增加员工福利的计划，也就是将现在的人均福利费 200 元/月提高到 250 元/月的较高水平，另外再增加每半年一次的外出旅游，平均每人每次支出为 500 元。不知您对这项计划的意见如何，请批示。

福利处

2016 年 8 月 30 日

请你提出处理意见。

参考答案如下：

文件一——做出批示，要点有三：(1) 要无偿捐赠给民工子弟学校。(2) 要大张旗鼓地捐赠，以收到良好的社会效益，塑造企业形象。(3) 把这件事交给资产管理处尽快全权处理。

文件二——做出批示：该事即刻找劳资处去第五车间调查，就该车间工资不能按时发放、随意被克扣的原因，以及车间主任的考核不公正事件做出书面汇报。这件事要立刻去做，争取今天之前把详细的调查报告交上来。

文件三——考虑公司的替换成本等原因，只需要招聘 10 名专业秘书，由这 10 名专业秘书对其他员工进行培训，提高整体秘书的专业素质。关于面试现场，不参加，由招聘主管参加即可。

文件四——写一个便条，请秘书给出最迟报名时间以及相关主要内容，再做决定。

文件五——做出批示：(1) 首先去了解实际情况，看群众反映的情况是否属实。(2) 如情况属实，立刻写一封公开道歉信，并由人事处主管亲自道歉。(3) 对陈伟进行批评教育，责令其改正。

文件六——这件事情比较严重，可能预算会比较大，考虑到这个季节不是雨季，可以暂缓对车间进行修整。等明年预算批复之后再做根本的治理。

文件七——可以向总裁办公室提出建议，但是语气要斟酌好，不要强迫、强制要求。

文件八——如果切实符合董事会精神，就同意。

文件九——下周三的事情现在不必马上去做，可以设一个备忘录，让秘书再提醒。

文件十——福利可以增加，但是每半年一次的外出旅游不予增加。

这十份文件交叉重合地考察了以下五种能力：

(1) 书面表达能力。

(2) 分析判断能力。

(3) 统筹规划能力。

(4) 预测能力。

(5) 决策能力。

可以根据应试者的表现并询问应试者做出决策的原因给出一个 5 点或者 7 点的评分标准。

资料来源：徐世勇，陈伟娜．人力资源的招聘与甄选．北京：清华大学出版社，北京交通大学出版社，2008.

第 10 章 评价中心技术与其他测评方法

学习目标

通过本章的学习，你能够：

◎ 理解评价中心的基本含义。

◎ 了解角色扮演、案例分析与管理游戏等方法的操作流程。

◎ 熟悉背景调查和工作取样等测评工具。

引例

管理培训生的招聘

某能源企业集团总部计划招聘一批优秀的高潜质人才进入管理培训生队伍，期望这批管理培训生经过几年有针对性的培养，成长为集团职能岗位初级管理者。

前期做项目评估时，该企业集团人力资源部提出了几点要求：

(1) 不同于普通的校园招聘，管理培训生的选拔需要识别高潜质人才，测评流程和方法要更加科学、有效。

(2) 在过去校园招聘时，候选人对常用的心理测验、无领导小组讨论、面试等都非常熟知，常常提前准备，此次希望使用更新颖的测评工具。

外部测评咨询机构根据该企业集团的需求，提出了有针对性的解决方案：

(1) 利用搜寻事实代替智力测验，考察候选人获取信息、分析判断和决策等能力，选拔高智力人才。

(2) 根据各职能部门的实际情况，设计有针对性的角色扮演情境模拟测验，重点考察候选人的表达能力、判断能力、应变能力、沟通协调能力等，选拔高情商人才。

(3) 为更好地了解候选人过往的学习、实践经历，设计了内容更加丰富的传记式问卷，通过施测，该问卷有较高的预测效度，在本次大规模管理培训生招聘选拔测评中有效代替了面试的某些环节。

资料来源：徐世勇，刘亚军．人才素质测评．北京：中国人民大学出版社，2014.

第 1 节　评价中心

人员素质测评包含许多其他测评手段和方法，本书前面介绍的测评方法只是人员素质测评体系中几种常见的测评方法。由于篇幅的限制，本书不可能对所有测评方法都做详细的介绍。为了使读者对人员素质测评方法有一个全面的了解，以便根据实际需要选择合适的测评手段，本章将简要介绍其他几种比较常用的测评方法。本节整体介绍评价中心，之后章节详细介绍角色扮演、案例分析、管理游戏、工作取样、背景调查。

一　评价中心简介

1989 年召开的第 17 届评价中心技术全球会议通过的《评价中心操作指南和伦理问题》将评价中心（assessment center）定义为："评价中心是从多角度出发对行为进行的标准化评估。它使用多种测评技术，通过特定的测评情境对行为做出判断，由多名经过培训的测评师进行测评，所有测评师的意见将通过开会讨论或者统计的方法进行汇总。讨论过程中，对每个行为的不同看法以及评价都被整合起来，测评师由此确定测评对象在每个指标上的行为表现以及评价或者其他评价中心可以考虑的变量，若使用统计分析则需要用到一些公认的专业技术方法。"

因此，评价中心并不是某种单一的技术，它是通过创建逼真的模拟工作场景，采用多种测评技术和方法，同时测量多个应试者的多种管理技能和其他素质，并由多位评价者对应试者的表现做出评判的一套综合性的、标准化的测评程序。

1929 年，为了选拔优秀的军官，德国心理学家开发了一套多项评价程序，这便是评价中心的起源。在这次测评活动中，心理学家首先界定了军官所需特质的概念，随后设计了包括五官功能和运动协调性测验、书面测验、面试、任务练习、指挥训练练习等在内的多种测评方法。然后，由 2 名军官、1 名内科医生和 3 名心理学家开展了 2～3 天的测评活动。整个测评以整体性和自然性为指导原则，强调评价未来军官的整体素质和评价工作在自然、日常的环境中展开。这次测评成为评价中心的雏形，为以后评价中心的发展奠定了基础，德国心理学家所创立的情境模拟测评方法更是成为现代评价中心的核心思想。

二　评价中心的内容

评价中心所包含的内容十分广泛，广义的评价中心包含传统的心理测验（认知能力测验、人格测验、职业兴趣测验等）、结构化面试、投射测验、情境模拟等。狭义的评价中心主要指以情境模拟为核心的一系列测评技术，包含公文筐测验、无领导小组讨论、管理游戏、角色扮演、搜寻事实、案例分析、演讲等。

本书采用的是狭义的定义，对于前面已经详细介绍的测评技术在此不再赘述，下面简单介绍角色扮演、案例分析、管理游戏、演讲和搜寻事实，比较详细的介绍见本章后面的内容。

（一）角色扮演

角色扮演是一种情境测评方法，通过模拟现实的工作环境并让应试者扮演一定的角色处理特定的事务，来观察应试者在这种情境下的行为表现，以此评价应试者的胜任能力。此外，角色扮演还可用于员工培训，让员工在某种真实的情境下工作，可以使员工体验某种行为的结果，让员工更好地学习、改进。

（二）案例分析

案例分析是指向应试者提供一份案例材料，案例中包含一些组织中存在的问题，这些问题可以是虚拟的也可以是真实的，要求应试者在规定的时间内对这些问题做出解答。这种方法适合评价应试者的综合分析能力、逻辑思维能力、决策判断能力以及对知识的了解程度。一般案例分析还要求应试者提交书面报告，评价者还可以对报告的内容进行评价。

（三）管理游戏

管理游戏与其他情境测评方法的不同之处在于它采用游戏的方式来模拟实际的管理场景。在管理游戏中，每位小组成员都被分配一定的任务，并通过相互间的合作达成游戏目标，以此观察应试者在玩游戏的过程中表现出来的沟通协调、组织、决策、合作、创造性思维、压力管理等素质。游戏可以提高参与者的兴趣，也可以刺激参与者学习，因此在培训中采用管理游戏的方法，可以很好地开发参与者的管理技能。

（四）演讲

演讲也称为自我陈述，是指应试者按照给定的主题，以某种身份发表研究，阐述自己的观点和理由，以达到陈述、激励、劝说、总结等目的。演讲可分为即兴演讲和事先有准备的演讲两种形式，两者的区别在于应试者准备演讲的时间不同，在实际应用中应根据组织的需要选择合适的演讲形式。演讲结束后，考官还可以对应试者进行提问以获得更详细的信息。演讲考察的是应试者的逻辑思维能力、条理性、口头表达能力、抗压能力、说服力、自信心等。

（五）搜寻事实

搜寻事实是让应试者主动收集有关某一问题的真实信息的过程。开始测验时，考官会向应试者提供关于某一问题的模糊信息，应试者需要对这些模糊信息进行判断，甄别出有价值的信息。之后应试者可以就不清楚的地方向考官和相关人员进行提问。如果应试者的提问能够切中问题的要害，那么他将获得更多有价值的信息，也就更能接近事实。提问和回答结束后，应试者需要给出问题的解决方案。为了使测验更加有效，考官事先要做好充足的准备以应对应试者可能提出的各种问题。搜寻事实考察的是应试者的信息获取能力、分析判断能力、决策能力和抗压能力等。

三 评价中心的特点

（一）优点

评价中心有以下几个突出的优点。

1. 信度和效度高

我们常常把评分者信度作为评价中心的信度指标，这是因为评价中心的评分是由多位考官打分得到的。国外研究表明，评价中心的评分者信度为 0.5～0.99 不等，且评分者信度可以通过对考官的培训、互相讨论、合理设定评价维度等方式得到提高。效度方面的研究表明，评价中心具有较高的效标关联效度。因此，评价中心具有较高的信度和效度，是评价应试者最好的测评工具之一。

2. 综合性

综合性是指评价中心包含多种测评技术和手段，在实际测评过程中可以根据独特的需求选择某一种测评方法，也可以选择多种测评方法相互补充，发挥各种测评技术独特的优势，从而对应试者的特征做出更加全面的评估。

3. 互动性强

互动性包括应试者与应试者之间、应试者与考官之间的互动。大部分评价中心都有很强的互动性，这样能在最大限度上发挥应试者的能动性，甚至激发应试者尽可能多地展现自己的多方面特征。对于考官来说，可以同时观察多个应试者的表现。通过同时对比不同的应试者，考官能够更加准确地做出判断。

（二）不足

虽然评价中心有很多优点，但也存在以下一些不足。

1. 成本高

评价中心是多种测评方法的综合，为了能够取得良好的效果，企业需要对评价中心题目的编制、过程的控制和最终的评估进行精心的设计与把控，有时需要请外部的专家协助完成整个测评过程，而这些都需要投入大量的人力、物力、财力。此外，评价中心的实施耗时较长，通常需要 2～3 天才能完成。评价中心高成本的特点也使其难以在企业中得到大规模的推广。

2. 评分难度大

评价中心的复杂性对评分者也提出了很高的要求，评分者不仅需要在考核过程中仔细观察、认真记录，还要能够很好地把握考核的要素内涵和打分标准，从而对应试者的表现做出科学、公正的评判。

第 2 节 角色扮演

一 角色扮演简介

角色扮演（role playing）是评价中心的重要测评手段，它要求应试者在某个情境下扮演一个特定的角色，通过观察应试者在这个过程中的行为表现，来评判应试者的素质和能力。

角色扮演有多种形式，按照测评任务的不同，可以把角色扮演分为沟通型、应变型和问题解决型。沟通型的角色扮演通常设置一系列困难或矛盾，要求应试者扮演一定角色，与同事、上下级或客户进行沟通，以此评价应试者的人际关系处理能力。应变型的角色扮演通常让应试者处理某种突发的事件，以此考察应试者的危机处理能力。问题解决型的角色扮演主要是让应试者独自或者与他人一起完成一项任务，解决某个问题。

示例 10－1

10分钟角色扮演示例

指导语：你将与其他两人共同合作，而且你们三个角色的行为是相互影响的。请快速阅读关于你所选角色的描述，然后认真考虑你怎样扮演这个角色。进入角色前，请不要和其他两人讨论即席表演的事情。请运用想象使表演持续10分钟。

图书直销员（角色一）

你是个大三的学生，想多赚点钱自己养活自己，不让家里寄钱。这个月内你要尽可能多地卖出手头的图书，否则你将发生“经济危机”。你刚在党委办公室推销。任凭你怎样介绍书的内容，办公室主任都不肯买。现在你恰好走进了人事科。

人事科主管（角色二）

你是人事科主管，刚才你已注意到一位年轻人似乎正在隔壁的党委办公室推销图书，你现在正急于拟定一个人事考核计划，需要参考有关资料。你想买一些参考资料，但又怕上当受骗。同时，你也一直非常忌讳别人觉得你没有主见。

党委办公室主任（角色三）

你认为推销图书的大学生不安心读书，想利用推销图书多赚一点钱，以使自己生活得好一点。推销图书的人总是想说服别人买他的书，而根本不考虑买书人的意愿与实际用途。因此你对大学生的推销行为感到恼火。你现在注意到这位大学生马上会去利用你同事想买书的心理。你决定去人事科阻挠那个推销员，但又意识到你的行为如果过于明显可能会使人事科主管不高兴，认为你的好意是多余的，让他产生无能的感觉。

角色扮演要点参考（仅供评分人参考）

角色一应该：

（1）避免党委办公室的情形再度发生，注意强求意识不要太浓。

（2）对人事科主管尽量诚恳、有礼貌。

（3）防止党委办公室主任的不利干扰。

角色二应该：

（1）尽量检查、鉴别图书的内容与适合性。

（2）尽量在党委办公室主任说话劝阻前做出决定。

（3）党委办公室主任一旦开口，你又想买则应表明你的观点——该书不适合党委办公室是正确的，但对你还是有用的。

角色三应该：

（1）装着不是故意来搞乱为难大学生的。

（2）委婉表明你的意见。

（3）注意不要激怒大学生与人事科主管。

二　角色扮演的优缺点

（一）优点

角色扮演主要有以下几个优点。

1. 综合性

角色扮演可以考察应试者多方面的能力，如沟通能力、判断能力、应变能力等，多人参与的角色扮演还可以培养参与者的团队合作能力。

2. 仿真性

角色扮演是一种情境测评方法，它所模拟的情境和角色通常源于实际工作，这使得应试者能够对情境产生信任感，尽快融入自己的角色。因此，角色扮演能够很好地预测应试者未来的工作表现。

3. 灵活性

角色扮演的灵活性包括两个方面的含义。对于用人单位来说，角色扮演的内容和形式是多样的，可以根据目标职位的工作要求来设计相应的情境和角色。对于应试者来说，他的表现形式也是灵活多样、不受限制的，这样就可以使应试者充分发挥，尽可能多地展现自己的素质和能力。

（二）缺点

角色扮演主要有以下几个缺点。

1. 专业性强

角色扮演对于试题设计和最终的评估都有较高的要求，如果没有很高的设计水平，会导致情境和角色的虚假化和表面化、流于形式，使得应试者无法进入角色或者表现得不真实，从而对测评结果造成不良影响。而如果没有专业性很强的评估人员，则很难对应试者的表现做出客观公正的评估。

2. 表演意愿与表演行为

一方面，某些应试者为了使自己在角色扮演的过程中表现得更好，可能会提前进行一些角色扮演的训练，并在测评过程中表现出刻意准备的一些行为或模式化行为，而掩盖他们真实的特征，这对其他应试者来说是不公平的；另一方面，有些应试者由于自身的原因并不乐意接受这种测评方式，却又没有明确拒绝，导致他们并没有真正进入角色，从而使测评失去了意义，对这一部分应试者也是不公平的。

3. 标准化困难

在角色扮演中，通常需要一位合作者来扮演对手的角色，这名合作者在与不同的应试者进行互动时可能会有不同的表现，使得角色扮演很难做到标准化。

三 角色扮演的实施

（一）前期准备工作

1. 明确角色扮演的目的

角色扮演适用于评价应试者的关系协调能力，与他人的沟通能力，在高压环境中的工作表现，决策、计划与组织能力，冲突管理能力。因此，需要首先确认角色扮演是否适合测评目标岗位的胜任特征。

2. 确定角色扮演的评价指标和评价标准

不同的岗位所需要的胜任特征是不同的，因此，角色扮演实施前应该根据目标岗位的不同确定角色扮演的评价指标。例如，对于管理岗位来说，角色扮演侧重于评价控制协调能力、决策能力以及与下属的沟通能力。对于销售岗位来说，角色扮演主要关注说服能力和察觉情绪的能力。确定评价指标后，应该经由专家小组讨论来确定各评价指标的评价标准。

3. 培训应试者的合作者

角色扮演过程中通常会设置多种角色，既有应试者扮演的角色，也有经过培训的合作者扮演的角色。评估的主要依据就是应试者与合作者之间的互动过程。因此，测评活动开始前，需要对合作者进行培训，使合作者熟悉应试者的工作环境，并对合作者的言行进行规范。

4. 设计角色扮演模拟情境

模拟情境要和应试者以后面临的工作环境高度相关，要突出目标岗位最重要的能力要求，要明确告诉应试者他的任务是什么。

（二）实施过程

1. 位置的安排

在进行位置安排时，要考虑到角色扮演中各位应试者之间必须是平等的，避免因位置的差异而造成心理压力，从而更加有利于沟通的进行。另外，应试者要面对考官，这样便于考官对应试者进行观察和评价。

2. 角色扮演的过程

角色扮演正式开始前，考官应该向应试者说明角色扮演的要求和注意事项，并回答应试者的相关疑问。角色扮演正式开始后，考官不再给应试者任何指导，也不进行任何干涉，而是由应试者充当积极主动的角色，由应试者控制角色扮演的话题和气氛。

3. 观察和记录

在整个角色扮演过程中，考官要持续观察应试者的行为表现，并记录应试者的言语，最好采用应试者的原话。记录内容要详细、客观、准确，在记录过程中不要对应试者进行评价。

（三）评分

角色扮演结束后，考官和评价者需要重新阅读角色扮演的记录文献，对应试者的行为和话语进行分析，对照之前准备的评价指标和评价标准，对应试者就每一评价指标进行评分。

第 3 节　案例分析

一　案例分析简介

案例分析法（case analysis method）由哈佛商学院于 1880 年创立，最初用于培养高级管理人员，后来逐渐发展成为人员素质测评的一种方法。案例分析是指向应试者提供一份书面的情境事件，要求应试者以某种身份对事件进行分析和决策，解决案例中出现的各种问题。考官通过对应试者分析报告的评估，来判断应试者的某些素质和能力，如综合分析能力和判断决策能力等。

在设计时要遵循以下要求：

第一，案例的选材要具有典型性和真实性，设计的评价指标数量要适当。

第二，案例中的事件描述要尽量具体，给出回答问题所需要的全部信息。

第三，案例的篇幅要适中，一般控制在 500～1 000 字。

第四，问题的设定和拟定的参考答案要有启发性和开放性，以使应试者和评分者都有较大的发挥空间。

示例 10－2

案例分析示例

某局机关因工作需要，新成立了一个行政处，由局原办公室副主任李佳任处长，原办公室的 8 位后勤服务人员全部转到行政处。李佳上任后便到处物色人才，又从其他单位调进 5 位工作人员。这样，一个 14 人的行政处便开始了正常工作。

李佳 38 岁，年富力强，精力旺盛，并没有配备副手。开始倒没有什么，可是时间长了，问题也就多了。因为在行政处，不管是工作分配、组织协调，还是指导监督、对外联络，都是李佳拍板定案。尽管他工作认真负责，每天起早贪黑，还是应付不了如此繁杂的事务，哪个地方照顾不到就会出乱子。行政处内部开始闹矛盾，与其他部门也发生了不少冲突。

在这种情况下，局领导决定调出李佳，派局办公室另一位副主任王强接任行政处处长。王强上任后，首先是着手调整行政处内部组织结构，行政处下设 4 个二级机构：办公室、行政一科、行政二科、行政三科。其次是选调得力干将，从原来的局办公室选调 2 位主任科员任行政处副处长，从业务处选调 3 位副主任科员分别任 3 个科的科长，其余科长、副科长在原来的 13 名工作人员中产生。王强采取这些做法，目的就是改变行政处的沉闷气氛，调动大家的工作积极性，提高行政处的工作效率。

这样，一个 19 人的行政处在 3 位正副处长、8 位正副科长的领导下，再次以新的面貌投入到工作之中。但是过了不久，行政处的工作效率不仅没有提高，反而更加糟糕了。有人认为王强经常越权乱指挥，他们的工作没法开展；有人认为王强到处包办代替，没事找事干，和科长争权；有人认为行政处官多兵少，没有正经干活的。不到半年，行政处又陷入重重矛盾之中，不但人际关系紧张复杂，而且大家都没有干劲。王强带来的几个人也要求调回原部门。在这种情况下王强只好辞职。但他很困惑：自己工作热情很高，为什么还领导不好行政处的工作？

问题

1. 李佳和王强失败的主要原因是什么？

2. 应如何改进？

答案要点

（1）李佳和王强管理上的失败，主要是因为在进行组织设计时，违背了组织设计的基本要求和原则，也就是说设计管理层级和管理幅度不合理。

（2）李佳失败的原因是：第一，管理层级太少，没有体现出分权管理原则；第二，管理幅度过宽，1∶13 的幅度严重失衡。

（3）王强的问题是：第一，横向部门设置过多；第二，官多兵少，机构头重脚轻；第三，领导方法不当，过于揽权，管得太宽太细，影响中层干部的积极性。

（4）正确的做法应当是：第一，设计组织管理层级和管理幅度时一定要适度；第二，确定管理幅度应以管理事务的难易程度为前提；第三，设计管理幅度还要考虑管理者的水平和管理手段以及管理对象的素质等因素。

资料来源：胡月星．评价中心与结构化面试．银川：宁夏人民出版社，2007.

二 案例分析的特点

案例分析有以下两个突出特点：

首先，案例分析的应用范围非常广泛，案例设计较为灵活。案例分析既适用于一般管理人员的测评，也适用于中高层管理人员的选拔。这是因为案例分析可以根据施测对象，编制不同背景和不同难度的具体案例。

其次，案例分析的实施比较便利。案例分析的实施过程较为简单，应试者根据所提供的书面材料提供相应的回答。相比无领导小组讨论、角色扮演等测评手段，案例分析既可以单独对个体施测，也可以大规模地对群体施测，从而大大提高了测评的实施效率。

三 案例分析的实施

（一）前期准备工作

1. 提前准备好测评材料

测评材料包括试题材料、答题卡、评价标准、指导语等。

2. 安排测评场地

测评场地必须舒适、安静。

3. 选择并确定评分者

案例分析的评分有一定难度，需要事先对有一定测评经验的评分者进行培训。

（二）实施过程

案例分析开始前，评分者需要朗读事先准备好的指导语，确保应试者清楚理解案例分析的要求，并回答应试者的相关疑问。在案例分析过程中应试者必须独自完成整个测评过程，不能向评分者提问。案例分析的结果可以是口头的解决方案，也可以是书面的解决方案。

（三）评分

测评结束后，需要对应试者口头或书面的解决方案进行整理，评分者根据事先确定的评价指标和评价标准，就每一指标对应试者进行打分，做出科学、公正的评价。

第 4 节　管理游戏

一　管理游戏简介

管理游戏（management game）是指通过引入游戏的方式来模拟管理场景，观察应试者在玩游戏过程中表现出来的沟通协调、组织、决策、合作、创造性思维、压力管理等素质。管理游戏有不同的类型，如销售游戏、破冰游戏、创造力游戏、会议游戏、团队建设游戏、压力释放游戏、激励游戏、客户服务游戏等。

管理游戏包括以下几个要素：游戏目的、游戏程序、游戏规则、游戏道具、游戏时间安排、游戏注意事项、讨论题等。下面列举两个管理游戏的示例。

示例 10－3

管理游戏——相信我

目的：展示团队协作所需的相互支持、领导的作用和成员间的相互合作；建立团队的相互支持与信任。

所需材料：印花手帕若干。

步骤：将整个团队分成若干个四人小组。成员自愿参加游戏，每个小组要有一人蒙上眼睛；选出一个小组的领导者，让他通过话语指导蒙眼睛的人在房间里或邻近的区域从 A 处走到 B 处，领导者不可以接触那个蒙眼睛的人。另外两个人帮助领导者，以保证蒙眼睛的人不会撞到。

蒙眼睛的人走完（2～3 分钟），换一个人再走并选择一条不同的路线。

如果时间允许，重复这个过程。

讨论题

1. 当你被蒙住双眼的时候，感觉怎么样？（心里不踏实、害怕、说不出话等）
2. 你信任你的领导者吗？为什么？
3. 你信任你的合作者吗？为什么？

4. 当你被蒙住双眼的时候，需要什么？（支持、别人的保证、建议等）

5. 你所在的团队如何应用这个游戏？

6. 你觉得团队中的新伙伴怎么样？这个游戏对改善你和他们的关系有什么帮助？

小提示：请确保游戏场所的安全性，清除隐藏的障碍物。不要鼓励他们通过互相催促、互相竞争来抢先完成游戏。

资料来源：胡月星．评价中心与结构化面试．银川：宁夏人民出版社，2007.

示例 10-4

管理游戏——瞎子穿拖鞋

目的：意识到自己力量的局限性，展示团队协作中所需的相互支持和相互合作，增强团队凝聚力。

所需材料：拖鞋若干，眼罩若干。

步骤：将团队分成若干个人数相等的小组，进行小组之间的竞争游戏。首先，将拖鞋放在距离起点前方五步远的地方，之后每个小组轮流派出一人参与游戏。将参与游戏学员的眼睛蒙住，带到起点处旋转三圈后出发，能够准确前进大小适中的五步、成功在第六步穿上拖鞋的小组得分。最后核算总分，分数多的小组取胜。

在游戏进行中己方可以大声提示参赛成员，其他小组的竞争对手也可以用错误的指示扰乱他人。

讨论题

1. 当你被蒙住双眼的时候，感觉怎么样？（心里不踏实、害怕、说不出话等）

2. 你能否在自己行动的基础上，充分信任别人的指导？为什么？

3. 你如何分清己方的声音和对方的干扰？

4. 当你被蒙住双眼的时候，需要什么？（支持、别人的保证、建议等）

5. 你所在的团队是否获胜？有什么地方做得很好或者需要改进？

6. 你觉得团队中的新伙伴怎么样？这个游戏对改善团队伙伴之间的关系有什么帮助？

小提示：请确保游戏场所的开阔性和安全性，清除隐藏的障碍物。蒙上眼睛后注意保持平衡，避免摔倒受伤。

资料来源：经理人培训项目编写组．管理游戏培训大全（上）．北京：机械工业出版社，2008.

二 管理游戏的特点

与其他测评方法相比，管理游戏有以下特点。

首先，管理游戏的参与性强。管理游戏最大的特点在于它是通过游戏的方式进行的，游戏具有趣味性，能够消除应试者的紧张情绪，提高应试者的兴趣，使他们更快地进入测验的状态，从而在轻松愉快的氛围中展现自己的能力和素质。

其次，管理游戏的灵活性强，可以针对不同的管理问题设计独特的管理游戏。

最后，管理游戏通常以团队的形式呈现，使参与者的团队合作能力得到了锻炼，也是观察应试者领导能力、沟通能力和合作能力的极好机会。

三　管理游戏的实施

（一）前期准备工作

管理游戏的前期准备工作包括以下内容：

（1）布置管理游戏的场地。场地要便于管理游戏的开展，要确保在游戏过程中将外界干扰减到最少。

（2）准备好备选方案。当原管理游戏由于某些原因不能正常进行时可以采用备选方案。

（3）提前向应试者发出通知，告诉应试者参加管理游戏的注意事项，让应试者提前为管理游戏做好准备。

（二）实施过程

管理游戏开始前，考官要简要介绍本次游戏的背景、目的、游戏规则和任务，确保每个应试者都理解该游戏的规则和内容。然后向每位应试者发放管理游戏的相关材料，管理游戏开始。在游戏开展过程中考官不能打扰游戏的正常进行。为了事后更好地评价应试者，在游戏开展过程中，最好用摄像机将游戏的整个过程拍摄下来。

（三）评分

管理游戏主要用于人事决策或管理能力提升，需要根据管理游戏的目的来进行评分。以人事决策为目的的管理游戏应该事先确定游戏所测评的维度，最后根据应试者的表现给出每个维度的相应得分，依此来判断应试者与目标岗位的适合程度。游戏测评的维度也应该围绕目标岗位展开。最终将得到每个应试者的评价报告，用来判断应试者的能力是否与目标岗位的能力要求相符合。

以管理能力提升为目的的管理游戏要向员工进行反馈，让员工了解自己的优点和缺点。对员工的反馈可以在游戏中进行，也可以在游戏结束后进行，并鼓励员工积极进行总结和反思。

第 5 节　其他测评方法

一　工作取样

（一）工作取样简介

工作取样（work sampling technique）又称工作样本，是指应试者在一个高度仿真的工作环境中，完成基于工作分析而挑选出来的各种工作任务，考官通过对应试者的行为表现进行评估来判断其是否具备胜任某岗位工作的能力。

使用工作取样这一技术，通常需要遵循以下几个步骤：

第一，通过工作分析确定工作的职责和内容，进而得出完成这一工作所需要的基本能力和要求，列出包含这些能力和要求的所有工作任务。

第二，从所有工作任务中选出几项有代表性的任务，并将每项任务分解成具体的关键操作环节。

第三，按照一定的顺序将这些任务编排入一个工作取样测验中。

第四，制定评分标准。

（二）工作取样的特点

工作取样相比其他测评方法，有以下几个特点。

（1）表面效度高。由于工作取样技术的测验题目都来自工作分析所得的工作任务，应试者能够很容易地察觉到测验所考察的内容，因而能够更加投入到测验中去，展现自己的能力和素质。

（2）具有较高的效度。工作取样具有良好的效度，菲利普（Philip）等人对工作取样技术效度的元分析结果显示，工作取样技术与工作绩效的调整后相关系数为 0.33。虽然从绝对值来看并不是很高，但是施密特（Schmidt）在 1998 年对 19 种人事选拔技术效度的研究结果显示，工作取样技术的效度是最高的（其余 18 种技术分别为智力测验、诚实测验、责任心测验、结构化面试、非结构化面试、工作知识测验、工作实践、同伴评定、锚定测验、背景调查、工作年限、传记式问卷、评价中心、培训经验点评定法、教育年限、兴趣、笔迹分析、年龄）。

（3）通过工作取样技术录取的新员工离职率更低。工作取样技术使应试者有机会直接接触到未来岗位的工作，从而对自己能否胜任这一岗位做出更准确的判断。通过这一技术选拔出来的应试者通常都是对这个职位更加感兴趣并且有能力胜任工作的，他们的离职率也就相对较低。

工作取样技术的局限性主要在于它的高成本。为了使得测验更加逼近真实工作场景，需要有精密的测验设计，采用真实的工作场所，还需要对考官进行严格的培训，同时，测验的性质决定了一次只能对一个应试者施测，这些都增加了工作取样技术实施的成本。

（三）工作取样在实际操作中的注意事项

（1）工作取样要尽可能反映真实的工作环境，工作取样前应该对目标职位进行详细的工作分析，找出该职位关键的场景和典型的工作。工作取样来源于实际工作，是实际工作的典型代表，与实际工作的相关性是评价工作取样优劣的重要指标之一。只有这样，才能保证工作取样的预测有效性以及效标关联效度。

（2）工作取样有一定的适用范围，适用于选拔有工作经验的应试者，并且在测评时需要结合智力测验、职业兴趣测验等方法，对应试者进行全面考察。

（3）工作取样评分时不仅要对测评的效度和信度进行检验，还需要分析情境的合理性，确保评分的科学性和全面性。

二 背景调查

（一）背景调查简介

背景调查（reference check）指从应试者提供的外部证明人或者之前工作的单位那

里获取资料，来核实个人情况的一种方法。通过背景调查能够核实应试者教育背景、工作经历、工作能力、个人品质等方面的信息，为组织的人事决策提供更丰富的依据。

关于何时进行背景调查，目前在实际操作中有两种常用的方法。第一种是入职前背景调查（pre-employment reference check），此时用人单位有录用意向，但候选人尚未正式确定入职。在这个时间段进行背景调查，可以减少招聘成本，因为用人单位只需要对某几个在考虑范围内的候选人进行背景调查，而且一旦在背景调查中发现候选人有造假的情况，也可以比较容易地结束招聘进程，承担的法律风险较小，但是通常这段时间非常短，不一定能够及时完成背景调查，候选人也有可能在这段时间内转向别的企业，造成人才的流失。第二种是在入职之后的试用期内开展背景调查，称为入职后背景调查（post-employment reference check）。在这段时间内，公司有充足的时间开展背景调查，并且调查成本非常低（只需要调查某一个员工）。但是也会面临更大的风险：如果员工确实有重大的道德问题，就可能会给公司带来重大损失；另外由于已经与员工签订了正式的劳动合同，一旦通过背景调查发现员工有造假行为，辞退员工会让公司承担比较大的法律风险。

背景调查的实施者可以是企业的人力资源部、专业的第三方调查公司或者猎头公司，具体选择哪一种方法，需要综合考虑招聘的职位级别、公司规模、招聘成本等因素。

（二）背景调查的具体方式

背景调查可以通过电话调查、档案查询、专人查询等多种方式进行。

背景调查的信息量较少时，可以由企业的人力资源部进行，派人力资源部的员工去应试者原来的工作单位、曾经就读的学校进行调查。由人力资源部员工进行背景调查，获得的信息可信度较高，但是比较耗时费力。

当调查信息量较大时，可以将背景调查委托给有背景调查业务的中介机构。去应试者就读过的学校进行调查，可以立刻分辨出学历和学校活动的真伪。去应试者原来的工作单位进行调查原则上可以了解应试者以往的工作绩效和个人能力，但应试者原来雇主的评价是否客观需要加以辨认。为了防止自己的优秀人才流失，原雇主可能会降低对自己员工的评价。也可以去档案管理部门进行背景调查，目前档案由国有单位的人事部门和人才交流中心保管，它们对档案的传递有着严格的规定，因此利用档案进行背景调查的可信度也比较高。委托调查的优点是快速、专业，缺点是费用较高。

（三）背景调查在实施中应注意的问题

背景调查作为规避用人风险的有效手段之一，已经被越来越多的组织采用，但在实际使用过程中，需要注意以下几点。

（1）与工作的相关性。背景调查所涉及的项目应该是与应试者未来所要从事的岗位工作相关的内容，调查者不得获取与工作无关的其他隐私信息。

（2）征求同意。背景调查开始之前需要应试者以书面形式签署同意组织进行背景调查的知情书，并且提供 2～3 位证明人的姓名和联系方式。

（3）结果的保密性。背景调查的结果一般情况下不宜向其他人尤其是应试者本人透露，除非结果显示应试者有严重的造假问题。

(4) 结果的使用。背景调查作为一种测评手段，其结果要谨慎使用，只能作为人事决策的一个参考，最终的人事决策还需要参考其他测评工具的测评结果。

(四) 背景调查的一些技巧

背景调查对组织来说是非常重要的，可以用来证实应试者的教育背景、工作经历以及人际交往能力。良好的背景调查可以为企业节约成本，规避用人风险。核实背景资料有以下技巧。

(1) 让应试者提供教育背景和工作经历的证明人选，调查者可以通过证明人选来核实背景资料。

(2) 采用步步紧逼法核实背景材料。在核实教育背景时，根据应试者的专业，面试人员可以提出一些专业问题，通过应试者的反应就可以初步判断出文凭的真假。

对于应试者的社会活动和工作经历，面试人员可以对其中的某些细节问题连续进行提问，例如，你过去工作的主要内容是什么？你的直接上级是谁？在原来的工作中，最让你有成就感的事是什么？在背景材料核实中，面试者不一定需要了解相关的技术知识，只需要根据应试者的反应就可以判断出应试者是否在撒谎。

(3) 当我们对应试者的背景信息存在疑惑时，可以让应试者签署承诺函，承诺函里需要申明，一旦发现背景资料中存在虚假信息，公司可以无理由予以辞退。采用此种震慑方法也可以有效减少虚假信息的存在。

本章小结

1. 广义的评价中心包含传统的心理测验（认知能力测验、人格测验、职业兴趣测验等）、结构化面试、投射测验、情境模拟等，狭义的评价中心主要指以情境模拟为核心的一系列测评技术，包含公文筐测验、无领导小组讨论、管理游戏、角色扮演、搜寻事实、案例分析、演讲等。

2. 案例分析法的案例需要满足的条件如下：案例的选材要具有典型性和真实性，涉及的评价指标数量要适当；案例中的事件描述要尽量具体，给出回答问题所需要的全部信息；案例的篇幅要适中，一般控制在500～1 000字；问题的设定和拟定的参考答案要有启发性和开放性，以使应试者和评分者都有较大的发挥空间。

3. 常用的背景调查内容包括个人基本信息、教育和培训经历、个人工作经历、个人特质、个人品德、其他信息等。

关键词

评价中心　角色扮演　搜寻事实　案例分析　工作取样　背景调查

复习思考题

1. 评价中心的优缺点有哪些？
2. 工作取样的特点有哪些？
3. 背景调查在实施中要注意哪些问题？

参考资料

1. 胡月星．评价中心与结构化面试．银川：宁夏人民出版社，2007.

2. 孙健敏．人员测评理论与技术．长沙：湖南师范大学出版社，2007.

3. 徐世勇，刘亚军．人才素质测评．北京：中国人民大学出版社，2014.

4. 经理人培训项目编写组．管理游戏培训大全（上）．北京：机械工业出版社，2008.

5. 程昌连，等．全国公开选拔党政领导干部考试：面试．北京：中国人事出版社，2001.

6. 徐世勇，李英武．人员素质测评．北京：中国人民大学出版社，2017.

附录　评价中心在美国电话电报公司的实施

第一个运用评价中心的美国电话电报公司现在已经是拥有 60 个评价中心的机构，下面描述其某个评价中心的实施步骤。

一　确定样组（包括评价人员与被评价人员）

6 名被评价人员通过评价决定能否提升为高级管理人员。其中 4 名是工商管理硕士，另 2 名不是大学生，他们是作为非管理人员雇用的，但是已从事了 4 年以上的基层管理工作或中层管理工作。

3 名评价人员都不是被评价人员的上级，其中 2 名是受过心理学训练的人事管理系统的高级管理人员，1 名是工业临床心理学专家。

二　确定成功管理者的特征

评价人员选择与被评价人员今后工作环境有关的情境，根据已有的文献资料和人事管理系统，确定一系列成功管理者的特征，这些特征在以后的一个阶段内是不会改变的。3 位评价人员确定了 25 个成功管理特征，包括管理功能（如组织、计划、决策）、人际关系（如人际交往、个人印象、敏感性）、一般能力（如智力、适应能力、情感控制能力）、价值观和态度（如工作中心、社交中心、主动积极、独立性）等。

三　确定采用的评价技术

根据确定的 25 个成功管理特征，评价人员选用了多种评价技术。首先是长达 2 小时的谈话，内容包括个人背景（年龄、婚姻状况、子女数量、教育水平、工作经验、特殊成就等）、个人目标、社会价值观和兴趣等。此外，还有公文筐测验、无领导小组讨论、罗列句子完成测验、主题统觉测验、自我描述测验、爱德华兹爱好量表、观点问卷、生活态度和个人历史调查。

另外，为了考察被评价人员的用人能力与说服能力，可以给他们 5 位中层管理人员的材料，要求他们讨论提拔其中的 1 位管理人员。

谈话及心理测验主要由工业临床心理学专家实施，其内容与其他心理测量和谈话方法没有什么差异。

四 评价过程

评价花费 2 天的时间，评价人员要仔细观察和记录与被评价人员的谈话、心理测验和模拟练习的结果，每位评价人员分别负责记录 2 位被评价人员的结果，尤其是记录被评价人员所说或所做的特殊事情。在评价过程中要注意，每位评价人员不是仅仅负责某 2 位被评价人员，而是要观察每位被评价人员。

在评价过程中，评价人员不要对被评价人员做过多的解释性说明，而是按标准和程序进行。每项测验完毕后，评价人员要立即根据 25 个成功管理特征独立地评价等级（共分 5 个等级），并评论被评价人员解决问题的能力。

这 5 个等级是：

5＝显著地高于成功管理特征的标准；

4＝有些高于成功管理特征的标准；

3＝符合成功管理特征的标准；

2＝有些低于成功管理特征的标准；

1＝显著低于成功管理特征的标准。

然后，评价人员逐一讨论每位被评价人员的所有测量结果，直到确定一个大家都同意的等级为止。每位评价人员首先宣读他对被评价人员的观察记录结果，另 2 位则根据此结果，确定某位被评价人员的等级。若此时有听不明白之处可以提问，但绝不允许讨论。之后，开始讨论 2 位评价人员所做的评价等级。在这一讨论过程中，2 位评价人员可以改变最初的评价等级，直到取得一致同意的等级。最后，可以根据评价的目的做一些额外的讨论，如决策能力、组织能力如何等，并指出进一步发展的建议和方法，这些具体意见在评价结束后可以告诉被评价人员。

每位评价人员所宣读结果的内容包括：被评价人员在某测验练习中的地位与作用，观察到的与 25 个成功管理特征有关的行为以及初步的等级。宣读的程序是：谈话的结果、无领导小组讨论的结果、心理测量的结果、公文筐测验的结果。

最后，评价人员形成一个最终的全面评价等级，并写出进一步发展的建议，以书面形式交给公司的人事管理部门。评价的结果表现为，建议人事管理部门应该提拔哪一位被评价人员。对于暂时未被提拔的被评价人员，评价人员则需做出大约再过几年就可以被提拔的评论，供人事管理部门参考，便于有针对性地训练和培养。对难以确定的被评价人员，暂缓做出预测，以对被评价人员负责。

资料来源：程昌连，等．全国公开选拔党政领导干部考试：面试．北京：中国人事出版社，2001.

讨论题：

1. 评价中心在实施时，大概的流程是什么？

2. 在使用评价中心时，如何确定具体的测评技术？

第 11 章 传记式资料测量

学习目标

通过本章的学习，你能够：

◎ 理解传记式资料测量的基本内涵。

◎ 了解传记式资料测量的理论基础和结构维度。

◎ 熟悉传记式问卷的题目编制方法和计分策略。

引例

用户画像

在大数据时代，组织面临一系列改变与重塑，其中最大的变化莫过于，大大小小的组织都期望深入地凭借大数据对消费者行为进行了解，最好能将消费者行为变得“可视化”。随着大数据技术的深入研究与应用，组织的专注点日益聚焦于怎样利用大数据来为精准营销服务，进而深入挖掘潜在的商业价值。于是，“用户画像”（user profile）的概念应运而生。用户画像其实来自人员素质测评中的传记式资料测量（见图 11－1）。100 多年前，著名学者彼得斯（T. L. Peters，1894）在美国芝加哥保险业者大会上首次提出要将“个人履历信息标准化”，指出可以设计一套标准测评问卷，系统收集个体过去的生活、工作等多方面的行为表现数据，对个体属性进行综合评估和描绘。彼得斯将这种测评方法称为“个人履历信息的标准化”，但是由于统计分析手段和方法受限以及采集个体信息的复杂程度较高，这种在当时较为前沿的方法一直被人力资源和人员素质测评领域冷落。他没有想到，在 100 多年后的今天，互联网和大数据兴起后，他提出的技术方法改头换面，有了一个新的名称——用户画像。

图 11－1 人事测评中的用户画像技术——传记式资料测量

资料来源：推送“行家”每日互动：精准用户画像很重要.［2018－06－08］. https://xinwen. pconline. com. cn/1132/11320957. html.

本章将介绍这种相对较新或者说人力资源管理者不常用的人员素质测评技术。传记式资料测量和用户画像两者作为大数据的根基，通过测量个体属性抽象出一个用户的信息全貌，为进一步精准、快速地分析用户行为习惯、消费习惯等重要信息，提供了足够的数据基础，奠定了大数据时代的基石。

用户画像即用户信息标签化，就是企业通过收集与分析消费者社会属性、生活习惯、行为属性等主要数据，完美地抽象出一个用户的商业全貌，它是企业应用大数据技术的基本方式。用户画像为企业提供了足够的信息基础，能够帮助企业快速找到精准用户群体，获取用户需求等更为广泛的反馈信息。

第 1 节 给应聘者画像——传记式资料测量

在众多人事选拔技术中，传记式资料测量因集合了定量和定性两大研究取向的优点，可提供全面细致的应聘者信息而受到广大研究者和实践领域管理者的青睐。在大规模人员招聘中，企业都在寻找成本低、效率高、准确度高的测评方法。近年来，传记式资料测量凭借独特的优势，成为企业大规模人员招聘的有效测评方法之一。本节将从传记式资料的含义，传记式资料测量的适用范围、产生历史、理论基础和优缺点等方面进行介绍，使读者对传记式资料测量这一测评工具有更深入的了解。

一　什么是传记式资料

biodata 的中文译名有很多种，包括传记式资料、履历资料、个人背景资料，它是指个人的一切历史信息，不仅包括个人的生活、工作经历等实实在在的信息，也包括个人的价值观、信仰和态度等无形的信息，是个体过去行为经验的总和。传记式资料主要关注已发生的客观事实，而这些事实又能反映个体价值观、态度、信念和能力等方面的特质。

随着越来越多相关研究的开展，学者们对传记式资料的内涵产生了一些分歧。一些研究者认为，传记式资料测量了相对广义的特质，包括技能、能力、态度、工作环境等。另一些研究者认为，如果传记式资料所涵盖的特质过于广泛，就无法与其他测验方法加以区分，因此他们更加聚焦于申请者的工作经历，比如应聘者在上一个岗位上工作的时间或过去 5 年的工作情况。

传记式资料的信息收集方法主要有结构化面试的口头提问、求职者撰写关于个人生活史的短文、求职者填写书面的自我报告式问卷。传记式资料包括丰富的可信信息，可以使雇主对个体未来的工作绩效做出准确预测，能够显著提升选拔过程的信度和效度，这样的选拔模型等同于多套认知能力测验的功效，因此在预测效度方面更能代表应聘者的将来绩效。

传记式问卷（biographical data inventory）是传记式资料测量的主要方式，也称背景资料问卷。它由加权申请表演化而来，综合了统计分析、心理测验等多种技术，在国外已有 100 多年的研究历史，广泛应用于公共部门及企业的人事选拔、绩效评估、职业咨询等领域。传记式问卷以需要选拔人员职位的工作分析为基础，针对工作的性质，所需人员素质、能力等，有针对性地设计涵盖个人背景、学习经历、工作经历、兴趣、态度、价值观等内容广泛的问题。它把一个人过去的传记用系统的问卷记录下来，并以一种自我报告式、标准化、多项选择形式的问卷呈现，有如一份很详尽的履历表。人们可以根据传记式问卷所包含的信息和对其量化的方法等了解和挖掘问卷所体现的深层含义，通过统计分析个体对过去行为和经历标准化量表的反映，选拔出与职位匹配的人才。

二　传记式资料测量的缘起

1894 年，美国学者彼得斯提出关于“个人履历信息标准化”的问题，指出可以设计一套关于标准化问卷来选拔人才，这一问卷便是传记式问卷的雏形。

此后不久，个人生活经历史的量化程序便问世了。伍兹（Woods）从 1915 年开始，分别对高绩效营销人员和低绩效营销人员的个人履历进行了经验性分析；斯科特（Scott）在 1917 年出版的《营销人员选拔指南》一书中也包含个人生活经历的分析研究；1922 年，戈德史密斯（Goldsmith）在他的一篇关于使用生活经历信息进行营销人员选拔的论文中，明确阐述了分析和加权传记式资料的程序和方法，后来该方法成为销售人员的常用选拔方法。在接下来的几年中，传记式问卷被推广到其他许多工作领域并获得了进一步改进。

第二次世界大战时期，由于军事上的需要，传记式问卷转化为今天采用的多重选项方式，美国军方使用该方法预测空军飞行员和海员训练的成绩时获得了极大的成功，这一成功也奠定了传记式问卷在军事人员选拔中的地位。此后，这一方法在民用领域也越来越流行。

1979 年，欧文斯（Owens）和舍恩菲尔特（Schoenfeldt）基于前人的研究，正式提出传记式资料这一术语。在他们看来，个体过去的经历能够有效预测其未来的行为表现，因此，对个体过去的经历了解得越多，就越能有效地预测其未来的行为表现。传记式资料作为反映个体生活、学习、工作经历的书面记录，能够测量个体过去行为表现的主要维度。因此，传记式资料能够用于人事选拔实践中，作为评价和预测应聘者工作表现的一种重要工具。

尽管个人传记式资料测量近年来在国外得到了广泛的发展和应用，但在实践过程中仍然暴露出一些亟待解决的问题。陈彰仪等（2001）归纳了传记式问卷存在的主要缺陷：传记式问卷需要公司或组织根据不同工作开发不同的题目；同一份传记式问卷的计分方式也要因工作或组织的不同而做调整；需要大量样本才能使资料的解释具有稳定性；对有些项目可以确定其预测力，但未必知道其原因；传记式问卷的编制需要专业人士的协助；受训者可能拒绝填答涉及个人隐私的题目；组织变革会影响传记式资料的预测效度，故需要根据实际情况经常进行效度验证。

目前，国外的传记式资料研究主要有两种取向：计分方式的多水平取向和维度建构的理论化取向。国外研究发现，传记式问卷不同水平的计分方式会对预测效度产生不同的影响，因此，考察问卷不同水平的计分方式，即选项—题目—维度—量表等水平的计分方式，特别是从更为微观的层面即题目的选项水平深入分析传记式资料预测源与效标（predictor-criterion）的线性与非线性关系成为未来的研究热点。此外，为了避免传记式资料因维度建构的理论薄弱缺陷，国外许多研究开始尝试将人格理论应用于传记式问卷开发，例如以大五人格的维度为基础编制传记式问卷题目，增强测验结果的可解释性。

现在传记式资料测量已经广泛应用于政府、教育、商业等各个领域，成为最可靠和有效的测评和选拔手段之一，在个体职业生涯发展规划、人-职-组织匹配、人事选拔等领域发挥着重要作用，其研究也朝着计分方式多水平取向和维度建构理论化取向更加科学地发展。

三 传记式资料测量的理论基础

前面章节说过，中国自古就有这样一句话："3 岁看大，7 岁看老。"它简单明了地概括了幼儿心理发展的一般规律。从 3 岁孩子的心理特点、个性倾向，就能看到这个孩子青少年时期的心理与个性形象的雏形；而从 7 岁的孩子身上，你能看到他中年以后的成就和功业。心理实验证明，幼年时被认为健谈的孩子，成年后善于动脑、交际力强；幼年时适应性强的孩子，成年后乐观开朗、讲话流利；幼年时被认为易冲动的孩子，成年后倾向于大声说话、兴趣广泛等。意大利著名教育家蒙台梭利（Montessori）说："人生的头 3 年胜过以后发展的各个阶段，胜过 3 岁直到死亡的总和。”

其实在人事测评中也有类似现象存在，这就是著名的个体行为一致性原理，即过去的行为是预测未来行为的最好指标，对一个人先前行为和生活经历的系统测量能够间接获得其行为动机、选择方式等特点。当我们对一个人的过去所知甚详时，就能有效地预测他未来的行为与表现。而且，让个体描述先前的行为比让其讨论这些行为的动机更加真实可靠。被试作假的概率也要低许多。国内学者对传记式资料测量的理论基础进行了系统的整理和归纳。一般认为，传记式资料测量的理论基础包括 Owens & Schoenfeldt（1979）提出的发展综合模型（developmental integrative model）理论，Mumford，Michael，Stokes，Garneet，Owens & William（1990）提出的生态模型理论（ecology model）以及 Mael，Fred，Ashforth & Blake（1995）提出的社会身份理论。

（1）发展综合模型理论。选拔之所以受重视，究其原因是个体之间具有差异，不同工作和岗位之间也存在差异。对于同一个工作或岗位，合适的人员比不合适的人员能够创造更多的价值。而有效的测评手段能够通过测量一个人的胜任特征预测其未来的工作绩效，从而方便测评者判断该被测者是否符合工作的要求，并将不符合工作要求的被测者淘汰。因此，对个体进行合理的分类就显得尤为重要。

欧文斯和舍恩菲尔特经过多年的研究最早提出了传记式资料测量理论——发展综合模型理论。该模型根据个体在传记式资料不同因素上的得分，将具有相似经历的个体分配至不同的亚群体组，分析发现不同组个体在不同工作中工作绩效和工作满意度的不同。因此，可进一步推论个体的过去生活经历是个体未来发展的本源，会影响其将来的知识、技能、价值观、行为动机等各个方面。

Brush & Owens（1979）统计了根据传记式资料分类的 18 组炼铁厂工人的工作情况。他们分析得出，这些小组中的成员在工作方式、工作绩效和离职率上相对于组间的明显差距显得非常相似，同时根据传记式资料进行小组划分还能应用于员工的职业生涯规划和心理辅导，并且有显著效果。Owens（1976）也指出，这种分组方式给员工寻求心理咨询时进行区别设计提供了支撑。这进一步证实了利用传记式资料进行管理的有效性。

（2）生态模型理论。生态模型理论（见图 11－2）从生物学视角对传记式资料测量理论做了进一步完善。该理论认为，人作为一种生物会积极寻求经验和机会，以长期更好地适应环境。它把人所做的每一次选择都看成一个发展历程，实际上描述了选择—发展—适应这一循环过程。随着时间推移，人们会形成选择和行为的特有模式。个体的行为一旦在某种情境下获得了满意的结果，就会在将来寻求类似的情境，并产生类似的行为。所以生态模型理论认为，要预测一个人未来的选择和绩效，了解其先前的行为以及与他的兴趣间接相关的行为也是非常有价值的。生态模型理论以选择决策的生态适应模式对传记式资料的预测能力进行了解释。该模型理论是目前发展最完善的传记式资料测量理论。

（3）社会身份理论。社会身份理论认为，人的自我概念由个人身份和社会身份两部分构成。个人身份是指个人特质，如性格、能力等；社会身份是指个人对其所属社会群体的感知，如国籍、政治团体等。个人对自己所在社会群体的界定会促使个人的行为与

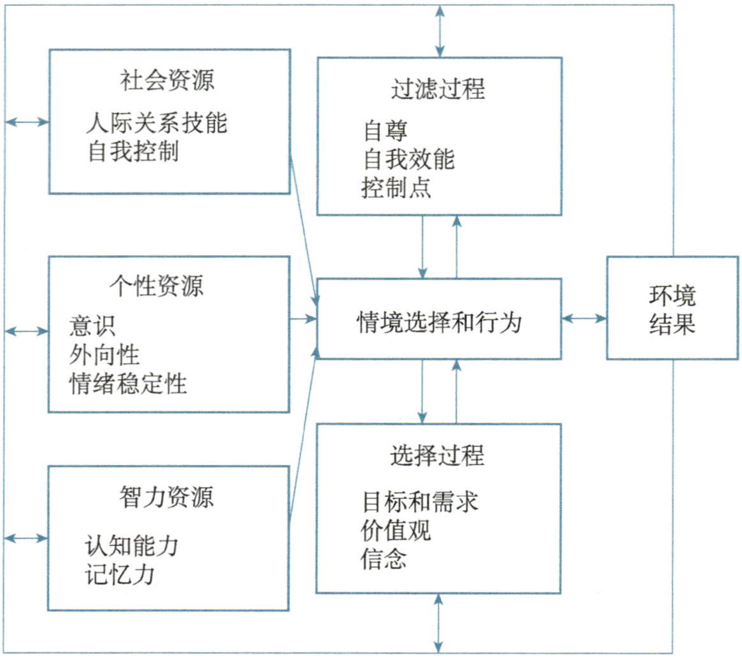

图 11-2 生态模型理论

资料来源：Mumford M D，Stokes G S. Developmental determinants of individual and action：theory and practice in applying background measures//Dunnette M D，Hough L（Eds.）. Handbook of individual and organizational psychology. Palo Alto，CA：Consulting Psychologists Press，1992（3）：611－638.

其所界定社会群体的行为趋于一致，且这种认同感越强烈，该社会群体的典型特征就会越显著。能代表其所属群体类别的人的每次经历或一系列经历将会对个体以后的行为模式有潜在影响。具体来说，一个人的出生地、父母的职业、就读的学校、所在的团队和社团以及任何其他心理群体等，都会在不同程度上影响其价值观、偏好和自我认知。这些来自所在群体的影响会对人产生持久的影响。

在用于人事选拔时，传记式资料测量具有三个假设：

（1）个体过去的行为是预测其未来行为的最佳指标。这一假设不仅得到了上述理论层面的支持，也在大量的实证研究中得到了验证。

（2）对个体先前行为的系统测量能够间接评估难以通过其他方法测量的动机特征。传记式资料测量能够在较短时间内获取比较完整和全面的个人信息。

（3）让个体对先前的行为进行描述比讨论先前行为的动机更便捷。相比人格测验等其他测评方法，描述过去发生行为的传记式问卷更容易被被测者接受。

四 传记式资料测量有效吗

在测评开发过程中，效度是最受关注的一项统计指标。测评工具的效度分析包含内容效度、构念效度、效标关联效度、聚合效度、区分效度、诺莫网络等多个方面的检验。内容效度和构念效度关注测评本身是否能够真实、全面、稳定地反映构念的内容；效标关联效度、聚合效度、区分效度以及诺莫网络通过分析测评量表与其他测评指标的关系，说明存在独特稳定变异，并且与相关构念存在稳定的联系。目前，在人事选拔领域，大量学者对传记式资料测量的效度进行了系统的研究，并在应用领域进行了大量实践，取得了较丰硕的成果。

（一）构念效度

构念效度是指实际测评的结果与测评素质本身的同构程度，表明实际测评的结果在多大程度上能够看作测评素质结构上的替代物。构念效度是测评的一个重要效度指标。

一些研究者认为，提高构念效度需要更加关注理论和结构。Stokes et al.（1994）编写的《传记式资料手册》（Biodata Handbook）从工作分析、题项开发、编码、效度、合法性、理论基础和应用等方面，对传记式资料测量的开发和应用进行了规范，并认为规范的研究过程对提高构念效度具有一定的帮助。Jaxnes，Mulaik & Brett（1952），Landy（1986）和 Guion（1986）也发表了类似的观点，他们认为尽管没有哪个传记式资料测量的构念效度是完整的，但基于大量实证证据的研究结果还是具有一定程度上的理论意义，并且随着越来越多的结论被实证研究证实，未来的研究会具备更加坚实的理论基础。Mumford（1999）在对以往研究进行总结的基础上认为，构念效度的基本原则问题在现存的研究中尚没有得到应有的关注，并指出更加灵活、实际的传记式资料测量更符合未来的发展趋势。

在国内，针对传记式资料测量的构念效度的理论和实证研究都相对缺乏。在理论研究方面，范巍、王国舟和阳浙江（2005）对传记式资料测量的构念进行了介绍。他们认为，提高传记式资料测量构念效度的关键在于测量的开发程序，并提出了对传记式资料测量使用情境进行更细致的考量、对效标进行更科学的测评等措施。此外，学者们一致认为传记式资料测量的构念效度和传记式资料的编码是密切相关的，一般来说，经验编码下的传记式资料测量构念效度比较差，理性编码下的传记式资料测量构念效度较好，但是相对经验编码法预测效度却比较低。在实证研究方面，吴英杰（2008）采用诺莫网络技术对传记式资料测量的构念效度进行了检验，结果表明传记式资料测量和一般认知能力测验、大五人格测验存在相关关系，也证明传记式资料和一般认知能力、人格特质存在测量的交集。

（二）效度概化

在传记式资料测量的研究中，一个重要的问题在于，在采用类似的绩效考核框架的前提下，已经被证明在一种工作或一个情境中有效的测量方式，能不能适用于其他工作或环境。这就是概化问题。效度概化（validity generalizability）是指在多大程度上可以将一个场景下的测验有效性外推到其他场景下。实质上，效度概化是构念效度研究的一个延伸。一个具有较高构念效度的传记式问卷，当用来衡量类似的情境时，理所当然也应该是有效的，反之亦然。

Richardson，Bellows，Henry & Company（1984）对传记式资料测量的效度概化进行了较为全面和系统的探讨。在研究中，学者们试图将开发的传记式问卷推广应用于其他组织的初级管理岗位。随后，元分析技术不断发展，并因为其不断强调结构性以适应不同的情境，得到了很多学者的关注。Rothstein et al.（1990）指出，元分析技术也能为传记式资料测量的效度概化提供一些实证证据。

Carlson et al.（1999）发现，在一个组织中开发并编码的传记式资料测量也能够成功应用于其他组织，从而证明了传记式资料测量具有较好的概化性。在研究中，研究者还检验了一个效标的测量——被奖励的比率（尽管在传记式资料测量中应用不是很广泛，却拥有方便使用的特点）。其传记式资料测量的事件记录是从一个单独的组织中开发和编码的，结果显示，其对效标具有良好的预测作用。对被奖励的比率这个效标的预测性并没有因为组织变化而产生非常大的变动，并且不受性别、年龄、公司经营范围和教育水平的影响。这些结论反驳了情境特定性的假设，并表明要想取得良好的概化性，没有必要针对不同公司分别设计相应的传记式资料测量。而为一个公司开发的传记式资料测量要想取得较好的概化性，需要注意的就是关注效标测量的信度和效度，从题目的层次注意测量的效度。

这些研究结论告诉后来者，要想提高传记式资料测量的概化性应该特别关注两个因素：一个是传记式资料测量的结构，只有具有较好结构的传记式资料测量才能够提供较好的外部效度；另一个则是效标的选取问题，有效的效标测量也能提高传记式资料测量的概化性。

（三）效标关联效度

在国外，Guilford & Lacey（1947）以空军为样本、以培训绩效为效标时，传记式资料测量的平均预测效度介于 0.35～0.40 之间；而以海军为样本、以培训绩效为效标时，传记式资料测量的预测效度介于 0.25～0.30 之间。Roy，Brueckel & Drucker（1954）检验了传记式资料测量对毕业生职业发展的预测性，发现相比其他 10 种测量手段（包括智力测验、面试、模拟、同伴测评等），传记式资料测量对职业选择有更高的预测力（r=0.26）。Reilly & Chao（1982）发现，传记式资料测量对员工绩效的平均预测效度是 0.35。Russell（1990）应用传记式资料测量为一家全球 50 强的跨国企业选拔高层管理者，经过 5 年的追踪研究发现这些管理者的工作胜任率达 98%。Harvey-Cook & Taffler（2000）用传记式资料测量成功预测了毕业生的就业情况。Barrick & Zimmerman（2005）发现，即使是在员工正式进入组织工作之前，传记式资料测量也可以有效预测其自愿的、组织上可避免的离职。Becton，Matthews，Hartley & Whitaker（2009）发现，对医疗保健行业中的组织承诺、离职以及工作绩效，传记式资料测量也具有良好的效标关联效度。

在我国，港台地区率先对传记式资料测量进行了验证性研究。例如，王惠玲（1993）研究发现，传记式资料测量可以很好地预测被测者的职业兴趣类型。刘继生（1996）探讨了传记式资料测量对寿险从业人员绩效的预测效度。陈彰仪等（2001）对台商驻派大陆人员的外派适应性进行了研究，发现传记式资料测量能非常有效地预测或分辨出外派工作者的工作适应程度，正确分辨率可达 81.82%。近年来，大陆对传记式资料测量的研究也逐渐增多。张艳（2007）对传记式资料测量预测大学生在校表现的效度进行了研究。吴英杰（2008）对人事选拔中的传记式资料测量及其效度做了研究。张娓、吴英杰和严进（2009）的研究表明，在对缺勤率、人事变动、事故率这三个指标进行测评时，相比其他测评方法，传记式资料测量方法是最有效的。田喜洲和谢晋宇（2010）对传记式资料测量在个人职业兴趣与职业选择、个人绩效、员工离职倾向及组织承诺等方面的预测效度进行了总结。严进、吴英杰和张娓（2010）选取 250 名应聘者的传记式资料测量、一般认知能力测验、大五人格测验和面试结果数据，通过效标关联效度、增量效度思想，分析传记式资料测量的有效性，发现以面试结果为效标，传记式资料测量具有良好的效标关联效度，与其他测评工具组合使用时具有良好的增量效度。

对传记式资料测量的元分析显示，对于不同的效标，其平均预测效度在 0.35～0.37 之间。也有研究者指出，当采用工作绩效作为效标，以各种选拔工具为预测变量时，传记式资料测量的预测效度超过 0.50，比其他选拔工具更具有预测效力。

无论对培训绩效、晋升、离职、客户服务意识、成功就业等传统效标，还是对适应性、满意度、团队绩效、安全绩效等非传统效标，传记式资料测量都具有较好的预测性。一些证据甚至显示传记式资料测量可能是预测工作中最好的工具之一。根据这些研究，传记式资料测量无疑是人员素质测评中最有效的一种预测工具。

（四）增量效度

尽管传记式资料测量在实践领域显示出广阔的应用前景，但是在人事选拔过程中还涉及与其他选拔方法的组合应用、比较应用以及增量效度问题。增量效度反映了测验对根据已有信息推断出的决策的改善程度。因此，进一步考察传记式资料测量与其他选拔方法的准确性显得尤为必要。目前，已有国外元分析研究对传记式资料测量和其他选拔方法进行了系统分析和比较，结果如图 11－3 所示。

一些研究关注传记式资料测量和一般认知能力测验一起使用的效果。Allworth & Hesketh（1998）检验了传记式资料测量三项内容（适应环境的能力、应对变化的自我功效、以往应对变化的经验）在一般认知能力上对绩效（任务绩效、周边绩效、适应性）的增量效度。结果显示，传记式资料测量提供了显著的增量效度，尤其当效标是适应性时。Dean & Russell（1998）研究了传记式资料测量和一般认知能力测验对预测机场调度员培训绩效的整体贡献。研究表明，经验编码的传记式资料测量能够提供更多的变异解释率，并且为一般认知能力测验提供了显著的增量效度。Karas & West（1998）认为，经验编码的传记式资料测量无论对特定的工作绩效还是绩效整体而言，都能够为一般认知能力测验提供显著的增量效度。Mael & Ashforth（1995）揭示了这种增量效度在招募士兵时也是存在的。以上研究表明，传记式资料测量能够为大量的绩效效标在一般认知能力测验基础之上提供显著的增量效度。

将传记式资料测量和人格测验同时使用的研究比较少，Mael & Hirsch（1993）研究了不同编码方法的传记式资料测量在预测美国军校学生绩效时的效度问题。一种是将其和气质量表作为对应关系进行编码，另一种是直接和绩效效标对应进行编码。结果发现，这两种编码下的传记式资料测量产生了交叉效度（cross validity），相比较而言，直接和绩效效标对应的传记式资料测量显示了更高的增量效度。这也证明了传记式资料测量能够为气质量表提供增量效度。McManus & Kelly（1999）在 Mael & Hirsch（1993）的基础上，研究了相互独立的传记式资料测量和大五人格测验的增量效度。研究表明，在预测保险销售人员周边绩效上两种工具能够互相提供增量效度，但是在预测任务绩效

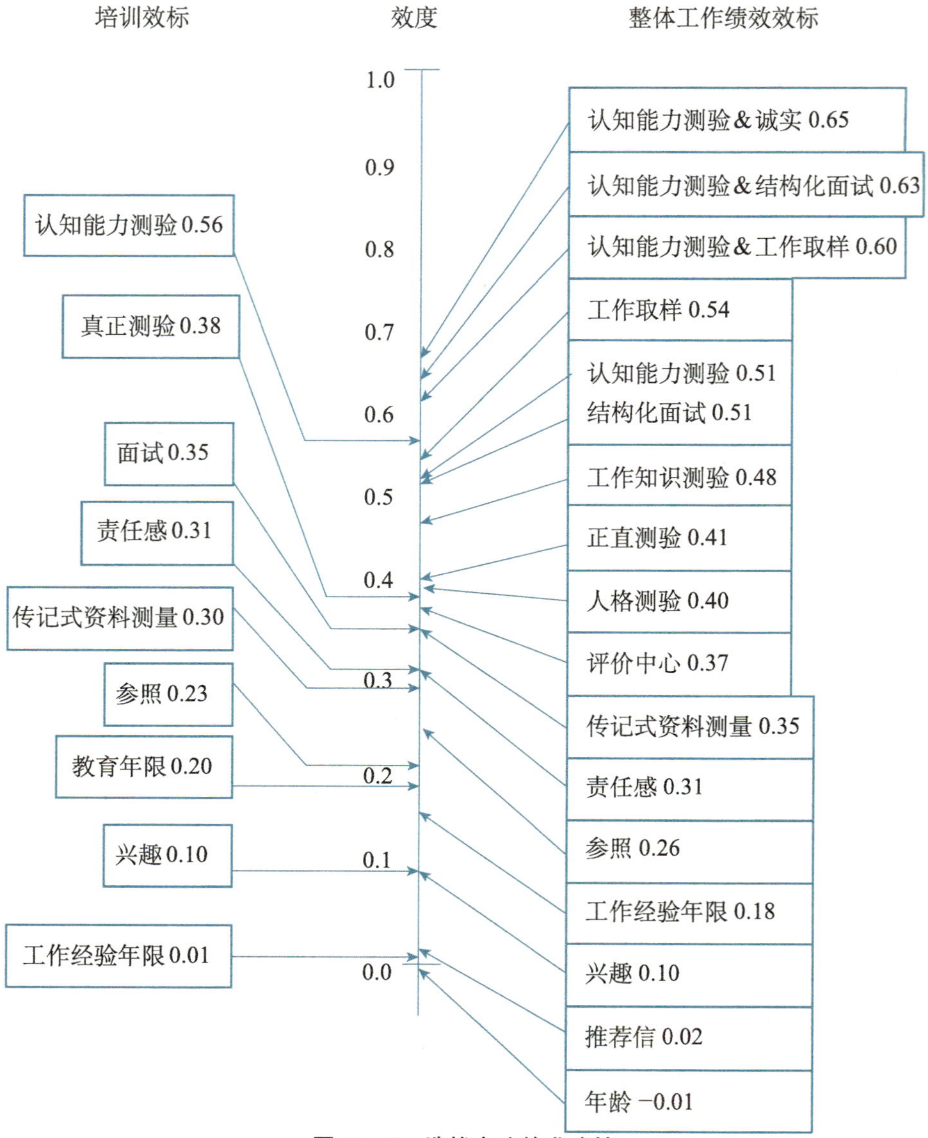

图 11－3 选拔方法的准确性

资料来源：Robertson I T，Smith M. Personnel selection. Journal of occupational and organizational psychology，2001 (74)：441－472.

上却不明显。严进、吴英杰和张娓（2010）选取 250 名应聘者的传记式资料、一般认知能力测验、大五人格测验和面试结果数据，发现组合使用传记式资料测量和一般认知能力测验、大五人格测验进行人事选拔，比单独使用这些测验更有效，使用传记式资料测量能够有效提高预测效度。

Mount，Witt & Barrick（2000）在 Mael & Hirseh（1993），MeManus & Kelly（1999）的基础上，对传记式资料测量的增量效度进行了回顾，提出要重点关注经验编码法下的传记式资料测量能否在大五人格测验和一般认知能力测验的基础上提供增量效度。研究中，他们设置了四个效标，分别是工作的数量和质量、问题解决能力、人际关系和工作持久性。研究结果表明，传记式资料和人格、一般认知能力存在测评内容上的交叉，并且能为二者在预测工作绩效上提供显著的增量效度。同时他们的研究证明了人格测验和一般认知能力测验更多地评估了个体比较稳定的特质，而传记式资料测量能够评估特定工作的特定效标。

五 传记式资料测量的优缺点

传记式资料测量通常以传记式问卷作为主要测评方式，同其他人员素质测评工具一样既有突出的优点，也有缺点。

（一）优点

1. 包括丰富的可信信息

可以使管理者和决策者在短时间内收集到大量信息，对应聘者未来的工作绩效做出准确预测。

2. 能够显著提升选拔过程的信度和效度

由于传记式资料可以量化，内容可以做编码检验，特别是问卷的编制是在科学的理论指导下进行的，其程序有严格的要求，可增加使用者的信心和应聘者的表面效度知觉，因此可以显著提升选拔过程的信度和效度，更能代表和预测应聘者的将来绩效。

3. 可以重复使用，成本低廉

尽管传记式问卷的编制过程较为复杂，需要具有专业的人力资源管理和心理测量学知识，但是一旦编制完成，就可以重复使用，因此可以大大降低应用成本。

4. 多维度评价性

传记式问卷可以通过分解个体多维特征，对应聘者进行更为全面和系统的评价。这将有利于选拔出在特定领域胜任特征高的人才，体现出很大的灵活性和更佳的人职匹配效应。

（二）缺点

尽管传记式资料测量近年来在国外得到了广泛的应用和发展，但在实践、政治以及技术方面均存在问题，这些问题主要表现在以下方面。

1. 合法性

可能会涉及侵犯隐私、平等雇佣机会等问题，应聘者可能拒绝填答涉及个人隐私的题目。

2. 失真或作假

可能因为应聘者的记忆错误、粗心大意或故意作假而出现遗漏或者失真，传记式问卷中的作假问题对其使用造成了困扰。研究发现，应聘者对申请表上的主观问题和难以证实的问题更可能反映失真，应聘者可能以一种社会称许的方式来进行表述，增加被选中的机会，从而降低选拔的有效性。

3. 预测效度的稳定性

研究发现，传记式资料测量的预测效度会随时间降低，组织变革会影响传记式资料测量的预测效度，故需根据实际情况经常进行效度验证。国外研究发现，传记式问卷不同水平的计分方式会对预测效度产生不同影响，也就是说传记式问卷在选项-题目-维度-量表这四个不同水平的计分方式上会对预测效度产生不同影响。

六 传记式资料测量与背景资料调查的区别

与传记式资料测量较为相似的选拔方法是背景资料调查（background investigation），这两个概念相近，在研究使用的过程中常存在混淆，但两者还是存在较多的不同。

首先，背景资料调查主要针对某一职业类型对应聘者进行核查；传记式资料测量通常则是根据各种不同的工作，对应聘者进行筛查，例如出租车司机、秘书、飞机驾驶员以及经理。背景资料调查最初多用于期望应聘者具有诚实和正性心理调节能力的相关岗位职业选拔，例如执法部门、私人保安、核工业以及必须恪守政府安全制度的军队和公务员等。

其次，两者所采用的数据收集方法不同。传记式资料测量通常采用纸笔自我报告式问卷；背景资料调查不仅包括纸笔测验，而且包括面试，与过去的雇主、邻居以及证明人进行书面和口头的交流获取资料信息。此外，也可以通过执法部门和信用管理部门获取相应信息。

再次，传记式资料测量和背景资料调查两种研究取向所关注的效标不同。尽管两者的目的都是选拔有能力的应聘者，但传记式资料测量对能力的定义主要关注综合的工作绩效，通常以上级评分测量得分表示；背景资料调查更多涉及有能力的雇员，主要是指行为的可靠性、诚实以及个人调节能力。

又次，传记式资料测量和背景资料调查在项目（或题目）选取方式上也存在不同。对于传记式资料测量，题目与效标存在一定的经验联系时就可选取；而背景资料调查的题目是从对预测行为的可靠性具有明确的内容效度的题目中进行选取。

最后，传记式资料测量和背景资料调查在信号-样本连续体（sign-sample continuum）中的位置也不相同。传记式资料测量包含整个信号-样本连续体。例如，大学专业的选择就可以作为一种预期将来管理成功的信号。而背景资料调查数据完全处于连续体的样本端。此外，背景资料调查更为关注非期望行为，其调查结果也是根据依理性取向编制的评分标准做出的通过-失败决策（pass-fail decision）。

第 2 节 如何开发传记式资料测量工具

本节将介绍传记式问卷的结构维度、题目编制方法和计分策略，帮助读者对传记式资料测量形成更加具体、更具操作化的印象。

一 传记式问卷的结构维度

编制传记式问卷首先应该确定问卷的结构维度。已有研究认为，传记式问卷通常包括基本资料、兴趣和态度、健康状况等 13 个大类信息（见后）。使用这些维度可以包含较多的信息，但在实际应用中较难操作，因此学者们对传记式问卷的维度进一步概括，并进行了操作化定义。目前认为，传记式问卷的维度应该根据不同的职业种类、不同的岗位来确定，较为通用的维度包括社会导向（social orientation）、经济稳定性（economic stability）、工作伦理取向、学业成就、自信心（personal confidence）等。研究结果显示，采用上述 5 个维度可以有效预测工作成功（job success）、个人成功（personal success）、生涯成功（career success）3 个变量。

我国台湾学者陈彰仪等人（2001）根据关键事件访谈分析的结果对传记式问卷的结构维度进行了探讨，结果显示：影响台商驻派大陆人员适应程度的个人因素可以分为以下 10 个维度：管理之变通与因应能力，对异文化的兴趣与尊重，对外派地政治、经济与社会的了解，社交技巧，休闲习惯，自我照顾能力（生活与情绪），环境改变的适应能力，视外派工作为职业生涯发展的契机，大中华认同，家庭支持与认同（实质与心理）。

朱莉（Julie）和米歇尔（Michelle）利用传记式问卷开发了一个基于客户需要的员工选拔系统，他们认为传记式问卷应测量如下 10 项特征：言语相关性工作，数字相关性工作，问题解决能力，一般能力，目标导向，团队协作，客户服务，足智多谋，领导能力，学习能力。

迈克尔（Michael）等人预测大学生成功时采用如下传记式问卷的测量维度：知识，学习以及掌握一般规则，继续学习，合理的兴趣以及好奇心，艺术和文化欣赏，多文化忍受性和欣赏，领导能力，人际技巧，社会责任，公民权以及参与，生理和心理健康，职业取向，适应性和生活技巧，毅力，道德和诚实。尼尔（Neal）等人在预测对社会期望性反应和传记式资料测量的效度的影响，以及弗雷德里克（Frederick）等人在测量大学生表现领域的信息时均采用了上述维度的传记式问卷。尼尔和弗雷德里克等人预测大学生成就时将上述维度中的多文化忍受性和欣赏修改成对变化的认知，其他维度仍延续使用。

由此可见，传记式问卷的维度应根据测量目的来决定，并没有统一标准，但是应坚守一个原则：不能与人格、能力等维度相混淆，这也是传记式资料测量的独特性所在。

二 传记式问卷的开发程序

传记式资料测量最常用的形式是结构化的自我报告式问卷。在进行人事选拔实践时，要开发有效的传记式问卷，需要遵循特定的程序。白艳莉（2007）将其总结为 5 个步骤。

（一）选择需要使用传记式问卷进行选拔的工作

传记式问卷主要用于在组织内承担较高层级工作的人员选拔，如各层级经理、专业技术人员等。对于低层级工作而言，传记式问卷并不是一种合适的选拔工具，因为其成本较高。

（二）进行工作分析并界定所要考察的生活史范围

工作分析对传记式问卷的编制具有重要作用，所获得的信息有助于明确传记式问卷所要测量的生活史范围。工作分析的重要产出——职位描述（工作的主要职责和责任等）可以充分反映关于工作的具体信息。绩效标准是工作信息的重要内容，基于工作的绩效标准就可以确定和个体绩效直接相关的先前行为和生活经历，而和绩效相关的先前行为和生活经历决定了传记式问卷所要测量的生活史范围，传记式问卷中的主要问题就是针对这个范围设计的。因为工作分析所获取的和工作有关的信息是传记式问卷设计的依据，所以工作分析有助于保证传记式问卷的内容和工作之间的一致性，进而提高问卷对求职者未来行为的预测能力。此外，通过工作分析，还可以确定工作成功最可信的衡量标准。对于人事选拔来说，工作成功标准是影响预测指标设置的重要因素。

（三）提出有关生活史的假设

通过工作分析确定了对工作成功有重要影响的生活史特征后，接下来就是进一步确定可以有效反映这些特征的生活史的具体项目。这一过程需要先对哪些生活经历可以测度出上述特征提出假设。

（四）编制具体的传记式问卷题目

基于预先提出的可以预测工作成功的生活史的假设，就可以编制具体的传记式问卷题目以获得与求职者相关的生活史信息。

1. 确定问卷的结构维度和题目的具体内容

格伦农（Glennon）、奥尔布莱特（Albright）和欧文斯共同编制了一个生活史题目目录，该目录包括500多个传记式问卷题目，具体包括如下维度：基本资料、兴趣和态度、健康状况、人际关系、金钱观、童年和青少年时期的经历、个人特质、目前家庭状况、业余爱好、教育背景、自我印象、价值观（包括偏好）以及工作状况等。近年来，欧文斯等人还不断对目录进行修正和更新。该目录涵盖的传记式资料信息比较全面，甄选者可以根据预先假设的可预测工作成功的生活经历（如教育背景），从目录中选取可测度这些生活经历的题目（如选取目录中关于教育背景的题目）。蔡尔德（Child）和科莫斯基（Khmoski）在欧文斯等人的研究基础上，对传记式问卷的维度做了进一步概括，并对各维度进行了操作性定义，他们的研究共得到社会导向等5个传记式问卷维度（见前）。近年来，传记式问卷结构维度和题目内容因进行人事选拔的工作、职业和行业的不同呈现多样化的趋势。然而，传记式问卷题目的根本属性应该是一致的，即应与塑造个体行为和身份（个人身份和社会身份）的个人生活史的事件有关。

2. 确定问卷题目的类型

从传记式问卷题目的具体形式来看，主要包括两种基本类型：反应型和行为型。反应型是指使用反应量表获得求职者的传记式资料，一般采取选择题的形式（以单项选择题最为常见）；行为型是指以具体行为为基础设置的问卷题目，通常采用问答题的形式。亚瑟（Asher）首次对题目特征进行了全面的分类，他将传记式问卷题目的特征分为可证实的和不可证实的、主观的和客观的、历史的和未来的、真实行为和假设行为、回忆的与推测的、具体的与一般的、反应与反应倾向、外部事件和内部事件八大类别。亚瑟还进一步将问卷题目分为硬题目和软题目。可证实的、历史的题目属于硬题目，不可证实的题目则属于软题目。亚瑟发现，就预测工作绩效而言，硬题目要优于软题目，但是软题目同样有用。Mael（1991）以生态模型理论和社会身份理论为基础，对传记式问卷题目的特征进行归类（详细内容见表 11 - 1），并对每个特征进行了系统阐述。Mael（1991）认为，根据过去的行为可以预测未来的行为这一基本原理，传记式问卷的题目应该只和历史事件有关，即已发生的或继续发生的事件；同时，题目应重点考察外在事件（包括其引发的价值观和态度变化等）。此外，为了提高信息的准确性，应尽可能使用客观的、第一手的和可证实的题目。

（五）筛选和测试传记式问卷题目

编制完传记式问卷题目后，还需对其进行筛选和预试。问卷中所有题目要由专家小组逐一审查，以确保不存在对求职者的偏见或令其生厌，同时提高题目内容和工作的关联度。经过审查和修改后，还需要选取一定的试测对象对问卷进行预先测验，检验问卷的心理测量学指标，如信度和效度。所选的试测者应能够代表将要使用此问卷进行选拔的求职者群体，而且人数要尽可能多。试测后，要对试测结果进行分析，并剔除无用或不合适的题目。经过多轮审查和试测后，有效的题目即为正式的问卷题目。

三　传记式问卷题目的分类

传记式资料的主要特点集中体现在历史和经验上，由此可见，传记式资料是个体在过去所做出的行为或决策，是已发生的客观事实，因此具有历史性、客观性等特点，这些特点也体现在题目上。Mael（1991）对传记式问卷的题目进行了分类，如表 11 - 1 所示。

表 11 - 1　传记式问卷的题目分类

表现出的特点	例句
历史的/未知的	你多久以前得到第一份有薪水的工作？ 你觉得十年以后能获得什么样的职位？
外部的/内部的	你在工作中被炒过鱿鱼吗？ 你如何看待吸毒这个问题？
客观的/主观的	你在期末英语考试前花多少小时复习？ 你和同学比起来冒险程度如何？
第一手的/第二手的	你为论文做了哪些准备？ 你的老师如何评价你期末作业的完成情况？
离散的/连续的	你什么时候取得了驾照？ 你一个星期用在看书上的时间大约有多少？
可证实的/不可证实的	你大学的成绩如何？ 你每天用在查询专业信息上的时间是多少？
可控制的/不可控制的	你尝试了几次才通过英语六级考试？ 你有几个兄弟姐妹？

续前表

表现出的特点	例句
机会均等的/机会不等的	你曾经被同学选举为班长吗？ 你参加过篮球比赛吗？
工作相关的/工作不相关的	你在实习期间为单位创造了多少收入？ 你精通猜字谜游戏吗？
公开的/隐私的	你的课外活动丰富吗？ 你有没有逃过课？

资料来源：Mael. A conceptual rationale for the domain and attributes of biodata items. Personnel Psychology, 1991 (44): 763-792.

（1）历史的/未知的：传记式问卷主要的假设是过去的行为可以预测未来的行为，在题目的设计上，必须着眼于独特的历史事件，从而保证代表性和客观性。

（2）外部的/内部的：主要是排除一些不能测量的态度、想法，更倾向描述确定的事件，这样对测评者而言不需要花费太多的时间去辨别可信度。而且，理论基础发挥作用的前提是这些事件确实发生了，而不是被测者的一种假想。

（3）客观的、第一手的/主观的、第二手的：主要是要求资料从客观的回忆中取得，区别于上一个分类的是，这是回忆式的经验或行为。但是有一点要注意，要避免被测者在回忆过程中受到心态（诸如失望、生气、沮丧之类）的影响。

（4）离散的/连续的：主要是指单一独特的行为（如驾照取得年龄）、简易单一的事件（获得工作的次数）、一般的概括性事件（平时看书的时间）。此类题目偏向单一的、简单的生活事件，被测者在回答时不会有过多的思考，因此也会更真实。

（5）可证实的/不可证实的：此类题目往往是具体的，确定能够发生，降低欺骗的可能性，较少需要抽象。

（6）可控制的/不可控制的：区别于出生地、生日等不可控制的信息，这种题目建立在反应者可控制的范围内，这反映了被测者的一种决策模式。

（7）机会均等的/机会不等的：在设计题目的过程中会发现有些是一些子群体没有经历过的事件，此时在评价上可能会导致测评工具的不公平问题。但是换个角度，某些工作也具有这种差异性，所以这样的题目也没有问题。

（8）工作相关的/工作不相关的：设计题目时，过于狭义的工作相关设计将会导致欺骗行为的发生。在分类上，Wernimont & Campbell（1968）曾经划分为两类：信号（从态度、性格或能力去推断的行为）；事例（先前经验的例子）。

（9）公开的/隐私的：不便让他人知道的、隐私性的题目包括有关宗教、道德等问题。

通过以上题目的定义，在设计传记式问卷的题目时，测评者可以辨别题目的优劣，减少或避免社会称许性作答，并使被测者的回答更加切合自身的实际，进而提高传记式资料测量的效度。

四 传记式问卷的题目编制方法

编制传记式问卷的题目，首先要确定研究的目的，精确定义想要测量的效标，例如对表现的评定、缺勤情况、员工流失率等。然后编制问卷题目，对题目进行筛选，形成初步问卷。题目的产生和问卷编制的方法是两个关键的环节。

为了提高传记式问卷的概化性，题目的选择和计分应该以来自多个组织的多个样本为准，尽量避免数据来源于单一组织。只有在多个组织中施测效果良好的题目才能进入最终的问卷，这也是许多研究者编制传记式问卷的基本要求。

（一）经验效标法

经验效标法（empirical criterion keying）是应用最广泛的传记式问卷编制方法。这种方法不需要具有既定的理论基础或假设，问卷题目根据与效标的关系（对高、低效标组的区分能力）来选择和加权计分，产生的量表和新样本中的相同效标进行交叉效度分析。此后，在继承和发展该方法的基础上产生了工作分析法，它通过对选拔工作的职位和功能分析，建立起职位所需知识、技能、资格与个人特质、职业兴趣、能力等之间的联系，并由此产生传记式题目，此方法具有较高的内容效度和构念效度。

（二）合理建构法

不同于经验效标法中题目根据经验和与效标的关系来选择和确定，合理建构法（rational construct）通常先通过工作分析及已出版的实验和理论两方面的文献资料确定主要的构念，然后通过题目与构念之间的关系来编制问卷。首先要编制多个测量某一构念的题目，然后保留与其他测量这一构念的题目相关的题目，删除相关性低的题目。

（三）因素分析法

与合理建构法类似，因素分析法（factor analysis）在观察到的题目之间关系的基础上形成问卷，不考虑效标的作用。因素分析量表的不同在于测量某种特定构念时没有事先确定题目之间的结构，相反，构念由数据产生。目前因素分析量表还没有在选拔领域进行大量的实证研究。

（四）分组法

在分组法（subgrouping）中，题目的选择和计分基于题目确定和区分某一类人的能力（如企业家和管理人员），问卷题目由能够区分不同类别的关键行为和经历组成。可以使用聚类技术或在先前理论的基础上定义这些等级或亚群，最终的量表基于对某一亚群的辨别力。在这一方法中，题目的选择和计分基于题目的区分度，问卷题目由区分度高的关键行为和经历组成。这种量表可应用于多重效标的预测，但是结果不易解释，问卷的应用效果取决于分组的适当性。在应用于广泛的分类或大样本时，这种方法的效果较好。

五　传记式问卷题目的计分策略和应聘者作假

目前在传记式问卷的研究中，通常采用两种计分策略：题目计分策略（item-keying strategy，IK）和选项计分策略（option-keying strategy，OK）。题目计分策略通常假定在题目分数和效标之间存在单一的线性关系，不考虑两者之间的非线性关系。例如，一个利克特 5 点量表的传记式问卷，题目的计分由 1 到 5 依次与效标呈不同程度的正相关。因此，反应 1 会对整个问卷的总数产生 1 单位的影响，反应 2 相应会产生 2 单位的影响。

选项计分策略则是根据每一题目的选项反应与效标的相关显著性指标，进一步分析后计分。通常采用对照组方法，即将高-低效标组所选择题目选项的频次进行比较，将具有显著频次差异的选项分别计为 1 分或－1 分，其他选项计为 0 分。例如，采用 5 点量表计分的题目，2 可能被计为负性计分点，4 为正性计分点，1，3，5 相应计为 0 分。因此，选项计分策略的优势就在于可以涵盖题目刻度与效标之间的线性和非线性关系。

采用传记式问卷作为人事选拔的工具有许多优势：效度高、负面效应小等。但该方法一个潜在的、不容忽视的问题便是被测者为获得较好的表现或较高的分数，在测验过程中故意扭曲事实而作假。尽管一些研究者提出很难在传记式问卷中找到确切的作假证据，但大量研究数据表明：问卷的计分方式和题目类型是影响作假的两个主要因素。在题目类型上，主观性较强的题目易作假；而相对客观、历史性、不明显与工作相关的题目作假较少。在计分方式上，采用传统的题目计分策略的研究结果往往会受到被测者作假的影响；而采用选项计分策略的传记式问卷研究受到作假因素的影响较少。

据此有两个途径有助于减小这种欺骗效应：使用基于事实信息的题目可以降低欺骗水平，尤其是当回答者知道信息会被核查时；使用基于选项的题目会使问卷的计分相对模糊，没有明显的“正确”或“错误”答案。

第 3 节　传记式资料测量的实践与应用

传记式资料测量作为人事选拔和心理测量领域的一项重要技术在西方已经有 100 多年的历史，诞生至今一直作为企业人事选拔的一种有效工具。国外实践表明，该方法在选拔上的预测力比心理测验、工作取样、评价中心等方法都要好。目前传记式资料测量已成为认知能力测验的有效补充。传记式资料测量包括丰富的可信信息，可以使使用者对个体未来的工作绩效做出较为准确的预测，因而成为工业组织领域公认的最可靠、最有效的测评和选拔手段之一。

然而，尽管传记式资料测量在西方广泛应用并取得了认可，该方法在我国的应用研究还处于半真空状态。国内有关传记式资料测量在应用领域的研究很少，虽然传记式资料测量也应用于公司人事选拔、公务员选拔、大学生在校表现预测等领域，但都处于探索阶段，尚未形成一定的体系。除了极少数几位学者对该方法进行了概述性引介，很少有人进行实质性应用研究。相对而言，传记式资料测量在工业组织领域应用相对较多，而在教育和公务员选拔等领域的应用研究几近空白。

一　行政管理领域的应用

传记式资料测量是国外公务员选拔的重要手段。美国人事总署于 1983 年研究编制了履历调查表（又称个人成就信息表），用于公共部门的人事选拔，该调查表经过系列修订，沿用至今。20 世纪 90 年代，国内也开始将传记式资料测量方法应用到领导干部的公开选拔考试中。如 2008 年 10 月，北京市面向社会公开选拔 196 名局处级领导干部和国有企业事业单位领导人员，并将履历分析和心理测验纳入选拔程序，作为重要评价标准。

从国内外公务员选拔过程的发展可以看出，录用方法和人事选拔技术是否科学先进，关系到新录用人员的素质以及整个公务员队伍的高效与健康发展。当前政府功能日益扩大，对公务员综合知识、独立思考和应变能力等各方面的要求也越来越高，因此，加强公务员选拔技术手段的研究，加强科学选拔方法的开发、推广与完善具有重要的现实意义。

应当承认，近年来我国公务员选拔工作在不断调整与完善，并逐渐呈现出新的发展趋势，例如，公务员选拔方法不断趋向专业化和科学化；公务员的考试录用由事后统计向事前预测转变等。但总体来说，与新时代、新任务对高素质公务员的需要还存在明显差距。比如，目前我国公务员的选拔主要通过笔试和面试两种方式进行。笔试对可量化的文化知识水平比较容易测量，但对难以量化的创造力、思维灵活性的测量效果则不佳；面试虽然可以对应试者的能力、综合素质等进行一定程度的测评，但其主观性太强，很难做到客观公正，而且容易滋生腐败等不良现象。因此，不再拘泥于传统的笔试和面试，更加科学化、专业化、现代化是我国公务员选拔方法未来发展的必然趋势。

传记式资料测量作为一种新型人事选拔方法，综合了管理学、统计学、心理学等多学科领域的知识，弥补了其他公务员选拔方法的不足，为我国公务员选拔提供了一种客观有效的技术手段。传记式问卷不仅是一份详尽的个人履历信息，还可以通过进一步分析，挖掘包含个人基本素质、工作能力、领导能力等多个方面的无法直接从简历中获取的信息，对个人未来的工作绩效做出准确的预测，提高选拔的效率。该方法技术操作要求明确规范，问卷格式和评分采取标准化形式，数据分析实现计算机统计操作。在我国公务员资格审查及选拔环节引入传记式资料测量方法，不但能实现传记信息的科学使用，而且能在一定程度上提高公务员选拔考核测评的公正性和准确性。一方面可以加强履历信息的科学利用；另一方面可以通过挖掘被测者与工作相关的能力和素质，降低人事选拔的成本，提高选拔的客观性。

二　教育培训领域的应用

在国内，高考成绩的筛选和预测功能并不明确，需要发展新的选拔工具作为补充。就目前而言高考是高校选拔人才的唯一方式，给学生造成了很大的压力，不利于学生的心理健康。传统上，考试制度一直是选拔人才的重要手段之一，高考成绩对学生至关重要，关系到考生能够进入什么学校和专业，而学校的知名度和专业又关系到将来找工作的难易。高考越来越被看重，升学压力越来越大，却得不到有效的排解，很不利于学生的心理健康，有焦虑、抑郁倾向的学生已不鲜见，自杀事件在教育界也已不再是骇人听闻的消息。

另一方面，从人事选拔的角度看，高考应该是选拔新生进入大学的工具。一般来说，标准化认知能力测验对大样本的应用是有效的，它可以为不同教育背景的学生提供一个比较的标准，与此同时，我们也默认高考成绩至少可以对学生大学四年的学业成绩做良好的预测。但是这方面的研究结果表明，高考成绩的预测效果并不理想。国外的研究表明，认知能力测验与大学平均成绩（GPA）的效标关联效度大约为0.45，学习习惯、毅力和参与程度也显示出较小但显著的相关。因此一些学者认为，增加当前选拔工具的效度和实际效用还有很大的发展空间。我们需要发展一种新型选拔工具作为认知能力测验的补充，它不仅应具有足够的效标关联效度，还应具有较少的负面影响。

大学是青少年心理发展历程中的转折期，学校适应是目前困扰大学生心理发展的主要问题。大学生作为一个特殊的社会群体，有着许多特殊的问题，如对新的学习环境与任务的适应问题，对专业的选择与学习的适应问题，理想与现实的冲突问题，人际关系的处理及学习与恋爱中的矛盾问题，以及对未来职业的选择问题等。这些发展性问题的有效解决，既直接影响其大学期间的身心发展，又对他们成年期的发展产生深远影响。研究证明，当代大学生的总体压力处于中等偏高的水平。大量研究已经证明传记式资料测量可以有效预测适应效标。

传记式资料测量在心理学和人事选拔领域已有100多年的历史，近年来在国外学术界受到很大肯定，是目前教育和工业组织领域最可靠、最有效的测评和选拔手段之一。研究表明，在对效标的预测能力上，传记式资料测量与认知能力测验相比，具有更高的递增效度，是认知能力测验的有效补充和替代工具。它不仅可以有效预测大学生在学校的表现，还可以有效预测毕业后的职业选择以及在工作中的表现。目前国内对传记式资料测量在教育领域的研究很少，但已有相关实证研究选择传记式问卷作为选拔工具，尝试考察过去的生活经历对大学生在校表现的预测能力，填补了国内相关研究的空白，并得到了满意的结果。

三 组织管理领域的应用

在大规模人员招聘中，企业都在寻找成本低、效率高、准确度高的测评方法。近年来，传记式资料测量凭借独特的优势，成为企业大规模人员招聘的有效测评方法之一。随着互联网技术在人事选拔中的广泛应用，简历筛选的工作量越来越大。企业如果没有科学的简历筛选办法，很难保证准确性、可靠性和稳定性。

量化简历中所包含的传记式资料，有助于解决快速筛选大量简历的难题，有效提高大规模人员招聘的效率和准确性。传记式资料测量方法是一种通过传记式问卷，收集应聘者经历的行为事件信息，并对这些信息进行量化编码，以此结果为依据筛选应聘者的测评方法。相比传统的人工筛选简历方法，传记式资料测量方法有以下优点：一是标准化，用设计科学的传记式问卷收集信息，避免了简历格式、内容的不统一；用量化编码方法来量化这些信息，使筛选标准同一化。二是效率高，用量化编码模型筛选简历比传统的人工筛选效率高，大大减轻了招聘者的工作负荷。三是精确性高，通过传记式问卷收集信息和量化编码模型筛选简历，大大减少了人工筛选的主观误差，提高了简历筛选的准确性。

本章小结

1. 传记式问卷的主要理论基础是个体行为一致性，即过去行为是预测未来行为的最好指标，对一个人先前行为和生活经历的系统测量，能够间接获得其行为动机、选择方式等特点。当我们对一个人的过去所知甚详时，就能有效地预测他未来的行为与表现。

2. 编制传记式问卷的题目，首先要确定研究的目的，精确定义想要测量的效标，例如对表现的评定、缺勤情况、员工流失率等。然后编制问卷题目，对题目进行筛选，形成初步问卷。传记式问卷题目的编制方法主要有经验效标法、合理建构法、因素分析法和分组法。

3. 要预防被试在传记式问卷上的作假行为。使用基于事实信息的题目可以降低欺骗水平，尤其是当回答者知道信息会被核查时；使用基于选项的题目会使问卷的计分相对模糊，没有明显的“正确”或“错误”答案。

关键词

传记式资料测量　传记式问卷

复习思考题

1. 如何理解传记式问卷的优缺点？
2. 如何理解传记式资料测量的维度划分？
3. 编制传记式问卷时要注意哪些问题？
4. 传记式问卷题目计分策略的选取有哪些技巧？
5. 如何理解传记式资料测量的理论基础？

参考资料

1. 白艳莉．传记式资料测量：人力资源甄选的一种方法．经济管理，2007，29（11）：55－59.

2. 陈彰仪，张裕隆，王荣春，李文铨．应用传记式问卷预测驻派大陆员工之外派适应．应用心理研究，2001（10）：135－166.

3. 李英武，车宏生．人事选拔方法：Biodata 测量研究综述．心理科学，2006，29（6）：1448－1451.

4. 刘红燕．Biodata 的测量维度以及与大学新生学校适应的关系．济南：山东师范大学，2012.

5. 刘红燕，郭庆科．传记式资料研究综述．心理研究，2011，4（5）：75－79.

6. 满小欧．我国公务员新型选拔工具《公务员传记式问卷》的编制与相关研究．沈阳：东北大学，2008.

7. 宋官东．传记数据：一种心理测量方法．心理科学，1996（4）：244－246.

8. 吴英杰．人事选拔中传记式数据测评及效度研究．杭州：浙江大学，2008.

9. 严进，吴英杰，张娓．履历数据测评的效度分析．心理学报，2010（42）：423－433.

10. 张娓，吴英杰，严进．传记式数据：简历筛选的高效节时器．中国人力资源开发，2009，3（3）：43－45.

11. 张艳．传记问卷对大学生在校表现预测的效度研究．南京：南京师范大学，2007.

附录　传记式资料测量案例

案例一　台商驻大陆外派人员的传记式资料测量

由于我国台湾地区工资日高，台商到大陆设厂日渐增加。鉴于大陆的经营管理与专业技术人才紧缺，台商往往需要派遣优秀的员工进驻大陆支援大陆分公司的建设。由于经济、政治与社会制度方面差距较大，外派大陆人员适应困难、执行任务不理想甚至不得不提前返回，造成公司的困扰。编制适当的工具，借以协助企业做好外派大陆人员的选拔工作是研究的首要目的。

由于外派人员的特质往往对其外派成效有极大的影响，因此过去曾有一些学者使用既有的人格测验来测量上述维度，但是影响外派人员适应良好与否的相关因素过多，加上一般人格测验测量特质单一，因此过去用人格测验来选拔的效度并不高。反而是传记式资料测量在选拔上的预测能力，比心理测验、面试、工作取样、评价中心等都要好，因此如果能确认外派人员未来在工作中所需要的特质，并进一步找出与这些特质有关的经历与状况，据此编制出传记式问卷，那么用此工具进行施测，就可以选出未来能胜任外派工作的员工。

一　研究对象

本研究以台商驻派在大陆各重要城市的三资企业（独资、合资、合作）外派经理人员与眷属共20位为访谈对象，包括：广东省东莞市某化工企业的总经理、总经理配偶及厂长，福建省厦门市某机车企业的总务科长及工程师，天津市某卫浴设备器材生产企业的总工程师与采购主管等。

二　实际访谈

采用关键事件法进行访谈，据此收集相关的关键事件，借以得知外派大陆的工作人员当中有关外派表现优秀及外派表现不佳的关键事件。每位受访者皆接受一次访谈，每次访谈2小时，在取得受访者同意的情况下，访谈者将访谈内容加以录音。

三　访谈资料分析

访谈者先将关键事件进行整理，然后经由分析讨论的过程，将关键事件分成10个维度。为确定分类结果的正确性，另请工业与组织心理学领域教授、工业与组织心理学博士班学生、商界人力资源主管重新将关键事件进行分类。根据专家的反馈，将10个维度的名称做适度的调整并重新命名，同时去除较不合适、较不重要和分类上较有分歧的关键事件。

四 调查结果

1. 管理之变通与因应能力

外派者是否能因地制宜地运用管理知识与经验，以达成公司的经营目标。

2. 对异文化的兴趣与尊重

外派者对当地的语言、民俗风情、习惯等是否感兴趣并尊重，是否有文化优越感或歧视的行为表现，是否愿意融入。

3. 对外派地政治、经济与社会的了解

外派者能否运用不同的渠道对外派地区的政治形势、经济状况及社会现象等资讯加以收集与了解，用于工作上、生活上的适应。

4. 社交技巧

能否展现适当的人际技巧，与外派地的政府、厂商、同事及员工维持适当的工作关系。

5. 休闲习惯

能否进行固定且持续的运动与休闲活动，以调适工作压力，维持身心健康。

6. 自我照顾能力

独处时能否恰当安排自己的生活作息，使个人的生活机能与工作情绪不受工作环境和工作压力的影响。

7. 环境改变的适应能力

在个人面临生活环境的改变时（人、事、地、物以及气候方面的变动），能否快速调适，不致产生过大的身心压力或造成生活功能失常。

8. 视外派工作为职业生涯发展的契机

指外派者对外派到大陆的看法，即个人是否认同外派到大陆工作是一个职业发展的契机，相信这一外派经验对自己的职业生涯有所助益。

9. 大中华认同

外派者是否相信协助大陆发展经济建设是对全体中国人利大于弊的好事。

10. 家庭支持与认同

外派者本身在家庭经济与家庭照顾上的责任大小，以及家人对其外派工作的支持程度。

五 外派人员传记式问卷

以“过去的行为是预测未来行为的最佳指标”的理论基础为根据，采用关键事件法对相关资深工作者进行深度访谈、资料收集和内容分析，形成假设，建立题库。根据上述结果，研究人员编制传记式问卷，作为工具收集到 176 位外派人员在问卷上的反应。结果显示，此传记式问卷的克伦巴赫 α 系数很高，在 0.79～0.86 之间，且与外派人员自评的外派适应（包括工作适应、生活适应、人际适应与离职意愿）以及外派动机高度正相关，效度获得支持。

案例二 宝洁校园招聘中的传记式资料测量

宝洁公司通过审核您的资历，认可您在教育和职业发展方面做出的重要投入。这份全面评估使我们可以检验您背景与经验的诸多方面，以便全面公平地考虑您的个人概况在多大程度上符合我们的需求。

我们请您提供背景与兴趣的有关情况，以及您关于在宝洁工作相关问题的看法。在回答问题的时候，请一定注意让您的答案准确地描述您与您的情况。答案没有对错之分。您在本评估中提供的信息将用于聘用程序的其他部分。

这里有一些您在进行评估之前需要注意的事项：

- 本评估需要 20～30 分钟完成。
- 请使用您最熟悉的语言进行评估。要改变您的语言选择，请返回上一页。
- 从一个页面进行到下一个页面时，请点击每个页面底部的“下一步”。要查看您先前访问过的页面，请点击页面底部的“返回”，或者点击进展地图上的某个页码。请注意，进展地图不能用于进入一个新的页面。
- 您有 7 分钟时间回答，然后点击“下一步”进入下一页。如果您在 7 分钟之内不做出回答，就被自动登出评估网站。您可以利用先前提供给您的链接返回完成评估。

我们感谢您对宝洁的兴趣，很高兴有这次机会更多了解您。

1. 您有多经常教导或者培训团队成员?

□从未有过

□1～2 次

□3～4 次

□5～6 次

□7 次或更多

2. 以下哪种情况能最好地描述您是怎样决策的?

□尽量花所有需要的时间去仔细考虑所有的信息

□使用在此时此刻可以获得的最好的信息

□考虑怎样最能节约成本

□考虑怎样最可能被他人接受

3. 您是否曾经：(请标注所有适用项目)

□免费指导学生准备考试

□收费指导他人

□组织一个学习小组

□参与一个学习小组

□组织一个团体项目

□以上均没有

4. 犯错误时您通常的反应是什么?

□我试图忘掉它而继续前进

□我把它视为一个学习的机会

□对于任何一个我令他们失望的人，我会向他们道歉
□我对错误进行分析以确定是否真的是我的过错

5. 您对于改进工序、服务或者产品方面的建议有多经常得到落实？

□很经常
□经常
□差不多对半
□有时候
□几乎没有

6. 您的朋友或同事在多大程度上向您寻求建议？

□完全没有
□较轻程度上
□中等程度上
□较大程度上
□极大程度上

7. 您同时做多少件事情？

写下件数：

8. 过去当需要做出困难的决策时，您典型的做法是什么？

□自己做决定
□向同事询问建议，然后做出决定
□向同事询问建议，然后按照大多数人的意见行事
□向专家询问建议，然后做出决定
□请上级做出决定

9. 过去 6 个月，您如何管理各种责任？

□在脑海中形成所有所需步骤的形象
□确保所有所需资源都已经齐备
□在走到每一个步骤时都会担忧
□随时都聚焦于最高的目标
□以上均不是

10. 与其他人相比，您有多经常发现/找到新的信息或想法并且将其运用到工作之中？

□比其他人经常得多
□比其他人更为经常
□与其他人差不多
□不如其他人经常
□比其他人少得多

11. 与其他人相比，您有多经常因为在工作中想出好点子而受到表彰？

□比其他人经常得多
□比其他人更为经常
□与其他人差不多
□不如其他人经常

□比其他人少得多

12. 根据您所共事过的他人的看法，您在多大程度上对工作负起责任？

□极大程度上

□较大程度上

□中等程度上

□较轻程度上

□完全没有

13. 在目前或以往的职位中，以下哪一项陈述最能描述您运用知识或者技术来完成任务的情况？

□要有协助才能完成专业领域的任务

□在专业领域偶尔独立地完成任务

□在专业领域独立地完成所有任务

□在专业领域指导他人如何完成任务

□我从来没有工作过

14. 求学期间，您有多少次参与制定一个团体（诸如服务团体、部门、组织等）的关键目标？

□从未有过

□1 次

□2 次

□3 次

□4 次或更多

15. 曾经与您共事的人怎样评价您分析信息和提出建议的能力？

□优于其他人

□与其他人差不多

□不如其他人

□我不确定

16. 您在小组讨论当中说服他人接受您的观点方面的有效性如何？

□极为有效

□很有效

□有一定效果

□不很有效

□从来没有这样的机会

17. 过去一年，您有多少次被授予一个项目，因为它需要很快被完成？

□从未有过

□1～2 次

□3～4 次

□5～6 次

□7 次或更多

18. 您的各学年综合成绩位置是怎样的?

□处于前 5%

□处于前 10%

□处于前 25%

□处于前 50%

□不处于前 50%

□不知道并且不能估算

资料来源：以上题目样例资料来自宝洁校园招聘网站，有部分删改 .

第 3 篇
应用与未来趋势篇

第 12 章 多水平人事选拔

学习目标

通过本章的学习，你能够：

◎ 掌握多水平人事选拔的概念和必要性。

◎ 熟悉多水平人事选拔模型的基本框架。

◎ 理解实施多水平人事选拔的步骤。

◎ 通过多水平人事选拔案例加深对多水平人事选拔的理解。

引例

组织中的“空降兵”

很多中小企业发展到一定阶段就会遇到瓶颈，这时企业领导者感觉自己的能力有限，无法带领企业进一步快速成长，就会考虑“空降兵”——职业经理人。职业经理人要慎用，也许是因为庙小供不起大佛。你聘请他们过来，整天几乎都供着，唯恐在待遇、生活等方面亏待了他们。结果还是一走了之，连声招呼都不打。高薪请过来，大胆放权，帮助企业建立了管理体系，但不适合现在的情况，老员工逐渐离职。最后的结果是，职业经理人黯然离去，扔下的烂摊子只能企业领导者自己慢慢收拾。“花了大量费用不说，关键是错过了行业发展机会。这种机会成本是很大的。”

一些“空降兵”几乎没有做总经理的经历，多数是从管理职位的中层直接进入中小企业做职业经理人。更多时候是按照前面单位的制度和规则，照葫芦画瓢地操作，遇到问题就说“我们以前单位是……操作的”。因为有前面单位成功的光环，企业领导者也不敢多问，更不会质疑，否则他们就会说“你不信任我”。结果并没有想象的那么好，甚至更糟。“企业不行，人员执行力差，没有资源优势……”几次折腾下来，“空降兵”丧失信心，员工离职，企业领导者心灰意冷。

值得注意的是，一些知名企业家表示，要慎用“空降兵”。某知名企业高管表示，“这么多年我最深刻的体会就是团队要自己培养。我觉得，一棵参天大树必须有深扎在地下的根，这种树是最不怕大风的。我过去也不赞同‘空降兵’，但不像现在这样坚决。除了首席财务官（CFO）这种特别专业的人才外，我尽量使用公司内部培养起来的员工。

用‘空降兵’成功的概率很低。但是，在一个小的天地里，自己人容易被低估，大家总认为外面的人很牛，实际上那个人还不如自己人。”在一次演讲中马云也提到，阿里巴巴的发展其实还是依靠最初那 18 个元老，其间也引进过一些高管、副总裁，但是多年过去了，终究还是得依靠原班人马。

“空降兵”在原来企业的成功，不仅由于其出色的专业能力，也和原组织的企业文化、管理体系息息相关。离开了原来的平台，“空降兵”是否能发挥同样的作用是未知的。多数“空降兵”到新企业后都会遇到排斥、不配合、企业领导者从信任到不信任等情况，一些甚至还没有获得施展身手的机会就匆匆走人。中国人力资源研究机构的统计显示，“空降兵”的“阵亡率”为 80%，即多数是失败的。

资料来源：慎用“空降兵”．［2017 - 05 - 09］. https：//www. guanaitong. com/article-6-278984-1. html.

第 1 节　什么是多水平人事选拔

一　多水平人事选拔研究的出现

组织是个多水平的系统，个体的行为表现受到各水平上因素的影响。在这种情况下，传统的基于个体差异、单一水平的人事选拔研究和实践显得力不从心。为了克服单一水平研究的局限，本章介绍一种新的多水平人事选拔理论，为人事选拔研究和实践提供新的思路和借鉴。

2016 年，著名研究学者施密特（Schmidt）在《应用心理学期刊》（*Journal of Applied Psychology*）上发表了一篇极具影响力的论文，总结了 100 年人事选拔研究的实践和理论意义。在元分析的基础上，他指出了 31 种人事选拔方法在预测工作绩效时的预测效度，以及一般心理能力与其他 29 种选拔程序的配对组合的预测效度。该文还对就业培训计划中的 16 个绩效预测因子进行了类似的分析。总体而言，具有最高多变量有效性和用于预测工作绩效的两种组合是一般心理能力测验加上诚信度测验（平均预测效度为 0.78）、一般心理能力测验加上结构化面试（平均预测效度为 0.76）。在预测职业培训计划中的绩效时，这两种组合获得了类似的结果。这两种组合的另一个优点是它们可用于入门级雇用者和有经验求职者的选择。此外，单独使用认知能力测验对个体整体工作绩效的预测效度为 0.51，非认知能力测验如工作取样对个体整体工作绩效的预测效度为 0.54，结构化面试为 0.51，人格测验为 0.40。

众所周知，组织是个多水平、多层次的系统，著名的霍桑实验和勒温（Lewin）的场论等当代许多组织行为理论都假设组织存在多层次性，但此观点仅停留在观念上。现实中，组织往往被分割为组织、团队和个体，每个水平上有不同的学科。社会学倾向于从宏观的组织水平来探讨，心理学倾向于从微观的个体水平来研究，但它们得出的结论都无法推论到其他水平。这就大大限制了许多学科的理论发展和应用性。组织本身是一个可以被整合的系统，但组织科学却不能被整合起来（于海波，方俐洛，凌文辁，2004）。因此，也有研究者指出，以个体差异理论为基础的传统人事选拔有一定的局限性，主要表现在：个体差异模型是一种静态的理论模型，特别是在组织中不能较好地反映组织生活的动态现实性；基于个体差异模型的人事测评分数只有在一定的组织背景下解释才更有意义；在组织背景下，传统选拔技术，如认知能力测验、结构化面试等的测评分数，对组织水平的效标，特别是组织的整体工作绩效预测很难达到显著性水平。因此，Jackson & Schuler（1995）建议，应该对传统的人事选拔研究范式进行反思，从整体论的取向（holistic approach）重新构建现代人事选拔理论模型。

示例 12 - 1

勒温的场论

Lewin & Cartwright（1951）认为，人是一个场（field），人的心理活动是在一种心理场或生活空间内发生的。生活空间（life space，LS）包括个人及其心理环境。一个人的行为取决于个人与环境的相互作用，也就是说，行为取决于个体的生活空间。勒温的基本公式如下：

$$B = f(PE) = f(LS)$$

式中，B 代表个人行为的方向和向量；f 代表某个函数关系；P 代表个人的内部动力；E 代表环境的刺激；LS 代表生活空间。

也就是说，生活空间包括人与环境。行为发生在生活空间中，它既是人与环境的函数，也是生活空间的函数。根据勒温的理论，外部刺激是否能够成为激励因素，还要看内部动力的大小，两者的乘积决定了个人的行为方向。如果个人的内部动力为 0，那么外部环境的刺激就不会发生作用；如果个人的内部动力为负数，外部环境的刺激就有可能产生相反的作用。

当前在人事选拔领域，绝大多数人事选拔研究还没有对跨水平的有效性问题进行检验。这就意味着现有的选拔研究难以回答很多超越个体水平的问题，例如个体水平上的 KSAO 与效标之间的关系是否可以概化到更高的水平？KSAO 存在于群体（比如团队、组织）中吗？认知能力和尽责性水平更高的员工所组成的群体会表现得更好吗？现有研究发现，在不同的水平上，既有正向也有负向的预测关系。

仅仅关注个体水平的验证性研究，可能无法在更高的水平上识别重要的 KSAO 绩效预测因子。例如，开放性这一人格特质在个体水平上表现出较低的效标关联效度，但是总体而言，在团队水平上可以预测团队绩效。实际上现在还没有关于个体绩效能否或怎样聚合到团队水平的理论。例如，个体工作绩效评估能聚合到团队水平，并作为结果变量解释团队之间的绩效（如销售额）差异吗？

个体水平选拔的另一个问题在于，其不能模拟和解释更高水平的构念、流程和情境（比如多样性和组织效能）。试图将这些构念分解为个体水平的模型会导致设定误差、跨水平和情境谬误（contextual fallacies）。

此外，关于文化因素对人事选拔实践的影响，我们目前的了解还相对较少。处于同一文化中的人和处于不同文化中的人有多少相似之处？现有的人事选拔研究结论在多大程度上能在不同文化中概化？现有的研究表明，在选拔实践中的确存在组织/文化差异，但是多数研究并没有将多水平的视角纳入设计和分析，仅探讨个体水平选拔结果的跨文化概化，其理论和实践意义有限。

传统选拔学科将自己定义在单一的、个体水平的分析之上。也就是说，现有的选拔研究主要关注个体水平模型，模型中全部关键构念、过程和方法都建立在个体水平上。但个体水平的研究存在一个重要的局限：即使成功预测了个体绩效，也不能有力地验证研究结论对组织绩效的作用。

因此，选拔研究和实践在理论和方法上必须考虑到多水平问题。事实上，多水平人事选拔理论、方法和模型可以帮助我们弥补单一水平研究的局限。真正的多水平研究目前为止还比较少。

二 多水平人事选拔的概念

在组织活动中，个体行为存在于工作团队或工作部门中，当然也可以说存在于更宏大的组织系统中。心理学是关注个体差异的科学，在传统的心理学研究中，研究者通常关注个体差异变量与结果变量之间的关系问题。早期的西方管理理论对组织情境亦有重视。管理学之父泰勒（Taylor）认为，实行科学的管理，就应该关注工作中的情境问题，使工作中的操作方法、作业环境以及工人使用的工具和材料标准化，对工作过程实行严格的控制。

韦伯（Max Weber）则认为，官僚组织是必要的，因为个体在官僚组织情境下绩效行为的稳定性、精确性和纪律性等方面，要优于其他类型的组织。但是很遗憾，受时代所限，两位管理学大家的观点仅停在观点层面。为此，后期陆续有管理者不断补充组织情境理论观点，形成了多水平人事选拔的理论来源。

Motowidlo，Borman & Schmit（1997）认为，传统的组织行为研究属于个体水平模型，模型中的关键构念、过程和方法都建立在个体水平之上（Cortina & Luchman，2012）。但是，近年来大量的研究揭示，个体水平的研究常常难以回答困扰组织管理者的许多问题。例如本章引例中的“空降兵”问题，也就是说用传统的人事选拔个体水平指标来衡量，一个个体无论是专业知识、技能、认知能力，还是其他组织关注的个体差异变量都非常优秀，但是“空降”到一个组织中，往往无法取得预期的成就，绩效较低甚至离职。

所谓多水平人事选拔（multilevel selection），是指从个体、团队、组织水平，综合考量个体差异变量对个体、团队以及组织水平效标的影响过程的一种新型人事选拔策略。例如，在组织人力资源实践中，招聘环节不仅考量个体水平上的 KSAO 与效标之间的关系，而且考量个体差异变量与组织情境特征的拟合程度或者匹配程度，个体水平变量 KSAO 在团队以及组织中的作用机制，以及组织层面变量对个体水平变量与效标的影响机制。从个体、团队、组织水平综合考量个体差异、组织差异对个体行为结果以及组织效能的综合影响过程，就是多水平人事选拔。

认知能力和大五人格各人格特质水平更高的员工所组成的群体会表现得更好吗？(Chen & Bliese，2002)。显然，单纯关注个体水平的实证研究无法在较高水平上识别重要的 KSAO 绩效预测因子。此外，也无法在团队水平上解释预测团队绩效（LePine，2003）。

三　多水平人事选拔的意义

为什么人事选拔研究及实践要建立多水平的视角？美国著名组织心理学家施耐德（Schneider，1987）认为，可以从以下几点回答：一是人事选拔的目标是提升组织效能，但是个体水平上的研究和实践常常无法回答组织层面的问题。例如，从外部选拔高管进入组织时，常常会遇到“空降兵”问题。二是人事选拔活动有时会导致“物以类聚，人以群分”，差异较小的个体进入团队内部，形成同质性团队。这种同质性团队的影响是如何贯穿组织的，通常个体水平的选拔无法解释。三是绩效的决定因素在不同水平上可能会有差异，专注于个体水平可能会忽视对高水平绩效很重要的个体差异 KSAO。四是当工作处于相互作用的社会环境（如基于团队的构念或服务情境）中时，个体绩效（以及绩效的决定因素）可能会受到同事和社会环境的影响，显然个体水平的选拔实践通常无法提供答案。

四　人事选拔的组织特征分类

（一）从实践角度对组织特征进行分类

在组织管理实践中，通常认为组织中个体的行为存在于多个水平，并受到多个水平因素的影响：团队、部门、组织、地区、种族、文化等。在组织中较低水平（团队）是隶属于较高水平（组织）的。

组织天生就是多水平而且水平有高低之分的，必须遵从所有水平的系统都要遵守的共同法则。承认选拔发生在组织的内部，就是承认选拔本身就是这个多水平系统的一部分并且遵从这些规则。

（二）从研究角度对组织水平进行分类

张志学（2010）认为，多水平组织研究中的水平（又称层次）可以分为三种类型：理论层次、测量层次和统计层次。理论层次是指研究者的理论描述或者解释对象存在的层次。测量层次是指变量测量的数据报告者来源，测量层次取决于概念的理论层次。统计层次则是多水平研究中特有的现象。由于团队或组织是一个抽象的概念，无法对其进行测量，因此，人们往往用团队或组织中的个体来代表团队或组织，把个体水平的测量结果转化为团队或组织水平的结果，因此在分析过程中可能存在水平的转换，也就是所谓的聚合（aggregation）。在这个过程中，非常关键的一点是确认团队水平的变量是由个体水平的变量聚合得到的（Kozlowski & Klein，2000），还是本身就存在于团队水平。当变量是团队水平的概念而数据是由个体水平获得时，则需要对数据进行聚合。组织能力管理模型和组织的不同水平（或层次）分别如图 12－1 和图 12－2所示。

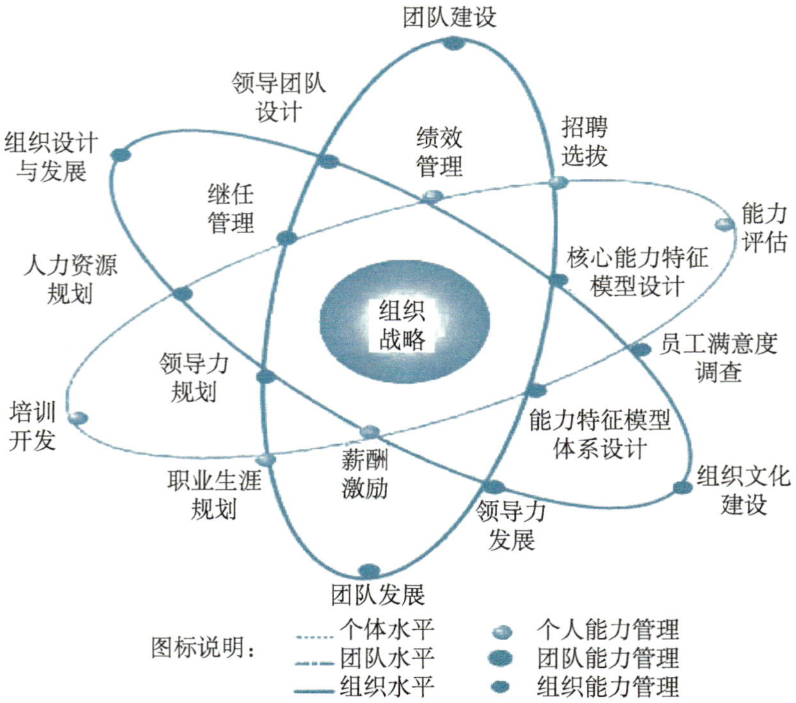

图 12－1　组织能力管理模型

资料来源：李运亭．组织“能力管理”模型．[2009－02－17]．http：//www.bokee.net/bloggermodule/blog_viewblog.do?id=2626442.

图 12－2　组织的不同水平（或层次）

资料来源：https：//pixabay.com.

五　传统人事选拔与多水平人事选拔的差异

人事测评实践和研究主要关注在组织情境中个体的行为特征、过程及其作用后果。影响组织中个体成员的心理和行为的因素众多，而且分属于不同的水平。传统的人事选拔研究更多地关注个体差异，往往通过去情境化的方式控制个体之外的很多情境变量的影响。然而，这种人事选拔研究范式可能有碍研究结果的概化。事实上，组织包含多个子系统，而且这些子系统可能彼此嵌套，一个水平上的现象或行为会受到其他水平因素的影响。如果研究者忽视不同水平因素的作用，既会削弱理论的解释力，又会降低选拔研究结果对选拔实践的指导作用。

通过选拔活动进入组织的个体往往进入特定的部门、工作群体或者工作团队中，后者存在于组织中，而组织又处于产业群以及更大的社会背景当中。如图 12 - 3 所示，组织成员的个体行为至少受到三个水平因素的影响：社会水平、组织水平以及团队水平。在每个水平上都存在众多因素，每个水平内部的因素之间以及不同水平的因素之间还会产生交互作用，进而影响个体的行为。如果像传统的人事选拔研究那样忽视个体水平之上的更高水平的因素对于因变量的影响，或者将这些因素当作干扰变量予以控制，所建立的理论就无法对选拔活动有效地进行指导。

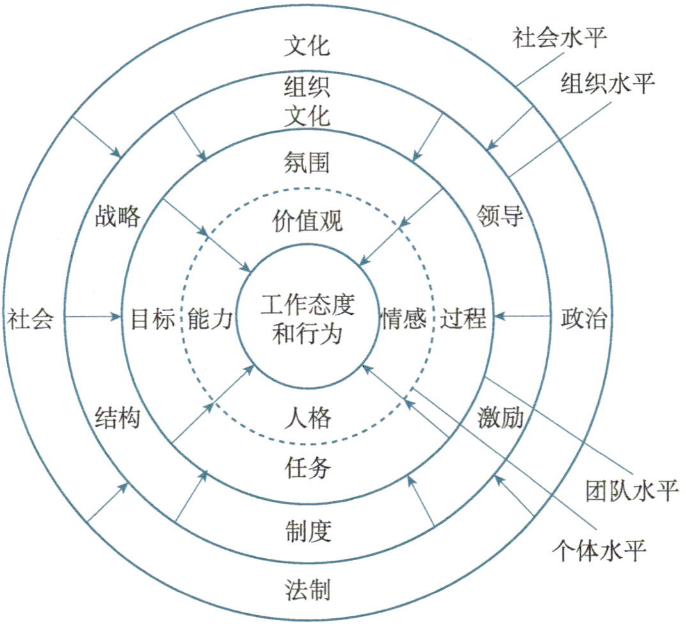

图 12 - 3　影响选拔活动的多水平因素

资料来源：张志学．组织心理学研究的情境化及多层次理论．心理学报，2010（1）：10 - 21.

在图 12 - 3 中，宏观的社会、文化、政治以及法制等因素会影响到组织，具体体现在对组织的领导、激励、制度、结构、战略以及组织文化等的影响上。而这些组织要素的特点在很大程度上决定了组织内部工作群体的特点，包括群体的目标、氛围、过程和任务等。这些群体特征有可能直接影响个体成员的工作态度和行为，也有可能通过影响个体成员的价值观、情感、人格、能力等影响个体的工作结果。图 12 - 3 之所以将个体水平画为虚线，是因为组织当中团队水平的特征可能会越过个体的特征而直接影响个体的工作态度和行为。

与传统的选拔研究不同，多水平选拔研究更加重视情境的作用。传统的选拔研究往往假设在一般社会情境中，不存在明确或强制的行为规范，身处这些情境中的个体具有较高的自主性。在这种情况下，个人的生活经历以及人格特质能够在更大程度上预测其行为，个体在某一情境中的行为可以概化到其他情境。然而实际上，每个组织都有各自明确的目标，而组织的大目标会分解到每个个体。为了促进个体达成目标，进而实现组织目标，组织的领导者或管理者往往会采取特定的组织结构（如工作团队）、激励措施，或借助组织的文化和氛围去影响个体的行为表现。这就意味着，组织对于其成员具有明确的要求、规范或者隐性的期待，迫使绝大多数成员调整自己的个性和特点，做出符合组织要求的行为。所以，在组织这个强情境中，个体的人格特质对于行为的预测力就不像在一般社会情境中那么强，人格特质对于工作绩效标准的预测力是不一致的。

六 多水平人事选拔模型

Ployhart & Schneider（2005）等对不同水平上关于组织人员配置的理论和研究进行了系统分析，试图找出选拔活动是如何与多水平系统相匹配的。图 12-4 显示了一个非常简单的多水平选拔模型来帮助读者理解其中的关键原理。图中展现了两个水平：个体水平和团队水平（使用两个水平来说明该理论的基本要点已经足够，当然还可以引入更多的水平）。在这里，团队水平指代小组、团队、部门、组织、国家等。图中的方框表示对预测变量或效标变量的显性测量。个体水平的预测变量包括认知能力、人格、情境判断等，而个体水平的效标变量可能包括上级评价；在团队水平，预测变量通常是个体 KSAO 的聚合，效标变量通常是绩效或效能指标的聚合。

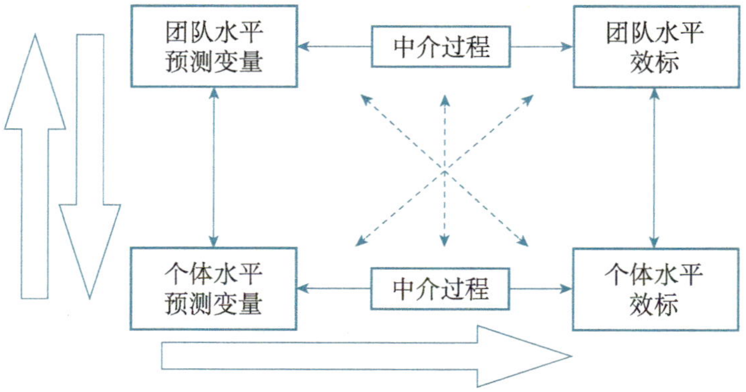

图 12-4 多水平选拔框架范例

注意：虚线表示较弱的或有待检验的关系。

资料来源：Ployhart R E，Schneider B. A multi-level perspective on personnel selection research and practice：implications for selection system design，assessment，and construct validation//Yammarino F J，Dansereau F（Eds.）. The many faces of multi-level issues. Emerald Group Publishing Limited，2002：95-140. Ployhart R E，Moliterno T P. Emergence of the human capital resource：a multilevel model. Academy of Management Review，2011，36（1）：127-150.

普劳哈特（Ployhart）指出，关键是要识别多水平人事研究的中介机制。我们同时在两个水平上识别这种中介机制，并将预测变量的测量置于一个远端-近端区间上。近端构念（如动机、目标和努力）与工作绩效有更大的相关性，往往多变，多为状态类构念；而远端构念（如认知能力和人格）更加稳定，多为特质类构念。在个体水平，测评关注的重点通常是远端构念，因为它们更稳定，但需要注意的是它们一般通过中介机制（如动机、选择和知识）发挥作用。因此，当其中一端移动到更高水平时，远端 KSAO 的直接影响会因为近端中介机制的数量而减弱。例如，团队研究表明，团队的 KSAO 通过团队凝聚力、协调过程和团队效能等重要的中介机制来影响团队绩效。

图 12－4 中的双向箭头代表了水平内（水平箭头）和水平间（垂直箭头）不同形式的关系。这些箭头之所以是双向的，是为了表明“因果”方向可能在两者之间转换。水平箭头代表同一水平内的关系，表明因果关系可能从预测变量指向效标变量，而在另一水平的分析中方向也可能是相反的。例如，Schneider，Hanges，Smith & Salvaggio（2003）发现，绩效能影响团队态度，而不是更典型的态度影响绩效的理论顺序。同一水平内的关系是由相关系数、回归系数或结构参数估计得到的。而垂直箭头的意思可能不太容易理解（后面我们会对斜箭头进行简单的讨论）。为了清楚地表达这种跨水平关系的本质，在这里必须借助多水平原则。我们很大程度上借鉴并总结了 Kozlowski & Klein（2000）所使用的术语和模型。这一跨水平关系可能具有两种基本形式：情境的或涌现的。

（一）情境关系

情境关系（contextual relationships）是跨水平的、自上而下的影响。团队凝聚力、服务氛围和文化是典型的心理情境影响，因为它们是影响个体行为的高水平因素。比如，一个零售员工可能希望提供高质量的服务，但是他的服务行为会受到商店内服务氛围的影响而得到强化或约束。需要注意的是，在情境模型中，较低水平内的行为是嵌套在较高水平内的行为中的。这种嵌套的结果就是同一单位内的个体相对于不同单位内的个体具有更多的相似性（这也可以理解为个体对本单位成员的认同比对其他单位成员的认同更高）。在统计上，这被称作非独立观测（non-independence of observations）。对于非独立观测（例如，相对于其他团队的成员，同一团队的成员拥有更相似的价值观），标准误更小，同时统计显著性检验趋向于出现第一类错误。实际后果就是当数据嵌套时，不能再过分依赖显著性检验的结果，并且参数评估的很有可能是自身。

（二）涌现关系

涌现关系（emergent relationships）是跨水平的、自下而上的影响。例如，如果聚集组中所有个体的 KSAO 并且以此得到该组平均 KSAO，我们就创设了一个涌现过程。因此涌现是关于低水平构念及过程是如何组合和聚集成高水平构念及过程的。请注意，涌现过程的一个关键特征是，我们或许可以测量个体水平上的构念，但是这种构念理论上是存在于团队水平的。如果我们在一个团队中得到了个人的 KSAO 并将其同个人绩效指标联系起来，那么测量和理论都是存在于个体水平上的。然而，当我们把个体水平的 KSAO 涌现为团队水平的 KSAO 时，测量是在个体水平上进行的，但理论存在于团队水平。

怎样最好地概念化涌现过程并建立相应的模型，一直是组织行为学中的难题。例如，为了得到团队水平的分数，我们需要取得团队内个体分数的均值或方差，还是应该将注意力集中于绩效最低的成员（合取，conjunctive）或绩效最高的成员（析取，disjunctive）的得分？以上每种概念化团队水平得分的方法都具有不同的实质含义，并且与个体及团队水平效标的关系也可能有所差异。Chan（1998）总结了五种构成模式（composition model），即个体水平上的构念如何构成团队水平上的构念。

第一种是加法模式（additive model），团队结构代表了个体元素之和或者平均数，而不管个体之间有什么差异。因此，研究者可以直接确认和测量高水平结构。但是，测量是由不同个体的知觉组成的，因此研究者主要是要获得一个可信的团队结构的估计值，而个体知觉的一致性程度仅仅代表了评价的可信度，而不管结构本身是否存在。

一种典型的做法是直接对低水平变量的数据求和或求平均数，作为高水平变量的取值。以气氛研究为例，对于"氛围"（atmosphere）或"气氛"（climate），勒温在最初界定时认为，组织氛围在某种程度上就是组织成员在头脑中形成的对组织状态的认知地图。这里，勒温将其视为一个个体变量，强调的是气氛的心理属性。但是，由于在实际研究中极其难以把握，因此后来几乎所有研究者（包括勒温在内）都将其等同于组织成员共同知觉到的组织的稳定特点。这里实际上有一个分析水平从个体到组织的转换过程。研究者感兴趣的问题可能是组织氛围与组织绩效之间的关系，对于后者研究者可以比较直接地获取数据，但对于气氛的测量就不那么简单了。比较通行的做法是：忽略个体之间气氛知觉上的差异而从不同的维度对组织氛围进行描述，个体之间的差异被看作测量的随机误差。这样，研究者就可以将组织内个体气氛知觉的均值或总和作为组织氛围变量的取值，进而确定组织氛围与组织绩效之间的关系。

第二种是直接一致模式（direct consensus model）。如果研究者认为个体水平内部的一致性很重要，就需要采用该模式。该模式目前在组织心理学研究中建构团队水平和组织水平的构念时被普遍采用。研究者需要用后面将要介绍的一些统计指标表明个体水平内部具有一致性，证明将个体的数据加总形成团队构念的做法是合理的。个体水平的特性可以是个体对某种现象的知觉反应，还可以是个体认知能力、认知风格、人格、态度或行为等变量。研究者不仅要保证个体在这些特性上具有足够的一致性，而且要确保形成的团队水平的构念具有足够的变异，以便能够检验团队水平的构念之间的联系。

例如，群体内一致性系数可以作为能否对个体反应情况进行整体描述的依据。共同一致模式相对于累加模式的区别在于增加了一个环节，它没有忽略个体反应的变异情况。在气氛研究中，研究者可以将心理气氛解释为组织内个体对于工作环境的稳定认识，群体或组织氛围则是指群体或组织内个体气氛知觉的一致部分。如果研究者在群体气氛与组织氛围之间并不知道哪种水平的分析更合适，那么群体之间的变异情况就可以提供证据。实际上，许多研究表明，在存在层级结构的组织中，群体水平而不是组织水平在气氛研究中才是适当的。

第三种是参照-转移一致模式（referent-shift consensus model）。它与直接一致模式非常相似，但有一个区别是：结构的参照点从个体转换到团队。不同之处在于，个体所回答的量表中的问题不再像原来那样表述为"我……"，而是"我感觉我们小组……"，即将个体对于小组其他成员的感知作为加总形成高水平构念的元素。研究表明，将问题表述对象描述为团队而非个体会增加团队内部的同质性以及团队之间的变异。因此，根据参照-转移一致模式，如果理论所要描述的是团队水平的现象，最好将问卷中的问题指涉为整个团队而不是个体。

还是以心理气氛为例，研究者在心理气氛和组织氛围的基础上，通过一种简单的转换就可以产生两个新的概念：（1）心理群体气氛（psychological group climate），即个体对于组织内其他个体气氛知觉的知觉，在这里气氛知觉的基本意义相对于最初的基本概念——心理气氛而言并没有改变，只不过涉及的知觉对象发生了变化；（2）心理群体气氛仍然是一个个体水平上的概念，其在群体内的一致性情况也可以用于进行群体水平的分析，这样就有了第二个新的概念——群体心理气氛（group psychological climate）。目前，这种形式的气氛研究还是空白。

第四种是离散模式（dispersion model）。即将组内的一致性或者离散程度当作一个构念。离散代表团队内部的个体在某种特征上的变异程度，这种特征可以操作化为团队水平的构念。例如，如果研究者关心团队成员关于团队氛围知觉的一致性对于团队绩效的影响，就可以建立气氛强度（climate strength）这一构念，将个体在团队氛围知觉上的离散程度作为测量气氛强度的指标。

我们可以用一个新概念——气氛强度说明群体内的个体气氛知觉反应中存在的变异情况。这样，个体反应的变异情况就可以作为一个变量加以研究。我们可以考察气氛强度的影响因素，也可以考察其在组织过程中发挥的作用等问题。目前已经有少量的此类研究出现。冈萨雷斯-罗马（Vicente González-Romá）等人就针对群体内的社会互动情况和领导者沟通行为与气氛强度的关系，以及气氛强度对工作满意度与组织承诺的调节作用进行了研究。林德尔（Michael K. Lindell）等人则使用另外一种表述——气氛一致性（climate consensus）并结合气氛质量（climate quality）——平均的气氛知觉情况进行了类似的研究。这种将群体内一致性或数据离散程度作为一个新概念的模式可以称为离散模式。

第五种是过程模式（process model）。过程模式的重点是描绘结构在不同水平上的组织情况，以便探讨团队水平结构的动态性和交互作用特性。为了建构过程模型，研究者一般先在个体水平上研究结构的功能，来确定在团队水平上相应的功能。然后，研究者就可以提出理论来描述不同水平结构的组织了。

以气氛研究为例，如果研究者要做的是从组织水平上揭示组织安全气氛的形成问题，那么首先要描述个体安全气氛知觉形成的过程。假如研究者认为个体安全气氛知觉的形成是一个整合的过程：个体关于安全方面的一些认识之间最初是很松散或没有联系在一起的，它们通过一个渐进的过程逐渐联系在一起，最后整合成为一个整体。这种整合的过程可以应用于说明组织安全气氛的形成。组织安全气氛的形成也可以视为一个类似的整合过程。

（三）多水平理论的不同模式

当理论所涉及的自变量和因变量处于不同水平时，需要运用多水平技术。诸如层次线性模型（hierarchical linear modeling，HLM）等统计技术（Bryk & Raudenbush，1992）使得多水平的理论和研究在组织心理学（于海波，方俐洛，凌文辁，2004；廖卉，庄瑗嘉，2008）和教育心理学（张雷，雷雳，郭伯良，2003）中越来越盛行。以下介绍当今组织心理学研究中常见的多水平理论。

一是一致的多水平模型。该模型认为，自变量和因变量之间的关系在个体、团队和组织水平都一致。Chen et al.（2007）建立了一个“领导-心理授权-绩效”模型，认为领导行为会让人们在心理上产生被授权的感觉，后者会提高工作绩效。他们指出，这个模型在个体水平和团队水平上都是成立的。在个体水平上，他们证明领导者成员交换关系（LMX）影响到个体的心理授权感，进而导致个体更高的业绩；在团队水平上，他们发现团队中的领导氛围使得整个团队产生更高的心理授权感，进而导致团队做出更高的业绩。这样一种关系是协调统一的，不同水平都有相同的自变量与因变量，只是水平不同。

二是跨水平调节作用模型。该模型是用不同水平变量之间的交互作用预测某个较低水平的结果。Liao & Chuang（2007）发现，从事服务业的员工个人感知到较低个体水平的转型式领导，与员工所在工作单位整体注重服务的氛围，共同影响到较低个体水平员工的服务业绩。这种模型也可以认为是一种多水平间的调节作用。例如，Yang et al.（2007）发现，群体水平的群体权力距离调节了程序公平氛围（群体水平）与员工的组织承诺和组织公民行为（个体水平）之间的关系。

第三种是蛙池模型。该模型利用成员在团队中的相对位置预测个体水平的结果变量。蛙池的意思是，同一个青蛙在大池塘中显得很小，而在小池塘中显得很大。这表明自变量对于因变量的作用取决于情境，在不同情境下，同样的个体可能产生不同的结果变量。根据某种方法对个体进行比较和排序，就可以预测因变量。该模型假定个体既不是同质的也不是彼此不同的，群体水平内部的成员在某个特质上是不同的，而群体又很需要这个特质。例如，领导者成员交换理论认为，领导者根据下属的相对业绩将他们区分为内群体和外群体。在一个下属群体中，某个员工的绩效相对较高而成为内群体成员；而在另外一个下属群体中，这名员工的业绩可能是较低的而成为外群体成员。也就是说，员工属于内群体还是外群体是由他们所属的群体决定的，而不仅仅是个人绝对的业绩。

（四）多水平理论建立需要考虑的问题

Kozlowski（2000）对多水平理论的建立提供了指导方案，但在具体建立多水平理论前，我们应该思考下列问题：

（1）什么是多水平理论建立需要重视的问题？首先需要明白研究的内生构念或因变量，它是用来驱动分析水平、选择自变量所必须首先考虑的。

（2）如何连接不同水平间的现象？理论必须解释较高水平情境因素对较低水平的过程与结果自上而下的直接或调解作用，或解释较低水平如何自下而上连接较高水平。

（3）自下而上和自上而下的过程从哪里开始，又从哪里结束？关于什么才是适合的构念分析水平，一定要有理论基础，而不能凭空猜测。

（4）何时会发生自上而下或自下而上的过程？效果何时出现？

（5）为什么要在模型中建立一些假设？为什么要以多水平为基础？例如，为何组织中安全气氛是群体水平而不是个体水平的变量？

在进行具体的多水平人事选拔前，一定要对这些问题有充分的回答和探究，这样才能更好地在实践方面进行操作。

第 2 节　多水平人事选拔的实施

Ployhart & Schneider（2005）对多水平人事选拔研究的步骤进行了总结和归纳，可分为九个步骤（见表 12 - 1）。

表 12 - 1　　多水平人事选拔研究的主要步骤

步骤	流程
1. 清晰明确地表述理论	描述水平内和水平间（单水平、跨水平、同质多水平）的理论关系；确定合适的涌现方式（如果必要），比如构成或合成模型的类别
2. 为效标变量和预测变量确定理论和测量所处的水平	阐明效标变量、预测变量属于哪一水平，又将在哪个水平被测量；确定如何恰当地进行聚合（如选择构成模型还是合成模型）
3. 详细说明同一水平内不同变量关系的本质	在每一个水平上确定 KSAO——效标关系的方向和强度
4. 详细说明跨水平的关系本质	确定假设的情境效应的类型（比如调节个体水平关系的情境影响，作用于效标的直接情境效应等）；在某些情况下，还可以假设个体预测变量对团队水平过程和效标的影响
5. 在合适的时间段抽取合适数量的观察值	确保设计能够对水平内和跨水平关系进行适当的检验
6. 运用恰当的测量方法	例如，对团队水平构念的个体水平测量是否应该包含对个体或单位的指代
7. 对聚合进行统计推断	运用 ICC(1) 来确定团队水平上方差的大小；评估关于聚合的推断是否得到了支持（比如估计组内一致性或不一致性）；确定个体水平变量和团队水平变量的信度（运用 ICC(2)）
8. 分析数据	组内组间分析、层次线性模型、跨水平运算分析等
9. 呈现和解释结果	在认真考虑结果对不同水平的适用性的基础上，对结果进行解释

资料来源：Ployhart R E，Schneider B. Multilevel selection and prediction：theories，methods，and models. The Blackwell Handbook of Personnel Selection，2005：495 - 516.

一　理论阐释

和其他组织心理学研究一样，多水平选拔研究始于坚实的理论基础。多水平的问题最终可以归结为描述水平内和水平间的构念和过程是如何相互影响的理论。研究多水平选拔的理论性文章虽然较少，但呈日益增长的趋势。例如，Ployhart（2004）将一系列跨水平的人员配置问题整合和扩展到一个完整的多水平选拔模型中。该模型整合了不同分析水平上的选拔研究，横跨微观（选拔）、中观（小组/团队/部门）和宏观（人力资源实务和战略）水平，说明了选拔构念和实践是如何在水平内和水平间运作的，并且提供了多水平系统内使选拔概念化的框架。

Kozlowski & Klein（2000）提出了三类多水平人员配置理论模型（见图 12－5）。单水平模型是构念和流程完全包含在一个水平内的模型。典型的个体水平的选拔研究就是一个例子，只关注团队 KSAO 的构成和团队绩效的研究也是如此。跨水平模型是构念和流程至少横跨两个水平的模型。对情境因素的考量就是跨水平模型的一个例子，如团队 KSAO 的组成怎样影响个体水平的效度和绩效。在图 12－5 中，可以注意到跨水平的影响分为两类。作用 1 是对较低水平上预测关系的情境调节作用，作用 2 是直接作用于较低水平上效标的情境主效应。最后，同质多水平模型（homologous multilevel model）是相同的一组预测关系存在于每个水平上的模型。例如，人格和绩效之间的关系在个体水平与团队水平上可能是一致或类似的。

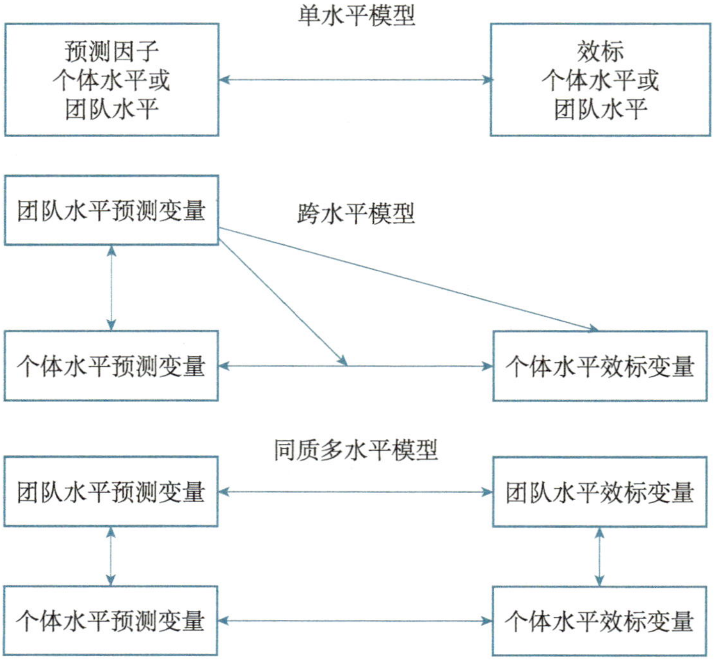

图 12－5　多水平模型的不同类型

资料来源：Ployhart R E，Schneider B. Multilevel selection and prediction：theories，methods，and models. The Blackwell Handbook of Personnel Selection，2005：495－516.

二　定义效标水平

在步骤二中，我们需要确定效标构念和预测构念所处的水平，如何测量低水平和高水平上的构念，以及不同水平上的构念之间是如何联系的。例如，可能会有人认为组织水平的认知能力能够预测组织水平的销售额。这里，首先需要考虑的是，将个体水平的认知能力分数聚合到组织水平是否具有概念意义？应当采用怎样的方式将个体水平的认知能力分数聚合到组织水平？

这个问题实际上就是确定应采用哪种构成模式（注意，这里之所以是构成而不是合成，是因为组织水平认知能力的意义与个体水平认知能力的意义是相对同构的）。例如，人们可以根据 Kozlowski & Klein（2000）的观点，将其称为一种聚合构成模型，因为这种构念的本质在不同水平上是同构的，而且强调可共享性。如果选择这类构成模型，团队水平的预测构念将会被组织内认知能力分数的均值替代，并采用诸如 ICC(1) 和 r_{wg} 等组内一致性指标来对这种聚合的效果进行实证检验。

这种思维过程必须针对效标变量和预测变量分别进行，因为两者可能适用于不同的聚合形式。例如，在上面提到的方式中，我们可以用组织的平均认知能力作为预测变量，但是用平均月销售额作为只存在于组织水平的效标变量（即理论和测量必须处于同一水平）。或者，我们可能会要求商店经理对商店的凝聚力进行评分，在这个例子中，凝聚力的测量处于组织水平，因为经理的回答会被作为组织水平构念的指标。最后，我们要关注多水平研究中的一个重要问题——项目指代对象所处的分析水平。我们将在步骤六中再次提到这一问题。

在定义校标水平上，为了使读者更好理解，我们选用亲组织不道德行为（UPB）的多水平整合模型作为一个实例。亲组织不道德行为本身是一种旨在促成组织有效运作，而违背社会核心价值观、法律或道德标准的行为。社会交换理论意指通过双方资源交换发展关系（Emerson，1976）。因此，如果一方提供了好处，对方也会提供一定的利益作为回报。根据这一理论，员工履行组织义务不仅是为了履行岗位职责，也是为了回报主管或组织对他们的优待（Cropanzano & Mitchell，2005）。根据社会认同理论，对组织强烈认同的个体会将组织的成功与失败内化，并表现出符合组织期待以及对其有利的行为，因此个体可能会忽视自己的道德标准而做出亲组织不道德行为。根据社会认知理论，个体的某些认知机制弱化了道德标准对自身行为的约束是其做出不道德行为的原因之一。根据这些理论我们得出结论：用整合模型可以描述个体和组织水平亲组织不道德行为的产生。

同理，根据伦理型领导理论和变革型领导理论，我们也可以知道，在组织水平不同的领导行为会影响支持组织的道德信念，从而影响组织水平的亲组织不道德行为。在个体水平，个性特征激活理论以及个性的知觉和态度会影响亲组织不道德行为的产生。根据这样的理论整合，可以在效标水平提炼出多水平模型，如图 12－6 所示。

三 描述个体水平关系

在个体水平上，研究者通常会对变量间的关系进行预测。然而，这些变量间的关系在不同水平上是否会以类似的方式发生？这就是步骤三所要关心的主要问题。图 12－5 中的同质多水平模型或许能够最好地说明这个问题。假设我们想知道团队水平认知能力对团队水平效能的预测能力是否与个体水平认知能力的效标关联效度处于同一量级。我们不能简单地假定这些关系处于同一量级，因为这不符合多水平研究的原则，而且仅有的一些实证文献也反对这一做法。此外，根据普劳哈特的多水平选拔模型，当提升分析水平时，中介变量将会增加，而 KSAO 的直接作用会减弱。

评估不同水平间影响的大小时，所面临的另一个难题在于，更高水平单位的大小会影响观测到的水平内相关性的大小。在其他条件相同的情况下，有更多成员的单位具有更大的相关性，因为对这种聚合的团队水平变量的测量更可靠。因此，单位大小

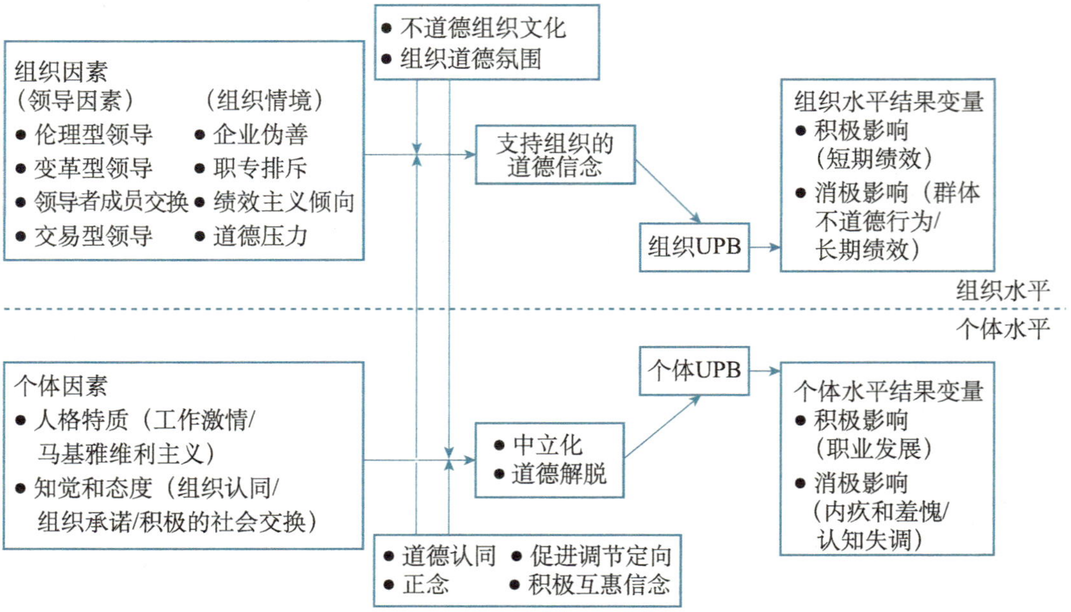

图 12-6　亲组织不道德行为的多水平整合模型

资料来源：王晓辰，等．亲组织不道德行为的多层次模型．心理科学进展，2018，26（6）：1111-1120.

与信度之间，以及单位大小与相关性之间，具有正相关关系。Bliese（2000）介绍了一种简单方法，用以校正在构建和检验同质模型时需要考虑的单位大小差异。要了解更多假设和检测这些同质多水平模型的步骤和分析方法，请参阅 Chen，Bliese & Mathieu（2003）。

四　说明跨水平的关系本质

上面的步骤主要关注同一水平内的关系，这一步则关注跨水平的关系。例如，图 12-5中，中间位置垂直和倾斜的虚线箭头表示的就是潜在的跨水平关系。然而，这里我们不关心构成或合成的形式，而是关注不同水平间预测变量和效标变量的“因果”关系。大多数情况下，重点将放在情境影响上。例如，我们可能会试着检验当地经济条件（一种情境影响）是否会影响个体对工作匹配的认知和对组织吸引力的认知之间的关系。当地经济条件是一种情境影响，因为应试者是置身于当地经济中的。我们会发现当地经济景气时，工作匹配与组织吸引力之间会有较强的关联，但是经济疲软时，工作匹配与组织吸引力几乎没有关系。我们可能会进一步发现，当地经济条件会直接影响组织吸引力，比如贫困的经济水平会使所有工作都具有吸引力。

请注意，在最后的假设中研究情境因素对较低水平上效标的直接作用的重要性。Schneider et al.（2000）认为，效度概化（及元分析）本质上说是一种跨水平的调节模型，在这一模型中，个体水平上预测性关系中的效度在多个单位得到了检验。然而，他们同时认为有必要检验单位间差异是否也存在于效标中——一种团队水平的主效应。不管是调节作用还是主效应，都是跨水平关系的一种，但是效度概化研究只检验了调节作用。

五　选择观察值

这一步骤对于确保检测高水平和跨水平效应的可能性至关重要，但也是十分困难的。团队水平相关性的效应量在很大程度上受到单位内成员数量的影响，而且每个团队内单位和个体的数量需要是足够的。要注意的重要一点是，每个团队内的单位和个体的数量才是至关重要的。在只有两个组织的条件下研究情境效应是很困难的，除非每个组织内都有大量的成员。因此更高水平的团队越少，每个团队所需要的人数越多；而更高水平的团队中人数越多，每个团队所需要的人数越少。

在多水平研究中，一个日渐重要的取样问题是，在合适数量的时间段进行取样。原因在于不同的水平是在不同的时间尺度上运作的（水平越高，速度越慢），并且存在时间上的不对称——情境效应比聚合效应发生得更快。研究单水平关系时，时间显然是很重要的，但是至少所有流程将会在相似的时间尺度上进行。但是在多水平研究中，横截面研究常常会低估情境和聚合作用的效应量。例如，在研究中，我们可能需要为低水平构念留出足够的时间，在团队水平的情境因素对低水平流程产生影响之前就对团队水平的情境因素进行测量。

施耐德和他的同事已经就选拔研究为何要考虑时间问题给出了许多理由。根据吸引-选拔-留职模型，组织在经历了吸引、选拔和留职的过程后，会日趋同质化。这显然是随着时间的推移而发生的，而且我们可以进一步推测在其他条件相同的情况下，同质性与时间正相关。Schneider et al.（2003）进行了一项纵跨几年的组织水平的研究，发现了与盛行理论不同的结果，即团队水平的绩效对团队水平的态度影响更大，而不是反过来。然而在他们的研究中，更引人注目的是，在任意为期一年的周期中，员工态度和组织绩效呈现出相反的关系，即态度影响绩效。这项研究还表明，如果我们需要探讨变量间的因果关系，就需要在相关时间段内建模。

作为组织研究人员，我们常常依赖于可获得的数据。收集多水平或多波的数据往往是很困难的。然而，归功于计算机和数据库软件，组织越来越容易收集大量跨越多个水平和时间跨度的数据。事实上，几乎所有将团队水平知觉与团队水平结果联系起来的研究都基于档案数据库。研究者可以利用多水平、多波模型在数据库中处理数据，并检验他们的理论。

六　运用测量方法

在多水平选拔研究中，如果采用的是个体主观报告数据，那么不仅需要参照常规的问卷项目编制方法，还需要考虑一个问题——项目所指代的是个体还是单位。例如，如果要评估一个团队水平的构念，如团队效能，我们可以将个体效能的题目“我相信我能有效地执行任务”改变为“我相信我的团队能有效地执行任务”，或者更准确一些，“我的团队相信自己能有效地执行任务”。这种指代对象的转移很有可能增强聚合总分在团队内的一致性和团队间的差异性。采用哪种指代，需要结合构念的本质和构成模型的形式来考虑。然而，当团队内有更高水平的、能够产生团队内嵌套或聚类观察值的情境因素时，即使没有项目指代对象也可能出现同质化现象。

关于多水平测量的另一个问题是，在评估高水平构念时，是使用得分聚合法还是在构念所处水平上进行调查研究。例如，战略性人力资源管理研究经常调查人力资源经理，询问他们关于人力资源管理实践的信息（如选拔、培训等的运用）。这些受访者的得分被用来表示组织水平的人力资源管理实践构念。因此个体提供的反馈被用来代表整个组织。关键是要确保受访者真正从恰当的角度回答了问题（在项目中使用合适的指代对象），并且对更高水平的构念有正确的认识。采用调查的方式并没有消除潜在的局限性，但是，诸如评分者信度和效度等问题依然有重要的意义。

当然，一些选拔研究所采用的测量方法可能既不需要也不允许聚合。例如，效标是资产收益率或者单股股利，预测变量是组织认知能力测验的聚合得分。资产收益率和单股股利是组织水平的指标，所以并不涉及聚合问题。

七　适用统计推断

将个体水平的数据聚合形成代表团队水平构念的数据时，需要检查同一团队内部的个体成员的回答是否一致。解决这个问题的方法有两大类：第一类是检验同一个团队内部每个成员的一致性；第二类是评估团队内部成员的一致性与团队内和团队间变异的比例。

第一类方法以计算组内一致性（r_{wg}）为代表，它衡量的是绝对一致性。这个值的变化范围是 0～1，数值越大表示一致性越高，一般认为 r_{wg} 的均值大于或等于 0.70 时，就表明团队成员的一致性程度是可以接受的。r_{wg} 本质上是把团队内分数的方差与虚无假设的方差估计值进行比较，后者通常基于不存在一致性时的均匀分布（uniform distribution）。这种零分布（null distribution）实际上是由研究者选择的，其他分布（如偏态分布）的使用取决于问题的本质。

期望变异通常被看作均匀分布的。如果作答者的反应是完全随机的，量表上的每个等级被接受的概率就是相等的，因此将变异当作均匀分布没有问题。但人的心理反应往往并不是完全随机的，一旦个体的回答呈偏态分布，基于均匀分布所估计出的 r_{wg} 通常会高估团队成员的一致性。所以，当个体在某个特性上的数据分布是偏态分布时，需要重新估计 r_{wg}。此外，为了进一步检验个体数据是否适合加总形成团队的构念，Bliese（2000）提出采用随机团队再取样的方法。这种方法的原理在于，不管数据的团队结构，随机地形成多个假团队，根据假团队的反应估计出期望变异。这种方法的本质是把群体内方差与理论上期望的随机方差进行比较，即与理论上的随机方差进行比较，实际的群体内方差是“小”（高一致性）还是“大”（低一致性）。高一致性表示同一个群体内的个体对某个群体变量的评价一致性水平高，反之亦然（Bliese，2000）。

几个指标的计算方法如表 12-2 所示。

表 12-2　几个指标的计算方法

测量指标	公式	含义
r_{wg}	单一项目量表：$r_{wg(1)}=1-(S_{xy}^2/\sigma_{eu}^2)$ 多项目量表：$r_{wg(j)}=J[1-(mS_{xy}^2/\sigma_{eu}^2)]/\{J[1-(mS_{xy}^2/\sigma_{eu}^2)]+mS_{xy}^2/\sigma_{eu}^2\}$	S_{xy}^2 指观测方差；σ_{eu}^2 指假设分布的期望方差；mS_{xy}^2 指各项目观测方差的平均数；J 指项目数量

续前表

测量指标	公式	含义
ICC(1)	(MSB－MSW)／[MSB＋(k－1)MSW]* 或者 $\tau_{00}/(\tau_{00}+\sigma^2)$**	MSB 和 MSW 分别指组间均方和组内均方；k 指组的样本数（如组样本大小不同；k 指各组的平均样本数）；τ_{00} 指组间方差；σ^2 指组内方差
ICC(2)	(MSB－MSW)/MSB*	MSB 指组间均方；MSW 指组内均方
WABA Ⅰ	$R_{Txy}=\eta_{Bx}\eta_{By}r_{Bxy}+\eta_{Wx}\eta_{Wy}r_{Wxy}$	η_{Bx} 和 η_{By} 分别指 x 和 y 的组间 η 值；η_{Wx} 和 η_{Wy} 分别指 x 和 y 的组内 η 值；r_{Bxy} 指组间相关；r_{Wxy} 指组内相关

* 公式中均方可以通过方差分析计算。

**公式中方差可以用层次线性模型计算。

资料来源：于海波，方俐洛，凌文辁．组织研究中的多层面问题．心理科学进展，2004，12 (3)：462 - 471.

第二类方法包括方差分析、对于 eta 平方值（eta-squared，η^2）的估计、ICC(1)、ICC(2) 和组内组间分析（within analysis between analysis，WABA）等。eta 平方值通过一元方差分析获得，表示在某个测量上个体水平的方差被该测量在更高水平上的方差解释的程度。组间方差与组内方差之比越大，eta 平方值就越大。所以，eta 平方值代表某项测量在整个样本中分析单位内部与分析单位之间的方差的比较。ICC 是组内相关系数（intraclass correlation coefficient）的简称。ICC(1) 根据一元方差分析的结果计算得到，与 eta 平方值的意思相同，表示单位解释总方差的比例。它还可以表示一个评分者的评分能够代表组内其他评分者的程度。ICC(1) 越大，评分者之间越相似。与 eta 平方值不同的是，ICC(1) 不会因小组内人数的多少而有所变化。当每个小组内的人数多于 25 人时，eta 平方值与 ICC(1) 对于组间变异的估计差不多；而当每个小组内的人数少于 25 人时，ICC(1) 对于组间变异的估计要比 eta 平方值小得多。ICC(2) 表示样本中小组均值的可靠性程度，采用斯皮尔曼-布朗公式将 ICC(1) 结合小组规模大小进行调整得到。小组规模越大，ICC(2) 也越大。所以，ICC(2) 的意思是，小组内部的人数越多，根据每个成员的平均分数而得到的小组均值就越可靠。通常大于 0.70 是可以接受的。

WABA 在 eta 平方值的基础上得到组内和组间的变异估计值。同 eta 平方值、ICC 一样，WABA 可以显示组内具有足够的一致性而组间具有足够的变异，证明可以将个体数据加总形成组织水平上一个共享的概念。WABA 还可以表明组织内部成员在某个测量上具有足够的变异而组织之间具有足够的异质性，从而证明可以将该测量变成一个蛙池变量。WABA 还可以表明在某个测量上组织内部和组织之间都有变异，从而将该测量当作个体水平上的变量。几个指标的比较如表 12 - 3 所示。

表 12 - 3　　几个指标的比较

问题	r_{wg}	ICC(1)	ICC(2)	WABA Ⅰ
评价的是组内变异还是组间变异	组内	组间	组间	组间
是二择一（同质或独立）还是三择一（同质、独立或异质）判断	两个	两个	两个	三个
是单独考虑还是一起考虑每个变量	单独	单独	单独	一起
决定数据是否进行集合的分界线是多少	经验是 0.70	F 检验	经验是 0.70	F 检验
是否受团队样本大小的影响	否	否	是	不确定

资料来源：于海波，方俐洛，凌文辁．组织研究中的多层面问题．心理科学进展，2004，12 (3)：462 - 471.

八 分析数据

步骤七有助于支持各种形式的聚合，步骤八则涉及对水平内及水平间效应的检验。常用的几种统计方法包括组内组间分析、层次线性模型以及跨水平运算分析（cross-level operator，CLOP）。

组内组间分析的基础是把整个相关分为组内和组间两部分。其公式是：$R_{Txy}=\eta_{Bx}\eta_{By}r_{Bxy}+\eta_{Wx}\eta_{Wy}r_{Wxy}$。组内组间分析实际上包括两部分：WABAⅠ和WABAⅡ。WABAⅠ是比较组内和组间的η值，从而判定一个变量的方差主要来自组内、组间还是两者都有；而WABAⅡ是判断两个变量的协方差主要来自组内还是组间，从而对两个变量之间的关系做出判断。

层次线性模型与组内组间分析的最大区别是：组内组间分析的目的是帮助研究者确定某个变量或某组变量存在于什么水平上，而层次线性模型是以这些为前提假设的；简单来讲，层次线性模型不能帮助研究者判断变量应该在什么水平上，它的主要目的是计算不同水平上的不同变量之间的关系（以回归系数和斜率来表示）。层次线性模型的要求比较高，需要样本量足够大、回归方程界定清晰、变量的测量信度高。

层次线性模型能够提供正确的统计方法来解决诸多问题。它可以将因变量的变异分解为个体水平和群体水平，从而让研究者清楚地看到不同水平自变量的影响效果，即组内效应和组间效应，并且能够探索群体水平变量是否对个体水平的自变量与因变量之间的关系产生调节作用。它采用经验贝叶斯估计（empirical Bayesian estimation）方法。在这种估计方法的计算过程中，两种模型可以被迭代估计。组内或水平1的分析将估计两个参数（截距和斜率）来描述每组内预测变量与因变量的关系，而在水平1的分析中所获得的截距和斜率在水平2的分析中将作为因变量。通过对水平1截距的参数估计γ（处于水平2中）进行显著性检验，就能够呈示出是否存在组间效应或者情境效应。而通过对水平1斜率的参数估计γ_{1j}进行显著性检验，则能够呈现个体水平的自变量与因变量之间的关系是否受到群体变量的调节（Bryk & Raudenbush，1992）。

层次线性模型还有专门的软件，分别提供模型的固定效应和随机效应的估计和检验。固定效应（fixed effects）是指不随群体改变的参数，即第二层系数γ_{ij}，通过对γ_{ij}的t检验，可以检验固定效应是否显著，即是否显著地不等于0；随机效应（random effects）是指允许随群体变化的参数，即第一层系数β_{ij}，或者第二层的误差或残差μ_{1j}，通过对μ_{1j}的方差τ_{ij}的卡方检验，就可以检验随机效应是否显著，即随机效应是否显著地大于0。

跨水平运算分析是对传统的方差分析、回归分析功能新的挖掘，它的基本假设是个体嵌套在不同的情境中，高水平的结构就是个体变量的情境。其基本任务是实现跨水平推论，也就是探讨情境（高水平结构或变量）的变异怎样与个体变异相关，即探讨高水平结构对低水平变量的影响。

总体看来，组内组间分析和跨水平运算分析是互补的，两种分析方法都强调组内和组间的回归系数。层次线性模型是一种功能强大而复杂的新型分析方法，如果条件满足，它是最有效的，可以给出更有效的指标和更准确的误差估计，但如果样本、方程和变量信度其中的一个不满足，回归分析反而更适用。

除了层次线性模型，多水平协方差分析（MCA）中的多水平验证性因素分析

(MCFA)也可解决多水平层面的统计分析问题。多水平协方差分析在两个方面与传统的协方差结构分析不同。第一是抽样观点，多水平协方差分析把多水平数据视为通过聚类抽样的方式获得的，例如，用简单随机抽样的方法对学校进行抽样，然后以同样的方式在每个学校内抽取学生，多水平协方差分析能够指定真实反映抽样框架的随机变异，如建立一个模型，将变异分解成学校之间的变异和学生之间的变异。这是基于简单随机抽样的传统协方差结构分析无法做到的。第二是参数变化的观点，如上述从学校抽取学生的抽样例子中，多水平协方差分析假设在模型中，基于学生水平的观察变量间关系得到的参数估计值在不同学校之间可以不同。

多水平协方差分析和层次线性模型都能巧妙地处理多水平变量之间的复杂关系，并抓住这些关系的嵌套特性。然而，多水平协方差分析与层次线性模型相比，具有更大的优势和更强的功能。层次线性模型与传统的回归分析技术一样，不能将潜变量与理论变量的表征整合在一起，并认为模型中自变量之间是不能相关的，多水平协方差分析则整合了潜变量和变量的表征，并且可以在模型中设置自变量之间相关。另外，最重要的是，多水平协方差分析可以检验协方差结构分析，如验证性因素分析、路径分析和结构方程模型，这些是层次线性模型无法实现的（Farmer，2000）。

多水平协方差分析的步骤如下：

(1) 对总体结构（total structure，ST）进行传统的验证性因素分析。这一步的目的是初步检验测量模型，对模型的拟合度有个大致估计，后面的组内和组间方差矩阵中将对此模型进行估算。这种分析基于总体协方差矩阵，模型的拟合度通常是膨胀的，尤其是在 ICC 值较大和群体规模较大时。因而，在这一系列模型估计中，不可能得到较理想的拟合指标（Duncan et al.，1998）。

(2) 对组间变异进行估计。这一步的目的是检验是否需要进行多水平分析。只有当组间协方差矩阵 $\sum$ B=0 的假设被拒绝后，才需要进行多水平分析。要检验这个假设，主要通过估计 ICC 和设计效应（design effect）来实现对假设的大致检验。如果主要变量的 ICC 和设计效应都接近于 0，则没必要进行多水平分析；如果 ICC 和设计效应较大，则需要进行多水平分析。

(3) 对组内结构（SPW）进行估计。这一步对联合组内协方差矩阵（pooled within-covariance matrix）进行分析，只涉及个体水平的参数，研究中所涉及的参数都是在个体水平上测量的，因而在这个分析中包括所有的参数。Muthen（1994）提到，假如多水平模型是正确的，对组内结构进行传统因素分析的结果应该等于多水平验证性因素分析中包含非限制 $\sum$ B 矩阵的结果。这一步分析所提供的参数估计值接近于多水平验证性因素分析中组内水平的参数值。因为这一步分析中排除了组间水平协方差的干扰，其模型的拟合度将比总体结构分析中的拟合度更优。

(4) 对组间结构（SB）进行估计。这一步用组间协方差矩阵的样本来检验组间结构。Duncan et al.（1998）提出，这个阶段的分析是最艰难的。我们对 $\sum$ B 的协方差结构知之甚少，因为这一步分析针对的是跨组间变异而不是个体水平的数据，组间构念有可能不同于个体构念，并且我们不清楚组间协方差是不是一个简单的模型。Cronbach（1976）和 Harnqvist（1978）发现，组间很难出现与组内一样的结构。为什么会出现这种情况？问题在于我们是用组间结构对模型进行估计，而组间结构不是 $\sum B$ 无偏、一致的估计，它还与内结构有关。但是如果我们对 $\sum B$ 进行最大似然估计，往往是非正定的，并且得到的方差估计值是非正定的。因而 Muthen（1994）建议，为了避免传统软件中对 $\sum B$ 矩阵估计时出现扭曲的卡方检验结果，可采用多水平验证性因素分析，对 $\sum BW$ 矩阵不加以限制，而对 $\sum B$ 进行设定并进行估计。

（5）多水平验证性因素分析。在这一步同时运用组内结构和组间结构进行多水平验证性因素分析。多水平验证性因素分析根据前面四步分析的结果，指定一系列多水平模型，然后进行估计和比较，看哪个模型最理想。

九 呈现结果

多水平研究的最后一步是呈现和解释结果。在这里我们想要强调的是清晰地表述哪个水平的结果可以概化的重要性。例如，如果我们进行的是一项单水平研究，那么声称研究结果能在跨水平的条件下概化是不合适的（当然我们可以这样假设）。同样，在模拟跨水平效应时，要记住这一效应自身也会受更高水平的情境因素影响，这一点十分重要，而且效应量会受到单位数量和个体水平观测值的影响。最后，最重要的是用合适的方法报告统计数据和结果。就统计数据而言，一般要报告样本大小、方法、标准差和每个水平内的相关系数。对于涉及聚合问题的多水平研究的结果，至少要报告组内一致性（r_{wg}）或者离散（组内变异）指标，通常也会报告 ICC(1) 和 ICC(2)。

第 3 节 多水平人事选拔的实践

本节将通过人与组织匹配的案例，来加深读者对多水平人事选拔的理解。某国有企业始终贯彻“人才资源是第一资源”的思想。为了招聘与开发好“人才第一资源”，企业相关部门不断使用创新性方法提高人力资源管理各项工作的科学性。

一 多水平人事选拔项目

研究发现，个体的离职倾向、组织承诺、工作满意度、工作绩效等与员工较强的工作能力、较高的福利薪酬相关。更重要的是，个体觉得自己是否在认知、文化等方面与组织相匹配，匹配程度越高，相应的组织承诺、工作满意度、工作绩效等就越高，同时离职倾向越低。该国有企业的企业文化在不同部门有不同的体现，不同部门也有各自特殊的组织氛围和工作文化。如何在不同的组织氛围和工作文化条件下，招聘到与自身部门组织氛围最匹配的员工，是当前的一大难题。企业文化因子模型如图 12-7所示。

因此，为了在企业中引入人与组织匹配理论，使企业在人员招聘选拔过程中科学地选取到符合自身部门组织氛围、团队文化的员工，进而提升员工的适应性与组织绩效，决定实施多水平测评项目。

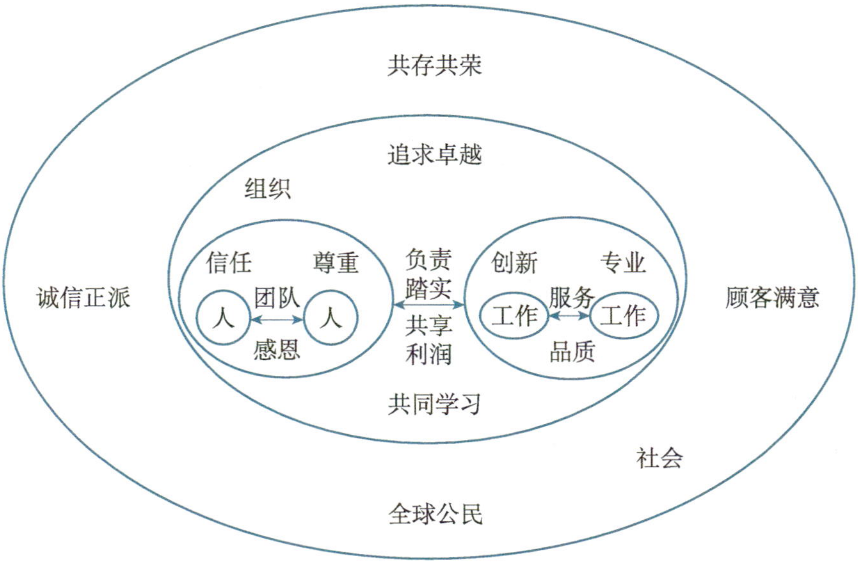

图 12－7　企业文化因子模型

资料来源：必应图库.

(一) 确定考察方式

克里斯托夫（Kristof）将对人与组织匹配的测量分为直接测量与间接测量。直接测量采用面对面或调查问卷的形式询问个体是否觉得自己与组织之间存在较好的匹配。比如直接询问“公司的各项部署符合你的期望吗”或者“你所追求的工作特征，在这份工作中是否能充分体现”等，然后让被测者在从非常不符合到非常符合的 5 个或 7 个等级中进行选择。这种方法被认为带有非常显著的社会称许性，即被测者会按照对自己有利的方向作答，而不是自己的真实感觉，因此可靠性低。直接测量被认为存在诸多缺陷，而间接测量在一定程度上弥补了直接测量的上述缺陷，能够更客观地反映被测者的真实情况，因此本项目确定使用间接测量的方式。

目前关于人与组织匹配主要存在四种评估方法：价值观的一致性、目标的相似性、个体需要与组织系统的匹配、个性特征与组织氛围的匹配。被测者在求职过程中往往具有较强的求职动机，为了迎合应聘企业的偏好，会掩饰自己的真实情况。尤其在信息高度发达的当前社会，有关组织价值观、组织战略目标的信息都可以从官方网站或其他网站上搜索到。因此对被测者与企业之间进行价值观或战略目标的匹配考察，效果可能并不好。

基于上述分析，本项目最终确定通过间接测量被测者的个性，来确定与之匹配的组织氛围类型，再通过将组织自身的氛围类型与被测者倾向的组织氛围类型进行对比，最终判断其是否与特定的组织氛围相匹配。

(二) 确定匹配模型

在对众多学者研究成果进行分析的基础上，本项目组总结出组织氛围中与个体的个性最相关的三个模块：组织结构、领导风格和权力分配。每个模块都可以从两个不同的角度（两个维度）进行评估，根据组织氛围在这两个角度上的表现，每个模块都将企业分为四种类型，详细内容如表 12-4 和表 12-5 所示。

表 12-4 组织氛围模块、维度及类型

模块名称	模块指向	维度名称	维度定义	组织氛围类型
组织结构	灵活性	组织变革	组织快速响应内外部环境的变化，及时对组织结构、技术、人员进行变革和创新	传统型 学习型 功能型 变革型
	明确性	结构清晰	组织结构清晰，为员工设定了明确的岗位职责、工作目标	
领导风格	关心人	情感支持	组织关心员工的工作和生活，并鼓励员工之间相互关心与支持	指令型 协作型 放任型 温情型
	关心事	业绩导向	组织为员工设定较高的业绩标准和具有较大挑战性的目标，并制定与业绩挂钩、多劳多得、及时表扬的奖励制度，激励员工完成业绩目标	
权力分配	管组织	参与治理	组织鼓励员工参与组织发展相关决策的讨论，在制定与员工个人相关的发展目标时征询员工个人的意见	管控型 主导型 独裁型 民主型
	管自己	工作权限	组织鼓励员工自己解决问题，为员工提供一定范围内的决定权，员工无须事事向上级请示	

表 12-5 组织氛围各类型及其定义

模块名称	组织氛围类型	组织氛围类型定义
组织结构	传统型	组织为员工设定明确的岗位职责、工作目标，但是面对内外部环境的变化，较难摆脱传统制度的约束，无法及时对组织结构、技术、人员进行变革和创新
	学习型	组织结构清晰，为员工设定了明确的岗位职责、工作目标；同时不断学习新的知识和技术，改变和修正原有的结构、技术和人员，以应对内外部环境的变化
	功能型	组织没有为员工设定明确的岗位职责、工作目标；面对内外部环境的变化，组织无法及时进行组织结构、技术、人员上的变革和创新；组织只是为了实现某些功能而存在
	变革型	组织没有为员工设定明确的岗位职责、工作目标，但是总能通过不断地对组织结构、技术、人员进行变革来应对内外部环境的变化
领导风格	指令型	组织为员工设定较高的业绩标准和具有较大挑战性的目标，并制定与业绩挂钩、多劳多得、及时表扬的奖励制度，但不关心员工的工作和生活，员工之间也互不关心，各自完成各自的业绩目标
	协作型	组织为员工设定较高的业绩标准和具有较大挑战性的目标，并制定与业绩挂钩、多劳多得、及时表扬的奖励制度，同时关心员工的工作和生活，并鼓励员工之间相互关心和协作完成业绩目标
	放任型	组织为员工设定较低的业绩标准和较容易达成的目标，薪酬水平稳定且与业绩无关，同时不关心员工的工作与生活，员工之间也互不关心
	温情型	组织为员工设定较低的业绩标准和较容易达成的目标，薪酬水平稳定且与业绩无关，但关心员工的工作与生活，员工之间关系融洽和睦，互相关心和支持

续前表

模块名称	组织氛围类型	组织氛围类型定义
权力分配	管控型	组织鼓励员工自己解决工作中遇到的问题，在一定范围内为员工提供决定权，但在制定与组织及个人发展相关的决策时，由管理层直接管控，而不会让员工参与讨论或发表个人意见
	主导型	组织鼓励员工自己解决工作中遇到的问题，在一定范围内为员工提供决定权，制定与组织及个人发展相关的决策时，也让员工参与讨论或发表个人意见，员工在组织中有一定的主导权
	独裁型	组织要求员工遇事需向上级请示，不能擅自处理工作中遇到的问题，与组织及个人发展相关的决策由管理层单独裁决，不会让员工参与讨论或发表个人意见
	民主型	组织要求员工遇事需向上级请示，不能擅自处理工作中遇到的问题，但在制定与组织及个人发展相关的决策时，会通过民主参与的形式征询员工的意见

（三）考察实施

根据该国有企业以往的经验，测评环境会对测评结果造成影响，被测者在参加测验时，不能有外界的干扰。另外，测评对物理环境也有一定的要求，个体在酷暑和正常天气下所做的测评，结果往往会有差别。因此，最好选择在光线充足、通风条件好、温度适宜、噪声较小的环境下进行测验。基于上述考虑，本次项目在统一的时间，将被测者统一安排在安静、光线和通风良好、温度适宜的机房进行测评。

开始测评前，项目组助理宣读了本次测评的指导语。指导语是为了让被测者更好地进入测评状态并了解答题要求而专门设计的。事实证明，指导语的宣读不仅帮助被测者放松了心态，也将一些重要的注意事项通过口述的形式，使被测者加深了印象。

在整个测评过程中，项目组指派专门人员进行现场监考，并就被测者提出的问题进行及时的解答。

（四）测评结果匹配

1. 组织氛围分析

在本次人与组织匹配的测评中，虽然没有对所在组织的组织氛围进行直接测量，但是各部门可以根据自身对部门组织环境的主观感受以及项目组的指导，对部门的组织氛围类型进行判断。

第一步，根据对部门组织环境的感受，根据不同组织氛围维度，判断所在组织在各维度上的高低分特征（见表 12－6）。所在组织的氛围更接近高分特征，则将该维度定性为高分；更接近低分特征，则将该维度定性为低分。

表 12-6 组织氛围维度高低分特征表现

维度名称	高分特征	低分特征
组织变革	• 组织能快速对部门职能或员工岗位职责进行调整以适应环境变化 • 组织不断优化制度流程、引进先进技术设备和工作方法 • 组织鼓励员工进行创新活动，并提供制度保障	• 组织结构稳定、缺乏弹性，很难进行结构调整以适应环境变化 • 组织行事保守，难以摆脱传统制度的约束，拒绝引进先进技术和方法 • 在组织中，员工缺乏进行创新活动的空间，且创新活动不被鼓励
结构清晰	• 组织内部对各部门职能进行了清晰的划分 • 组织为员工设定了明确的岗位职责、工作目标 • 组织内部有健全的规章制度，并能得到全面贯彻、实施	• 组织内部各部门职能划分模糊，时有职能交叉现象出现 • 员工没有明确的岗位职责、工作目标 • 组织内部缺乏清晰的规章制度，显得无章可循
情感支持	• 组织关心和支持员工的工作和生活 • 组织鼓励员工之间相互关心、支持、分享信息 • 员工之间人际关系温暖、和谐	• 组织只关心员工的工作是否完成，较少给予生活上的关心和工作上的支持 • 组织不鼓励员工之间进行除工作内容之外的交流 • 员工之间人际关系冷漠，缺乏相互关心和支持，甚至出现互相排挤的现象
业绩导向	• 组织为员工设定了高业绩标准和具有挑战性的目标 • 组织鼓励员工不断寻找提高绩效的方法，为达成目标付出努力 • 组织制定了与绩效挂钩、多劳多得的奖励制度，激发员工达成绩效	• 组织为员工设定的绩效标准和目标较低，员工很容易达到 • 员工无须寻找提高绩效的方法，完成目标即可 • 组织的奖励制度与绩效无关，员工“吃大锅饭”或靠其他途径获得奖励
参与治理	• 组织在制定管理决策时会进行民意调查，鼓励员工发表意见 • 组织在为个人制定发展目标时会与个人进行充分的讨论 • 组织在发展遇到困难时会广泛听取员工的意见，共谋解决的方法	• 组织的决策由管理层制定，不会听取员工的意见 • 员工的个人发展目标由管理层单方面制定，不会与个人进行讨论 • 组织不会公开发展遇到的困难，也不会与员工探讨解决的方法
工作权限	• 组织只要求员工完成工作任务，具体工作方法可以自行选择 • 工作遇到困难时，组织鼓励员工自己思考解决问题的方法 • 对于有些突发事件的处理，员工有决定权，无须等待上级指示	• 组织严格要求员工按照既定的工作流程和方法来完成工作任务 • 组织鼓励员工遇到困难时向他人求助 • 对于任何突发事件的处理，员工都必须获得上级的批准

第二步，根据部门在各个维度上的特征分数（高分或低分），在表 12-7 中找到部门在各个模块（组织结构、领导风格、权力分配）中的类型。例如学习型组织就是在结构清晰维度上为高分特征表现，在组织变革维度上也为高分特征表现。

表 12－7　　组织氛围类型划分对应表

模块名称	组织氛围类型	组织氛围类型定义
组织结构	传统型	高结构清晰、低组织变革
	学习型	高结构清晰、高组织变革
	功能型	低结构清晰、低组织变革
	变革型	低结构清晰、高组织变革
领导风格	指令型	高业绩导向、低情感支持
	协作型	高业绩导向、高情感支持
	放任型	低业绩导向、低情感支持
	温情型	低业绩导向、高情感支持
权力分配	管控型	高工作权限、低参与治理
	主导型	高工作权限、高参与治理
	独裁型	低工作权限、低参与治理
	民主型	低工作权限、高参与治理

2. 个体倾向分析

然后根据被测者在各个维度上的得分，得出其在组织结构、领导风格、权力分配三个模块上的类型。图 12－8 显示，该被测者适合在传统型组织中工作，较重视和遵守规范，喜欢按照规章制度和流程办事，较少主动探索新事物，因而其更倾向于在具有较清晰的组织结构，且较少要求员工创新求变的组织中工作。

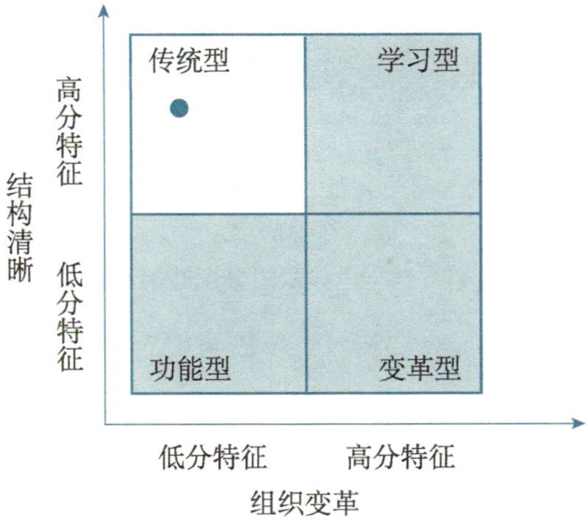

图 12－8　个体组织结构匹配结果

图 12－9 显示，该被测者适合在指令型组织中工作，喜欢不断为自己设立有挑战性的目标，为完成目标全力投入，并期望获得同等的回报，但其较少与人交往，对人际关系不够敏感。因而其更倾向于在为员工设定较高业绩标准和具有挑战性的目标并给予相应回报，且较少需要与人交往的组织中工作。

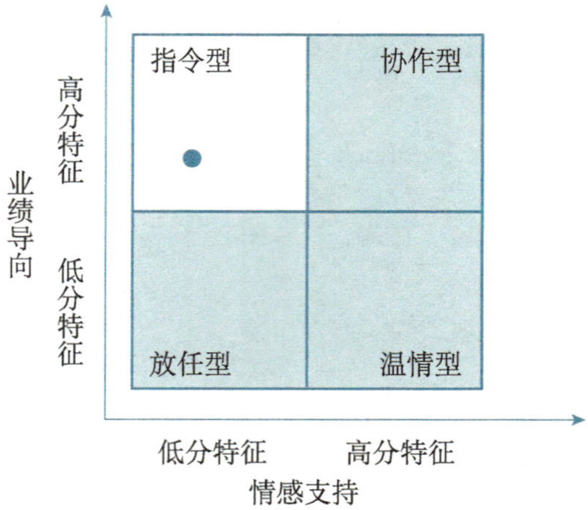

图 12-9　个体领导风格匹配结果

图 12-10 显示，该被测者适合在主导型组织中工作，较善于独立思考，喜欢独立决策，依靠自己的力量解决问题，同时乐于发表个人意见，希望参与有关组织和个人发展的决策制定。因而其更倾向于在员工有一定主导权，既能独立处理工作中遇到的问题又能参与管理的组织中工作。

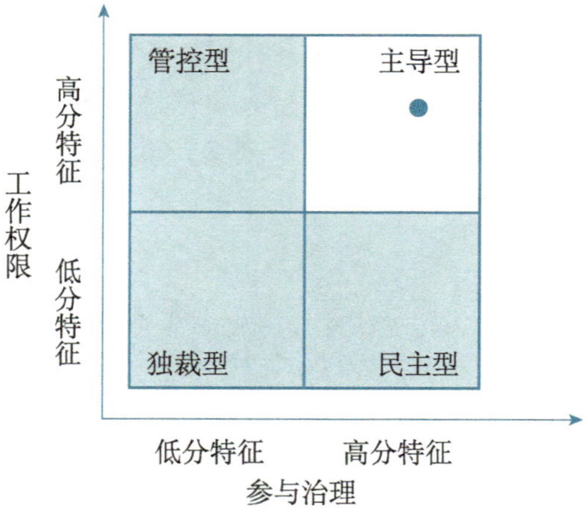

图 12-10　个体权力分配匹配结果

（五）匹配分析，做出决策

在分析得出部门自身的组织氛围基础上，对比被测者的个体倾向结果（上述被测者的个体倾向为传统型、指令型、主导型），分析个体在组织结构、领导风格、权力分配三个模块上的个体倾向是否与部门现有的组织氛围一致。优先选取在三个模块上都匹配的被测者，适当考虑在其中两个模块上匹配的被测者，对只在一个模块上或者在所有模块上均不匹配的被测者则不予考虑，最终确定进入下一轮面试环节的人选。

二　多水平的组织创造力

组织创造力在现阶段是十分重要的，根据多水平的观点，可以从个体因素、任务过程和环境因素三种视角分析组织创造力。个体因素、任务过程和环境因素都是理解组织创造力的基本要素，而组织创造力是个体因素与任务过程、环境因素三者之间交互作用的结果（见图 12－11）。个体因素包括个体知识结构、认知风格、人格、情绪等个体变量。任务过程包括工作设计、目标设定、时间压力、工作报酬、任务复杂性等相关变量。环境因素对组织创造力的影响是显而易见的，正如 Amabile（1988）认为的那样，每个正常的员工都可能有创造力，但是环境因素决定了员工是否表现出有创造力的行为以及创造力水平高低。借鉴 Bronfen-Brenner（1992）的生态系统理论，影响个体的环境因素从微观到宏观可以分为近端微观的工作团队、中端的组织情境，以及外部的行业环境及远端宏观的社会文化大环境。

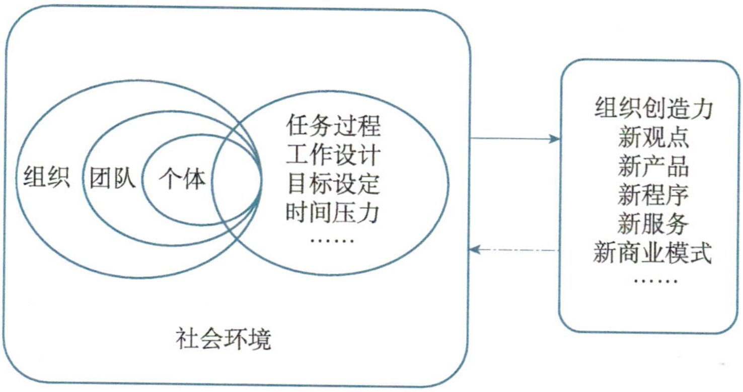

图 12－11　基于个体因素、任务过程和环境因素的分析视角

资料来源：许志星．组织创造力：基于个体、环境和任务的分析视角．北京师范大学学报（社会科学版），2015（2）：63－74.

其中组织创造力的主体可以从个体、团队以及组织三个不同的水平分别进行分析，也可以跨越不同的水平进行多水平分析。同一水平的不同变量之间以及跨水平的变量之间可能存在动态复杂的中介和调节作用，共同影响组织的创新结果。但是，即使组织招募了一批具有高创造力的员工，也为员工创造了良好的环境，这些员工并不必然表现出有创造力的行为。

个体水平员工独特的人格和认知过程在组织创造力中是至关重要的因素，在多水平下，组织中的个体因素是嵌套在组织系统中发挥作用的，因此还需要考察和同事、上下级之间的互动。受弱关系理论（weak ties）的影响（Granovetter，1973），越来越多的研究从个体社交网络系统的角度理解组织创造性（Perry-Smith & Shalley，2003）。所谓社交网络，是指个体在与组织内外群体互动过程中形成的人际网络。个体社会网络可以代表作为一个团队水平的因素的水平。组织水平的因素可归为环境因素，在有关创新力的研究中，有学者发现，团队中的一些特殊因素，比如团队多样性、冲突管理等，对团队创造力有特别的意义。因此在组织水平需要考察团队构成、团队规模以及团队多样性。团队成员的变化甚至也能带来团队创造力的改变，例如，新成员的加入一般来说对团队的绩效表现不利，因为通常来说，团队新成员缺乏相关的工作经验、对组织的运行机制也不熟悉，因此在磨合的过程中可能对团队绩效有负性影响（Choi & Thompson，2005）。但是，也有研究发现，新成员可能带来新鲜血液，因此也可能促进团队创造力的提升（Levine et al.，2003）。Hirst（2009）对 45 个研发团队的研究发现，成员变化与成员工作时间存在交互作用，那些成员工作时间较短的团队从成员变化中获得少量的受益，而成员变化对成员较为稳定的团队来说是不利的。可能是团队本身已经形成的一些良性互动过程由于新成员的加入而产生变动。

以上从不同角度说明了情境会影响人们对创造力的定义。而这种差别对理解情境如何促进创造力提升是至关重要的。不管是对想要理解组织创造力的研究者来说，还是对想要寻找合适的方法促进组织创造力提升的领导者来说，都应该对组织情境的复杂性和工作领域的复杂性投入更多的关注。多水平视角可以让我们从个体、团队、组织等不同的水平分析组织创造力，但是其实组织环境是各个变量互相影响的整体系统，不同水平间的变量可能存在交互作用，因此未来应该开展更多跨水平研究（Anderson et al.，2014；Hirst et al.，2009）。而且，不仅是跨水平变量之间，同一水平变量之间也可能存在交互作用。因此在未来的研究中更应该采用交互作用的观点，研究组织系统中同一水平不同变量的交互作用，寻找相关的调节或中介变量，厘清变量间相互影响的作用机制（Zhou & Hoever，2014）。

三 我国多水平组织研究现状

Nishii & Wright（2008）将决策者计划的人力资源管理实践定义在组织水平，实际实施的人力资源管理实践定义在团队水平，员工感知到的人力资源管理实践定义在个体水平，并研究不同水平人力资源管理实践对组织绩效独特和交互的作用。

Liaoet al.（2009）采取由上至下的视角，同时检验了管理者和员工报告的人力资源管理实践对员工绩效的影响，发现管理者报告的高绩效工作系统与员工的感知存在显著差异。多水平人力资源管理系统的整合研究能够更加全面地反映组织计划实施、实际实施以及员工感知的人力资源管理系统的差异及其对员工和组织产生的影响，更接近人力资源管理系统在组织中的实际实施过程。

张志学、鞠冬和马力（2014）梳理分析了国内外期刊中多水平组织研究的现状，发现国际期刊中把研究水平一般分为三类，分别是个体（文献占全部的比例为 66%）、小组/团队（12%）和组织（6%）。通常的跨水平研究多数是跨越了两个水平，包括个体与小组/团队（10%）、个体与组织（3%）、小组/团队与组织（1%）。只有极少数文献跨越了个体、小组/团队与组织这三个水平（1%）。

一般来说，多水平组织研究的论文要体现概念上的不断演进，并且和实证研究相配合。在研究顺序上，理论研究应该用来明确现象、引出研究问题，后面的实证研究则不断细化这一现象及其机理，对概念进行进一步阐释，并补充理论研究中研究设计上的不足，增加更多的控制。理论研究和实证研究的统计结果显示，在所调查的研究中大多数都是个体水平的（81%），其次是小组/团队水平的（7%）。大部分跨水平研究都集中在理论研究中（125 篇），而在实证研究中跨水平研究较少（20 篇）。因此我们看到，虽然现在大多数研究还只是个体水平的单一水平研究，但是跨水平研究已经渐渐增多，并成为一种趋势。

用同样的统计方法探究我国国内的中文期刊发现，和英文期刊显示的规律较为一致，并且个体水平所占比重更多，绝大多数文章还是只关注个体而忽视团队及组织等水平。研究集中在个体水平（占 61%）且绝大多数为横截面数据（92%），这说明我国国内还是采用传统单一水平研究为主，并且研究方法比较单一。

国内对组织各个水平的研究目前有增多之势，但对群体水平的结构进行论证的还是很少。例如，对持续学习组织文化的实证研究探寻出持续学习组织文化的结构，因为组织文化是一个群体的共享结构（只有被组织成员共享才会成为组织文化），所以如果再对持续学习组织文化的结构进行群体水平上的论证（可以用 r_{wg}），则更有说服力。当然，从国外看，对组织进行多水平的实证研究也是近几年的事情，近来才陆续在一些杂志（如《应用心理学期刊》《美国管理学会学报》（*Academy of Management Review*））上出现这方面的实证研究。另一方面，由于多水平研究涉及样本量大而复杂的取样问题，加大了实证研究的难度。当然上面的这些测量和统计方法，如层次线性模型已经在一些研究领域加以应用了，但仅仅是初步应用。

对我国的组织进行多水平的研究才刚刚开始，因此需要我们加大努力。要真正理解组织的一些问题，必然涉及多水平研究的问题。目前，组织资源管理系统的水平选择中缺乏一定的理论逻辑。许多研究将研究界定于组织水平、团队水平或个体水平时，并未充分考虑研究问题的契合性，水平的选择具有一定的任意性。部分研究根据数据的来源便利性选择了理论水平，实际上倒置了水平的选择过程。今后的研究应该加强对水平选择的理论建构。

虽然组织中的多水平问题已经为大家所熟知，但是组织行为的研究者在多数领域中还是忽略了这些问题，只在少数领域注意到水平问题，例如，组织氛围、领导行为、工作设计以及亲社会行为与正负情感关系的研究。因此，在理论建构、数据收集和分析的过程中，研究者更应该注意研究水平的问题，如果理论建构、数据收集和统计分析的水平不一致，就会出现特定的问题：研究结果反映的是测量和统计分析的水平而不是理论建构的水平。另外，研究结果也可能把变量间的关系搞错（Klein，Dansereau & Hall，1994）。

尽管如此，仍有少数学者在组织水平上对员工行为进行跨水平实证研究，这里列举《多水平框架下组织公民行为的影响因素研究》，以使读者更加了解多水平人事选拔的应用。

员工积极主动地承担工作职责之外的工作内容，帮助同事，主动发现工作中的问题并提出建设性的想法和改进建议，在面临不理想工作环境或受到不公平待遇时不抱怨，管理学家将这样的行为称为组织公民行为。该研究运用多水平理论和方法，将组织公民行为视为一个多水平的概念，探索群体组织公民行为的维度与个体组织公民行为的维度之间的区别与联系，并把这两者都视为有意义的概念，分别考察它们的影响因素及其作用机制。该研究突破了传统个体水平的研究方法，丰富了组织公民行为的研究方法和研究成果；探索个人因素与群体特征在对个体组织公民行为的影响过程中是如何发生交互作用的，为社会认知理论和情境交互作用理论提供了实证；在中国文化背景下探索广泛的情境因素对个体组织公民行为的跨水平调节作用以及对群体组织公民行为的影响作用，比如，把领导行为和社会规范概念从个体水平延伸到群体水平，把它们视为群体特征，从而拓展了个体行为和群体行为影响因素的范围。

该研究选取了我国不同地区 87 个群体中的 422 名员工，对其个人组织公民行为、大五人格、程序公平感、公仆领导行为、描述性规范、命令性规范、群体水平凝聚力进行了量表测量。相关假设为：(1) 责任感、亲和性和外倾性对个体组织公民行为不具有显著预测作用，工作态度和个体描述性规范及命令性规范对个体组织公民行为具有正向影响；(2) 程序公平感、公仆领导行为以及个体水平的描述性规范、命令性规范，与个人组织公民行为的关系大小在不同群体间差异显著；(3) 责任感、亲和性、外倾性、程序公平感等与个体组织公民行为之间的关系受到群体特征调节。

该研究将收集好的数据运用层次线性模型软件建模，形成单因素方差分析模型（模型 1）和随机系数回归模型（模型 2）。模型通过对固定效应 Y_{10} 的 t 检验，检验了水平 1 中个体水平自变量与组织公民行为之间的关系是否显著不等于 0。因而，该检验直接检验了研究假设，即在平均水平上个体水平自变量与组织公民行为是否具有显著的关系。层次线性模型软件在回归系数模型中还提供了斜率的方差（T_{11}）的卡方检验，以检验该方差是否显著地不等于 0，这样研究的假设（2）也得到了检验。

将斜率作为因变量的模型（模型 3）与模型 2 相比，在群体水平的方程中加入群体水平的预测变量。层次线性模型软件提供固定效应 Y_{10} 和 Y_{11} 的 t 检验，Y_{11} 的检验则是直接对假设（3）的检验。如果 Y_{11} 显著，则表明存在跨水平的调节作用或者交互作用，个体水平变量之间的关系受到群体变量的跨水平调节作用。在该研究中，随机效应 T_{11} 变成 β_{1j} 的残差方差，其卡方检验显著，表明还存在其他群体水平变量对个体水平变量间的关系起调节作用。

在组织公民行为的研究文献中，多数研究采用个体水平的理论框架和研究方法，而该研究采用多水平研究框架，并采用层次线性模型和多水平验证性因素分析等可以处于嵌套关系的统计分析方法，把组织公民行为视为一个多水平的概念，探索其多水平因素结构，分别考察个体组织公民行为和群体组织公民行为的影响因素及作用机制，并比较两个水平组织公民行为在影响因素上的联系和区别，使我们对组织公民行为的影响因素及作用机制有了更全面、更深入的了解。

目前除了组织公民行为，我国创新氛围的跨水平研究也取得了一些进展，如宋典和袁志勇（2011）提出的创业导向对员工创新行为影响的跨水平实证研究，以创新氛围和心理授权为中介变量，发现创业导向对组织创新氛围的形成有积极促进作用，组织水平的创新氛围与个体员工的心理授权正相关。该研究还探究了组织创新氛围对个体员工创新行为的影响。

我国的跨水平研究力图深入探讨不同水平变量之间的关系，了解组织中的各种影响机制，但是起步较晚，相应技术并不全面。随着时间的推移，越来越多的研究应用跨水平的方法以全面整体的视角探究组织中的现象，相信我国有关多水平的研究能够随着实践的发展越来越完善。

四 多水平视角下人事选拔的未来发展

多水平人力资源管理系统的测量问题并不是单纯的技术性问题，而是更深层次的概念性和理论性问题。组织系统理论水平的界定、测量工具的选择、报告者的选取、数据聚合以及测量数据的分析，都必须以具体的研究问题和理论为前提。测量的过程需要服务于理论的建构，研究者需要根据研究问题界定组织管理系统的水平，阐述水平识别的理论逻辑，并据此选择相应的测量水平、数据来源等，避免水平识别的谬误。例如，许多研究者在数据聚合时都会检验评分者的一致性，获得较高的一致性后对分数进行合成，并将聚合后的人力资源管理系统作为群体水平计划或实施的人力资源管理系统。但是当研究者将个体对人力资源管理系统的感知聚合到群体水平时，其所表示的概念则是群体所共享的对人力资源管理系统的感知，与群体水平计划和实施的人力资源管理系统是有明显区别的。因此，需要研究者在明确理论和问题的基础上，清醒地认识到测量方法的适用性，科学地设计或选择测量方法。

针对管理情境跨水平的现实，需要更多构建层次模型来增强研究的解释力。跨水平研究与情境化研究紧密相关，它采用层次线性回归的方法将情境化的理论方法化。跨水平研究主张将宏观与微观相结合。宏观和微观相结合的研究能够比较全面地把握个人、情境以及二者的交互作用对于现象的影响。近年来，组织行为学的研究者越来越重视跨水平研究。例如，Liu & Batt（2010）同时研究个体、团队和组织水平的变量对员工个人绩效的影响，以及团队和组织水平的变量对个体水平关系的调节作用。个体水平的变量是主管的教练（supervisor coaching），团队水平的变量是团队管理实践，组织水平的变量是技术过程（technological process）。结果表明，员工的个人绩效同时受到三个水平变量的影响，主管的教练使员工的绩效轨迹不断上升，而这个关系同时受到团队水平变量（团队工作分配和激励措施）和组织水平变量（技术自动化和技术变化）的影响。

如前所述，组织内可能有不同的水平，但现有研究对不同水平之间区别和联系的理解尚不充分。仅仅考察个体水平的心理学变量，往往无法充分解释组织中的行为现象。传统的组织行为学植根于心理学，基本的假设是人们的认知和行为都受普遍的心理过程驱动（Weiner，2003）。但是，将组织行为学研究框定在心理化的个体水平，忽略组织和社会层面因素对于个体认知和行为的作用会降低研究的解释力。用团队水平、组织水平、行业水平和国家水平的变量解释个体水平的方差是既有理论意义，又有现实意义的（张志学，2010）。未来的研究需要进一步探索不同水平在组织内的作用及其之间的相互联系。例如，组织计划实施、团队共享和个体感知的人力资源管理系统在组织中具有哪些独特的作用？它对员工和组织的绩效影响是否相同？不同水平之间是否存在一定的联系？它们之间是如何转化的？哪些因素影响了不同水平之间的转化过程？实际上，Nishii & Wright（2008）已经对影响不同水平间差异的因素进行了一定程度的探讨。未来的实证研究可以进一步对这些因素进行验证，并进行更深入的关于作用机制和边界条件的研究。同时，伴随着人力资源管理系统在群体水平的研究不断受到关注，目前的研究出现了多种形式的群体水平。这些群体水平的出现一方面丰富了组织管理系统研究层次和情境，另一方面也对未来的研究提出了新的挑战，即如何认识不同水平之间的区别和联系。未来的研究应关注群体水平的作用和不同水平系统的内在联系。

本章小结

1. 多水平人事选拔是指从个体、团队、组织水平，综合考量个体差异变量对个体、团队以及组织水平效标的影响过程的一种新型人事选拔策略。

2. 多水平人事选拔研究的主要步骤为：(1) 清晰明确地表述理论；(2) 为效标变量和预测变量确定理论和测量所处的水平；(3) 详细说明同一水平内不同变量关系的本质；(4) 详细说明跨水平的关系本质；(5) 在合适的时间段抽样合适数量的观察值；(6) 运用恰当的测量方法；(7) 对聚合进行统计推断；(8) 分析数据；(9) 呈现和解释结果。

关键词

多水平人事选拔　情境关系　聚合关系　个体差异变量

复习思考题

1. 为什么要实施多水平人事选拔？
2. 怎样进行多水平人事选拔？主要有哪些步骤？
3. 有哪些经典的多水平人事选拔模型？它们之间有什么联系和区别？
4. 如果选拔研究和实践采用了多水平人事选拔模型，会有怎样的影响？

参考资料

1. 李晓彦．人与组织匹配：人才招聘选拔新视角：某国有企业的实践探索．中国人力资源开发，2014 (16)：34－40.

2. 李英武．多水平组织理论与实证研究．北京：人民日报出版社，2015.

3. 于海波，方俐洛，凌文辁．组织研究中的多层面问题．心理科学进展，2004，12 (3)：462－471.

4. 张志学．组织心理学研究的情境化及多层次理论．心理学报，2010 (1)：10－21.

5. 许志星．组织创造力：基于个体、环境和任务的分析视角．北京师范大学学报 (社会科学版)，2015 (2)：63－74.

6. 张志学，鞠冬，马力．组织行为学研究的现状：意义与建议．心理学报，2014 (2)：265－284.

7. 王晓辰，等．亲组织不道德行为的多层次模型．心理科学进展，2018，26 (6)：1111－1120.

8. 曾秀琴．多水平框架下组织公民行为的影响因素研究．北京：北京师范大学，2008.

9. Bliese P D. Within-group agreement，non-independence，and reliability：implications for data aggregation and analysis// Klein K，Kozlowski S W J (Eds.). Multilevel theory，research，and methods in organizations：foundations，extensions，and new directions. San Francisco：Jossey-Bass，2000.

10. Chan D. Functional relations among constructs in the same content domain at different levels of analysis：a typology of composition models. Journal of Applied Psychology，1998 (83)：234－246.

11. Chen G，Bliese P D，Mathieu J E. Conceptual framework and statistical procedures for delineating and testing multilevel theories of homology. Paper presented at the Academy of Management. Seattle：WA，2003.

12. Evers A，Anderson N，Smit-Voskuijl O（Eds.）. The blackwell handbook of personnel selection. John Wiley & Sons，2005.

13. Kozlowski S W J，Klein K J. A multilevel approach to theory and research in organizations：contextual，temporal，and emergent processes// Klein K，Kozlowski S W J（Eds.）. Multilevel theory，research，and methods in organizations：foundations，extensions，and new directions. San Francisco：Jossey-Bass，2000.

14. Schmidt F L，Oh I S，Shaffer J A. The validity and utility of selection methods in personnel psychology：practical and theoretical implications of 100 years of research findings. Journal of Applied Psychology，2016（3）.

第13章 人员素质测评结果的呈现与应用

学习目标

通过本章的学习，你能够：

◎ 了解测评结果的分析方法。

◎ 掌握测评报告的撰写方法。

◎ 熟悉测评结果的基本应用。

引例

某公司拟聘员工人员素质测评的个人报告

第一部分：个人信息

姓名：xx；性别：男；年龄：46岁；职称：高级工程师。

第二部分：素质测评结果雷达图

素质测评结果雷达图如图13-1所示。

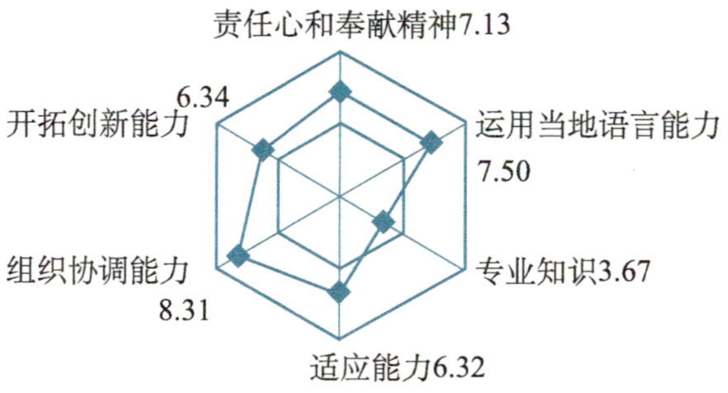

图13-1 各项能力原始分雷达图

第三部分：素质评价

组织协调能力：候选人有一定的行政工作经验，能够协调争论，并且能够站在别人的立场上分析和讨论问题。对于不同群体的需求较为敏感，大部分时间可以协调好各方的利益关系。组织能力强，常常可以组织相关人群开展常规以及非常规工作。

责任心和奉献精神：候选人在工作职责不清晰的情况下，能发现并承担各种任务，为此辛苦付出也没有怨言。在个人利益和组织目标发生冲突时，不会考虑个人得失。能够在较大程度上保持工作的积极性。事业心和责任心非常强，总能主动设定详细的工作目标。

开拓创新能力：候选人有一定的开拓精神，预测该候选人在工作中比较敢于涉足对公司发展有帮助的非常规活动与项目，但有时会出现犹豫不决的情况。在复杂和有压力的情况下，有时能够比较灵活变通地应对。在工作中，部分时候能够找到不同任务之间的联系，可以从相互联系中找到解决问题的方式。

适应能力：候选人在国外工作的话，预测基本能够尊重当地文化和生活习惯，经过努力可以逐渐融入其中。在从事具体的工作时，有时会忽视文化差异的影响，根据自己的惯有做法寻找解决方案。有时可以意识到文化的不同对工作造成的不良影响，但总体对文化差异不是很敏感。

专业知识：候选人专业知识存在不足，这会影响到日常常规工作的顺利完成。候选人没有相应岗位的工作经验，工作绩效难以预料。

运用当地语言能力：该候选人英语测试成绩较好，英语能力强。在日常工作中，候选人能够较好地利用英语与对方交流。

第四部分：组织管理使用与开发建议

候选人在组织协调能力、运用当地语言能力、责任心和奉献精神上得分均较高，适应能力和开拓创新能力一般，专业知识有显著欠缺，综合素质一般，在所有候选人中排名中等偏下。从简历中了解到，候选人具有艺术专业背景，这对于文化教育产业来讲具有重大的推动作用。从测试分来看，候选人组织协调能力相对突出，且做过一线领导，得到领导和同事的一致好评，说明其具备一定的管理技能。候选人具有较强的责任心和奉献精神，因此应该可以胜任公司的行政管理工作。但同时也应该看到，该候选人专业知识和经验不足，而且从面试情况看，其对应聘岗位的专业知识缺乏足够的意识，可能并不能达到岗位的专业要求。因此，相对而言，候选人更适合担任行政管理型的岗位，但是上岗前必须参加相关培训。另外，尽管候选人运用当地语言和适应能力测试成绩均比较好，但其没有在国外生活和工作的经历，因此虽然其在目的国美国的交流沟通不会存在太大问题，但是实际跨文化表现还有待进一步考查，必要时要由公司的相应部门给予针对性的指导和帮助。

总体来看，该候选人综合素质尚可，在所有候选人排名中下，且有明显弱项，建议培训后慎重录用。

第 1 节　人员素质测评的结果分析

人员测评实施完毕后，整个过程还没有结束。我们还要对结果进行处理，选用简洁、清晰的方式将结果展示出来，为人事决策提供参考意见。本章将介绍这方面的内容。

人员素质测评所收集到的资料有量化的数据，也有定性的描述，不同的资料有不同的表示方法。

一 人员素质测评结果的呈现方式

人员素质测评结果最终需要转化为报告的形式呈现给使用方，并且最终需要作为组织选拔、配置、培训、考核、晋升等人力资源管理活动的重要依据。因此，人员素质测评结果的呈现和表达显得尤为重要。人员素质测评结果的呈现方式主要有三种。

（一）文字方式

这种方法就是用文字陈述的方式呈现人员素质测评的结果，这种方法的应用范围广泛，适用的场合也最多，比如面试评估、资料分析等。使用文字来表述人员素质测评的结果有其无法取代的优点：文字便于理解、生动形象、语义丰富，可以帮助使用者迅速做出判断和评估。但是文字表述也有自身的缺点：容易带有主观倾向，评价者的个人素质对报告质量有很大影响，不同人对于不同词汇的理解容易引起误会等。总体来讲，文字表述还是人员素质测评结果最常见的表示方法。

示例 13-1

参测者在影响力方面的表现

影响力界定

能积极地影响他人来获得他人对自己的认同，并把他人的需求考虑在内。

参测者的表现

张莉在两项测验中都没能展现自己的影响力。在无领导小组讨论中她所有的意见只有一个被小组其他成员采纳了；在角色扮演中，角色扮演者没有被她的方法说服，并且没采纳她的工作建议。

评价

很不符合标准。

（二）数据和表格方式

可以使用数据和表格等定量描述的方式来表达人员素质测评结果，使结果的描述更加精准和客观，不容易受到评估者情绪和水平的影响。而且，精美简洁的表格可以帮助使用者更加直观地了解被试的实际情况和相对水平。但需要注意的是，这种数据和表格的表达方式对阅读者的素质提出了一定的要求。

示例 13-2

候选人在胜任特征维度上的得分

候选人在胜任特征维度上的得分简要举例如表 13-1 所示。

表 13 - 1

候选人编号	战略思考	决策能力	学习创新	追求成功	承受压力	影响沟通	队伍建设
10001	9.5	9.5	9.5	10	10	9.5	9
10002	8.5	8.5	8	9.5	9.5	9.5	8
10003	8	8.5	8.5	9	8	7	7
10004	8	7.5	7.5	9	8	7.5	8
10005	8	8	7	9	7.5	7.5	7.5
10006	8	7.5	7	8	7.5	7	7.5
10007	7.5	7.5	7.5	8.5	8	7	6.5
10008	7.5	7	7	9	8	6.5	6.5
10009	7	7.5	7	8.5	7	6.5	6.5
10010	7	7	7	8.5	7.5	7	6.5

（三）图形方式

这种方式是使用图形（比如柱状图、饼图、折线图等）来描述人员素质测评结果，它也是一种定量的表述方法。用图形来表达会使人员素质测评的结果更加简洁明了、直观形象。这些图形可以很好地描述个体测评结果的绝对数量、相对水平以及走向趋势等信息。

示例 13 - 3

人员素质测评结果的图形呈现

人员素质测评结果的图形呈现具体如图 13 - 2 所示。

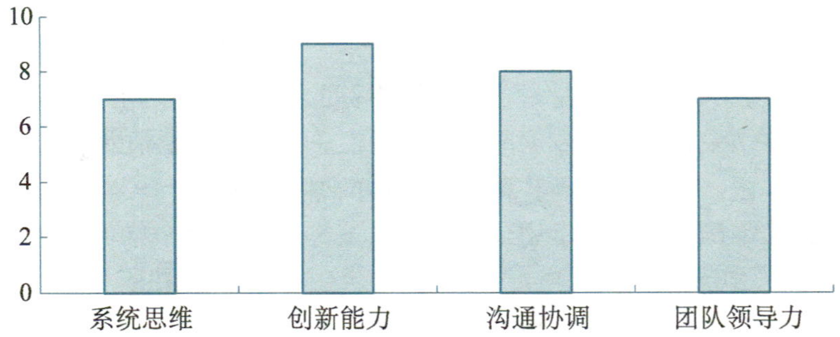

图 13 - 2　人员素质测评结果的柱状图

二　分析人员素质测评的数据

以下介绍一些常见的数据处理方法，这些方法对于准确刻画结果至关重要。

（一）测评指标的量化

获得了一些代表人员素质的数据之后，如何将这些数据统计、排序就成了我们目前的着眼点。在测评指标量化的过程中，最重要的步骤就是将各个指标赋予合适的权重。加权分配是依据测评指标体系中各个部分相对于总体的重要性不同，赋予相应的百分数，以区分测评指标在测评体系中的重要性的一种方法。确定一个指标的加权系数的依据主要有三个：在体系中的重要程度；测评目的；测评对象的职责。确定加权系数的方法主要有以下几种。

（1）经验加权法：根据测评者之前在人事工作中的相关经验进行权衡，对各个指标的重要性进行排序，赋予加权系数。

（2）专家估计法：聘请测评方面的专家进行加权分配，让聘请的每一位专家都独立对指标进行加权分配，然后剔除极端值，将各位专家的权重系数进行平均作为最终的权重系数使用。

（3）统计分析法：通过数理统计方法考察各测评角度测评结果的标准差，将标准差大的也就是结果不稳定的赋予较小的权重，将标准差小的也就是结果相对可信度较高的赋予较大的权重。

（4）比较评分法：将所有测评指标按照重要性进行两两比较，最终得出一个重要性排序，依据这个排序给出相应的权重系数。

（5）德尔菲法：这种方法比较复杂，即制定一份专家意见咨询表，聘请专家独立对测评指标进行排序加权，然后汇总各位专家的意见形成总体意见，随后再反馈给各位专家，请各位专家再一次排序。如此反复这个过程，直至得到最后的权重系数。

（二）测评数据的计算

确定了各个指标的权重之后我们就可以开始着手计算最终的数据，从而确定被试的总体素质水平。测评数据的计算方法主要有以下几种。

（1）加法汇总法。直接将收集到的各个指标的数据累加，得到综合得分。这种方法在实际中很少使用，因为各个指标的重要性不同，直接累加会对最终的结果产生很大的影响，造成结果缺乏真实性。

（2）平均数法。平均数法就是对各个测评指标的分数计算平均数。这种方法经常用于处理专家的测评结果，将多位专家的意见进行汇总平均可以抵消偶然的误差。

（3）加权求和法。这种方法是将各测评指标的原始分值乘以相应的权重系数，然后进行累加。它在实际操作中比较常用，因为可以很好地反映每个指标的重要性，并且可以综合被试在各个指标上的得分。

（4）加权平均法。加权平均法是求几个权重系数不同的测评指标的平均值的方法，也就是将每个指标分数乘以相应的权重之后再累加，除以测评指标得分总和。

（三）测评内容的分析

经过了上面的过程、得到了测评的结果之后，我们需要对这个结果进行分析并且赋予它一些实际意义，将个体测评的分数与总体或者其他个体进行比较，从而为人力资源工作提供依据。

测评内容的分析可以考察整体的分布，也可以考察总体的水平。整体分布的分析主要通过频数分布表、累计百分比分布表、累计频数分布表等形式，这样可以了解数据的极值和分布，也可以通过作图来呈现出更直观的整体情况。总体水平的考察主要通过平均数、众数、中位数等完成，也可以通过考察方差、标准差等系数来了解数据之间的差异。

第 2 节　测评报告的撰写

人员素质测评报告的撰写是人员素质测评的最终环节，也是最直观的结果呈现部分，报告撰写的质量会直接影响之后对测评结果的使用，因此报告撰写也是人员素质测评最重要的一环。以下我们主要介绍三种人员素质测评报告的撰写要求。

一　单项测验分析报告

每个测验均会针对特定的测评方面。一般来说，可以先整合在该测验上获取的所有数据信息，对被试在该测验上的表现进行整体的描述，进而撰写测验报告。

示例 13-4

公文筐测验报告样例（被试 A）

一、总体情况描述

该被试系统思维能力突出，能够从全局角度整体地考虑问题；统筹规划能力较为突出，能够把握工作中各种任务的轻重缓急，合理分配资源；决策风格较为稳健，能够考虑到长远利益。相对而言，授权与控制能力略显不足，还未能自如地运用授权手段推进任务的执行；在组织建设方面，缺乏可操作性的管理技能和手段，管理经验有待丰富。

二、维度得分剖析图

该被试在所测查的 5 个维度上的成绩如图 13-3 所示。

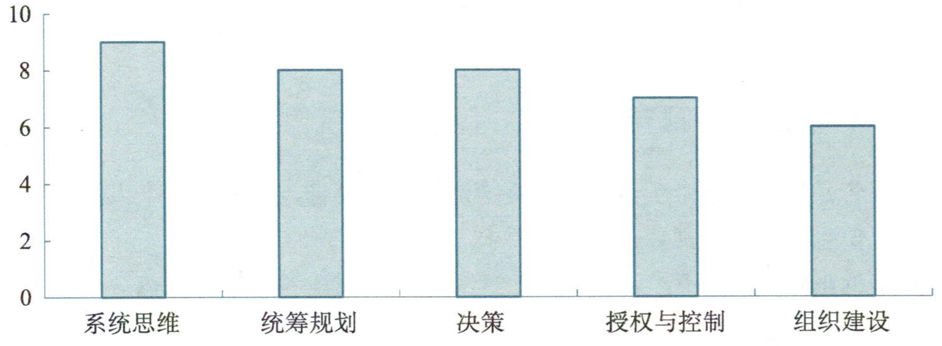

图 13-3　被试的维度得分

说明：0～2 表示很差（level 1），2～4 表示较差（level 2），4～6 表示尚可（level 3），6～8 表示良好（level 4），8～10 表示优秀（level 5）

三、维度特征描述

1. 系统思维

能够把各个文件看成一个整体，站在全局角度把握材料中提及的信息。

能够统筹协调各部分的资源状况，提出解决问题的方案。

2. 统筹规划

能够基本理清各个文件的轻重缓急。

能够考虑各个文件信息之间的资源冲突、时间冲突以及资源支持，结合工作内容有针对性地提出解决问题的办法。

3. 决策

能够综合分散在多个材料中的外部环境、目前人力和物力资源状况、人际关系等多个问题分析角度，综合权衡利弊，从全局角度做出决策。

在决策过程中，不仅考虑解决当前的工作问题、考虑决策后果的影响，而且考虑如何从长远角度出发建立机制以避免类似问题再次出现。

决策风格较为稳健，首先想到要在进一步了解具体情况之后再做出决策。

4. 授权与控制

有一定的授权意识，能够首先想到通过将文件传阅给相关负责人，有意识地将部分权力下放。

能够结合本部门的实际情况对当前工作向各个相关部门做出一定的安排，但相对来说安排显得过于细致，导致授权不够充分。

授权后的监控意识不足，不能有意识地责成相关负责人定期汇报，形成沟通渠道和机制，以更加有效地对工作进度进行监控和指导。

5. 组织建设

对于涉及团队内部管理、成员分歧处理、人才建设等团队管理内容的文件信息有一定的敏锐性。

仅对单个团队管理问题做出反应，看不到各个管理问题之间存在的内在联系，没有考虑到从整个组织建设的角度出发解决管理问题。

提出的管理措施过于空泛，缺乏可操作性。

二 参测者个人分析报告

个人报告是指针对某个个体人员素质测评结果的报告，一份好的个人报告需要达到结构严谨、信息详尽、客观公正这三个要求。

一份好的报告一定要有严谨的结构，这样才能使阅读者对报告的内容一目了然。一般一份完整的个人报告需要包括 8 项内容。

（1）测评归类信息。主要包括测评编号、单位、机构名称、日期，给出这些信息是为了方便之后的整理、归类和存档，以及对测评结果进行追责。

（2）被试信息。这一部分包括被试的姓名、性别、年龄、教育情况、职业情况等人口统计学相关信息，这些个人特征的收集既可以印证测评结果的真实性，也可以为测评结果的解释提供一些参考信息。

（3）测评项目。这一部分包括测评的具体内容，需要列举出测验的题目和顺序、填写的要求等。

（4）测评结果。这一部分主要列出被试的测评结果，包括被试的总体结果与各指标的分别结果。测评结果的陈述可以选用文字与图表相结合的方式，以便更直观地向阅读者展示测评的数据资料。

（5）结果分析。这是报告最重要的部分之一，主要陈述针对这个数据结果进行的分析和解释，需要根据题目的顺序逐个进行解释。在撰写这一部分时，需要注意解释的准确性和合适性，既不能模糊带过也不能牵强附会，要求撰写人客观、准确地呈现结果的实际意义。

（6）总评。总评是报告最受关注的部分，也是最考察报告质量的部分。这一部分需要撰写人综合测评的目的和结果，对被试进行总体评价，并给出一些操作性意见。如果用在企业的招聘上，这里需要撰写人呈现出被试的各方面评价，包括哪里适合这个职位、哪里不适合这个职位、总体来讲是否可以胜任这个职位等信息。

（7）复核意见。这一部分需要由专家核查整个报告之后填写意见。

（8）责任人信息。这一部分填写撰写人和复核专家的信息，包括姓名、工作单位、日期等，以便后期的沟通和追责。

在撰写一份完整的个人报告时，撰写人还需要注意保证信息详尽并且客观公正。人员素质测评报告的结果和结果分析部分应该尽可能详细地进行分析，采用文字、数字、图形、表格等多种形式呈现，既要描述被试的优点也要指出被试的不足，辅以被试的具体表现作为事实依据，供阅读人选择使用。报告撰写的另一个要求则是保证报告的客观公正。通过之前的各个环节我们可以发现，人员素质测评过程很多时候都会受到主观因素的影响，在最终撰写人员素质测评报告的时候需要注意主观因素带来的影响，力图使报告的分析和呈现客观、科学。

示例 13－5

人员素质测评个人分析报告样例

个人信息　　　　报告时间：2013 年 11 月

姓　　名	××	性　　别	×
目前部门	××	目前职位	××

一、胜任特征模型

中层管理者岗位胜任特征模型如图 13－4 所示。

通常可以从以下三个方面来看待自我的胜任特征要求。

1. 脑力

脑力影响一个人在工作中学习业务技能和管理技能的速度和质量。该方面突出的人工作中能够快速上手，容易提出更多有创新性的思路，在工作能力和专业水平上有突出

图 13-4 胜任特征模型

的表现。本次测评中脑力包括战略执行、决策能力、分析能力。

2. 态度

态度影响一个人工作的动力、主动性、责任心。该方面突出的人工作中表现出高涨的工作热情和积极主动的态度。本次测评中态度包括成就导向、压力承受。

3. 人际技能

人际技能影响一个人与他人之间工作关系的状态。该方面突出的人工作中能够更融洽、更灵活地与他人进行合作，或者影响他人工作以完成团队目标。本次测评中人际技能包括沟通协调、指导培养。

二、胜任特征综合分析

1. 发现你的优势

脑力方面：

对工作的开展有统筹意识，善于提前做计划，为任务有序落实打下基础。

能考虑到尽量平衡多方关系，不盲从于某一方，有自己的理性判断。

…………

态度方面：

常对潜在的困难做好相应的准备，推动落实工作时有热情。

为自己制定更高的标准并着手实现，有比较强的成就动机。

…………

人际方面：

善于采取谈话等方式使员工获得更好的体验，体察下属的意识强。

能积极为下属争取既得利益，为下属的发展尽力做好平台铺垫，关心下属成长。

…………

2. 如果这些方面得到提升，你会有更好的业绩

应学会坚持原则。需要强化对工作制度、要求的理解和坚持。

应学会果断决策。需要避免犹豫不决。

…………

3. 如何“扬长”与“补短”

“亲和”是你在沟通中展现出的优势。未来在推行某项工作遇阻时，可采用先礼后兵的方式，而非一味迁就对方，如此可能会让工作落实得更顺利。

“决断”是你需要再加强的方面。当遇到矛盾冲突时，可积极与他人（尤其是与上级）进行沟通，明确原则，获取支持。行动前列出几种可能的措施，对不同决策的风险做到心中有数，必要时坚守既定原则，不妥协。

…………

三 参测群体总体分析报告

人员素质测评报告的另一种类型是总体报告，这种报告主要用于一个企业有大量员工参与某一项人员素质测评的情况。总体报告一般着眼于评价被试的绩效、知识水平、性格等特征，为企业内部的培训和晋升提供依据。

总体报告也需要有严谨的结构，一般包括 8 个部分。

（1）测评需求分析。这一部分需要对组织进行调查研究，把握整体情况，针对测评目的进行需求分析。

（2）测评设计。确定了组织的测评需求与测评目的，就可以开始设计测评的方式和结构。

（3）测评手段。测评手段的选取也要依据测评需求和测评对象的具体情况。

（4）总体特点。这一部分主要需要撰写人概括总结测评对象的共同特点，以及整个组织在这一方面的整体情况。

（5）团体测评结果。通过多种方法对团体测评的总体结果进行直观的呈现。

（6）结果分析。分析团体结果所代表的实践意义。

（7）讨论。探讨根据这样的结果，组织应该采取什么措施。

（8）专家意见。征求专家的意见，保证测评的科学性。

总体报告一般要从描述统计的角度考察测评对象全体的分数分布、差异大小等，之后要针对不同部门、不同岗位、不同级别的个体进行素质差异分析，将这些结果进行整合比较，形成为企业的配置、培训等环节提供依据的有意义的报告。

示例 13-6

人员素质测评总体分析报告样例

一、对项目需求的理解

面对进一步发展的机遇与挑战，某乡镇在发展集体经济组织的工作中树立起了人才是第一资源的观念，并创新现代人力资源开发与管理体制，逐步探索市场化干部管理制度，健全以品德、能力、业绩为重点的人才评价、选拔、任用、激励保障机制。该乡镇为配合内部改革的需要，以及进一步加强所属企业的干部体系建设，特委托外部咨询机构采用科学的竞聘选拔方法，公平合理地选拔既满足职务要求，又能服从组织战略发展需要的乡镇所属企业后备管理干部，并对这些干部进行重点培养与开发，以期最终培养和造就一支政治素质好、理论水平高、工作能力强、具有先进经营管理理念和开拓创新精神的后备人才队伍，为改革和发展提供坚实的人才保障。

二、项目总体思路

基于测评项目的具体需求，本项目的实施思路如表 13－2 所示。

表 13－2　　项目实施思路

后备干部选拔测评技术思路		相关技术保障	
步骤一	建立基于岗位胜任特征要求的评价维度	步骤一	结构化访谈技术 背景资料分析 确认多维度评价
步骤二	选择与设计有针对性的测评工具	步骤二	笔试（管理、专业等方面） 评价中心 结构化面试
步骤三	现场测评组织与实施	步骤三	多专家评估 标准化施测流程
步骤四	数据资料整理与分析	步骤四、五	翔实的第一手资料 反复讨论与分析 多专家一致性分析
步骤五	提供测评结果		

三、总体情况概览及笔试结果具体分析

本报告根据测评各个环节所获得的相关数据，对测评的结果从整体上进行分析，并描述本批后备干部的整体特点，为本批后备干部的进一步培养、任用等提供参考依据。

1. 参测人员基本情况分析

参测人员的年龄结构如图 13－5 所示。其他如学历、性别结构等略。

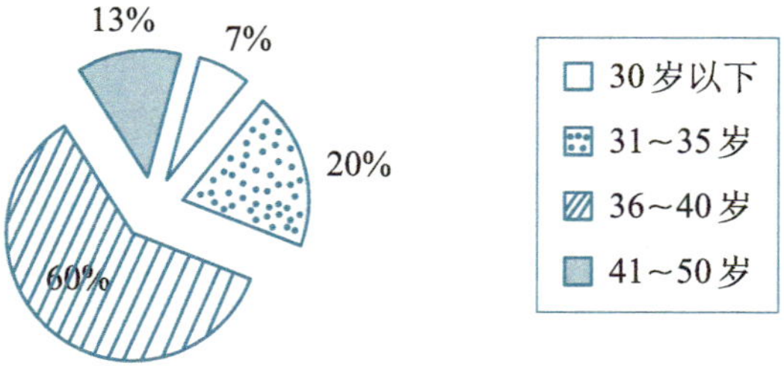

图 13－5　后备干部的年龄结构

我们分别针对参与测评的人员年龄结构、性别结构以及这些因素在不同测评环节的分布变化对参测人员进行总体分析，结论如下。

…………

2. 笔试相关测验基本情况分析

(1) 认知能力测验分析如图 13－6 所示。其他分析略。

从各分数段上的人数分布来看……

四、从评价中心技术所能看到的

无领导小组讨论的分析如下，其他分析略。

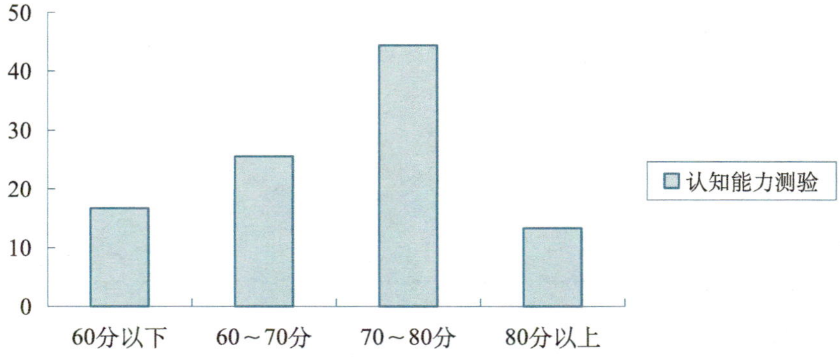

图 13－6　认知能力测验分数分布

我们根据对该乡镇政府具体乡情及战略发展规划的了解，设计了无领导小组讨论试题。一方面，对后备干部的团队领导能力、组织协调能力、人际影响力等进行评价；另一方面，统计后备干部对各选项的选择情况，分析他们是否能够站在一定的高度，并以开拓进取的意识看待当前乡镇政府的发展。

统计结果如下……

从无领导小组讨论的结果可以看到……

五、测评总体结果具体分析

通过一系列测评，我们对后备干部的综合素质有了相对全面的了解。外部咨询机构将不同的胜任特征维度纳入三个方面来进行分析：被测评者在脑力、态度以及人际技能方面的特点。

我们对本批后备干部的脑力、态度以及人际技能三个主要方面的得分进行了统计，如图 13－7 所示。

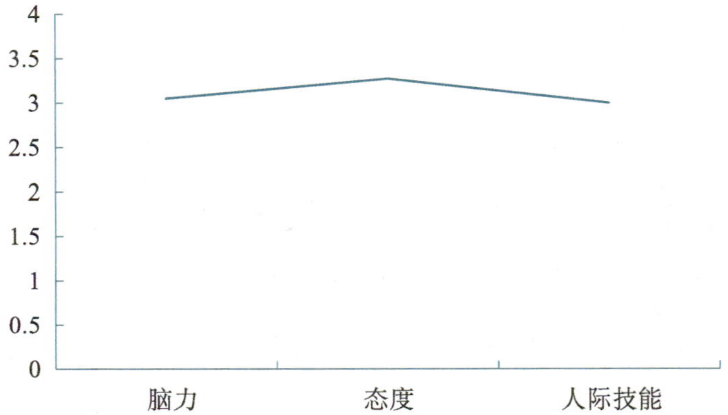

图 13－7　后备干部的得分

说明：该图为定性等级描述。

表 13－3 是对本批后备干部的脑力、态度以及人际技能三个方面进行的具体描述。

表 13-3　　后备干部的优缺点具体描述

	突出的优势	不足的地方
脑力	● …… ● ……	● …… ● ……
态度	● …… ● ……	● …… ● ……
人际际能	● …… ● ……	● …… ● ……

六、相关建议

基于本次测评的目的，根据测评结果，在对这批后备干部的综合素质进行总体分析与总结之后，我们对他们的使用和培养方面提出了以下参考性建议。

1. 该乡镇政府应该做些什么

(1) ……

(2) ……

(3) ……

(4) ……

(5) ……

2. 外部咨询机构能为该乡镇政府做些什么

具体如图 13-8 所示。

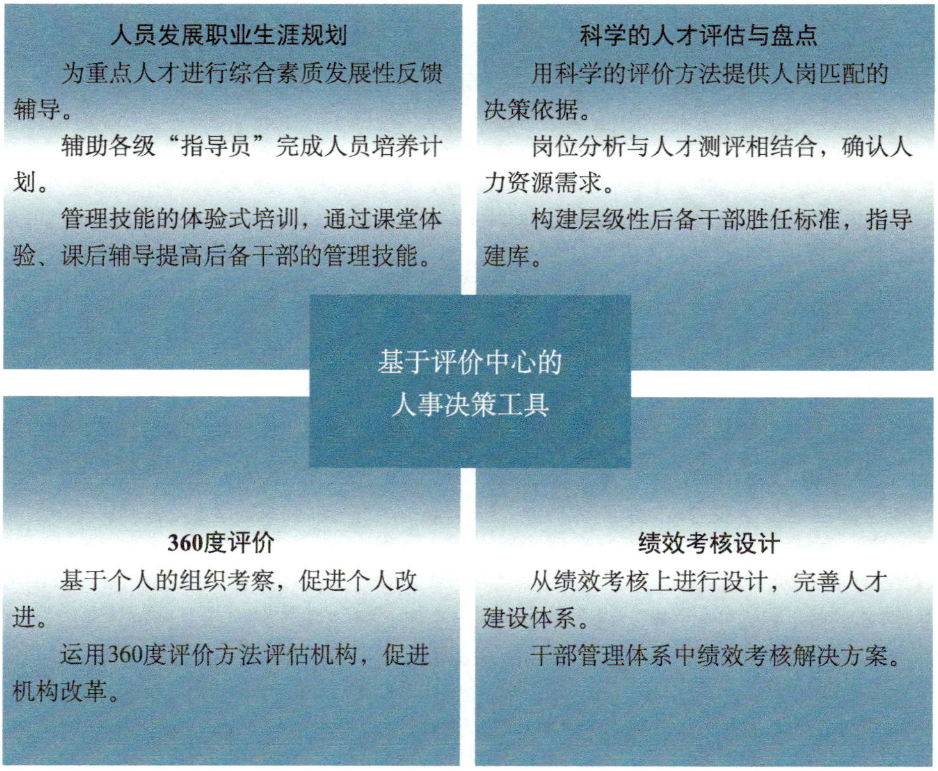

图 13-8　外部咨询机构基于评价中心的人事决策系统

人员素质测评报告的撰写是人员素质测评的收尾阶段，也是最重要的阶段。总体来讲，人员素质测评报告的撰写需要撰写人充分把握人员素质测评的各个环节和流程，充分了解测评的内容和结果，查阅丰富的资料，提出合理的建议。在报告的撰写过程中，撰写人要注意尽量采用通俗易懂、简单明了的语言进行呈现，不要一味罗列术语，导致阅读人难以理解。同时，撰写人也要注意在结果的解释中尽量不使用绝对的语言。心理测验的误差是难以避免的，个体的差异也是巨大的，一个人的得分往往只是一个概率问题，在分析时要注意这种情况，不要草率得出绝对的结论。

第 3 节 测评结果的应用

人员素质测评的结果往往是人力资源管理相关决策的重要依据。一般来说，测评结果可以有以下用途。

一 作为选拔甄选的基础

如果人员素质测评的目的是选拔甄选，则测评必须基于岗位标准并体现被试者的素质特点。人员素质测评是为了决定谁更胜任该岗位，要体现被试之间的差异性，测评对数据的要求不是很高，而是强调谁与职位更加匹配。

对于选拔类型的测评，可以对不同指标进行简单的加权处理，例如能力总分＝30％学习能力＋40％创新能力＋30％沟通能力。以甄选为目的的测评更加强调匹配性，包括人与职位的匹配、人与组织文化和核心价值观的匹配。人与职位的匹配重点在知识和能力方面，知识和能力相对容易改变，可以理解为程度的多少，因此可以采用简单的加权求和方法处理。人的价值观是相对稳定的，在短期内无法轻易改变，因此可以理解为价值观类型的有无，简单进行加权是不合适的，所以我们常常把它作为一个必备条件进行处理。

二 作为培训开发的依据

人员测评可以作为培训需求分析的手段，培训需求分析根据目的不同可以分为个体需求分析和群体需求分析。以个体培训需求分析为目的的测评需要强调被试和岗位任职标准之间存在的差距，发现任职者的不足，有针对性地提供培训；以群体培训需求分析为目的的测评需要在个体测评的基础上进行统计分析，发现被试普遍存在的能力不足，然后根据统计结果确定培训项目实施的先后顺序，使得培训的效果最大化。

三 作为绩效考核的参考

如果测评的目的就是绩效考核，对来源于不同评价对象的绩效考核分数（上级、同级、下级）需要进行一定的加权处理。

如果测评不是以绩效考核为目的的，但又想把人员素质测评的结果作为绩效考核的参考，就需要对测评结果进行相应的处理。绩效考核是以岗位职责为中心的，所以在处理时需要将测评结果和被试所承担的工作职责联系起来，对测评结果进行适当的修正。

例如在测评时一个人的沟通能力维度得分较低，这并不意味着此人的绩效考核分数会低，需要考虑此人所担任的岗位对沟通能力的具体要求如何，员工的能力现状与岗位能力要求之间的差距才是确定他们最终绩效得分的依据。

四 作为能力诊断与追踪的工具

能力诊断的目的是针对在职员工开展测评活动，针对员工的能力不足，提出相应的改进意见。基于内部人员调配的能力诊断重点在于全面、客观地发现被试的素质特点，需要对被试的优势和不足进行详细阐述。基于主管教练的测评，强调被试可以改善的素质不足，对教练方式提出建议。测评的结果需要作为档案资料保存，以对员工的发展和提升进行追踪。一方面可以让员工更加了解自己，明确自己的职业发展通道，扬长补短，最大化自己的优势；另一方面可以让组织了解企业内部的能力存量，在此基础上诊断自身的管理问题，从而确定管理改进方案，确定相应的人力资源管理实践。

本章小结

1. 人员素质测评数据的加权方法主要有经验加权法、专家估计法、统计分析法、比较评分法、德尔菲法。

2. 人员素质测评数据的计算方法主要有加法汇总法、平均数法、加权求和法、加权平均法。

3. 参测者个人分析报告的结构包括测评归类信息、被试信息、测评项目、测评结果、结果分析、总评、复核意见、责任人信息。

4. 参测群体总体分析报告的结构包括测评需求分析、测评设计、测评手段、总体特点、团体测评结果、结果分析、讨论、专家意见。

5. 人员素质结果可以作为选拔甄选、培训开发、绩效考核和能力诊断与追踪的重要依据。

关键词

结果分析　报告撰写　结果应用

复习思考题

1. 人员素质测评结果有几种表示方法？每种表示方法各自的优缺点是什么？
2. 确定指标加权系数的方法有几种？
3. 简要介绍几种测评数据的处理方法。
4. 常用的人员素质测评报告有几种？每一种报告应该如何撰写？

参考文献

1. 寇家伦．人才测评实战．广州：广东经济出版社，2011.

2. 刘远我．人才测评：方法与应用．2 版．北京：电子工业出版社，2011.

3. 徐世勇，陈伟娜．人力资源的招聘与甄选．北京：清华大学出版社，北京交通大学出版社，2008.

4. 徐世勇，刘亚军．人才素质测评．北京：中国人民大学出版社，2014.

第 14 章 人员素质测评面临的机会与挑战

学习目标

通过本章的学习，你能够：

◎ 了解新兴技术对传统人员素质测评理论与技术的影响。

◎ 了解心理测量中的职业伦理与规范问题。

引例

聊天机器人担任首轮面试官

人们在找工作面试时肯定会有一定的压力，但若面试官是一个聊天机器人，压力就会小很多。随着人工智能的快速发展，越来越多的公司使用聊天机器人来寻找符合条件的求职者，求职者必须和机器人斗智斗勇，方能得到进入第二轮面试的机会。

公司招聘时使用人工智能聊天机器人，可以在很短时间内搜索到求职者，然后通过查看分析他们的技能来匹配公司的招聘需要，从而安排下一步的面试程序。未来职场（Future Workplace）合作伙伴迈斯特指出："一些公司会使用视频面试，再使用人工智能核心数据库来分析求职者的回答和表现。"

希尔顿招聘副主管斯马特说："人工智能会分析求职者的语调、眼神和表情，来判断求职者是否对工作富有热情，从而帮助我们筛选求职者。"

求职者雷伊在申请希尔顿的职位时，第一轮面试的面试官就是聊天机器人。雷伊说："和聊天机器人对话时，我不用担心自己会分神，而且机器人不会带有个人偏见，而是相对公平公正一些。我的第二轮面试是视频面试。"

据报道，目前聊天机器人一般用在低水平入门级别的工作招聘中。在零售业季节性招聘时，大部分公司都使用聊天机器人进行面试。

资料来源：人工智能改变招聘方式：聊天机器人任首轮面试官．［2018－09－28］．http：//www.cecc.org.cn/news/201809/530548.html.

第 1 节 新兴技术背景下的人员素质测评

从目前的大趋势来看，新兴技术快速崛起将对人类的实践和学术产生重要影响。本节将讨论计算机与网络技术、大数据以及人工智能对人员素质测评领域的影响。

一 计算机与网络技术对人员素质测评的影响

自 20 世纪后半段开始，计算机和网络技术迅速崛起，深刻改变了人类社会的运行模式。当今，计算机与网络技术已经成为人们进行交流、从事商业活动和传递信息的重要方式。人员素质测评，特别是心理测量也受到了计算机与网络技术的影响。

对于网络测验，目前有两种观点。一种观点认为，网络技术比传统的方法更容易获得样本，收集到的数据更有效，而且计算机化的管理能使研究者获得的样本远远多于大多数传统方法获得的样本。一种观点认为，应该对网络测验方法持谨慎的态度。比如 Kiesler & Sproull（1991）就认为："当计算机与网络遍及全社会时，电子测量也许将不可行。"

（一）基于计算机与网络技术的测验的优点

1. 可以降低成本

传统测验的经济成本相对较高，如需要多次印刷、分发、运输、保管和批改试卷等，而网络测验可以大大降低以上成本。传统的心理测验通常要耗费可观的费用来制作测验材料，到不同的地方进行测验还需要交通食宿等费用，成本颇高。如 Cobanoglu, Warde & Moreo（2001）的研究表明，通过寄信进行测验所产生的边际联合成本是 1.93 美元；而对于网络测验来讲，尽管网络的固定费用较高，进行网络测验的边际成本却几乎是 0。

2. 增加了参与人的便利性

传统测验要求被试当面填写，而网络测验可以使那些很难或根本不可能到测评中心的人员（如交通不便人员、身体健康原因而行动受到制约的人员等）参与测验。通过网络联系，测验者与被试更容易建立联系，借助网络可省去很多面对面的环节，更多人员也就可以参与进来。

3. 能提供更优质的测评服务

在许多纸笔测验和评估程序中，被试通常要在参加测试一两个月之后才会收到他们的分数和解释报告。他们的答题纸必须先寄给测验发行者来审视和计分、做出解释，然后再制作和打印报告，寄还给被试。而在网上，被试回答的每个问题都被电脑记录，电脑软件会进行计分，通常是最后一题回答完后马上就会运行解释报告，被试会在完成测验后的数秒内得到结果反馈。

网络测验还能让那些很难或根本不可能到测验中心或专业测验办公室去的个体参加测验。此外，网络测验可能会以精确的方式或有趣新颖的形式表现出来，这样，相对于面对面的测验，被试就更多地被测验任务吸引。

4. 更具效度

Gosling et al.（2004）发现，网络测验在样本代表性、不同的测验呈现方式以及控制无关因素的干扰方面与传统测验是一致的，而且整体的测验结果与传统方法所得到的结果也是一致的。与传统的纸笔测验相比，网络测验和评估提供了更准确的计分。还有研究表明，网络测验与其他研究一致，纸笔和网络版本的信度、其他心理学建构的要素结构是相似的。而且，基于网络的心理学研究的外部效度比使用传统手段的心理学研究要高，而且这正是网络心理学研究方法的突出优点。

5. 催生了先进的测验理念与测验技术

计算机与网络技术的出现与使用，不但减少了传统测验的实施难度，增加了测验使用者的便利，而且使得一些先进的测验理念与测验技术得以实现，计算机自适应测验（computerized adaptive testing，CAT）就是一个比较成功的例子。计算机自适应测验可以根据被试在已经作答题目上的表现，从题库中序贯选择适合被试潜在能力水平的题目给被试作答，避免能力高的被试作答太多容易的题目，能力低的被试作答太多难题。相对于纸笔或非自适应的机考，计算机自适应测验使得被试只需作答更少的题目，花费更短的测试时间，就可以获得同样的测量精度。同时，计算机自适应测验建立在客观测量理论基础之上，结合最新的选题和组卷等算法，使测验质量和安全性更高。

现在计算机自适应测验已经广泛用于美国士兵职业倾向成套测验（Armed Services Vocational Aptitude Battery，ASVAB）、美国研究生入学考试（Graduate Record Examinations，GRE）、（工商）管理类研究生入学考试（Graduate Management Admission Test，GMAT）、美国教师资格考试（Praxis）、美国护士执照或资格系列考试（National Council Licensure Examination，NCLEX）。在中国，计算机自适应测验也运用到军队入伍考试中，通过计算机自适应测验淘汰一部分有心理缺陷的人，每年淘汰一个师左右。

（二）基于计算机与网络技术的测验的不足

1. 测验完成的独立性难以保证

心理测验通常要求被试独自完成，尤其当被试的目标不同时，对答题人本人的确定就更为重要。但在网络测验中，这种独立性由于无法监控而难以保证。一些有能力的同谋者可以坐在一旁帮助被试并提供答案。虽然现在设计了很多方法来保证被试的独立性，但这类方法很容易被避开。

2. 测验本身的安全无法保障

实施网络测验，有可能存在某些人通过测验人员或观察人员非法复制测验和打印测验题目。比如，剪切、复制、粘贴测验题目等。许多编程技术知识强的被试还可以利用运行系统的特点和其他运行程序从屏幕中获取题目。另外，在实施网络测验时，测验数据的安全无法得到充分保障。

3. 测验实施过程的有效性受到影响

大家都知道，传统测验的实施过程应该是标准化的。但在网络测验中，这一要求由于网络测验实施的环境而受到影响。不同的网络使用的术语不一样，可能导致某些测验的完成比较困难。另外，对于较少接触计算机和网络的个体而言，测验的实施也受到影响。例如，在认知测验中，与经常接触计算机的个体相比，较少接触计算机的个体会因为注意力分散而引起较大的认知负担。

4. 被试的权利无法得到充分保障

进行心理学研究之前，必须得到被试的知情同意，这是心理学研究必须遵循的基本原则。但怎样通过网络得到真实的知情同意则可能是个难题。我们知道，非个人的标准化网络测验程序不可能适合所有个体。换句话说，通过网络，可能很难让所有完成测验的个体提供真实的知情同意。

更为重要的是，被试在网络上所留存的信息无法得到严格的保密。被试的个人信息可能会被没有道德的数据窃取者和网络黑客截取和破坏，传播出去，这样将极大地损害被试的个人隐私，甚至其生活和工作。

5. 测验结果解释的科学性无法保证

在解释测验结果时，心理学家既要考虑测验的目的又要考虑不同的测验因素，被试的能力和其他特征都可能影响心理学家的判断，或降低心理学家解释的正确性。网络测验经常会在没有前测验和不同的环境中进行。被试可能处于非标准化情境中（如在家里、图书馆、学校），心理学家较难或根本没法确切地知道这些情境，这就可能会影响或限制解释的科学性。这些问题可能会在被试阅读了使用说明后得以减轻，但有可能只是在分数上减少了一小部分误差。更成问题的是，当测验在没有监控的环境下进行时，现在还没有办法核实被试的真实身份。

二 大数据对人员素质测评的影响

（一）大数据概述

2011 年 5 月，全球知名咨询公司麦肯锡首次提出“大数据”的概念（麦肯锡，2011）。维基百科中将大数据定义为：所涉及的资料量规模巨大到无法透过目前主流软件工具，在合理时间内达到撷取、管理、处理，并整理成为帮助企业经营决策更积极目的的信息。以往的数据大多是通过抽样所得，而大数据往往是非结构化的数据或者是半结构化的数据。

IBM 指出了大数据 4 个方面的特征，即海量的数据规模（volume），数据类型繁多（variety），数据流转速度极快（velocity）以及价值密度较低（value）。

第一，大数据的规模大。随着信息技术的高速发展，社交网络（微博、推特、脸书）、移动网络、各种智能工具、服务工具等都成为数据的来源，人类产生和积累的数据出现爆发性增长，数据的存储单位从过去的 GB 发展到 TB，乃至现在的 PB 和 EB 级别。

第二，大数据具有多样性。广泛的数据来源决定了大数据形式的多样性。数字、文字、图片、音频、视频等都成为大数据信息的来源，任何形式的数据都可以对我们进行信息加工产生作用。这些信息可以广泛应用于金融、生产、新闻、娱乐、教育、科研等领域。

第三，大数据的产生非常迅速，生活中每个人都离不开互联网，每个人每天都会产生大量的数据，这对处理速度有非常严格的要求，服务器中大量的资源都用于处理和计算数据，很多平台都需要进行实时分析。

第四，大数据具有大价值，这也是大数据的核心特征。相比传统数据，大数据最大的价值在于从大量不相关的各种类型的数据中，挖掘出对未来趋势与模式预测分析有价值的数据，并通过数学算法进行深度分析，发现新规律和新知识，最终达到改善社会治理、提高生产效率、推进科学研究的效果。

（二）大数据与人员素质测评的结合

当前，大数据与人员素质测评结合的一个重点领域就是招聘。在招聘实施中有两个关键环节：一个是履历筛选，另一个是对求职人员和空缺岗位进行最后的匹配。对于后者，企业可以利用大数据技术从性格、知识、技能、行为、行业等角度建立起岗位胜任特征模型，同时，企业可以对求职者在社交圈等领域的数据的抓取来分析其兴趣爱好、个性特征、能力强弱与岗位胜任特征模型的匹配度，从而决定是否录用该求职者。

在培训领域，企业可以利用大数据技术掌握员工的知识、技能方面的基本情况，并及时跟踪其变动情况，为员工哪方面的知识技能需要提升、是否需要进行培训、需要什么层次的培训等提供有力的数据支撑，确保培训设计科学合理、效果显著，提高企业人力资源管理工作的效率和质量。

在绩效管理领域，以往的评分表方法可能会被大数据方法优化甚至替代。企业可以运用大数据信息统筹、建构、分析，加深对员工绩效情况的数据收集和挖掘，分析员工绩效数据及其他数据间的潜在联系，了解影响员工绩效状况的原因，制定个性化的激励方案和制度，提高员工的认同感和依赖感。

另外，在职业生涯管理、选拔和晋升过程中涉及人员素质测评的环节，也可以采用大数据技术。

三　人工智能对人员素质测评的影响

（一）什么是人工智能

作为当今世界最重要的技术之一，人工智能（artificial intelligence，AI）正逐渐改变着世界。人工智能起源于 1956 年的达特茅斯会议，在会议上，麦卡锡（McCarthy）和明斯基（Minsky）等人首次提出“人工智能”这一概念，将像人一样认知、思考和学习的机器称为人工智能（高文，2017）。此后，人工智能的定义和研究内容不断丰富，如斯坦福大学教授尼尔森（Nilsson）认为人工智能是指致力于使机器具有智能的研究（Nilsson，2009），日本学者中岛秀之则将人工智能定义为采用人工方法制造的、具有智能的实体，或者以制造智能为目的的、对智能本身进行研究的领域（松尾丰，2017），这些观点均在一定程度上反映了人工智能的内涵。

（二）人工智能的三个发展阶段

至今为止，人工智能经历了三个阶段：逻辑搜索、知识搜索和统计建模。

达特茅斯会议后，人工智能掀起了第一次研究浪潮，进入了以逻辑搜索为主角的时代。在这一时期，计算机能利用逻辑推理和搜索技术解决代数应用题、证明几何定理、解决迷宫问题、挑战国际象棋及将棋等，这些成就使得研究者对人工智能的未来充满信心，明斯基甚至在 1970 年预言"我们将在 3～8 年时间里得到一台具有人类平均智能的机器"。然而研究者很快发现，尽管计算机能解决复杂的"玩具问题"，对现实问题却束手无策。公众对人工智能的失望情绪逐渐蔓延，20 世纪 70 年代初，第一次人工智能浪潮逐渐消退。

20 世纪 80 年代初，将知识导入计算机的研究方法为人工智能提供了新的发展路径，人工智能的研究迎来了第二轮高潮，进入了以知识为中心的知识搜索阶段。此次浪潮中出现了很多被称为专家系统的人工智能程序，斯坦福大学开发的 MYCIN 就是其中之一，它能依据事先输入的判断规则对传染性血液病患者进行诊断，并开出抗生素处方，正确率为 69%（松尾丰，2017）。由于具有广泛的实用性，专家系统在世界范围内得到了迅速发展，取得了巨大的经济效益。然而专家系统的发展很快遇到了瓶颈：首先，从各领域专家处获取知识是一项耗时耗力的复杂工程。其次，如何将这些知识以计算机能够理解的方式表达出来也是难题之一。再次，人类的判断是基于常识的，而无穷无尽的常识类知识无法全部输入电脑（熊立文，2003）。最后，计算机无法将语言符号与它所表达的意义连接起来。随着这些问题的逐渐暴露，1987 年前后，人工智能的研究再次陷入寒冬。

20 世纪 90 年代后期，互联网得到爆炸性普及，海量数据随之产生，基于数据的机器学习技术迅速崛起，由此掀起了以统计建模为主的第三次人工智能研究浪潮。以已有的大量数据为前提，机器学习能帮助计算机一边处理数据，一边对事物进行判断和识别，进而做出预测（松尾丰，2017）。IBM 的沃森、苹果智能语音助手 Siri、谷歌的 AlphaGo、百度的无人驾驶汽车等都是第三次人工智能浪潮中的成果。目前，人工智能已初步形成计算机视觉、自然语言理解与交流、认知与推理、机器人学、博弈与伦理、机器学习六大分支（朱松纯，2017），并逐步应用于保险、金融、医疗、教育、农业等各大领域，成为引领未来社会发展的关键技术。

（三）人工智能对人员素质测评的影响

1. 人工智能在招聘测评中的应用

人力资源是企业竞争优势的重要来源，甄选合适的人才并与将其配置到对应的岗位是人力资源管理过程的核心环节。将人工智能技术与招聘模块结合是许多高科技企业的发展目标。德勤贝新创始人兼首席执行官贝新（Josh Bersin）称，人工智能与招聘的结合是一块热门且竞争激烈的业务，约 75 家创业公司在争夺这块价值 1 000 亿美元的人力资源评估市场（Alsever，2017）。基于信息提取、语义搜索等技术，人工智能可以帮助企业快速采集简历信息，搜寻与匹配目标候选人，构建胜任特征模型等，推动企业招聘向自动化、信息化、智能化发展。

简历数据采集是招聘过程中必不可少的环节。随着信息提取（information extraction）技术的发展，未来简历数据采集工作可交给人工智能完成。信息提取技术的目标是从非结构化或半结构化文本中自动搜索并提取结构化的信息（Jiang，2012）。候选人搜寻主要基于语义搜索技术（semantic search technique）。语义搜索技术是自然语言处理技术的分支之一，旨在使计算机了解隐藏在字面背后的目的，理解文字的真正含义。相较于其他人工智能技术来说，基于知识的语义搜索是一项相对成熟的技术，已初步应用于人力资源管理领域。如美国一家创业公司推出了一款名为 Interviewed 的软件，该软件不仅能观察到候选人对书本知识的掌握，也能观察到无形的人员素质。它利用自然语言处理与机器学习来进行心理特征描述，预测候选人是否与公司企业文化相契合，包括候选人对短语的偏好等，如经常使用“请”和“谢谢”等词表明他对顾客有同理心（Alsever，2017）。

胜任特征是一种驱动绩效的个人特质，准确构建胜任特征模型是招聘工作的起点。基于大数据和人工智能技术，计算机能从海量数据中自动识别影响员工绩效的关键胜任特征，帮助企业构建预测力强、可信度高的胜任特征模型。目前，腾讯已对该领域进行探索并取得了初步成效。为提升招聘环节的效率和效果，腾讯的人力资源部将腾讯历史上所有的员工按照稳定程度分成多个样本，通过对数据的挖掘找到与稳定性相关的典型特征，建立起能够识别候选人稳定性的数学模型，并以此作为人才招聘的标准之一（西楠，李雨明，彭剑锋，马海刚，2017）。

另外，将人工智能引入招聘环节的优势不仅在于节约成本与提高效率，更重要的是它解决了人力资源从业者在招聘过程中的无意识偏见问题。机器能够真正客观地对待每一位候选人。但人工智能与招聘的结合也存在潜在的风险，一家名为 Fama 的创业公司通过分析候选人的身份、社交网站内容来判断候选人的性格特征，这种方式面临潜在的就业歧视问题和侵犯个人隐私的法律风险（Alsever，2017）。

2. 人工智能在培训测评中的应用

IBM 商业价值研究院 2016 年的一项研究表明，绩效好的企业的人力资源高管更为重视人工智能在培训与开发领域的潜在价值。通过对来自全球不同行业的 6 000 名高管（包括 384 名人力资源高管及 425 名首席执行官）进行访谈，研究发现在绩效表现优异的公司中，72%的高管认为认知科学能在人员培训与开发领域发挥价值，而在绩效表现不佳的公司中，这一比例是 46% 。

决策支持系统（decision support system，DSS）是一种帮助管理决策者利用数据和模型来解决半结构化和非结构化问题的技术和应用程序，基于人工智能技术与决策支持系统的智能决策支持系统（intelligence decision support system，IDSS）为培训与开发领域的发展提供了新的机遇。早在 20 世纪 90 年代，培训与开发就已经成为人力资源智能决策支持系统（HR IDSS）关注的重点领域之一，主要使用的技术是基于知识的系统（knowledge-based system，KBS）、专家系统（expert system）和粗糙集理论（rough set theory），但这些技术都存在知识表达或知识获取的难题，因此尚未取得重大突破。随着数据挖掘技术（data mining）的发展，海量数据可被转换为知识输入电脑，HR IDSS 的智能性大大提高，从而为管理者提供更为全面客观的决策依据，使培训需求分析和培训计划制定更具有针对性，提高培训效果评估的及时性和可靠性，提高培训质量，使员工与组织获得成长。

通过分析员工履历背景、职业发展路径及海量的日常工作互动数据，HR IDSS 可以准确识别员工的培训需求，并推荐合适的培训方式，为每一位员工制定个性化的培训课程。在人工智能的帮助下，不同员工能以不同的方式学习不同的课程，从而使员工拥有多样的技能组合，激发员工的学习积极性，提高企业的生产力。此外，机器学习还能实时记录培训反馈及绩效改变，对培训结果进行实时监控和测评，为未来的培训决策提供依据（Light，2017）。

中国台湾彰化师范大学研发团队将关联规则挖掘技术与专家系统相结合，开发了一个员工培训专家系统（employee training expert system，ETES），该系统已经通过测试并在高侨自动化科技公司进行试点运行。通过基于 if-then 规则的专家系统技术，ETES 能推断员工的学习情况，进而进行课程推荐。例如，如果某员工有 5 年工作经验，担任销售部经理，并参加了基础管理课程，则 ETES 可推断出该员工未来应参加高级管理课程培训。同时，基于关联规则挖掘技术，ETES 还能自动生成员工个人的培训策略及培训地图，并依据员工偏好、培训记录和职位为其提供对应的培训材料（Chen，Chen，Wu & Lee，2007）。

3. 人工智能在绩效管理中的应用

绩效管理是激励员工的重要手段，也是促进企业战略落地的主要方法之一。人工智能的发展进一步促进企业从传统绩效考核向现代绩效管理转变，减少绩效管理的成本，提高绩效考核的及时性，将绩效管理与员工职业发展紧密结合，进一步发挥绩效管理在企业管理中的重要作用。人工智能可对易于量化的绩效考核指标进行自动考核，有效减少绩效考核花费的人力和物力，提高考核的透明度及准确性，同时为绩效改进提供更可靠的参考意见。

棒球大数据是借助数据与科技来进行绩效考核与预测的典范。早在 20 世纪 70 年代，被誉为“当今数据分析学革命之父”的比尔·詹姆斯（Bill James）就开始了对赛伯计量学（Sabermetrics，又称棒球统计学）的研究。发展至今，棒球数据系统已经能对球员最高时速、加速度、路径、角度、行进距离等实时数据进行追踪量化，对球员的赛场表现进行综合评估，并基于球员的历史数据和发展趋势预测其未来表现（王建文，2017）。在企业实践中，人力资源部可将易于量化的绩效指标交由人工智能进行考核，如客户服务代表和销售代表的推广与销售业绩、招聘专员的招聘任务完成量等（Morgan，2017）。例如，容器商店（Container Store）借助可穿戴设备实时追踪店员与同事、顾客之间的交流互动情况，以及店员在店内的位置移动状况，将此作为绩效考核的依据之一（姚凯，桂弘诣，2018）。

另外，不同于传统绩效考核半年甚至一年的绩效考核周期，人工智能可以有效缩短绩效考核的周期并生成及时的绩效奖励，大大增强绩效奖励对员工的激励作用。纽约大学的一项研究已初步表明，人工智能与绩效管理的结合将为企业带来巨大的价值。通过收集并分析 1995—2006 年间 189 家公司对人力资本管理（HCM）系统的购买情况及这些公司采取的人力资源管理实践，研究者发现实施绩效薪酬和人力资源分析的企业对人力资本管理系统的需求更旺盛，这表明企业在绩效管理过程中需要智能化人力资源系统的辅助（Brynjolfsson & Wu，2012）。

第 2 节　心理测量中的伦理与社会问题

随着心理学的发展与普及，心理测量与社会生活之间的关系也越来越紧密，目前已经广泛应用于人力资源管理与人才选拔等领域。与此同时，为了提高心理测量的准确性和有效性，心理学家不断建构新的测量理论、探索新的技术手段、开发新的测量工具，理论研究不断推进。在广泛应用的同时，我们也要注意心理测量以及人员素质测评中的伦理与社会问题。

一　心理测量中的伦理问题

（一）测量工具的编制者应该接受严格的专业训练

大家都知道，心理现象是复杂的，将一种心理现象与另外一种心理现象严格地区分开来十分困难。因此，测量工具的编制者要经过严格的心理测量专业训练，同时又要具有丰富的心理学理论知识和社会经验。因此，在测验编制的过程中，需要一些非常复杂的技术来处理遇到的问题，使得编制的测验较为科学严谨。同时，心理测量和其他学科一样都处于不断的发展当中，有时一种新的理论或技术的出现可能会完全改变心理测量的局面。这就要求测量工具的编制者不断吸纳最新的理论和技术，从而编制出更加科学有效的测量工具。

编制工具的人士需要具备相应的专业资质、经受专业的训练，否则无论工具的编制与施测过程如何严格规范，都不可能得到可信与可靠的结果。

（二）测量工具的编制过程需要严格控制

心理测量工具的质量如何不仅与编制者的专业知识有关，也与编制者的职业伦理道德关系密切。随着心理测量的发展，心理测量的市场化趋势越来越明显，一些机构不断编制新的测验，开发心理测量软件并推向市场。心理测量市场的大发展也导致了一些人利欲熏心，粗制滥造测量工具，甚至不惜伪造数据，这样的做法实在是害人害己。心理学工作者一定要严格遵守自己的职业道德，实事求是，否则不仅坏了自己的名声，也有损心理测量的声誉。

（三）要加强测量工具的管理工作

一些机构或者个人为了谋取经济利益或者忽视知识产权问题，在日常操作中没有检查对方的资质就随意买卖测量工具，也不对购买方进行相应的培训。甚至有的机构还把一些经典的标准化量表公开发布在网络上。高质量标准化测验的开发需要花费很多的人力和物力，且短时间内不能完成，心理测验无限制的广泛传播必然损害测验的信度、效度，甚至导致测验的最终失效。比如，在人员选拔或者安置中使用的测验，如果有的被试事先知道了题目，他就可能做出不真实的或倾向于有利于自身利益的回答，这也损害了其他被试的利益，破坏了测验的公平性。

（四）要注意测量工具的滥用与误用

所谓测量工具的滥用，是指对测量工具不加选择、不加节制地使用，主要体现为测量工具使用者没有严格遵守测量伦理，没有严格论证测量工具是否适用于被试或者所面临的实际问题，没有做好保密工作等。我们经常会看到一些网站为了提升人气而提供娱乐化的测量工具，没有基本的信度和效度，产生过度夸大测量效果、误导被试的风险。还有一些测量工具滥用的情况则较为隐蔽，不易被察觉，不能及时纠正，因而对心理测量的危害反而更甚。

所谓测量工具的误用，是指对测量工具的不正确使用，主要表现为测量工具使用者对测量工具本身不够了解，不能按照标准程序和测验目的准确地使用测量工具。比如，SCL90 可以用来了解人的心理不健康程度，而不能作为健康程度的指标，如果将 SCL90 用于正常人群的心理健康测试，就是一种对测量工具的误用。

（五）要注意心理测量软件带来的伦理问题

随着计算机技术的发展，许多测验都有了电子版，这样就可以在计算机上直接回答问题，由计算机快速评分进而给出解释。有的测验甚至通过互联网施测。这种系统大大简化了施测程序和评分过程，但是也带来了潜在的风险。计算机上的快速评分系统进行综合解释的能力较低，这直接会导致结果解释不准确。也有一些研究者认为，即便是标准化的心理测量系统通过网络施测也有一些明显的局限，如难以控制施测环境等。

（六）对测量结果的解释要慎重

测量结果的解释是整个心理测量过程中非常重要的一环，需要有较为深厚的专业理论知识和实践经验。测量本身的质量、施测环境、施测过程和个体在施测过程中的身心状态，都可以影响测量结果的准确性。所以客观地说，测量结果只能作为了解被试的一种参考而不是唯一标准。由于测量结果可能存在不准确性，在对测量结果进行解释时就应特别谨慎，不能做孤立的解释，不能绝对化，更不能主观臆测，任意发挥。如果条件允许，应尽量在测量之外多了解被试的情况，结合被试的情况做出审慎的解释。另外，综合多次测量结果进行解释，能够有效提高结果解释的准确性。

二 心理测量与人员素质测评可能会导致的其他社会问题

（一）社会公众对心理测量的认知偏差

心理测量的盛行也引发了社会公众的不同看法。一种极端的观点认为，心理测量极其准确，对人的认识只需单纯依靠测量工具就足够了，这种观点在实际工作中会带来消极后果和决策偏差。另外一种极端的观点是完全否定心理测量的功效，认为测量工具对管理决策没有任何助益。我们应该认识到，心理测量是一种间接测量，它不能像物理测量那样直接而准确。在使用中，心理测量是管理决策的辅助工具而非决定因素，最终起作用的是决策者对分数的解释和运用。

（二）非标准化测量工具的盛行

随着社会的发展，心理学的一些理论和工具越来越受到社会公众的重视与青睐，这本来是一个可喜的现象，但同时也带来了非标准化测量工具和娱乐性测量工具的盛行。比如，预测恋爱、预测情商甚至预测命运的一些所谓测验，大多不具有严谨的编制程序，也难以达到测量学的质量要求，因此效用会大大降低。而对于大众来讲，他们并不具备辨识能力而将这些非标准化测量工具的结果作为决策依据，结果大受其害。这无形中也损毁了人们对标准化测量工具的信任。

本章小结

1. 计算机技术、互联网技术、大数据以及人工智能技术从应用领域出发，反向影响了人员素质测评理论与技术的发展。

2. 随着社会的发展与进步，人们越来越重视心理测量中的职业伦理与规范问题。

关键词

新兴技术　测量伦理　大数据　人工智能　计算机自适应测验

复习思考题

1. 如何理解新兴技术对人员素质测评的影响？
2. 如何在心理测量中遵守职业伦理规范等？

参考资料

1. 朱松纯．浅谈人工智能：现状、任务、构架与统一．[2018－04－10]．http://www.sohu.com/a/227854954_297710.

2. 高文．人工智能的发展与未来挑战．第六届车载信息服务产业应用联盟年会，2017.

3. 乐国安，王恩界．当前心理测验的应用问题与伦理规范．心理科学，2005，28（6）：1294－1296，1352.

4. 松尾丰．人工智能狂潮：机器人会超越人类吗？．北京：机械工业出版社，2017.

5. 王建文．大数据棒球．北京：清华大学出版社，2017.

6. 熊立文．人工智能、哲学与逻辑．中山大学学报（社会科学版），2003（S1）：226－230.

7. 徐辉．基于大数据的公共部门人员绩效提升与管理模式创新．中国软科学，2017（1）：50－58.

8. 西楠，李雨明，彭剑锋，马海刚．从信息化人力资源管理到大数据人力资源管理的演进：以腾讯为例．中国人力资源开发，2017（5）：79－88.

9. 杨善林，周开乐．大数据中的管理问题：基于大数据的资源观．管理科学学报，2015，18（5）：1－8.

10. 中国心理学会．心理测验工作者职业道德规范．心理学报，2015，47

(11)：1418.

11. 中国心理学会．心理测验管理条例．心理学报，2015，47（11）：1415－1418.

12. 郑日昌，孙大强．心理测量与测验．2版．北京：中国人民大学出版社，2017.

13. 孙联喜，张俊玲，刘书阁．大数据背景下新员工培训行为分析．国网技术学院学报，2016，19（2）：60－63.

14. 郑日昌．心理测量．长沙：湖南教育出版社，1987.

15. 姚凯，桂弘诣．大数据人力资源管理：变革与挑战．复旦学报（社会科学版），2018，60（3）：146－155.

16. Alsever J. Where does the algorithm see you in 10 years. [2017－06－01]. Fortune. com.

17. Chen K K，Chen M Y，Wu H J，Lee Y L. Constructing a web-based employee training expert system with data mining approach. The 9th IEEE International Conference on E-Commerce Technology & The 4th IEEE International Conference on Enterprise Computing，E-Commerce and E-Services (CEC-EEE 2007)，2007.

18. Kolbjørnsrud V，Amico R，Thomas R. How artificial intelligence will redefine management. [2016－11－02]. https：//hbr. org/2016/11/how-artificial-intelligence-will-redefine-management.

19. Jiang J. Information extraction from text//Aggarwal C C，Zhai C. (eds.) Mining text data. New York：Springer，2012.

20. Light B. Revolutionizing human resources：how artificial intelligence can make your life easier. HR Strategy and Planning Excellence Essentials，2017 (3).

21. Morgan J. 4 ways to use artificial intelligence in recruiting and HR. [2017－03－16]. HR Solutions.

22. Jantan H，Hamdan A R，Othman Z A. Intelligent techniques for decision support system in human resource management//Devlin G. (ed.) Decision support systems. InTech，Rijeka，2010.

23. Nils J N. The quest for artificial intelligence：a history of ideas and achievements. Cambridge：Cambridge University Press，2009.

24. IBM Institute for Business Value，IBM Smarter Workforce Institute. How cognitive computing is transforming HR and the employee experience. [2017－01－01]. https：//www-01. ibm. com/common/ssi/cgi-bin/ssialias?htmlfid=GBE03789USEN.

附录 《心理测验管理条例》与《心理测验工作者职业道德规范》

心理测验是心理学研究与应用的重要工具。随着社会的快速发展与变革，心理测验的使用范围逐渐扩大，并已广泛应用于教育、医疗、卫生、军事、人事、经济、管理等多个领域。随着心理测验的快速发展，社会上出现了大量良莠不齐的心理测验工具，特别是由于个别心理测验工具的研发者缺乏应有的心理测量相关知识和必备的理论基础，以致所编制的测验不符合心理测量学的基本要求，社会上对心理测验产生误解，阻碍了心理测验在我国的健康发展。

中国心理学会心理测量专业委员会受中国心理学会委托，借鉴国外成熟的测验管理经验，并结合我国实际情况制定了《心理测验管理条例》《心理测验工作者职业道德规范》等文件，它们对保证和推动心理测验专业化和心理测验朝着正确的方向健康发展至关重要。

一、《心理测验管理条例》

第一章　总则

第 1 条　为促进中国心理测验的研发与应用，加强心理测验的规范管理，根据国家有关法律法规制定本条例。

第 2 条　心理测验是指测量和评估心理特征（特质）及其发展水平，用于研究、教育、培训、咨询、诊断、矫治、干预、选拔、安置、任免、就业指导等方面的测量工具。

第 3 条　凡从事心理测验的研制、修订、使用、发行、销售及使用人员培训的个人或机构都应遵守本条例以及中国心理学会《心理测验工作者职业道德规范》的规定，有责任维护心理测验工作的健康发展。

第 4 条　中国心理学会授权其下属的心理测量专业委员会负责心理测验的登记和鉴定，负责心理测验使用资格证书的颁发和管理，负责心理测验发行、出售和培训机构的资质认证。

第二章　心理测验的登记

第 5 条　凡个人或机构编制或修订完成，用以研究、测评服务、出版、发行与销售的心理测验，都应到中国心理学会心理测量专业委员会申请登记。

第 6 条　登记是心理测验的编制者、修订者、版权持有者或其代理人到中国心理学会心理测量专业委员会就其测验的名称、编制者（修订者）、版权持有者、测量目标、适用对象、测验结构、示范性项目、信度、效度等内容予以申报，中国心理学会心理测量专业委员会按照申报内容备案存档并予以公示。心理测验登记的申请者应当向中国心理学会心理测量专业委员会提供测验的完整材料。

第 7 条　测验登记的申请者必须确保所登记的测验不存在版权争议。凡修订的心理测验必须提交测验原版权所有者的书面授权证明。

第 8 条　中国心理学会心理测量专业委员会在收到登记申请后，将申请登记的测验在中国心理学会心理测量分会的有关刊物和网站上公示 3 个月（条件具备时同时在相关学术刊物公示）。3 个月内无人对版权提出异议的，视为不存在版权争议；有人提出版权异议的，责成申请者提交补充证明材料，并重新公示（公示期重新计算）。

第 9 条　公示的测验内容包括但不限于测验的名称、编制者（修订者）、版权所有者、测量目标、适用对象、结构、示范性项目、信度和效度。

第 10 条　对申请登记的测验提出版权异议需要提供有效证明材料。1 个月内不能提供有效证明材料的版权异议不予采纳。

第 11 条　中国心理学会心理测量专业委员会只对登记内容齐备、能够有效使用、没有版权争议的心理测验提供登记。凡经过登记的心理测验，均给予统一的分类编号。

第三章　心理测验的鉴定

第 12 条　心理测验的鉴定是指由中国心理学会心理测量专业委员会指定的专家小组遵循严格的认证审核程序对测验的科学性、有效性及其信息的真实性进行审核验证的过程。

第 13 条　心理测验只有获得登记才能申请鉴定。中国心理学会心理测量专业委员会只对没有版权争议、经过登记的心理测验进行鉴定，只认可经科学程序开发且具有充分科学证据的心理测验。

第 14 条　中国心理学会心理测量专业委员会每年受理两次测验鉴定的申请。

第 15 条　鉴定申请材料包括但不限于以下内容：测验（工具）、测验手册（用户手册和技术手册）、记分方法、计分方法、测验科学性证明材料、信效度等研究的原始数据、测试结果报告案例、信息函数、题目参数、测验设计、等值设计、题库特征等内容资料。

第 16 条　对不存在版权争议的测验，中国心理学会心理测量专业委员会组织专家在 3 个月内完成鉴定。

第 17 条　鉴定工作程序包括初审、匿名评审、公开质证和结论审议 4 个环节。

（1）初审主要审核鉴定申请材料的完备程度和是否存在版权争议。

（2）初审符合要求后进入匿名评审。匿名评审按通讯方式进行。参加匿名评审的专家有 5 名（或以上），每个专家都要独立出具是否同意鉴定的书面评审意见。无论鉴定是否通过，参与匿名评审专家的名单均不予以公开，专家本人也不得向外泄露。

（3）匿名评审通过后进入公开质证，由鉴定申请者方面向鉴定专家小组说明测验的理论依据、编修或开发过程、相关研究和实际应用等情况，回答鉴定专家小组成员以及旁听人员对测验科学性的质询。鉴定专家小组由 5 名以上专家组成，成员由中国心理学会心理测量专业委员会聘任或指定。

（4）公开质证结束后进入结论审议。鉴定专家小组闭门讨论，以无记名方式投票表决，对测验做出科学性评级。科学性评级分 A 级（科学性证据丰富，推荐使用）、B 级（科学性证据基本符合要求，可以使用）、C 级（科学性证据不足，有待完善）。

第 18 条　为保证测验鉴定的公正性，规定如下：

（1）测验的编制者、修订者和鉴定申请者不得担任鉴定专家，也不得指定鉴定专家。

（2）为所鉴定测验的科学性和信息真实性提供主要证据的研究者或者证明人不得担任鉴定专家。

（3）参加鉴定的专家应主动回避直系亲属及其他可能影响公正性的测验鉴定。

（4）参与鉴定的专家应自觉维护测验评审工作的科学性和公正性，评审时只代表自己，不代表所在部门和单位。

第 19 条　为切实保护鉴定申请者和鉴定参与者的权益，参加鉴定和评审工作的所有人员均须遵守以下规定：

（1）不得擅自复制、泄露或以任何形式剽窃鉴定申请者提交的测验材料。

（2）不得泄露评审或鉴定专家的姓名和单位。

（3）不得泄露评审或鉴定的进展情况和未经批准和公布的鉴定或评审结果。

第 20 条　对于已经通过鉴定的心理测验，中国心理学会心理测量专业委员会颁发相应级别的证书。

第四章　测验使用人员的资格认定

第 21 条　使用心理测验从事职业性的或商业性的服务，测验结果用于教育、培训、咨询、诊断、矫治、干预、选拔、安置、任免、指导等用途的人员，应当取得测验的使用资格。

第 22 条　测验使用人员的资格证书分为甲、乙、丙三种。甲种证书仅授予主要从事心理测量研究与教学工作的高级专业人员，持此种证书者具有心理测验的培训资格。乙种证书授予经过心理测量系统理论培训并通过考试，具有一定使用经验的人。丙种证书为特定心理测验的使用资格证书，此种证书需注明所培训使用的测验名称，只证明持有者具有使用该测验的资格。

第 23 条　申请获得甲种证书应具有副高以上职称和 5 年以上心理测验实践经验，需由本人提出申请，经 2 名心理学教授推荐，由中国心理学会心理测量专业委员会统一审查核发。

第 24 条　申请获得乙种和丙种证书需满足以下条件之一：

（1）心理专业本科以上毕业。

（2）具有大专以上（含）学历，接受过中国心理学会心理测量专业委员会备案并认可的心理测量培训班培训，且考核合格。

第 25 条　心理测验使用资格证书有效期为 4 年。4 年期满无滥用或误用测验记录，有持续从事心理测验研究或应用的证明（如论文、被测者承认的测试结果报告或测量专家的证明），或经不少于 8 个小时的再培训，予以重新核发。

第 26 条　中国心理学会心理测量专业委员会对获得心理测验使用资格的人颁发相应的证书。

第五章　测验使用人员的培训

第 27 条　为取得心理测验使用资格证书举办的培训，必须包括有关测验的理论基础、操作方法、记分、结果解释和防止其滥用或误用的注意事项等内容，安排必要的操作练习，并进行严格的考核，确保培训质量。学员通过考核方能颁发心理测验使用资格证书。

第 28 条　在心理测验培训中，应将中国心理学会心理测量专业委员会颁布的《心理测验管理条例》与《心理测验工作者职业道德规范》纳入培训内容。

第 29 条　培训班所讲授的测验应当经过登记和鉴定。为尊重和保护测验编制者、修订者或版权拥有者的权益，培训班所讲授的测验应得到测验版权所有者的授权。

第 30 条　培训班授课者应持有心理测验甲种证书（讲授自己编制的、已通过登记和鉴定的测验除外）。

第 31 条　中国心理学会心理测量专业委员会对心理测验使用资格的培训机构进行资质认证，并对培训质量进行监控管理。

第 32 条　通过资质认证的培训机构举办心理测量培训班需到中国心理学会心理测量专业委员会申报登记，并将培训对象、培训内容、课时安排、考核方法、收费标准与详细培训计划及授课人的基本情况上报备案。中国心理学会坚决反对不具有培训资质的培训机构或者个人举办心理测验使用培训。

第 33 条　培训的举办者有责任对培训人员的资质情况进行审核。

第 34 条　培训中应严格考勤。学员因故缺席培训超过 1/3 以上学时的，或者未能参加考核的，不得颁发资格证书。

第 35 条　培训结束后，主办单位应将考勤表、试题及学员考核成绩等培训情况报中国心理学会备案。凡通过考核的学员需填写心理测量人员登记表。

第 36 条　中国心理学会心理测量专业委员会建立心理测验专业人员档案库，对获得心理测验使用资格者和专家证书者进行统一管理。凡参加中国心理学会心理测量专业委员会审批认可的心理测量培训班学习并通过考核者，均予颁发心理测验使用资格证书，列入中国心理学会心理测量专业委员会专业心理测验人员库。

第六章　测验的控制、使用与保管

第 37 条　经登记和鉴定的心理测验只限具有测验使用资格者购买和使用。未经登记和鉴定的心理测验中国心理学会心理测量专业委员会不予以推荐使用。

第 38 条　为保护测验开发者的权益，防止心理测验的误用与滥用，任何机构或个人不得出售没有得到版权或代理权的心理测验。

第 39 条　凡个人和机构在修订与出售他人拥有版权的心理测验时，必须首先征得该测验版权所有者的同意；印制、出版、发行与出售心理测验器材的机构应该到中国心理学会心理测量专业委员会登记备案，并只能将测验器材售予具有测验使用资格者；未经版权所有者授权任何网站都不能使用标准化的心理量表，不得制作出售任何心理测验的有关软件。

第 40 条　任何心理测验必须明确规定其测验的使用范围、实施程序以及测验使用者的资格，并在该测验手册中予以详尽描述。

第 41 条　具有测验使用资格者，可凭测验使用资格证书购买和使用相应的心理测验器材，并负责对测验器材的妥善保管。

第 42 条　测验使用者应严格按照测验指导手册的规定使用测验。在使用心理测验结果作为诊断或取舍等重要决策的参考依据时，测验使用者必须选择适当的测验，并确保测验结果的可靠性。测验使用的记录及书面报告应妥善保存 3 年以备检查。

第 43 条　测验使用者必须严格按测验指导手册的规定使用测验。在使用心理测验结果作为重要决策的参考依据时，应当考虑测验的局限性。

第 44 条　个人的测验结果应当严格保密。心理测验结果的使用须尊重测验被测者的权益。

第七章　附则

第 45 条　对于已经通过登记和鉴定的心理测验，中国心理学会心理测量专业委员会协助版权所有者保护其相关权益。

第 46 条　中国心理学会心理测量专业委员会对心理测验进行日常管理。为方便心理测验的日常管理和网络维护，对测验的登记、鉴定、资格认定和资质认证等项服务适当收费，制定统一的收费标准。

第 47 条　测验开发、登记、鉴定和管理中凡涉及国家保密、知识产权和测验档案管理等问题，按国家和中国心理学会有关规定执行。

第 48 条　中国心理学会对违背科学道德、违反《心理测验管理条例》、违背《心理测验工作者道德准则》和有关规定的人员或机构，视情节轻重分别采取警告、公告批评、取消资格等处理措施，对造成中国心理学会权益损害的保留予以法律追究的权利。

第 49 条　本条例自中国心理学会批准之日起生效，其修订与解释权归中国心理学会心理测量专业委员会。

二、《心理测验工作者职业道德规范》

凡以使用心理测验进行研究、诊断、安置、教育、培训、矫治、发展、干预、选拔、咨询、就业指导、鉴定等工作为主的人，都是心理测验工作者。心理测验工作者应意识到自己承担的社会责任，恪守科学精神，遵循下列职业道德规范：

第 1 条　心理测验工作者应遵守《心理测验管理条例》，自觉防止和制止测验的滥用和误用。

第 2 条　心理测验工作者必须具备中国心理学会心理测量专业委员会认可的心理测验使用资格。

第 3 条　中国心理学会坚决反对不具有心理测验使用资格的人使用心理测验；反对使用未经注册或鉴定的测验，除非这种使用出于研究目的或者是在具有心理测验使用资格的人监督下进行。

第 4 条　心理测验工作者应使用心理测量学品质好的心理测验。

第 5 条　心理测验工作者有义务向受测者解释使用测验的性质和目的，充分尊重受测者的知情权。

第 6 条　使用心理测验需要充分考虑测验结果的局限性和可能的偏差，谨慎解释测验的结果和效能，既要考虑测验的目的，也要考虑影响测验结果和效能的多方面因素，如环境、语言、文化、受测者个人特征、状态等。

第 7 条　应以正确的方式将测验结果告知受测者。应充分考虑到测验结果可能造成的伤害和不良后果，保护受测者或相关人免受伤害。

第 8 条　评分和解释要采取合理的步骤确保受测者得到真实准确的信息，避免做出无充分根据的断言。

第 9 条　应诚实守信，保证依专业的标准使用测验，不得因为经济利益或其他任何原因编造和修改数据、篡改测验结果或降低专业标准。

第 10 条　开发心理测验和其他测评技术或测评工具，应该经由经得起科学检验的心理测量学程序，取得有效的常模或临界分数、信度、效度资料，尽力消除测验偏差，并提供测验正确使用的说明。

第 11 条　为维护心理测验的有效性，凡规定不宜公开的心理测验内容如评分标准、常模、临界分数等，均应保密。

第 12 条　心理测验工作者应确保通过测验获得的个人信息和测验结果的保密性，仅在可能发生危害受测者本人或社会的情况时才能告知有关方面。

第 13 条　本条例自中国心理学会批准之日起生效，其修订与解释权归中国心理学会心理测量专业委员会。

图书在版编目（CIP）数据

人员素质测评 / 徐世勇，李英武主编．—北京：中国人民大学出版社，2019.8
中国人民大学劳动人事学院第四代系列教材
ISBN 978-7-300-27152-1

Ⅰ.①人… Ⅱ.①徐… ②李… Ⅲ.①人员测评-高等学校-教材 Ⅳ.①C962

中国版本图书馆 CIP 数据核字（2019）第 149075 号

中国人民大学劳动人事学院第四代系列教材
人员素质测评
主　编　徐世勇　李英武
Renyuan Suzhi Ceping

出版发行	中国人民大学出版社		
社　　址	北京中关村大街 31 号	**邮政编码**	100080
电　　话	010－62511242（总编室）		010－62511770（质管部）
	010－82501766（邮购部）		010－62514148（门市部）
	010－62515195（发行公司）		010－62515275（盗版举报）
网　　址	http://www.crup.com.cn		
经　　销	新华书店		
印　　刷	固安县铭成印刷有限公司		
开　　本	787 mm×1092 mm　1/16	**版　　次**	2019 年 8 月第 1 版
印　　张	20.5 插页 1	**印　　次**	2023 年 8 月第 8 次印刷
字　　数	474 000	**定　　价**	48.00 元

中国人民大学出版社　管理分社

教师教学服务说明

中国人民大学出版社管理分社以出版工商管理和公共管理类精品图书为宗旨。为更好地服务一线教师，我们着力建设了一批数字化、立体化的网络教学资源。教师可以通过以下方式获得免费下载教学资源的权限：

- 在中国人民大学出版社网站 www.crup.com.cn 进行注册，注册后进入“会员中心”，在左侧点击“我的教师认证”，填写相关信息，提交后等待审核。我们将在一个工作日内为您开通相关资源的下载权限。

- 如您急需教学资源或需要其他帮助，请加入教师 QQ 群或在工作时间与我们联络。

中国人民大学出版社　管理分社

教师 QQ 群： 648333426(工商管理)　114970332(财会)　648117133(公共管理)
教师群仅限教师加入，入群请备注（学校+姓名）

联系电话： 010-62515735，62515987，62515782，82501048，62514760

电子邮箱： glcbfs@crup.com.cn

通讯地址： 北京市海淀区中关村大街甲 59 号文化大厦 1501 室（100872）

管理书社　　人大社财会　　公共管理与政治学悦读坊